Thrasybulos G. Georgiades

Nennen und Erklingen

Die Zeit als Logos

Aus dem Nachlaß herausgegeben
von Irmgard Bengen

Mit einem Geleitwort
von Hans-Georg Gadamer

Vandenhoeck & Ruprecht in Göttingen

1985

Sammlung Vandenhoeck

CIP-Kurztitelaufnahme der Deutschen Bibliothek

Georgiades, Thrasybulos G.:
Nennen und Erklingen : d. Zeit als Logos /
Thrasybulos G. Georgiades. Aus d. Nachlass hrsg.
von Irmgard Bengen.
Mit e. Geleitw. von Hans-Georg Gadamer. –
Göttingen: Vandenhoeck und Ruprecht, 1985.
(Sammlung Vandenhoeck)
ISBN 3-525-01331-0

Notentypie: Hans-Jörg Maucksch

© Vandenhoeck & Ruprecht in Göttingen 1985.
Printed in Germany. Ohne ausdrückliche
Genehmigung des Verlages ist es nicht gestattet,
das Buch oder Teile daraus auf foto- oder
akustomechanischem Wege zu vervielfältigen.
Schrift: 9/11 Baskerville auf der Monophoto 3000
Satz: Tutte Druckerei GmbH, Salzweg-Passau
Druck und Einband: Hubert & Co., Göttingen

Zum Geleit

Wer auch nur einige Sätze aus dem hinterlassenen Werk von Thrasybulos Georgiades gelesen hat, wird sich bewußt sein, hier etwas ganz Ungewöhnlichem zu begegnen. Daß dies die Stimme eines Mannes ist, der schon vor acht Jahren von uns gegangen ist, wird er kaum glauben können – so leibhaft, so gegenwärtig ist die Persönlichkeit, die hinter jeder Zeile dieser Studie steht. Vollends wird, wer ihn gekannt hat, bestätigt finden, was er wußte: den unglaublichen Grad von Präsenz, den er besaß und der unter dem Geschlecht der Gelehrten etwas überaus seltenes ist.

Und vollends, wer ihm als Schüler oder als Freund nahe stand, nimmt dieses nachgelassene Werk mit ergriffener Dankbarkeit in die Hand. Man spürt sofort, wie unter den großen Leistungen des Musikhistorikers Thrasybulos Georgiades dieses Werk besonders hervorragt. Seit langem geplant und vorbereitet, hat es seinen Autor ständig begleitet. Man merkt, wie es sich auf eigentümliche Weise gleichsam immer vordrängte (wie ja auch einiges vom Thema dieses Werkes schon in kleineren Studien anklingt). Es ist wirklich so, daß dahinter der Zielpunkt im musikgeschichtlichen Denken des Autors, die Wiener Klassik, immer wieder zurücktreten mußte. Selbst das große Buch über Schuberts Liedkunst, das wir Georgiades verdanken, drängte sich noch dazwischen, weil es dem Fragenkreis, dem dieses Nachlaßwerk gewidmet ist, gleichsam Zuarbeit leistete. Es ist das Grundthema eines Forscherlebens, das zugleich ein Denkerleben war, das sich auf diese Weise immer wieder machtvoll geltend machte und ihn von seinem vielfältig-reichen wissenschaftlichen Werk immer wieder auf die Grundfragen zurücknötigte. Wie sehr das Georgiades selber empfand, zeigt das einführende Vorwort. Als ob das vollendete Buch schon vorläge, so greifbar stand es ihm vor Augen, und in so wesentlichem Sinne war es der gesammelte Ausdruck seiner ganzen Lebenserfahrung und zugleich eine umfassende Rechenschaftsgabe über seine Forschung.

Wir haben es der Treue und Sorgfalt seiner Schüler, insbesondere der Herausgeberin Dr. Irmgard Bengen und der beständigen Anteilnahme von Frau Anna Speckner-Georgiades zu danken, daß für uns dies Buch in Wahrheit wie ein von seinem Urheber ganz vollendetes Werk vor uns liegt.

Wie soll man etwas Einführendes dazu sagen? Es führt selber den mitgehenden, mitdenkenden Leser mit unwiderstehlicher Gewalt in die Sache ein, der dieses Forscherleben diente. Sicherlich ist es nicht ein musikwissenschaftliches Werk neben anderen, so sehr es aus der weitgespannten Forschungspraxis des eine Weile Heidelberger und dann Münchner Musikhistorikers Georgiades herausgewachsen ist und die Dringlichkeit musikalischer Forschungsaufgaben auf Schritt und Tritt spüren läßt.

Georgiades sagt, es sei auch kein philosophisches Buch. Das ist nun freilich nicht ohne weiteres zu glauben. Ich wenigstens würde es nicht nur ein philosophisches Buch nennen, sondern darüber hinaus eines, das vom ersten bis zum letzten Wort von philosophischem Atem durchweht ist. Nicht, daß es von einer bestimmten philosophischen Schule oder einem bestimmten philosophischen Standpunkte seinen Ausgangspunkt nähme. Doch möchte man es wohl ein phänomenologisches Buch nennen – ja mehr, ein so sehr phänomenologisches Buch, wie ich kein zweites kenne. Gewiß klingt nichts von der Schulsprache der Husserlschen Phänomenologie darin auf, eher schon etwas von der ruhelosen Genialität eines Max Scheler, und ganz gewiß etwas von dem mächtigen Grundimpuls, der Martin Heideggers beharrliches Fragen nach dem Sein, dem Rätsel des ›Es ist‹ beseelte. Doch ist auch von dem ebenso suggestiven wie herausfordernden Sprachgebaren eines Heidegger nichts in diesen Studien, und auch sonst kaum ein Bezug auf zeitgenössisches Denken. Parmenides und Plato, Aristoteles und Kant scheinen weit eher die Zeitgenossen dieses Mannes gewesen zu sein, mit denen er sich sozusagen ›verstand‹. An den Leser werden hohe Anforderungen gestellt, was die Höhenlage der Probleme betrifft, denen der Verfasser nachgeht. Da wird zum Beispiel der Leser genötigt, der aristotelischen Analyse des Zeitbegriffs bis in die feinsten Unterscheidungen hinein zu folgen, und doch braucht er sich von seinen eigensten Erfahrungen dabei nicht zu trennen. Es sind keineswegs die üblichen Hürden spezialisierter Fachsprache zu überwinden. Die Studie spricht nicht nur von der Nennkraft der Worte und sieht in ihr die Grundauszeichnung des Menschen – sie ist in ihrem eigenen Sprachhabitus ein einzigartiges Vorbild solcher Nennkraft der Worte.

Erstaunlich, daß ein Mann, dessen Muttersprache das Griechische war, trotzdem ebenso wie zu seinem Heimatland zu der deutschen Sprach- und Kulturwelt als zu der ihm angeborenen Sprach- und Geisteswelt zu gehören schien. Sein Deutsch hat nichts von einer gewandten Anverwandlung. Es ist oft hart gefügt, jedes Wort wie herausgehauen aus dem Urgestein der deutschen Sprache. Aber diese fast unbeholfene Wucht seines Sprachgebarens verbreitet eine einzigartige Anschauungskraft, die alles durchleuchtet. Nein, es ist ein phänomenologisches Buch im weitesten und tiefsten Sinne dieses Wortes: Hinsehen, Hinhören und dann Nennen, Aufrufen, Zeigen des Gesehenen, des Gehörten – das ist alles. Es ist in dem Sinne ein wahrhaft phänomenologisches Buch, daß es Phänomenologie in actu zeigt. Phänomenologie war zwar eine philosophische Schule, die viele durchlaufen haben und steht bei uns noch immer, und mit recht, in Ansehen. Ich selber bekenne gern, wie viel mir die Schulzeit bedeutet, die ich bei Husserl und dem jungen Heidegger genossen habe. Heutzutage redet und diskutiert man weit mehr über Phänomenologie und macht sie zu einem Gegenstand historischer Forschung, als daß man sie betreibt. Thrasybulos Georgiades, das *ist* Phänomenologie. Das Zeigen und Sichzeigenlassen der Phänomene, um die es geht, ist hier nicht von verzwickten Argumentationen umzirkt, nicht ins Fachlich-Spezialistische verfremdet. Das Buch denkt über die wirklichen Phänomene nach, über Ton und Wort, über Zeit und Zahl. Ihre altgriechische Verwobenheit wie ihre Entfaltung zu selbständigen Kunstgestalten der abendländischen Geschichte werden auf Grunderfahrungen menschlicher Schaffenskraft zurückgeführt und gewinnen zwingende Anschaulichkeit. Es ist wunderbar, wie Georgiades die Dinge beim Namen zu nennen weiß, so daß sie da sind, plastisch greifbar, wie einer, der gerufen wird und kommt – und was da kommt, ist selbst das Nennen, vor allem als das wahre Wesen der Töne. Noch nie habe ich, ein ganz inkompetenter Liebhaber der Musik, so gut verstanden, was das ist, was dem im Worte Lebenden an der vom Worte gelösten, absoluten Musik so anzieht und zugleich von den gewohnten Wegen seines Verstehens wegruft, hin zu einem ›Es ist‹, ›Es erklingt‹. Wie viel mehr werden andere, berufenere Liebhaber der Musik und berufene Könner und Wisser aus den Einsichten dieses Denkens gewinnen.

So wenig es hier um Musikwissenschaft geht, so viel muß es uns allen bedeuten, die an Musik teilhaben, die Wunder der Worte und die Wunder der Töne in ihrer Einheit und ihrer Andersheit an diesem Buche besser begreifen zu lernen.

Hans-Georg Gadamer

INHALT

Zum Geleit von Hans-Georg Gadamer 5

Vorwort 11

Einleitung 19
    Sprachlicher und musikalischer Rhythmus 19 – Ton und Sprachlaut 20 – Empfindung und Ton 22

I. Zeit 28
    Zeit und Zählen 28 – Zum Messen der Zeit 36 – Beharren 39 – Wiederkehr 41 – Kontinuum 47 – Währen 49

II a. Ton 52
    Tönen 52 – Harmonia 58 – Sectio canonis 64 – Empirische und physikalische Tonbestimmungen 68 – Inkommensurabilität 72 – Zum abendländischen Tonsystem 77 – Obertonphänomen 80 – Bewegungsvorstellung 82 – J. S. Bach, F-dur-Invention 86 – Musikalischer Rhythmus 89 – Nomos 100 – Graphische Musikdarstellung und Musiktheorie 110

II b. Diesda 117
    Zum Licht 117 – Selbst/Anderes 118 – Empfindung 119 – Geräusch/Tonphänomen 121 – Der geometrische Raum 127

III. Nennen 133
    Der Sprachlaut 133 – Reflexive Empfindung und Nennen 137 – Vernehmen 139 – Nennen, Zeit, Akt 145 – Reales Jetzt und Zeit 148 – ES IST 152 – Zeuge 158

IV. Künste 159
    ES IST als Werk 159 – Der Logos der Künste 163 – Nennakt, Sprache, Dichtung 164 – Tun: Musik, Sprache, Dichtung, Theater 165 – Sprachschrift/Musikalische Schrift 167 – Analogieverfahren 170 – Sprachrhythmus/Musikalischer Rhythmus 173 – Hölderlin 175 – Heinrich Schütz 181 – Griechisch/Deutsch 188 –

Natur/Kunst 190 – Architektur 193 – Person/Gemeinschaft 195 – Außen/Innen 196 – Malerei 197 – Der Blick 198 – Die Komponente des Tuns in der Malerei 202 – Der ›Andere Raum‹ 204 – ES IST als Leuchten 205 – Erfassen des Kunst-Realen 208 – Kunst/Ritus 211 – Plastik 212 – Gang der Musikgeschichte 213 – Die Wiener Klassiker: Musik als Nennen 220

Anmerkungen 238

Nachwort der Herausgeberin zur Edition 292

Namenregister 301

Umschlag: Ausschnitt aus der einzigen erhaltenen autographen Partitur (4 Stimmen und Generalbaß) von Heinrich Schütz (Murhardsche Bibliothek der Landesbibliothek Kassel 20 Mus.ms. fol. 49 × [2]): Dialogo Per la Pascua (SWV 443) zwischen dem Auferstandenen und Maria Magdalena nach Joh. 20, 13–17. Der Text der abgebildeten Stelle lautet in den Oberstimmen (Maria Magdalena): »[sie haben meinen] Herren weggenommen, und ich weiß nicht, wo sie ihn hingeleget haben«, in den Unterstimmen (Jesus): »Was weinest du?« und, nach der Pause: »Maria«.

Vorwort

1.

Um dem Leser den Zugang zu diesem Buch zu erleichtern, möchte ich ein Wort über meine Person vorausschicken.

Ich kann nicht davon absehen, daß ich als Mensch leibgebunden bin. Daher liebe ich das Theater, das leibhaftige Menschen hinstellt, Shakespeares oder Molières Theater. Aus demselben Grund liebe ich die Wiener Klassiker, Haydn, Mozart und Beethoven, die die Musik ›körperhaft‹ hinstellen; den Parmenides, der sich das Sein kugelrund, gleichmäßig dicht, begrenzt und unbeweglich vorstellt; Kant, der auf die Materie der Erkenntnis, das Gegebene der Empfindung, die Anschauungsformen nicht verzichten kann; Maler wie van Eyck, Bellini, Leonardo oder Tizian. Auch die Sprache ist mir ein leibgebundener, ein im menschlichen Sprechorgan verwurzelter Vorgang: das Artikulieren. Sprache ›im tieferen Sinn‹ kenne ich nicht.

›Gott‹ finde ich im Widerstand, im Stoßen auf Widerstand. So im Stoßen der Triebe auf den moralischen Widerstand, das Gewissen; so im Anblick der Sterne. »Der gestirnte Himmel über uns und das moralische Gesetz in uns« (Kant) sind mir Widerstand. Auch das Erklingen der Quint. Doch als das ursprüngliche Ergebnis des ursprünglichen Stoßens auf Widerstand jeglicher Art erfahre ich den die Sprache ermöglichenden Nennakt. Mit dem Nennakt jedes Worts ereignet sich ein Aufprall auf der undurchstoßbaren Wand des Faktums. Der Nennakt bezeugt mir, daß ES IST und daß somit auch ICH BIN.

Den Satz des Parmenides τὸ γὰρ αὐτὸ νοεῖν ἐστίν τε καὶ εἶναι möchte ich so wiedergeben: »Dasselbe ist die Gewißheit und das ES IST.« Das νοεῖν – es ist nicht mit ›denken‹ zu übersetzen – läßt sich bildlich wiedergeben mit ›stoßen‹, ›auf etwas stoßen‹: auf den unüberwindbaren Widerstand des ›Faktums‹, das, so gewiß es auch ist, von der menschlichen Spontaneität nicht zu durchbohren, nicht zu durchschauen ist. Dieses uns (durch das νοεῖν) lediglich sein Existieren (εἶναι) Bekundende, ohne daß es uns in es hineinblicken läßt, ist das ES IST. Der Satz des Parmenides ist kein philosophischer Satz, sondern das bloße, nackte Nennen der Gewißheit, der Gewißheit ES IST, ein Bannen des ES IST durch das Nennen, sein Aufleuchten als Nennen, als das Licht, das die Gewißheit und das ES IST zugleich sichtbar macht, indem beide in einem, ja als eins, aufleuchten. Der Nennakt ist der Ursprung, der Ursprung des Menschen; somit der Ursprung von allem sonst, worin sich der Mensch als Mensch erweist.

2.

Mein Fach ist die Musikgeschichte. Im Verlauf meiner Beschäftigung mit der Musik ist aber mein Interesse für ihre mannigfaltigen Beziehungen zur Sprache geweckt worden. Fragen des musikalischen Rhythmus führten mich dazu, die Verknüpfung von Sprache und Musik in der Musikē der alten Griechen näher ins Auge zu fassen.[1] Später verfolgte ich an der Vertonung des Meßtextes den Wandel innerhalb der abendländischen Musikgeschichte.[2] Die deutsche Sprache, Luther, Schütz – auch ein Dichter, Hölderlin – zogen meine besondere Aufmerksamkeit auf sich.[3] In einer Monographie über Schubert studierte ich das Gefüge seiner Lieder, das Gefüge einer mit dem Sagen vermählten Musik.[4]

Doch was mich dazu bewogen hatte, mich dem Studium der Musik und ihrer Geschichte zu widmen, war die Musik der Wiener Klassiker, Haydns, Mozarts und Beethovens, die Musik *selbst*, ohne jeglichen Seitenblick auf Sprache. Ich empfand die Größe dieser Musik, sah aber schon als junger Mensch, daß dem Bestreben, sie zu begreifen, erhebliche Schwierigkeiten entgegenstehen, Schwierigkeiten, die nicht allein in ihr selbst liegen. Ich merkte, daß ich, um der Wiener klassischen Musik näher zu kommen, mir die Einheit der europäischen Musik durch ihr Werden und Wechseln hindurch aus eigener Anschauung vergegenwärtigen mußte. Ob ich mittelalterliche Musikforschung betrieb oder mich dem griechischen Altertum zuwandte, ob ich mich mit Bach, mit Fragen des älteren musikalischen Satzes, mit der Notenschrift als graphischer Musikdarstellung oder mit den Beziehungen von Sprache und Musik befaßte – ich verlor die Musik der Wiener Klassiker nie aus den Augen. In zwei vorläufigen Aufsätzen, 1950 und 1951,[5] hatte ich die sich mir damals stellenden Fragen umrissen. Die Musik der Wiener Klassiker bildete auch den Hintergrund meiner Schubert-Studie.

Meine Beschäftigung mit Schubert (1960/61) veranlaßte mich, die Frage nach den der Sprache und der Musik zugrundeliegenden Phänomenen, dem Nennen und dem Erklingen, näher ins Auge zu fassen. Das Verfolgen dieser Frage kam aber, wie sich zeigte, zugleich der Arbeit an den Wiener Klassikern zugute. Der neue Standort schien mir eine tiefer eindringende Darstellung des Sinns ihrer Musik zu ermöglichen. Aus diesem Grund erwog ich zunächst, ob sich nicht meine Beobachtungen und Ausführungen zu ›Nennen und Erklingen‹ in die Studie über die Wiener klassische Musik einbauen ließen. Da aber ›Nennen und Erklingen‹ während der Arbeit an Eigenständigkeit gewann und an Umfang wuchs, beschloß ich, es als einen in sich geschlossenen Titel auszuarbeiten, und, ihn vorwegnehmend, gesondert zu veröffentlichen.[6]

3.

Auf der Stufe einer naiven Besinnung erscheinen das Gemeinschaftswesen, das Bauen, das Bilden (von Körpern oder auf der Fläche graphisch und mit Farben), die Mimik und der Tanz, die Maske, das Theater, die Dichtung, die Naturkunde (Botanik, Zoologie, Heilkunde inbegriffen), die Kunde des Dagewesenen (Geschichte), das Denken (als solches und das Nachdenken über Mensch, Gott, Welt), die Mathematik (Arithmetik, Geometrie), die Naturwissenschaft, die Technik, ja die Religion (als solche und als das alles andere Auslösende) als selbstverständliche Schöpfungen, Betätigungsweisen, Betätigungsfelder des Menschen, aus dessen Wesen und aus der Wechselbeziehung zur Welt sich notwendig ergebend und ihn vom bloßen Lebewesen unterscheidend. Nur zwei menschliche Schöpfungen widersetzen sich der naiven Vorstellung des Selbstverständlichen: die Sprache und die Musik. Was ist das, ein Wort? Was ist das, eine Melodie?

Sobald freilich die Frage nach der Sprache gestellt wird, erscheinen diejenigen unter den oben angeführten menschlichen Betätigungsweisen, die die Sprache voraussetzen, besonders aber diejenigen, die nur als Sprache denkbar sind (Dichtung, Geschichte), nicht mehr selbstverständlich. Aber diese Frage wird auf der Ebene der naiven Besinnung eben zunächst nicht gestellt. Man wundert sich allenfalls über das Sprachvermögen, nimmt es aber wie ein Naturphänomen hin, dem Menschen – als dessen Natur, oder durch Gott – eingepflanzt, so wie die Schwere dem Stein und die Triebe dem Tier.

Erst durch das Fragen nach Sprache und Musik (Nennen und Erklingen) werden auch die anderen Erscheinungen zu Fragen und verlieren ihre Selbstverständlichkeit.

Sprache und Musik sind zwei von Grund auf verschiedene Anschauungen von Wirklichkeit, gänzlich verschiedene Ansätze Wirklichkeit zu fassen, hinzustellen, Mensch zu werden. Denken wir an das Alte Testament, die Genesis, auch an Darstellungen wie die San Marco-Mosaiken in Venedig: »Gott *sprach*« – und so schuf er die ›Welt‹ (die ›Natur‹). Und: »Gott schuf den Menschen als sein Eben-Bild.«

Dieser nun, als Schöpfer in Analogie zu Gott, wendet sich um, wendet sich weg von Gott, schaut die Natur an und benennt sie; es kommen die Tiere, und er gibt ihnen Namen; er macht sie zu *seiner* Wirklichkeit, bringt sie in seinen Besitz, indem er sie nennt. Die Sprache kommt von Gott her und ist der Welt (Natur) zugewandt, auf sie hin gerichtet. Dagegen die Vorstellung der musizierenden Engel: sie drehen der Natur den Rücken, wenden sich Gott zu und rühmen Gott. Musik ist Lob und Dank: ein Sich-Wegwenden von der Natur, dem Geschöpf, und ein Sich-Zuwenden zu Gott, dem Schöpfer; sie ›sieht‹ die Natur nicht, und *deswegen* kann sie sie nicht darstellen. Es heißt nirgends: »Gott sprach: es werde Musik« oder »Gott schuf den Menschen als seine Eben-Musik«. Die Musik ist, möchte ich sagen, freie schöpferische Tat des Menschen: sein Dank an den Schöpfer. Aber die Sprache, ein Benennen von Empirischem, Erfahrbarem, ist gleichsam ein ›Eben-Bild‹ des Schöpfungsaktes. »Und Gott sprach«: Logos als Gottes Schöpfung, als Gottes Tat, Akt, als Christus (»Im Anfang war das Wort«); dieses Nennen, das Absolute schlechthin, ist identisch mit dem Realen: »Es werde Licht« (Akt) – »Und es ward Licht« (das Reale). Gott nennt, und dadurch schafft er die Welt; dann läßt er den Menschen das Geschaffene nennen – und dadurch schafft er *ihn*. Er zeigt dem Menschen das Licht und sagt: Gib dem einen Namen; und der Mensch nennt es ›Licht‹. Dieses Nennen – ein menschlich gesetztes Absolutes – ist der ›Eben-Akt‹ des Menschen zum Logos Gottes, des ›Schöpfers Himmels und der Erden‹.

Augustin beschreibt die Anfechtung, das Wort Gottes (den gesungenen Text) nicht mehr zu vernehmen, wenn er sich ganz der Freude an den Melodien der Kirchengesänge hingab.[7] Dies beleuchtet den erwähnten Gegensatz der Musik zur Sprache, die ›Umkehr‹ der Richtung, und ist zugleich aufschlußreich für die sprachgebundene Musik: sie weiß, wofür sie lobt und dankt. Anders gesagt: Die Musik für sich, da ›Gott-gekehrt‹ – sie ›sieht‹ nicht die Natur, sondern wendet ihr den Rücken – kann nicht darstellen; daher ist ihr Bereich ein ausschließlicher, nämlich der der Relation. Aber sie kann – als Menschliches – auch Gott nicht ›sehen‹. Nun verbindet sie sich mit der Sprache, wird so zugleich Menschendarstellung und erfaßt auch das Absolute – freilich sub specie des Menschlichen.

4.

Ich möchte einen Eindruck wiedergeben. Manchmal mache ich frühmorgens einen Rundgang durch die Innenstadt. Ich gelange oft in die noch leere Frauenkirche. Der Raum umfängt mich; mein Standort, meine Schritte richten sich nach ihm. Darin begegnen mir Säulen,

Plastik, Bilder. Einmal stellte sich der Organist früh ein und probierte ein paar Klänge. Was ich wahrnahm, war zwar anders geartet als Raum, Säulen, Plastik oder Bilder, aber doch, wie diese, *begegnete* es mir; ich erfaßte es, wie diese, als ein ›Etwas‹. Nun plötzlich wurde von jemandem, den ich nicht sah (es war wohl der Messner), ein Wort gesagt. Ich zuckte und staunte dann über das Andersartige gegenüber den anderen Erscheinungen. Das Wort ›begegnete‹ mir nicht, sondern ich *vernahm* es, kein ›Etwas‹, sondern einen *Menschen*.

Halten wir zweierlei fest: 1) Rufen, ein Wort hervorbringen, nennen kann nur der Mensch. Zwar setzten auch die anderen erwähnten Erscheinungen in der Frauenkirche, Säulen, Plastik, Bilder, Klang, den Menschen, der sie hervorgebracht hatte, oder – beim Orgelklang – gerade dabei war hervorzubringen, voraus, sie sind ›Zeugnis‹ des Menschen, doch sie sind zugleich ›Natur‹, wahrnehmbare Natur, gleichsam ›Natur als Zeugnis‹ oder ›Zeugnis als Natur‹. Aber das Tönen – der Orgelklang – wird durch ein Werkzeug – die Orgel – hervorgebracht; ein solches Werkzeug kann auch – muß aber nicht – das menschliche Stimmwerkzeug sein. Das Erklingen ist ein *Natur*phänomen, ein Phänomen, das eine bestimmte menschliche Hervorbringung, die Musik, erst auslöst. 2) Das primär Einleuchtende beim Erklingen, beim Orgelklang, ist das *Verhältnis* der Töne unter sich, also ein *internes* Verhältnis. Dagegen leuchtet das Wort ein durch die Bezogenheit eines Sprachlaut-Vorgangs auf einen Sachverhalt. Hier haben wir also eine *externe* Beziehung, eine Beziehung zwischen Verschiedenartigem, wenn auch die Verknüpfung so stark ist, daß man bei unreflektierter Einstellung die zwei Momente gar nicht auseinanderhält.

Der Mensch ist das Lebewesen, das, indem es den Nennakt vollzieht, sich von der Natur absetzt. Er ›sieht‹ sie, wobei er selbst sich inmitten des X gewahr wird. Das Nennen ist ein *produktives* ›Erblicken‹, ein spontaner Akt, der das ununterschiedene X in Einleuchtendes, und damit in *Reales* verwandelt.

Nennen und Erklingen (Tönen) verhalten sich also als die der Sprache und der Musik zugrundeliegenden Phänomene verschieden. Das Erklingen – ein Naturphänomen – führt zur Musik, sofern es dem Menschen einleuchtet. Das Nennen dagegen ist bereits der Niederschlag eines Einleuchtens. Beide Male haben wir es mit Einleuchten zu tun. Aber während wir beim Erklingen zu fragen haben, was an ihm als einem Natur-Gegebenen einleuchtet, fragen wir beim Nennen, wie es selber erst durch Einleuchten zustandekommt. Beide Male aber ist der Kern der Frage das unmittelbar Einleuchtende, die *Evidenz*, das nicht weiter zurückführbare Faktum, das Reale, τὸ ἐναργέστατον, das Stoßen auf ES IST, die Gewißheit ES IST.

5.

›Kunst‹ ist eine auf Evidenz beruhende Hervorbringung, ein Aufzeigen des Realen, ein Niederschlag des Wissens um das ES IST. Musik gehört zu diesem Bereich, den wir als Künste bezeichnen. Auch die Dichtung wird dazu gerechnet. Aber die Sprache? Ja, sofern sie Dichtung ist. Das Grundphänomen aber sowohl von Dichtung wie von Sprache ist das Nennen.

Kunstbetrachtung verlangt, die Phänomene *für sich* zu erfassen. Dem hat die Vergegenwärtigung ihres Werdens lediglich zu *dienen*. Mein Beruf ist nicht die Geschichte als Selbstzweck, sondern die Geschichte des menschlichen Werks: der Mensch, abgelesen an dem Realen, abgelesen an den ganz wenigen Hervorbringungen, in denen das ES IST seinen Niederschlag unvermischt gefunden hat, in denen sich die ›Helle‹ (Epiphanie) bekundet, in denen der Mensch leuchtet.

Es hat einen Abschnitt des Menschseins gegeben, da ›Mensch‹ das Wechselverhältnis, die gegenseitige Verankerung Mensch-Werk (Reales) war. Diese Art von Menschsein, die der Vergangenheit angehört, aufzuzeigen, ist mein Anliegen; und insofern ist es ›historisch‹. Daß ich über dieses gewesene Mensch-Sein etwas sagen kann, wurde dadurch ermöglicht, daß jenes Erschaffen des Werks vorbei ist (im weiteren Sinn ›vorbei ist‹), daß es als ein Ganzes vorliegt. Nur die vergangene Kunst ist ein den Menschen verpflichtendes Postulat; erst wenn das Leben, aus dem das Werk entstammt, vorbei ist, erhält das von dem Werk geforderte Postulat als Aufgabe Sinn.

Auf die Zukunft können wir nicht hinweisen; das wäre apokalyptisch. Das ES IST ist zwar zugleich Vergangenheit und Zukunft, ›War‹ und ›Ist‹ und ›Wird sein‹; aber erfassen kann ich es nur im ›War‹. Dies bedingt das Geschichtliche meiner – der heutigen – Betätigung: das Erfassenwollen des ES IST im Werk.

Wohl sind alle Epochen als Geschichte ›unmittelbar zu Gott‹. Der Mensch als geschichtliches Handeln (Praktisches) leuchtet zugleich in jeder Epoche: als Geschichte. Das zu vergegenwärtigen, ist der Beruf des Geschichtsschreibers, Rankes. Echte Geschichte ist nur die ›politische‹ Geschichte, der – auch als Gesellschaft – handelnde Mensch. Es ist aber ein unerlaubter Kurzschluß zu meinen, daß jede Epoche ES IST bekundendes ›Werk‹ hinstellen muß. Die ›Zusammenarbeit‹ der Epochen hat in nur ganz wenigen Hervorbringungen das Reale niedergelegt. Das ist ihr Werk, das Werk des Menschen, das Werk seiner Geschichte, der als Reales aufgestellte Mensch. Dieses Werk hat keine Geschichte: es *ist*. An ihm hat sich der Mensch zu orientieren, an ihm hat er zu erfahren, was er ist, wozu er ist, daß er IST. Meine Beschäftigung weist auf dieses Reale als Werk hin.

Das Griechentum *ist* im Licht (Tempel, Standbild). Das Abendland *reflektiert* das Licht (Malerei, Innenraum, Glasfenster); es ist nicht im Licht, doch es *weiß um* das Licht. Wir aber wissen um das Griechentum und das Abendland. Das heißt: Wir sehen die Unvereinbarkeit und in einem damit die sie zusammenhaltende Einheit. Voraussetzung dafür ist das Erreichen der Stufe, die dieses Wissen ermöglichte: *Hölderlin*. Er, der Mann des Wortes, kommt über das Aufdecken des Nennakts zum Wissen um das Faktum, und in einem damit zum Wissen um die Einheit von Griechentum und Abendland als ›das Wechseln und das Werden‹. Zwar erfaßte vor ihm schon *Heinrich Schütz* das Gefüge der Sprache vom Nennakt her; doch er war Musiker, ebenso wie auch die Wiener Klassiker, denen vorbehalten war, die Form des Nennakts als Musik hinzustellen. Durch das aus*sagende* Wort konnte nur Hölderlin die neue, unsere Stufe aussprechen, das heißt als unsere Seinsform ausdrücklich machen. Aber den realen Grund für das Erreichen der neuen Stufe bilden diese drei Phänomene zusammen: Heinrich Schütz, die Wiener Klassiker und Hölderlin, die zugleich die letzte, reifste Stufe im Bereich des ›Abendlandes‹ repräsentieren.

6.

Die heutige gültige Art, das sich dem Menschen bekundende ES IST einzufangen, ist, die verschiedenen früheren Weisen des ES IST-Einfangens hervorzuholen, explizierend darzustellen und in ihrer – wenn auch nur fiktiven – Gesamtheit das Totale, somit die Einheit zu erblicken und darin den Menschen zu erfassen. Dies ist möglich, weil der Mensch als sich besinnendes Wesen sich in Einem als Gegenwart und als Gedächtnis (gleichsam als Präsens und zugleich als Perfekt) besinnt. Neu und bestimmend ist heute das ausdrückliche Stellen der Frage nach dem Menschen als dem Wesen, das ES IST einfängt und eingefangen hat, die Ausübung des Gedächtnisses an den menschlichen Taten – die auch die Werke enthalten –, wie sie in den älteren Schichten und zugleich in uns aufgehoben sind, und zwar als die Gesamtheit, und darüber hinaus die Einheit der dem Menschen zur Verfügung stehenden geschichtlichen Erfahrung.

Meine Darstellung beruht auf Selbsterfahrung. Ich spreche von dem, was sich *mir* als Gewißheit bekundet, von dem Grund, auf den ich stoße, den ich aber nicht durchstoßen, nicht durchschauen kann. Er bekundet sich als das Fundament, das mir festen Halt gibt. Von diesem Fundament weiß ich lediglich, *daß* es ist, aber ich kann nicht erfahren, *was* es ist. Denn gerade weil ich es nicht durchstoßen, also nicht durchschauen kann, stellt es sich als Grund, als Fundament ein.

Durch das Logisch-Diskursive der Darstellung könnte das Mißverständnis entstehen, daß ich meine Einsichten beweisen wollte. Ich weiß aber, daß dies nicht möglich ist, und ich will dies auch nicht. Der Ursprung (die Gewißheit, ES IST) hat nichts mit Logik gemein, läßt sich somit auch nicht logisch begründen. Auch dann nicht, wenn das Logische mit mathematisch-naturwissenschaftlicher Erkenntnis, Theorie und Beobachtung verknüpft ist, wie in den modernen exakten Wissenschaften. Die Andersartigkeit meines Vorgehens läßt sich schon daran erkennen, daß die Darstellung eine bevorzugte Verwendung von Analogien (Metaphern, Bildern) aufweist. Eine Analogie aber ist kein Beweis; sie kann nur auf das Nicht-Beweisbare, wohl aber *Einleuchtende* eines Sachverhalts, eines Phänomens, eines Faktums *hinweisen*; sie kann lediglich helfen, das Phänomen *einzusehen*.

Mein Verfahren ist aber auch kein philosophisches. Ich arbeite ›von unten herauf‹, und zwar vom Fachlichen, der Musik, her, ›exakt‹ (jedenfalls habe ich den guten Willen dazu) – doch nicht voraussetzungslos. Meine Voraussetzung ist ja die sich im Nennakt bekundende Gewißheit ES IST. Ich suche nicht das jenseits dieser dem Menschen gesetzten Grenze Liegende, das ›Unnennbare‹ (›Unaussprechbare‹), zu erfassen. Ich bescheide mich. Aber mein Bescheiden ist nicht positivistischer Natur. Denn ich ›weiß‹ ja, *daß* ES IST. Sobald ich versuche, das *Was* zu erfassen, verliere ich den festen Boden unter den Füßen. Ich ersetze die Gewißheit des Daß durch Hypothesen. Ich begebe mich in das Reich der Gnosis.

Zu meinen, daß man mehr erkennen kann, als in der Reichweite der menschlichen Natur angelegt ist, ist Hybris (1. Kor. 8, 1–3). Die Reichweite menschlichen Einsehens ist wie der Radius einer Sphäre, in der wir eingeschlossen sind. Diese Sphäre ist aber kein dunkles Gefängnis, in dem sich, tappend, allein das positivistische, exakte Wissen betätigen kann. Erinnern wir uns an das Bild des Heraklit: Des Menschen Seele ist wie die Spinne in einem Spinnengewebe; wenn dieses ein Reiz erreicht, läuft die Spinne dorthin. Übertragen wir dies auf die Sphäre der menschlichen Reichweite: Wenn uns ein Licht an der Begrenzung der Sphäre, der Sphärenoberfläche aufleuchtet – das ist der Nennakt – läuft unsere Gewissensspinne bis zu dieser äußersten Grenze; von dort aus sieht sie ihre eigene Sphäre erhellt, und zugleich erfährt sie die Grenze ihrer Reichweite, sie wird von dem sich an der Grenze ereignenden Licht geblendet: sie erfährt das ES IST, die Gewißheit; nicht mehr als das. Das ist aber genug. Sie erfährt dort das Sich-Bescheiden, die Agape, die aufbaut. Sie wird von Gott erkannt. Sie staunt.

18

Einleitung

Die vorgelegte Studie, wiewohl nicht historisch, setzt Erfahrungen historischer Natur voraus. Der Frage nämlich, der ich nachgehe, lege ich aus der Geschichte hervorgegangene Erscheinungen zugrunde: Manifestationen von Musik und ihrer jeweiligen schriftlichen Darstellung innerhalb der stetigen Auseinandersetzung der Musik mit der Zahl (Bereich der Musiktheorie) einerseits und der Sprache andererseits, den beiden die Musik selbst, aber auch ihren geschichtlichen Gang bestimmenden Komponenten, die – beide – im griechischen Altertum mit dem Wort Logos (λόγος) belegt wurden, und die in der altgriechischen Musikē als Einheit von Musik und Sprache noch ungespalten zusammenwirkend enthalten waren. Der engere Erfahrungsbereich, den ich zugrundlege, umfaßt die Musik etwa von 1700 (J. S. Bach) bis zu Beethovens Tod (1827) und die *deutsche* Sprache. In der Einleitung wird dieses Vorgehen begründet.

Sprachlicher und musikalischer Rythmus

Ein musikalischer Rhythmus ist in der Regel gänzlich und eindeutig bestimmt:

Ein Sprechgebilde dagegen, gleichgültig ob Prosa oder Vers, erträgt nicht eine eindeutige rhythmische Fixierung. Der Vers ist nur insofern rhythmisch gebunden, als ihm ein Skandierschema zugrundeliegt. Freier als der Vers ist die rhythmische Kunstprosa. Sie folgt nicht, wie der Vers, einem Skandierschema, doch weist sie eine gewisse rhythmische Formung auf, besonders bei den Satzschlüssen. In der ungebundenen Sprache, Rede, Prosa, wird das Augenmerk nicht eigens auf das Moment des Rhythmus gerichtet.

Wir könnten nun die Reihe von der rhythmisch ungebundenen Sprache, über eine rhythmische Kunstprosa und über den Vers, bis zum streng gebundenen musikalischen Rhythmus als eine Rangstufung ansehen. Wollen wir aber das wesentliche Merkmal des sprachlichen und das des musikalischen Rhythmus jeweils als solches erfassen, so hilft diese Rangstufung nicht; ja, sie führt in die Irre. Die negative Feststellung, der sprachliche Rhythmus sei nicht gebunden oder noch nicht geformt, erschließt nicht das, was diesen Rhythmus positiv ausmacht. Wir müssen fragen: wie kommt es, daß der musikalische Rhythmus gebunden, der sprachliche aber frei ist?

Ein eigenständig musikalischer Rhythmus – s. obiges Beispiel aus Haydns Sinfonie G-Dur ›mit dem Paukenschlag‹ – leuchtet *für sich* ein. Anders der sprachliche Rhythmus. Er ist von der *Bedeutung* abhängig, und zwar sowohl durch die feststehende bedeutungstragende Silbe eines Wortes[8] als auch durch das bedeutungsbedingte Sprechen des Satzes. In ›Morgen wird vielleicht die Sonne scheinen‹ wird ein Rhythmus wahrgenommen, der nicht für sich Bestand hat, ja, der nicht für sich bestehen darf. Trage ich diesen Satz etwa skandierend, als Alternieren von betonten und unbetonten Silben vor, ›Mórgen wird víelleicht díe Sónne schéinen‹,[9] so verblaßt das Sprechen; der Satz wird nicht mehr ge*sagt*. Fixiere ich darüber hinaus auch die Zeitverhältnisse der Silben, führe ich also einen musikalischen Rhythmus ein, z. B.

♩ ♩ ♩. ♪ ♩ ♩ ♩ ♩ ♩ ♩ 𝄽
Mor- gen wird viel-leicht die Son-ne schei-nen

so entferne ich mich noch mehr von dem, was wir als Sprechen ansehen.

Den Zeitverhältnissen im musikalischen Rhythmus liegen aber Zahlenverhältnisse zugrunde, ♩ : ♩ = 2:1, ♩. : ♩ = 3:2, ♩ : ♪ = 4:1.

Was also für den musikalischen Rhythmus die ihm *innewohnende* zahlenmäßige Festlegung der Zeitrelationen, somit auch der Betonungsabstände, ist für den sprachlichen Rhythmus das *von der Bedeutung abhängige*, daher nicht auf feste Zahlenverhältnisse zurückführbare Sprechen. Im musikalischen Rhythmus ist die Zahl wesentlich. Der sprachliche Rhythmus aber steht jenseits des Zahlenbereichs.

Läßt sich dieser Sachverhalt begründen?

Ton und Sprachlaut

Die Sprache verwendet Sprachlaute, die Musik Töne. Worin unterscheiden sich beide Phänomene? Zunächst stellt man fest, daß die Töne durch die Tonhöhe, die Sprachlaute dagegen durch die Artikulation bestimmt werden. In beiden Fällen erfassen wir etwas Eindeutiges. Doch auf welche Weise stellt sich Eindeutigkeit im einen, auf welche im anderen Fall ein?

Wir gehen von einer Beobachtung am Verständigungspfiff aus: Ich pfeife; mein Freund erkennt den Pfiff und erscheint am Fenster. Ein solcher Pfiff kann unmöglich aus nur einem Ton bestehen.[10] Es sind mindestens zwei Töne nötig, z. B.

Was mein Freund erkennt, ist also nicht ein Merkmal des Tons als eines einzelnen Tons, sondern etwas, das die zwei Töne in Beziehung zueinander setzt. Was wir erkennen, ist die Art und Weise, wie sich die Töne zueinander verhalten, ihr Verhältnis. Anders gesagt: Nicht die absolute Tonhöhe ist das, was wir eigentlich mitteilen. Die Natur mutet uns nicht zu, daß wir nach dem absoluten Gehör reagieren. *Ein Ton ist noch keine eindeutige musikalische Zelle.*

Aber der einsilbige Ruf genügt zur Verständigung: ›Hans!‹, ›komm!‹. Eine einzige Sprachlautexplosion *kann* also eine Sinneinheit mitteilen. Ja, eine einzelne, nicht mit Bedeutung behaftete Silbe – ›strub‹, ›ar‹, ›lu‹ – sogar ein einzelner Sprachlaut – ›o‹, ›i‹, ›p‹ – sind eindeutig, sind sich selbst genug, eindeutig mitteilbar. Dagegen bleibt der *eine* Ton unbestimmt. Erst beim zweiten stellt sich die Reaktion ›aha!‹ ein. Was wir als Signal erfassen, ist das Intervall, die Relation der zwei Töne.[11]

Daß nun die Töne erst als Relation einleuchten, hängt wiederum mit der Zahl zusammen. Den Konsonanzen, und allgemein den musikalischen Intervallen, liegen Zahlenverhältnisse zugrunde. Sie werden z. B. bei der Teilung der Saitenlänge greifbar; erklingt beim Zupfen einer gespannten Saite der Ton *A*, so ergeben deren Hälfte die obere Oktav, *a*, und deren 2/3 die Oberquint, *e*. Es liegen also die Zahlenverhältnisse 1 : 2 bzw. 2 : 3 vor. Und daß die rhythmischen Werte auf Zahlenverhältnissen beruhen, zeigt sich schon in der Benennung ›Ganze‹, ›Halbe‹, ›Viertel‹ usw. (vgl. auch die Dreierteilung in Form der Punktierung, z. B. ♩., oder der Triolierung, z. B. ♫).

Die Zahl ist in der Musik ebenso konstitutiv für den Rhythmus wie für die Intervalle.

Daß dagegen die einzelne Silbe, die einzelne Artikulation für sich eindeutig erfaßt wird, als ›Absolutes‹ einleuchtet, und nicht erst aufgrund des Verhältnisses zu den umgebenden Silben Bestimmtheit erlangt, besagt zugleich, daß sich die Silben nicht als Relation, somit auch nicht als Zahlenrelation konstituieren. Daher unterliegen auch das Auf und Ab der Stimme und der Rhythmus weder vorbestimmten

Zahlenrelationen, noch sind sie beim jeweiligen Sprechen eindeutig festlegbar. Sobald feste Tonhöhen oder Rhythmen aufkommen, meldet sich eine musikalische Komponente. In der Sprache haben – im Gegensatz zur Musik – Zahlenrelationen nichts zu suchen. Die Zahl scheidet hier aus.
 Woher kommt das?

Empfindung und Ton

Ein Artikulieren ruft die Empfindung[12] eines Sprachlauts hervor, und zwar durch das Gehörsorgan. Es handelt sich also um eine Gehörswahrnehmung. Wir nehmen ein ›Geräusch‹ wahr. Indem wir ein Geräusch, z. B. beim Holzsägen, wahrnehmen, erwarten wir ›erschöpfende Auskunft‹ über es, als Geräusch, und zwar unmittelbar durch dieses eine Geräusch. Wir stellen die Art des Geräusches (z. B. schrill, schneidend) fest, auch daß es durch Holzsägen verursacht wird, und wir lokalisieren es; oder aber, vielleicht weil das Geräusch selbst undeutlich oder uns nicht geläufig ist, erhalten wir nicht auf alle Fragen eine eindeutige Auskunft. Ein Zischgeräusch ist was es ist, Zischgeräusch, schon wenn ich nur dieses, für sich wahrnehme. Es wird nicht erst zu Zischen, wenn ich daneben (gleichzeitig oder abwechselnd hintereinander) ein Geräusch etwa vom Wehen des Windes wahrnehme. Zugleich beziehe ich das Geräusch auf seine Quelle: Holzsäge, kochendes Wasser. Ebenso ist ein bestimmter Sprachlaut was er ist, z. B. ein ›r‹, schon wenn ich nur ihn, für sich wahrnehme. Und zugleich beziehe ich ihn auf seine Quelle, auf das Sprachlautorgan, auf mich oder einen anderen Menschen.
 Analoges gilt für die Geruchs-, Geschmacks- und Haut-Wahrnehmungen. ›Süß‹, ›Rosenduft‹, ›Nadelstich‹ nehme ich unmittelbar, am *einen* Reiz, wahr, ohne daneben Bitteres, Knoblauchgeruch oder Streicheln wahrnehmen zu müssen. Und sie sind für mich ›anzeigend‹; sie werden auf Dinge bezogen; sie zeigen ein Ding an – Zucker, Rose, Nadel –, dem sie anhaften, bzw. das den Reiz auslöst: ›*Der Zucker* ist süß‹ sagen wir, und nicht: ›*ich* empfinde Süße‹; ähnlich: ›die *Rose* duftet‹. Oder sie zeigen – wie die Geräusche (z. B. Hammerschlag, Labiallaut) – einen die Wahrnehmung verursachenden Vorgang an, der wiederum auf Dinge bezogen wird, etwa Kratzen durch Katzenkrallen. – In allen derartigen Wahrnehmungen stellt sich also eine primäre Verknüpfung ein, aber nicht analog der Zahlenrelation von Gleichartigem, sondern von Verschiedenartigem, von Empfindung und Ding.

Dies gilt auch für die Farben. Auch sie bekunden sich als je für sich und zugleich als je einem Ding anhaftend: Himmelblau, Ziegelrot, Zitronengelb. Die Empfindung Blau beruht auf der Wahrnehmung der *einen* Farbe, des *einen* Dings. Es ist nicht etwa nötig, eine andere Farbe, z. B. Rot, daneben zu stellen, um das Blau als blau zu bestimmen. Freilich weisen die Farben auch Beziehungen untereinander auf; etwa als Komplementärfarben. Aber primär und zunächst bekunden sie sich so wie die anderen erwähnten Empfindungen, als je *Absolutes*.[13] – Weil sie als Absolutes, und nicht als Verhältnisse wahrgenommen werden, sind die Farben nicht auswechselbar, nicht ›transponierbar‹. Es läßt sich etwa das komplementäre Paar Blau/Orange nicht, unter Berufung auf die Komplementarität, durch Gelb/Violett ersetzen. Denn dadurch ginge unsere ursprüngliche Wahrnehmung, die aus den *zwei verschiedenen*, wenn auch komplementären Farbempfindungen Blau und Orange bestand, abhanden; an ihre Stelle würde eine von Grund auf andersartige Wahrnehmung – die von Gelb und Violett – treten.[14] Daß die Farben nicht auswechselbar sind, beruht nicht nur darauf, daß sie als Absolutes wahrgenommen werden, sondern zugleich auf der auch ihnen, wie den anderen Wahrnehmungen (s. o.), innewohnenden Eigenschaft des *Anzeigens*: die ›Dinge‹,[15] die sie anzeigen, wären ›transponiert‹ nicht mehr dieselben.

Die beiden Eigenschaften des Anzeigens und des Absoluten sind gekoppelt. Sie bedingen sich gegenseitig; ja sie decken sich. Daß die jeweilige Farbe als Absolutes wahrgenommen wird, besagt zugleich, daß ihr die Eigenschaft des Anzeigens innewohnt. Wenn wir sagen: ›Diese *Farbe* ist blau‹, so sagen wir zugleich: ›Dieses *Ding* ist blau‹[16]. Die Farbe ist anzeigend und *somit* als Absolutes wahrnehmbar; ist als Absolutes wahrnehmbar und *somit* anzeigend.

Die Farben, wie auch die vorher einbezogenen Wahrnehmungen (Geräusch, Geschmack usw.) sind Empfindungen im engeren Sinn. Die Merkmale der Empfindung sind: a) das *Absolute*, und b) das *Anzeigende*.

Die Empfindung zeigt stets ein Räumliches, ein im Raum Lokalisiertes, ein Dinghaftes an, inbegriffen unseren eigenen Körper, unsere Körperteile, Organe. Von dem Dinghaften wissen wir erst über unsere Empfindungen. Es meldet sich uns durch sie. Wir nehmen es mittels der Empfindungen wahr. Die Empfindung ist die Brücke zwischen meinem Selbst und dem Dinghaft-Räumlichen. Wo Empfindung, dort Räumliches.

Was ist aber der Ton? Der Ton wird durch das Gehör wahrgenommen. Insofern ist er, wie das Geräusch, eine Gehörswahrnehmung, eine Schallwahrnehmung. Er kommt durch das Einwirken eines Reizes auf das Sinnesorgan, das Ohr, zustande, und dieser Reiz wird wiederum durch einen Vorgang an einem Ding, z. B. durch das Zupfen einer Saite ausgelöst. Er kommt also wie eine Empfindung zustande; er meldet sich uns in Geräusch eingehüllt. Er ist, als Gehörswahrnehmung, nicht nur Ton, sondern zugleich Geräusch; es ist nicht notwendig, daß er ausschließlich in seiner Eigenschaft als Ton aufgefaßt wird, sondern er kann zugleich in seiner Eigenschaft als lediglich Hörbares wahrgenommen werden. Dann gelten auch für ihn die zwei Merkmale Absolutes + Anzeigendes. Als Empfindung aufgefaßt, hat der Ton z. B. eine Klangfarbe. Die Klangfarbe wird als Absolutes wahrgenommen, und sie zeigt die Tonquelle – im Raum Lokalisiertes, z. B. eine Trompete – bzw. die Art der Tonerzeugung an. Sie gehört aber nicht zum Spezifischen des *Ton*phänomens, sondern ist ein dem Ton als Geräusch Anhaftendes[17]; sie ist kein konstitutives Merkmal des Tons als Ton, sondern vielmehr ein Merkmal des Tons in dessen Zugehörigkeit zur Gattung der Geräusche, allgemein zur Gattung des Hörbaren.

Wir unterscheiden Töne als hoch und tief. Doch das Moment der je konstanten Tonhöhe genügt zwar, um den Ton vom physikalischen Gesichtspunkt her dem Geräusch gegenüber abzugrenzen, aber solang dieses Moment nicht in einem besonderen Sinn verstanden wird, genügt es nicht, um den Ton als das spezifische Phänomen zu erfassen, das der Musik zugrundeliegt, und auch nicht, um das von Grund auf Verschiedene dem Geräusch gegenüber zu kennzeichnen. Bedenken wir z. B., daß die Griechen die Töne nicht als *hoch – tief*, sondern als ὀξύς – βαρύς (und die Lateiner als *acutus – gravis*), also: *spitz – schwer* bezeichneten, so wird das Gemeinsame der Tonhöhe mit einer Geräuscheigenschaft deutlicher: Es ist durchaus am Platze, daß man gewisse Geräusche als spitz, andere als schwer (soviel wie ›dumpf‹) bezeichnet. Trotzdem ist es die Tonhöhe, von der aus sich uns das konstitutive Merkmal des Tonphänomens erschließt. Wie haben wir aber die Bestimmung, daß sich die Töne als das sie konstituierende Merkmal durch die Tonhöhe unterscheiden, zu verstehen?

Wenn für das Einleuchtende, eindeutig Wiedererkennbare am Tonphänomen von ›Tonqualität‹ (oder ›Tonigkeit‹) gesprochen wird, so bezieht man sich darauf, daß die Reihe $c, d, e, \ldots$ von einem bestimmten Ton an – dem achten, der ›Oktav‹ – in höherer (bzw. tieferer) Lage wiederkehrt. Es stellen sich in höheren (bzw. tieferen) Oktavversetzungen durch den ganzen Tonbereich dieselben Ton-›Qualitäten‹ ein: $c', d', e', \ldots$; $c'', d'', e'', \ldots$ usw. (bzw. $C, D, E, \ldots$ usw.). Diese Beobachtung ist zwar richtig; sie ist aber irreführend, sofern man – wie dies in der Regel geschieht – glaubt, den Sachverhalt damit erschöpfend erfaßt zu haben.

Vom Gesichtspunkt der Tonqualität aus wird oft der Oktavausschnitt analog zum Farbspektrum aufgefaßt. In beiden Fällen – so nimmt man an – stoße man während des Gleitens auf verschiedene, eindeutige Qualitäten, dort die einzelnen Farben, hier die Töne (c, d, e, ...); nur darin unterscheide sich die Tonreihe von der Farbenreihe, daß sie, durch ihre letzte Stufe in den Anfangston mündend, in der jeweils nächsthöheren Lage des Tonbereichs wiederholt wird. Da sich aber doch gerade erst dadurch die Tonqualitäten als solche erweisen sollen, bleibt bei diesem Deutungsversuch unklar, woran man sie erkennen will.

In der Tonpsychologie behandelt man ›Töne‹, *Einzel*töne (den ›Schall‹). Und *dann* fragt man sich, wieso denn ›einige‹ Töne miteinander übereinstimmen (Konsonanz); und so stellt man ›Verschmelzungstheorien‹ und dergl. auf, also als ›Oberbau‹ über dem nicht als solches erkannten *Grund*phänomen, das eben gerade nicht der einzelne Ton, sondern die Relation *selbst* ist.

Beim Farbspektrum bietet sich ein gleitender Übergang vom Rot durch den gesamten Farbenbereich bis zum Violett. Auch bei sirenenähnlichem Gleiten des Tons nehmen wir etwas Kontinuierliches wahr. Aber während im Farbenbereich alle Farbtöne gleicherweise stimmen, sind wir im Tonbereich genötigt, eine besondere Auswahl je konstanter Töne zu treffen; der Rest des gleitenden Tonkontinuums scheidet als ›falsch‹, als nicht zu den ausgewählten Tönen passend, als nicht stimmend, aus. Ein *d* wird von den benachbarten Tönen, *des* und *dis*, durch eine Tonstrecke getrennt, die als Verstimmung, als verstimmtes *d* aufgefaßt wird. In der Farbskala gibt es keine Analogie zum verstimmten *d*; es gibt z. B. kein ›verstimmtes‹ Gelb. Es gibt unzählige *verschiedene* Gelb, die, wiewohl sie einander kontinuierlich ablösen, ausnahmslos die ›absolute‹ Eigenständigkeit und ›Richtigkeit‹ jeder Farbe haben.[18]

Nun ist eine grundlegende Aporie der Musikhistorie und der Musik selbst, daß bei jedem Erfassen der Töne, der Intervalle, eine merkwürdige Doppelung im Spiel ist: *tatsächlich* Erklingendes und *Gemeintes*. Diese Unterscheidung – die in den Bereichen der Sprache und des Sichtbaren keine Entsprechung hat, ja dort sinnlos wäre – ist wesentlich für das Begreifen der innermusikalischen Zusammenhänge wie der Musik überhaupt. Wir hören einen Ton im Hinblick auf einen ihm vorausgehenden, und fragen, ob wir ihn ›fixieren‹, ›verstehen‹, ›unterbringen‹, ›einordnen‹, ob wir diese Tonbeziehung ›erkennen‹, ›einsehen‹ können; und ist dies nicht der Fall, so assimilieren wir nicht den ›tatsächlichen‹ Ton, sondern einen – für uns – damit ›gemeinten‹. Die Macht des Gemeinten ist stärker als die Macht des Tatsächlichen. Erst diese Tatsache ermöglicht die sogenannte ›Temperierung‹. Ihre

Voraussetzung ist, daß die Musik (das Tonphänomen) mit ›*gemeinten*‹ Tönen operiert, daß sie das Tonreich doppelt: den tatsächlich erklingenden ordnet sie ›gemeinte‹ Töne zu – und *das* sind die Töne, die die Musik tragen. Wenn aber die Macht dieses ›gemeinten Reichs‹ so groß, so gebieterisch, so eigenständig ist, daß die tatsächlichen Töne nicht gehört werden, sondern an ihre Stelle andere – eben die ›gemeinten‹ – treten, so ist es klar, daß diese Macht *nicht* im tatsächlichen (physisch bestimmten) Hören wurzelt, sondern woandersher kommt: Das Reich, in dem diese Macht wurzelt, ist das der *Zahlen*, der Zahlen*verhältnisse*. Sie sind es, die die Notwendigkeit des ›Korrigierens‹ und der Kompromißlösungen des Intonierens und der Temperierung bei Instrumenten mit festen Tonhöhen (Tasten) verursachen. Diese Macht ›beanstandet‹ also nicht die tatsächlichen Töne als Einzeltöne, sondern deren Verhältnisse. Weil nun das Auseinanderhalten von tatsächlichem und gemeintem Ton auf dem Primat des Verhältnisses beruht, macht es die Temperierung nicht allein möglich, sondern außerdem notwendig: jedenfalls in den Fällen, da die ›gemeinten Verhältnisse‹ – d. h. echten *Ton*verhältnisse – in den physisch erzeugbaren Tönen nicht zu finden sind – aus welchen (von vielen möglichen) Gründen auch immer.

Kriterium für die Auswahl der brauchbaren Töne ist, daß nur diese gleichsam *einhaken*. Woran liegt dies? Bei einem sirenenähnlichen Gleiten des Tons in die Höhe nehmen wir nur ein kontinuierliches Höherwerden wahr, ohne eine Auswahl irgendwie ausgezeichneter Töne treffen zu können. Auch das Stehenbleiben der Sirene bei verschiedenen, zufälligen Tonhöhen bewirkt nicht, daß solche Tonhöhen als einleuchtend empfunden werden. Vergegenwärtigen wir uns, wie man das einleuchtende ›Einhaken‹ des einzelnen Tons herbeiführt, das beim sirenenähnlichen Gleiten in die Höhe oder auch bei wiederholtem zufälligem Unterbrechen des Gleitens und Verweilen auf einzelnen Tonhöhen ausbleibt: Entweder intoniert man den als einhakend vorgestellten Ton direkt, oder – etwa beim Stimmen eines Instruments, z. B. der Geige – man erreicht seine Reinheit durch suchendes Hin- und Hergleiten innerhalb eines bestimmten Feldes. In beiden Fällen aber geht man von einem Ton als Basis aus, nach dem man sich orientiert; man bestimmt die Töne nicht absolut, sondern in Bezug auf diesen Ausgangston. Die Antwort auf unsere Frage lautet also: Liegt der Grund für das Sich-Einstellen der Farbempfindung Gelb im Gelb selbst, so liegt der Grund für das Einhaken des d nicht im d selbst, nicht in seiner für sich, als Absolutes erfaßten Tonhöhe, sondern in seiner Relation zu anderen Tönen. Ein Gelb ist ›dort‹ verankert, ist Räumliches. Aber ein d' – als Tonphänomen, nicht als Geräusch – ist nicht ›dort‹, in etwas Andersartigem als es selbst verankert, nicht etwa in der Trompete lokalisiert oder durch die Trompetenklangfarbe bestimmt, sondern es erlangt Bestimmtheit als das Verhältnis zu einem *anderen* Ton, z. B. dem *g*, also etwas dem *d′* Gleichartigem. *d′* und *g* erlangen Bestimmtheit wechselseitig, das eine durch das andere, durch ihr gegenseitiges Verhältnis, als Intervall, als die Quint *g–d′*, als *Tonrelation*.[19]

Die einzelnen Töne werden zwar als Hörbares, sie werden also zwar vermittels Empfindungen an mein Selbst herangetragen. Aber das *Ton*phänomen als solches, die Tonrelation, stellt sich lediglich *an Hand* von Empfindungen ein; es selbst ist keine Empfindung im engeren Sinn (vgl. S. 22 ff.). Durch die Relation wird das Moment der Empfindung eliminiert, damit aber auch das Moment des Räumlichen, des im Raum Lokalisierten; denn Räumliches, Dinghaftes wird als Empfindung angezeigt (vgl. S. 23). Anders gesagt: Die Tonrelation meldet sich nicht als Räumliches, sie wird nicht im Raum verankert – sondern? Sondern *in der Zahl*: im Zählen, in den Ganzzahlenverhältnissen (vgl. S. 21; der Quint *g–d′* liegt z. B. das Zahlenverhältnis 2 : 3 zugrunde). Nun, eine Reihe von Ganzzahlenverhältnissen – z. B. 1 9 : 8 6 : 5 5 : 4 4 : 3 3 : 2 5 : 3 15 : 8 2 – ist nicht ein Stetiges, sondern eine Folge von Diskreten. Darin also liegt der Grund, weshalb der Ton sich nicht – etwa analog zu der Farbe – als ein sich kontinuierlich Veränderndes, als Stetiges darstellt, sondern als eine Folge von *diskreten Stufen*, die ›einhaken‹.

Daß das Tonphänomen ein Relationsphänomen ist, daß es sich nicht als Räumliches bekundet, daß es in der Zahl verankert ist, sind lediglich drei verschiedene Seiten eines und desselben Sachverhalts. – Das Tonphänomen ist aber ein Tönen; es ist tönende *Zeit*, sich als erklingende Zahlenrelationen bekundende Zeit. Die Zeit bleibt hier bei sich; sie begibt sich nicht in den mit Empfindungen erfüllten Raum hinaus.

Wie aber verhält sich die Zahl zu der Zeit?

I. Zeit

Zeit und Zählen

Daß Musik mit Zahlen zu tun hat, ist allgemein bekannt. Daß Zeit mit Zahl zu tun hat, sagt Aristoteles; doch wird dies auch bestritten. Ich will auf Aristoteles eingehen, weitere Fragen nach der Zeit verfolgen und anschließend (Kap. II a) die Beziehung von Zahl, Musik und Zeit erörtern.

Warum stelle ich meine Zeit-Theorie nicht ohne Aristoteles dar – vor allem, ohne dem Leser diesen für ihn unerwarteten Umweg zuzumuten? Ich sagte doch (S. 18), mein Verfahren sei kein philosophisches. Dem ist zu entgegnen: Mein Ziel ist nicht die philosophische und philologische Interpretation geschichtlich gegebener Anschauungen über die Zeit, speziell der Aristotelischen Zeit. Vielmehr führte mich ein ursprüngliches Staunen über das Faktum Zeit dazu, von Aristoteles ausgehend meine eigenen Gedanken zu klären. Und deshalb möchte ich sie auch an Hand des Aristoteles darlegen.

Aristoteles definiert die Zeit als Zahl: »Denn das ist die Zeit: die Zahl der Bewegung nach dem Vorher und Nachher.«[20] Wie aus dem Zusammenhang hervorgeht, ist mit ›Zahl‹ *Zählen* gemeint. Zahl aber, sagt Aristoteles (Physik 219b5–8), wird sowohl das Zählbare, ἀριθμητόν, und das, was gezählt wird, ἀριθμούμενον, als auch das, womit wir zählen, ᾧ ἀριθμοῦμεν, genannt. Zeit nun ist nicht das, womit wir zählen, nicht das abstrakte Zählen, ᾧ ἀριθμοῦμεν, sondern das Zählbare, genauer: das was wir je und je zählen, ἀριθμούμενον. Zählbar sind auseinanderzuhaltende Dinge: Pferde oder Punkte, oder auch Gedanken. Wir zählen also eine Vielheit von diskreten Dingen, eine Menge. Zählen ist ein *diskontinuierlicher* Vorgang. Er setzt Diskontinuierliches voraus. Wir müssen von 2 zu 3, vom 2. zum 3. zählbaren Ding geradezu springen. Dazwischen gibt es nichts.

Liegt dagegen etwas *Kontinuierliches* vor, so versagt das Zählen. Hier müssen wir *messen*. Wir messen eine vorliegende *Größe* mit einem willkürlich gewählten *Maß*; z.B. eine Strecke durch das Metermaß, die Wärme durch das Thermometer. Beim Fieber fragt man z.B.: ›Hast du gemessen?‹, und nicht ›... gezählt?‹.

Was ist nun die Zeit? Kontinuierliches oder Menge (Aggregatartiges)? Die naheliegende Antwort ist: Kontinuierliches. Zählen wäre also hier nicht am Platze. Wohl aber Messen, Messen der Zeit, die verlaufen ist, z. B. zwischen dem Start eines Läufers und dem Erreichen seines Ziels. Aber Aristoteles behauptet, die Zeit sei ein Zählen. Was für auseinanderzuhaltende einzelne Zeit-Dinge will er hier zählen? Hätte er nicht ›Messen‹ statt ›Zählen‹ sagen sollen? Oder meint er vielleicht mit ›Zahl‹ das Ergebnis eines Messens nach der zugrundegelegten Maßeinheit, z. B. 5 Minuten, analog zu 5 Metern? Daß also der Läufer 5 Minuten vom Start bis zur Ankunft gebraucht hätte, oder daß der Minutenzeiger sich um 5 Minutenstriche auf dem Umkreis fortbewegt hätte, ist *das* die Zeit als »die Zahl der Bewegung nach dem Vorher und Nachher«? Aber was sucht dann hier das »nach dem Vorher und Nachher«?

Soviel ich sehe, wird bei den modernen Untersuchungen zu der berühmten Abhandlung über die Zeit aus der Physik des Aristoteles die Frage Zählen oder Messen nicht genügend geklärt. Die Aristotelische Definition wird wiedergegeben etwa mit: »So ist denn die Zeit das Maß, die Zahl der Bewegung (Veränderung) nach dem Früher und Später«[21]. Oder man spricht von »Messen und [oder] Zählen der Zeit«[22]. Offenbar faßt man die Zahl des Aristoteles eben als das Ergebnis eines Messens auf – eines Messens von Zeitgröße mittels einer Zeiteinheit, z. B. der Dauer des Ablaufs einer gegebenen, sich gleichmäßig wiederholenden Bewegung, etwa des Umlaufs einer Kreisbewegung.

Demgegenüber stelle ich fest, daß Aristoteles zwischen Zählen und Messen (ἀριθμεῖν und μετρεῖν) streng unterscheidet. In der auf das Erfassen der Zeit für sich abzielenden Erörterung (219a10–220b14) operiert er nur mit *Zahl* und *Zählen*; *Maß*, *Messen* kommen nicht vor. Sie werden erst in dem darauffolgenden Teil eingeführt, und zwar im Zusammenhang mit der Erörterung der Wechselbeziehung zwischen Zeit und Bewegung. Auf eine kurze Formel zurückgeführt, läßt sich sagen: Im ersten Teil wird das Zählen als das die Zeit konstituierende Moment aufgewiesen. Und im zweiten Teil wird die als Zählen sich konstituierende Zeit nun in ihrer Wechselbeziehung zur Bewegung erörtert; es wird dargelegt, daß sich Zeit und Bewegung gegenseitig *messen, indem* die Zeit ein Zählen ist.

Ich gehe auf den ersten Teil ein. Aristoteles faßt seine Erörterung in der erwähnten Definition zusammen: »Denn das ist die Zeit: die Zahl der Bewegung nach dem Vorher und Nachher«. Wie versteht Aristoteles den Begriff der Zahl? Welches ist das Verhältnis von »Vorher und Nachher«, also von Zeit und Zahl? Welche ist in dieser Definition die Funktion der Bewegung? Wir nehmen diese drei Fragen der Reihe nach durch.

1. Wie versteht Aristoteles den Begriff der Zahl? An anderer Stelle

(Analytica Posteriora[23] und Metaphysik[24] sagt Aristoteles von der Eins, dem Ursprung (ἀρχή) der Zahlen, sie sei ἄθετος und sie habe kein μέγεθος: sie habe keinen Ort (Standort, Position) und keine Größe (keine Ausdehnung). Dies erfaßt den rein arithmetischen Begriff der Eins (und gilt für die Zahlen überhaupt; vgl. auch Kategorien 5a23–31: »Die Zahl hat keinen Ort, sondern Ordnung (τάξις)«). Sobald die Eins Ort und Ausdehnung erhält, wird sie zu *geometrischer* Gegebenheit. Mit Ort verbunden, wird sie zum Punkt[25], durch Größe (Ausdehnung) zu Strecke, Fläche, Körper[26]. Wir haben dann nicht mit Arithmetik, sondern mit Geometrie zu tun. Aristoteles beanstandet daher, daß die Pythagoreer »annahmen, die Einse (μονάδας) hätten eine Größe; wie jedoch das erste Eins sich zur Ausdehnung gebildet habe, darauf scheinen sie nicht antworten zu können«[27]. Diese an die Pythagoreer gerichtete Kritik überwindet zugleich deren Ratlosigkeit bei der Entdeckung des sogenannten Irrationalen. Denn das Irrationale kam an *geometrischen* Figuren, als Relation von geometrischen Größen zum Vorschein, als das Verhältnis von zwei Strecken, die kein *gemeinsames Maß* haben, inkommensurabel sind. Aber das rein Arithmetische, das ja Ort und Ausdehnung nicht kennt, hat damit nichts gemein. Diese Einsicht liegt schon bei Euklid vor. Denn er unterscheidet zwei Arten der Relation: die Zahlenrelation und die Größenrelation (λόγος ἀριθμῶν und λόγος μεγεθῶν); die Größenrelation (auch sie ein λόγος, doch kein Zahlenlogos) bezieht sich auf Geometrisches, bei ihr meldet sich das Messen. Nun, auch das Zählen, das Zählen von Diskreten, kennt ein ›Maß‹: die Eins. »Die Eins ist Prinzip und Maß der Zahl« sagt Aristoteles.[28] Die 7 ist siebenmal Eins; zwei aufeinanderfolgende Zahlen, z. B. 7 und 8, haben die Eins als *gemeinsames Maß*.

Im Zählen steckt Relation, und zwar die Ganzzahlenrelation: 8 = 7 + 1; 8 und 7 stehen in der Relation (7 + 1) : 7, allgemein ausgedrückt (n + 1) : n; sie bilden ein sogenanntes überteiliges Verhältnis mit der Eins als gemeinsamem Maß. Solches Maß hat aber mit einem Größenmaß nichts zu tun. Es ist ein Maß ohne Größe (ohne Ausdehnung), die Eins als das Prinzip, wonach wir zählen, von Zahl zu Zahl fortschreiten. Eine kontinuierliche Größe dagegen wird nicht gezählt, sondern gemessen. Wir messen sie durch ein Größenmaß, z. B. das Meter. Dieses ist, als ebenfalls kontinuierliche Größe, ad libitum unterteilbar; es lassen sich unbegrenzt Zwischengrößen einschalten. Daß eine Größe z. B. 2 m + 3/10 m + 7/100 m + 4/1000 m ... lang ist, ist zwar durch eine ›Zahl‹, 2, 374 ..., ausdrückbar, aber der wirkliche Vorgang ist hier kein Zählen, sondern eben ein Messen. Die Kritik des Aristoteles an den Pythagoreern gilt nun daher auch für den neuzeitlichen Begriff der irrationalen ›Zahl‹. Auch sie – und ebenso ihre moderne Erklärung, etwa durch den sogenannten Dedekindschen Schnitt – enthält, wenn auch unausgesprochen, Geometrisches; sie setzt den Begriff des Kontinuierlichen, des Stetigen, der Größe, somit des Messens voraus.

2. Welches ist in der Zeit-Definition des Aristoteles das Verhältnis von »Vorher und Nachher«? Aristoteles spricht von einem Verhältnis der Zahl zu der Zeit. Auf Räumliches, auf vor mir ausgebreitete Größe, auf ausgedehntes Ding, ist die Kategorie des Messens anwendbar. Das – nicht abstrakte – Zählen wird auf eine Vielheit von Diskreten bezogen. Diese haben ihre Eigenständigkeit, und sie werden außerdem gezählt. Aristoteles nun behauptet, es gebe ein Substrat des Zählens, das mit Zählen unlöslich verknüpft ist, ein Substrat also, das nicht gesondert vom Zählen faßbar werden kann, sondern sich erst als Zählen konstituiert. Und er behauptet, das sei die Zeit.

Um des Aristoteles Definition zu begreifen, ist entscheidend, sich stets vor Augen zu halten, daß die Aristotelische Erörterung der Zeit das *Jetzt* (νῦν) zugrundelegt. Der Begriff der Zeit wird vom Jetzt aus konstituiert. (Vgl. auch 219b33–220a1: »Man sieht, daß es keine Zeit gäbe, wenn es kein Jetzt gäbe, und daß es kein Jetzt gäbe, wenn es keine Zeit gäbe.« Dazu 251b19f.: »Es ist unmöglich, daß die Zeit ist oder eingesehen (erkannt) wird ohne das Jetzt«, und weiter bis 251b26.) Daß dies nicht selbstverständlich ist, erhellt schon daraus, daß in Kants Erörterung der Zeit das Jetzt so gut wie keine Rolle spielt.

Die Zeit bekundet sich als das Vorher und Nachher. Aber weder das Vorher noch das Nachher sind je wirklich da; sie sind nie gegenwärtig. Wirklichkeit kommt nur dem je Gegenwart signalisierenden Jetzt, nur dem Augenblick zu. Das Jetzt ist, möchte ich sagen, das Monogramm der Zeit. Das einzige Gegenwärtige, sich als präsent Meldende, ist das je eine Jetzt, der Augenblick, von dem aus das Vorher *war* und das Nachher *sein wird*. Das Jetzt hat keine Dauer; es ist ein blitzartiges Aufleuchten der Zeit als Wirkliches[29]; es hat keine Ausdehnung. Es wäre also dem Punkt vergleichbar. Und doch stimmt dieser Vergleich nicht. Denn der Punkt hat Ort (Position), ist im Raum, der wiederum wirklich vor mir ausgebreitet ist, und worin nach Belieben viele im Zugleich vorhandene Punkte lokalisierbar sind. Aber das Jetzt? Wo ›ist‹ es denn? Ich kann nicht darauf zeigen, ich kann es nicht lokalisieren. Ich kann auch nicht zugleich mehrere Jetzte bemerken, denn die Zeit liegt nicht als Wirkliches ausgebreitet vor mir.

Im Raum bin ich frei, mich zu bewegen, meinen Standort zu wechseln. In der Zeit dagegen verfüge ich nicht über die Freiheit, einen anderen ›Standort‹, ein ›anderes Jetzt‹ zu wählen; ich bin – wir sind *alle zugleich*[30] – an das eine Jetzt gebunden; ich bin stets beim Jetzt festgenagelt. Ich kann nicht anders, als beim Jetzt ausharren, gleichsam mein Schicksal dulden.

Dem Jetzt läßt sich also auch kein Ort zuweisen. Der Ort des Jetzt ist das Jetzt; das Jetzt ist beim Jetzt, ist jetzt, in uns allen zugleich. Es ist daher irreführend, sich Zeit und Jetzte als Räumliches vorzustellen[31], die Zeit als eine Gerade und die Jetzte als Punkte darauf. Denn die Gerade *haben* wir, sie ist vor uns ausgestreckt; wir können nach Belieben Punkte darauf bestimmen, oder sie als Standort wählen; sie sind *alle da*, nicht etwa erst als Vorher und Nachher. Bei dem Vergleich der Zeit mit einer Strecke müssen wir außerdem einschränkend bemerken, daß die Richtung bei der Zeit nicht, wie bei der Strecke, umkehrbar ist. Das Bild, das doch, wie alle Bilder, verwendet wird, um zu veranschaulichen, zu klären, bewirkt das Gegenteil; es verdunkelt den Sachverhalt. So muß bei der Einführung des Bildes etwas ›geklärt‹, einschränkend erklärt werden, was im Phänomen selbst sonnenklar ist: daß Vorher und Nachher eben vorher und nachher eintreffen, und nicht als Folge Nachher-Vorher vorkommen können.

Der Zeit und dem Jetzt entspricht also nichts Geometrisches; sie lassen sich nicht durch Raumanalogien adäquat vorstellen. Die einzige dem Jetzt adäquate Spiegelung im Nous (νοῦς)[32] ist die *arithmetische Eins*, die Eins ohne Ort und Ausdehnung[33]. Und spiegelt sich das Jetzt als die arithmetische Eins, so spiegelt sich die Zeit als das *Zählen*, das Zählen von Jetzten.[34] Denn das Jetzt ist zwar stets, als der gegenwärtige Augenblick, dasselbe (τὸ αὐτό); aber es ist doch auch, als das *je* gegenwärtige, nicht dasselbe (οὐ τὸ αὐτό), sondern stets ein anderes (ἕτερον).[35] Daher ist es zählbar, wie die Einse.

Der Kernsatz, der zu der Definition führt, enthält nämlich die Überlegung: Erst wenn wir ein früheres und späteres Jetzt deutlich auseinanderhalten, erst wenn die Seele sagen kann: »*zwei Jetzte*« (δύο νῦν)[36], erst dann haben wir Zeit bemerkt. Die Definition meint somit nicht ein unbestimmtes »Vorher« und »Nachher«, sondern diese sind direkt auf das *Jetzt* zu beziehen, das, weil zuvor genannt, in der Definition nicht wiederholt wird. Es muß also lauten: »Denn das ist die Zeit: die Zahl (der Bewegung) nach dem *vorherigen und späteren Jetzt*«[37].

›Vorher‹ und ›Nachher‹ sind aber Relationsangaben, und ohne sie ist Jetzt, ist Zeit als durch Nous Erfaßtes nicht denkbar. Wie das Zählen[38] impliziert auch die Vorstellung ›Zeit‹ die Relation als genuines und ursprüngliches Phänomen.

Indem wir ›(eins-) zwei‹ sagen, zählen wir. Das Zählen tritt uns hier als Ursprüngliches entgegen: es stellt sich spontan ein als das von selbst einleuchtende Auseinanderhalten (Unterscheiden) von unmittelbar aufeinanderfolgenden Diskreten, die weder Position noch Aus-

dehnung haben: 1. Jetzt 2. Jetzt (3. Jetzt usw.). Es ist nicht ein abstraktes Zählen, sondern ein Zählen *als Reales*: τὸ ἀριθμούμενον, *das, was gezählt wird*: das, was sich als reales Zählen bekundet.[39] Dagegen ist ἀριθμητόν *das, was gezählt werden kann*, das Zählbare.
Es ist hier nötig, kurz auf ἀριθμητόν und ἀριθμούμενον einzugehen. ἀριθμητόν läßt sich auf deutsch ohne weiteres sagen: das Zählbare. ἀριθμούμενον aber ist ein passives Partizip in *Präsens*form, ist also nicht mit ›gezählt‹ wiederzugeben. Denn ›gezählt‹ ist ein passives Partizip in *Perfekt*form. Das Griechische unterscheidet diese zwei Formen. Das passive Partizip Perfekt lautet nämlich ἠριθμημένον[40]. Also darf ἀριθμούμενον nicht mit ›gezählt‹ wiedergegeben werden. Denn es bedeutet das, was jetzt, im Präsens, das Zählen erleidet. Während ich z. B. gerade eben das Hartgeld meiner Geldbörse zähle, erleidet dieses das Zählen, ist es ein ἀριθμούμενον (es *wird* gerade gezählt). Wenn ich es aber fertig gezählt habe, ist es ein ἠριθμημένον; und erst hierfür haben wir ein deutsches Wort: ›ein Gezähltes‹. Die *Zeit* nun ist weder ein ἀριθμητόν (ein Zählbares) noch ein ἠριθμημένον (ein Gezähltes), sondern ein ἀριθμούμενον (219b8 und 220b8f.), etwas, das gerade jetzt, also im Präsens, gezählt wird. Nun aber freilich nicht mit der Absicht, eine Anzahl festzustellen, wie beim Zählen des Hartgelds meiner Geldbörse, das dann ein Gezähltes ist. Vielmehr ist die Zeit etwas, das fortwährend gezählt wird. Im Zähl-Mechanismus der Zeit wird fortwährend ›die‹ Gegenwart gezählt. Es wird das sich unaufhörlich erneuernde Eintreffen der Zeit als Gegenwart, und keine Anzahl gezählt. Bezogen auf die Zeit ist also die adäquate Übersetzung des ἀριθμούμενον nicht »was gerade gezählt wird, um dann gezählt zu sein«, sondern »das, was ich je und je zähle«; nämlich die Zeit als eintreffend, d. h. die Zeit als das stets wiederkehrende Jetzt.[41] Es ist schlechterdings unmöglich, ja widersinnig, Zeit als Zählen mit dem Feststellen einer Anzahl in Verbindung zu bringen. Denn Anzahl setzt einen Abschluß des Zählvorgangs, also das perfektische ›gezählt‹ voraus. Zeit als Zählen hat also auch nichts mit der Feststellung einer Größe gemein. Die Zeit – für sich – ›hat‹ keine Größe. *Dauer* kommt erst zum Vorschein als Prädikat von Phänomenen *in* der Zeit. Das Phänomen (z. B. der Regen, die Kälte, das Leben, die Veränderung, die Erde) ist es, das dauert bzw. ›existiert‹ – kürzer oder länger –, nicht die Zeit.[42]

Demnach gibt es drei Arten von Zählen: a) das abstrakte Zählen (ᾧ ἀριθμοῦμεν), b) das Zählen von ›Diesda‹ (ἀριθμητόν), c) das reale Zählen, die Jetzt-Folge (ἀριθμούμενον): Ebenso zwingend, wie auf die eine Zahl die nächsthöhere, folgt auf das eine Jetzt das nächste. Das zwingend Einleuchtende des Zählens (daß auf die 5 die 6 folgen *muß*) weist eine Entsprechung damit auf, daß wir an das je eine Jetzt gebunden sind (vgl. S. 31 f.). ›Jetzt‹ bemerken und Zählprinzip stellen sich *in einem* ein: Indem ich Jetzt bemerke, konstituiere ich das Zählen. Denn das Jetzt konstituiert sich, indem es gezählt wird. Ich kann nicht Jetzt ausdrücklich bemerken, ohne daß mein Nous zwei Jetzte, zwei positions- und ausdehnungslose Signale als Vorher und Nachher ausdrücklich auseinanderhält.[43] Das ist aber nichts anderes als Zählen. (Das abstrakte Zählen ist eine Abstraktion vom Jetzt-Zählen; und es läßt sich auf Zählbares, auf diskrete Dinge aller Art anwenden.)

Dazu Aristoteles (219b10–15 und 26–28)[44]: Das νῦν (Jetzt) ist τὸ αὐτό (dasselbe), zugleich aber ἕτερον (ein anderes),[45] »denn es gibt Jetzt, insofern das Vorher und Nachher zählbar (ἀριθμητόν) sind«.[46]

So läßt sich sagen: Um Jetzt zu fassen, muß ich mich als zählend betätigen; das Fassen von Jetzt ist Zählbetätigung. Und: Als zählend betätigen kann ich mich nur, wenn ich Jetzte als Vorher und Nachher auseinanderhalten kann. Und: Indem ich Jetzte auseinanderhalte, mich also als zählend betätige, fasse ich Zeit.

Es ist zu beachten, wie in der Definition Zeit und Zahl einander zugeordnet werden. Die Zahl wird von Aristoteles nicht lediglich als etwas *an der* Zeit angesehen. Es heißt nicht etwa:»Die Zahl *der* Zeit ist die Zahl der Bewegung« (die Zahl, die wir an der Bewegung wahrnehmen können), sondern: »Denn das ist *die* Zeit: die Zahl…«. Die Zahl ist nicht *in* der Zeit, sondern ›*die* Zeit‹, die Spiegelung der Zeit im Nous. Die Zeit kippt in Zählen um, weil ich je nur *ein* Jetzt signalisiere. Die Strecke dagegen bleibt auch bei der Spiegelung im Nous Strecke, weil sie vor mir als ›diese Strecke da‹ ausgebreitet liegt, weil *beide* sie begrenzenden Punkte wirklich vorliegen. Und so, als wirkliche, vorliegende Größe, läßt sie sich auch direkt messen, durch ein ihr gleichartiges, d. h. ebenso vorliegendes, und auf die gleiche Weise durch zwei Punkte bestimmtes (Längen-) Maß. Die Zeit dagegen kennt nur *eine* wirkliche ›Grenze‹, die Grenze zwischen dem Vorher und dem Nachher, zwischen Vergangenheit und Zukunft, dem ›War‹ und dem ›Wird sein‹: das Jetzt. Daher kann ihr primär keine Größe zugesprochen werden[47].

Das ist das Merkwürdige: es bleibt uns verborgen, daß sich die Zeit im Nous als Zählen spiegelt[48], daß sie in Zählen umschlägt; diese Beziehung von Zählen und Zeit als im Grunde zweier Seiten eines und desselben Phänomens bleibt versteckt. Es bedurfte eines Aristoteles, damit dies eingesehen wird. – Der Raum bietet nichts analoges. Ob ich ihn mir als Naturräumliches oder als geometrisch Konstruierbares denke, bleibt er Raum. (Über den Raum vgl. Kap. IIb. Diesda.)

Der Vorgang des Zählens spiegelt den Vorgang des Aufeinanderfolgens der Jetzte. In beiden Fällen ist die Absicht nicht, eine *Anzahl* festzustellen; es wird lediglich der *Vorgang* der zwingenden Aufeinanderfolge erfaßt: man schreitet fort von der niedrigeren zu der nächsthöheren *Zahl*, vom vorhergehenden zum nächstfolgenden *Jetzt*. Es gibt kein Zurück.

3. Unsere dritte Frage war die nach der Funktion der Bewegung in der Zeit-Definition. Ich sagte »man schreitet fort«. Schreiten ist aber *Bewegung*. An ihr wird der Mechanismus (Kant) ›vorhergehend – nächstfolgend‹ veranschaulicht. Und genau das ist die Funktion der Bewegung in der Erörterung des Aristoteles: Die Bewegung ist lediglich das, *woran* das Jetzt und die Zeit veranschaulicht wird.

Die Bewegung findet im Außen statt; sie wird also vermittels von Empfindungen wahrgenommen; ich sehe den sich bewegenden Stein. Aber die Zeit haftet der Steinbewegung nicht an. Die Bewegung ist lediglich das, *woran* ich die Zeit merke, *woran* ich Jetzte auseinanderhalten kann; die Bewegung ist nicht selbst Zeit.[49] Die Zeit ist nicht der Sinneswahrnehmung anhängend (inhärent[50]), sondern sie wird bemerkbar lediglich *an Hand* von Sinneswahrnehmung. Zwar ist also Sinneswahrnehmung notwendig, damit sich Zeit bemerkbar macht. Aber das, worauf ich meine Aufmerksamkeit wende, die Zeit selbst, enthält nichts von Empfindungen; sie wird durch die auseinandergehaltenen Jetzte in mir konstituiert; und die bemerkten Jetzte selbst enthalten nichts Räumliches, also keine Empfindungen; diese sind lediglich das, woran die Jetzte bemerkbar werden.

Die Zeit wird zwar an jeder Art von Veränderung bemerkbar, z. B. am Wachsen, an Zustandsveränderungen, an Veränderung in unserem Innern (›Bewegung in der Seele‹, so Aristoteles 219a5 f.). Wo Veränderung wahrgenommen wird, dort wird die Zeit bemerkbar. Ohne Veränderung könnten wir die Zeit nicht bemerken. Aber die *Orts*veränderung, die Bewegung im engeren Sinn, hat den Vorzug, daß sie exakt wahrgenommen, einwandfrei als gewiß konstatiert wird, daß wir an ihr das Jetzt präzis bemerken können: Der fliegende Vogel kreuzt ›jetzt‹ die linke Kante des Gebäudes, und ›jetzt‹ die rechte. Ich halte die Jetzte präzise auseinander. Ich projiziere sie auf eindeutig auseinanderzuhaltende Punkte im Raum, und so erhalte ich eine deutliche Vorstellung vom Aufeinanderfolgen der Jetzte, und somit von der Zeit. Aristoteles sagt (220a3 f.): χρόνος μὲν γὰρ ὁ τῆς φορᾶς ἀριθμός, τὸ νῦν δὲ ὡς τὸ φερόμενον, οἷον μονὰς ἀριθμοῦ (»Die Zeit ist ja die Zahl der Fortbewegung, das Jetzt ist dem sich Fortbewegenden zu vergleichen, also gleichsam die Eins (Einheit) der (dieser) Zahl«). Die Zahl ist gleichsam der Trick des Nous, der ermöglicht, das Jetzt, als die Eins ohne Ort und Ausdehnung, von dem Räumlichen freizuhalten. Die Veränderung (Bewegung)[51], woran ich die Zeit bemerke, ist lediglich das Fortschreiten im Zählen, das je und je Zählen. Ich wende damit meine Aufmerksamkeit von dem wahrgenommenen

Sich-Verändern als Gesamtphänomen ab und wende sie der Zeit selbst zu; ich schalte die Wahrnehmungsinhalte aus. Aristoteles meint demnach in seiner Definition: »Denn das ist die Zeit: das Zählen nach dem vorhergehenden und nachfolgenden Jetzt, deren Aufeinanderfolge sich an der *Orts*veränderung exakt beobachten läßt.«

Zum Messen der Zeit

Im ersten Teil der Aristotelischen Erörterung der Zeit (vgl. S. 29) ist schon deswegen ausgeschlossen, unter ›Zahl‹ ein Zählen und Messen *der* Zeit zu verstehen, weil in der Definition, wie oben ausgeführt, nicht von einem Zählen *der* Zeit die Rede ist, sondern davon, daß die Zeit sich als ein Zählen bekundet. In der Aristotelischen Definition haben die Jetzte keine Meßfunktion; die Absicht ist nicht, mit den zwei Jetzten, von denen Aristoteles ausgeht, ein Zeitintervall abzugrenzen[52], um eine Zeitdauer zu bestimmen, oder gar eine gleichbleibende Zeitdauer, also ein Zeitmaß festzulegen.[53] Die Aufmerksamkeit ist ausschließlich auf das Bemerken und ausdrückliche Unterscheiden von diskreten, aufeinanderfolgenden Jetzten gerichtet, somit auf den Vorgang des Zählens von Jetzten.

Damit das Zählen auch ein Messen impliziere, müßte es a) ein Zählen *der* Zeit sein, b) ein Zählen, dem nicht die arithmetische Eins als ›Maß‹, sondern ein Größenmaß, ein Zeitmaß zugrundeliegt (vgl. S. 30); wir müßten also c) der Zeit ein *Maß* zugrundelegen, und Zählen nicht als Zählen von Jetzten, sondern als Messen durch dieses Maß verstehen; und d), wollten wir unter Messen der Zeit das Messen einer Dauer verstehen, müßte das Zählen mit der Absicht vor sich gehen, eine *Anzahl*, und zwar die Anzahl der Wiederholungen des Zeitmaßes (+ einen eventuellen Rest) festzustellen. Wir würden also nicht den *Vorgang* des Zählens intendieren (vgl. S. 34f.), sondern Zahl als das Ergebnis von Messen verstehen (vgl. S. 30f.).

Nun aber sagt unser Gefühl, die Zeit verläuft, sie fließt, kontinuierlich. Es ist daher natürlich, zu fragen, wieviel Zeit zwischen zwei gegebenen Augenblicken verlaufen ist; es liegt also nahe, sie – richtiger: eine Dauer – messen zu wollen. Und tatsächlich können wir die Zeit auch messen, durch die Uhr, allgemein durch eine stetige, gleichmäßig wiederkehrende Bewegung. Die Naturgegebenheit, wonach sich das Messen der Zeit orientiert, ist die Bewegung der Himmelskörper. Die Dauer des einen Umlaufs dient als Zeitmaß. Die Umlaufbahn, also etwas Räumliches, können wir in unter sich gleiche kleine und kleinste Abschnitte unterteilen, und dadurch können wir Zeitintervalle, können wir eine Dauer messen. Was wird aber dabei *unmittelbar* wahrgenommen? Offenkundig eine Bewegung, eine Ortsveränderung. Sie hebt sich von etwas ihr gegenüber Unbewegtem ab, z.B. die Bewegung der Uhrzeiger dem Ziffernblatt gegenüber. Bei der Zeitangabe, z.B. 11.47^h, lesen wir den *Ort* der Uhrzeiger ab, den Ort, den sie in ihrer Bewegung gerade jetzt auf dem Ziffernblatt durchkreuzen. Und was wir bei der Feststellung der Dauer eines Zeitintervalls auf dem Ziffernblatt ablesend messen, ist ein Bewegungsabschnitt z.B. von 10 zu 15 Minuten; das wird deutlicher, wenn wir statt Minuten Peripheriegrade setzen (360° statt 60'): Der durchlaufene Bewegungsabschnitt ist dann der von 60° zu 90°. Grad und Minute sind dabei ein Teil der Peripherie, die durchlaufen wurde, werden also als *Bewegungsmaß* verwendet. Bei *Grad* denken wir an den Peripherieausschnitt, an das Räumliche; und *Minute* zeigt diesen primär an als den Umlaufsabschnitt, als die durchlaufene Bewegung. Wenn ich also sage, der Läufer hat vom Starten bis zum Erreichen des Ziels 5 Minuten ›Zeit‹ gebraucht, so hat dieses Messen nicht unmittelbar mit Zeit zu tun. Denn primär stelle ich lediglich fest: *während* der Zeit, die der Lauf in Anspruch nahm (allgemein: während eine Veränderung vor sich ging, im Außen oder im Innen), hat sich der Minutenzeiger von 10' zu 15' – von 60° zu 90° – fortbewegt. Ich habe also dem Zeitablauf eine gegebene *Bewegung* zugeordnet, und so habe ich durch ein *Bewegungsmaß* (dem wiederum Räumliches, der Peripherieausschnitt 60° bis 90°, zugrundeliegt) die Zeit gemessen[54] – aber doch uneigentlich, nur mittelbar. Ja, *Zeit* ist dabei überhaupt nicht zum Vorschein gekommen, sondern nur ein dunkles ›während‹, während dessen so viel Bewegung stattgefunden hat. Etwas klarer wird es, wenn ich sage: während der *Dauer* z.B. des Laufens hat sich der Minutenzeiger von 60° zu 90° fortbewegt. Dieses ›während dessen‹ messen wir; und zwar nur mittelbar, indem wir es durch ein Bewegungsmaß ausdrücken.[55] Was ist durch mein Messen vor sich gegangen? Ich habe zwei Bewegungen in Beziehung zueinander gesetzt, sie verglichen, indem ich sie durch das Jetzt des Beginnens und das Jetzt des Endens abgrenzte, indem ich also das Zugleich des Beginnens und das Zugleich des Endens bestimmte. Ich benützte also das Moment des Gleich*zeitigen*, das durch zwei Jetzte bestimmt wurde.

Beim Messen von Raumgrößen messen wir dagegen wirkliche, vor uns ausgebreitete Größen durch ein ihnen gleichartiges, ebenfalls wirklich vorliegendes Maß, z.B. Strecken – s. oben S. 34 – durch das Metermaß. (Analog bei Messungen an Dinghaftem, z.B. Gewicht durch Gewichte.) Wir messen sie also im eigentlichen Sinn, unmittelbar (vgl. S. 34). Wir *haben*, wir kennen, was wir messen wollen, und ebenso das ihm gleichartige Maß.[56] Aber die Zeit ›haben‹ wir nicht.

Und sie wird nicht durch Zeit, nämlich durch ein genuines *Zeit*-Maß gemessen – das wäre nicht möglich, da wir die Zeit oder ein Zeitintervall nicht haben, nicht einmal unmittelbar (sondern nur in ihrer Verquickung mit der Veränderung) wahrnehmen –, sondern durch Bewegung: Als Zeitmaß verwenden wir die von einem *Bewegungs*abschnitt in Anspruch genommene Dauer. Und dieses mittelbar gewonnene[57], Bewegung beinhaltende Zeitmaß verwenden wir wiederum auch umgekehrt, um Bewegung zu messen. Denn an der Bewegung, die unmittelbar wahrnehmbar ist, meldet sich die Zeit, die nicht unmittelbar wahrnehmbar ist, und zwar meldet sie sich präzis, durch die einwandfrei zu unterscheidenden Jetzte. Und so wird die Zeit gleichsam *hypostasiert:* ich ›sehe‹ sie, indem ich die Umläufe und die Maßeinschnitte *sehe*; sie wird als reale Größe, als Räumliches, als Bewegung angesehen, und diese nun messen wir.[58] Da aber Bewegung ohne das – wiederum für sich nicht wahrnehmbare – Vorher und Nachher nicht faßbar ist, kann auch sie nicht für sich gemessen werden, sondern allein an dem Vorher und Nachher, allein an der Zeit. Daher das reziproke Verhältnis beider. Vgl. Aristoteles: »Wir messen nicht allein die Bewegung an der Zeit, sondern auch die Zeit an der Bewegung, denn beide bestimmen sich gegenseitig«, 220b15f. (vgl. auch 220b23f.)[59]. Und er fährt fort: »Die Zeit bestimmt die Bewegung, indem sie ihre Zahl ist; und die Bewegung bestimmt die Zeit«, 220b 16–18. Hier also wird, anders als in der Definition, Zeit als Zahl *der Bewegung* verstanden (diese Formulierung zielt also auf Bewegung), und damit tritt der Gesichtspunkt der Wechselbeziehung beider in den Vordergrund. Unter Einbeziehung der Definition läßt sich der Sinn folgendermaßen explizieren: ›Denn das ist die Zeit: Zahl nach dem vorherigen und nachfolgenden Jetzt. Da sie (sc. die Zeit als Zahl) aber an der *Bewegung* bemerkt wird, *bestimmt* sie diese zugleich.‹ Es ist weiter zu beachten, daß die Formulierung »die Zeit ist das Maß der Bewegung« (... ἐστὶν ὁ χρόνος μέτρον κινήσεως, 220b32) den Zusatz »nach dem Vorher und Nachher« nicht zuläßt, wogegen dieser in der Definition dem ἀριθμός hinzugefügt wird. Es liegen zwei gänzlich verschiedene Satzkonstruktionen und Sinngehalte vor: a) »Die Zeit *mißt* die Bewegung« (220b32); sie *tut* das, indem sie die Zahl *der Bewegung* ›ist‹ (220b17). Und b) (Definition) »Denn das ›ist‹ die Zeit: die Zahl (der Bewegung) *nach dem vorherigen und nachfolgenden Jetzt*« (219b1f.).

Der der Wechselbeziehung zwischen Zeit und Bewegung sowie auch deren gegenseitigem Messen gewidmete Teil des Zeit-Kapitels der Physik (vgl. oben S. 29) beginnt mit 220b15. (Er wird eingeführt durch 220a27-220b14.[60]) Aber der vorausgegangene, der Erörterung der Zeit für sich gewidmete Teil stellt, wie oben ausgeführt, die Zeit als das reale Zählen dar; er erfaßt die Zeit als das X, das sich dem Nous als Zählen der Jetzte manifestiert.[61] Hier hat Messen, hat in Räumliches, Geometrisches, Bewegung eingekleidete Zeit nichts zu suchen. Wohl aber läßt sich die objektivierte (hypostasierte) Zeit als Räumliches vorstellen, als eindimensionale und richtungsgebundene Strecke, damit auch als reale Größe, die nun als solche meßbar ist.

Beharren

Bemerken von Jetzt und in einem damit sich einstellendes Zählprinzip (s. S. 34) schließen das Messen aus. Wohl aber bildet das Jetzt eine notwendige Voraussetzung für das Messen der – hypostasierten – Zeit. ›Jetzt‹ impliziert nicht Zeitmessen; dagegen ist Zeitmessen ohne ›Jetzt‹ nicht möglich.

Nun, Jetzte lassen sich präzise unterscheiden nicht allein an der Ortsveränderung eines sich bewegenden Objekts,[62] dadurch, daß ich die Bewegung gegenüber dem Unbewegten – den fliegenden Vogel gegenüber dem Gebäude (vgl. S. 35) – bemerke. Ich bemerke die Bewegung – des Vogels – auch dadurch, daß ich sie *durch mein Auge verfolge*. So z. B. verfolge ich ein sich bewegendes Licht im totalen Dunkel. *Das Dunkel weder bewegt sich, noch ist es unbeweglich. Ich bin der unbewegliche Bezugspunkt*, und mein Auge signalisiert das sich bewegende Licht, indem es dieses verfolgt. Erst recht, wenn ich etwas sich weithin erstreckendes Räumliches anschaue, wenn ich z. B. die Konturen einer Bergkette verfolge, unterscheide ich ständig ein Vorher und Nachher nicht an Hand der Bewegung eines Dings, sondern der Bewegung meines Auges, oder auch meines ganzen Kopfes, an Hand der Veränderung meiner Blickrichtung. Nicht dieser und der nächste Gipfel sind hintereinander, sondern *ich* nehme sie hintereinander wahr; ich fixiere sie nacheinander. Und indem ich diese einzelnen Punkte fixiere, unterscheide ich nicht allein ein unbestimmtes Vorher und Nachher, sondern ich halte darüber hinaus Jetzte, diskrete Jetzte präzise auseinander. Da aber das Auge sich *nur ruckweise* bewegen kann, erscheint es geradezu von der Natur so angelegt, daß es nicht anders kann, als bei seiner Bewegung die kontinuierliche Zeit sub specie der Aufeinanderfolge von diskreten Jetzten zu bemerken.[63] Gleichgültig also, ob sich ein Objekt (und mit ihm mein Auge) bewegt, oder nur mein Blick wandert, läßt sich das Vorher und Nachher allein dadurch einfangen, daß ich nur Jetzte auseinanderhalte. *Woran* ich sie zähle, brauche ich nicht zu bestimmen. Die Zweiheit Raum – Dinge, φορά – φερόμενον[64], ist gleichsam in das Jetzt zusammengeschrumpft. Es würde also, wenn ich von der Raumbewegung absehe, genügen zu sagen: »Denn das ist die Zeit: die Zahl nach dem vorherigen und nachfolgenden Jetzt«.

Zeit meldet sich aber auch, wenn ohne Beteiligung der Augen*bewegung* innerhalb des Gesichtsfeldes ein beharrendes Etwas fixiert wird. Das Beharrende ist *in der Zeit*. Daß es beharrt, bedeutet, daß es sich im zeitlichen Hintereinander nicht verändert, daß es beim Vorher und Nachher der Jetzte als dasselbe erscheint. Mit der Feststellung, daß es beharrt, spreche ich geradezu seine auf die Zeit bezogene Eigenschaft an.

Ich will das an einem Beispiel erläutern. Vor einigen Jahren notierte ich mir beim Betrachten von Dürers Selbstporträt mit dem Pelzmantel (Alte Pinakothek München) folgende Beobachtung: Dürers Hand beharrt nicht ›in der Zeit‹, sondern sie *beharrt* – und basta. Das Faktum, *daß* sie beharrt, *das* ist die Zeit; genauer: die Bekundung der Zeit, der Zeitkomponente, des zeitlichen Moments. Das spezifisch räumliche Moment dagegen bekundet sich darin, daß Zeigefinger und Mittelfinger *da sind*, beide, dort, eindeutig, unzweifelhaft, mit *diesem* Zwischenraum *da*. Dieses Phänomen für sich, das Faktum ›Diesda‹, hat keine Dauer; es meldet sich also weder als Beharren noch als Sich-Verändern. Es meldet sich als gleichsam zeitlose Blitzerscheinung: als das Phänomen, daß ich mit *einem* Blick, beim Augenaufschlag, im Nu, ›Diesda‹ als ein Zugleich erfasse. Dabei ›fehlt die Zeit‹, um meine Blickrichtung zu ändern, oder um zu bemerken, daß etwas beharrt oder sich bewegt oder – z. B. eine Farbe – sich verändert; der die Blitzerscheinung erfassende Aufblick hat wörtlich *keine Zeit*. Wieder ein Augenaufschlag – die Blitzerscheinung kehrt unverändert wieder, und so fort: das Diesda meldet sich als identisch[65], als *beharrend*.[66] Das Identische der sich fortwährend wiederholenden Blitzerscheinung ist das Identische des fortwährend wiederkehrenden Jetzt – eines Jetzt, das nun mit der räumlichen Blitzerscheinung erfüllt ist. Die Identität des Diesda wird der Identität des wiederkehrenden Jetzt zugeordnet. (Die Veränderung, die Bewegung, setzt diesen Hintergrund voraus. Erst auf diesem Hintergrund der Vorstellung von Beharren kann ich Veränderung – nämlich das Abweichen vom Beharren bei der nächsten Blitzerscheinung – erfassen. Daß sich ein Etwas verändert bzw. bewegt, bedeutet, daß die Wiederkehr des Jetzt nicht auf das identische Räumliche, als Diesda bzw. als Ort, trifft.) Erst indem sich auf diese Weise die Zeit meldet, vergegenwärtige ich mir das Etwas als beharrend. Das Räumliche als solches kennt weder Beharren noch Sich-Verändern: das Räumliche *erscheint*.

Das Obige stellt freilich nur eine Art Experiment dar, das uns einen Einblick verschafft in das Grundverschiedene des Erfassens von

Räumlichem für sich und von Räumlichem als in der Zeit. In Wirklichkeit schauen wir ein beharrendes Etwas ebensowenig durch stets wiederkehrendes Aufblicken an, wie wir beim Bemerken von Zeit an Hand der Bewegung zählen. Trotzdem impliziert das spontane, frische Anschauen das stete Erneuern des Blickens, also das virtuelle[67] Nacheinander von Blitzerscheinungen – analog dem spontanen Bemerken von Zeit an Hand der Bewegung als dem virtuellen Signalisieren von gegenwärtigen diskreten Jetzten.

Wiederkehr

Beim Auseinanderhalten von Jetzten, sei es an Hand der Ortsveränderung eines sich bewegenden Objekts, sei es durch die Bewegung unserer Augen, sei es durch Erblicken und Fixieren eines beharrenden Etwas im Raum, stellt sich zwar zugleich mit dem Bemerken von Jetzten als Diskreten die Zahlstruktur ein. Aber die Sukzession der Jetzte unterliegt keinem einleuchtenden Prinzip, wodurch sich uns der Zählvorgang – und mit ihm die Bestimmung der Jetzte, die gezählt werden – aufzwänge.[68] Diese bleiben mit dem Phänomen im Raum, woran wir sie bemerken, verquickt; das Eigenständige der Zeit als Zählen kommt nicht genügend zur Geltung. Daher unterläuft leicht die Tendenz, besonders bei dem Registrieren der Jetztfolge an Hand einer Bewegung von Ort zu Ort, die Zeit als Zählen mit einem Zählen *der* Zeit (s. S. 34) zu verwechseln. Man postuliert dann gleiche Zeitintervalle, also ein Zeit*maß*, und stellt sich somit auf das Zählen von deren Anzahl, auf Messen von Zeitdauer ein. Die Aufmerksamkeit richtet sich nicht mehr auf die Zeit für sich, sondern auf die Dauer eines Phänomens *in* der Zeit – sei dieses auch nur die gezählte Bewegung der Uhrzeiger, das sogenannte Messen der Zeit.

Eine Vorstellung von der genuinen Zeitstruktur kann nur ein Phänomen ermöglichen, das die Aufmerksamkeit nicht auf sich, sondern auf die Zeit lenkt, so daß die Bestimmung der Jetzte sich von selbst aufzwingt.

Das trifft nun zu bei einer Bewegung, die dadurch, daß sie sich an Ort und Stelle ständig wiederholt – also keine Fortbewegung – sich gleichsam wieder aufhebt. – Im Sommer 1969 notierte ich: »Am Strand (Ammersee), windig; Wellen auslaufend; ich fasse fest: Zeit = etwas gleichförmig *Wiederkehrendes*, etwas gleichsam Kreisendes; also nicht ›unendlich‹ sondern: unaufhörlich, sc. unaufhörlich wiederkehrend.«[69] Das diskrete, somit zählbare Jetzt wird hier durch das jeweilige Neueinsetzen der Wiederkehr (etwa als Brechen der

Welle am Strand) geboten. Statt an Wellen kann man z. B. an fallende Wassertropfen oder an die streng in gleichen Zeitintervallen vor sich gehende und präzise markierte Pendelbewegung mit ihrem Ticken denken. Das stetig und gleichförmig geradezu monoton an Ort und Stelle wiederkehrende Phänomen tritt alsbald in den Hintergrund, und was ich – mehr durch mein ›Zählorgan‹, das Ohr, als durch mein Auge – registriere, ist das Wiederkehren als solches. Dabei ist gleichgültig, ob es schneller (z. B. kürzerer Pendel) oder langsamer (längerer Pendel) vor sich geht. Das für sich erfaßte Moment des Wiederkehrens bewirkt, daß das Moment der Intervallgröße unbeachtet bleibt. Meine Aufmerksamkeit richtet sich nicht auf das – gleichbleibende – Zeit*intervall*, somit auch nicht auf die Anzahl seiner Wiederholungen, um etwa festzustellen, wie lang das Phänomen dauert[70]. Ich bemerke lediglich die gleichmäßige Jetzt-Wiederkehr; ich ›zähle‹; dazwischen gibt es ›Nichts‹ (vgl. auch S. 28). Was ich registriere, ist nicht Dauer, sondern eben Wiederkehr: das gleichförmig wiederkehrende, das je und je gezählte Jetzt: tik-tik-tik- ..., jetzt-jetzt-jetzt- ... Es führt mir gleichsam die Zeit vor (und in einem damit den Vorgang des Zählens, das ja gleichmäßig vor sich zu gehen pflegt). Merkwürdiger Trick des Nous: er ersetzt ein nicht faßbares unendliches Fortschreiten durch Wiederkehr Eines und Desselben. Die Zeit stellt sich als das unaufhörliche und zwingende, unausbleibliche Wiederkehren des Jetzt dar. – Dabei kann ich während der sich auf diese Weise bekundenden Zeit eigenen Gedanken nachgehen, oder die Leute betrachten, die wie ich am Strand liegen, oder den Vogel verfolgen, der vorüberzieht. Allgemein, ich kann diese Zeit mit Inhalten erfüllen: mit Wahrnehmungen im Raum – sei es, daß sich etwas bewegt, sei es, daß es beharrt –, mit Gedachtem, mit Erinnerungen, Erwartungen, Vorstellungen, Empfindungen, mit Gefühlen, Wahrnehmungen meines Innern, Worten, Betätigungen, Begebenheiten aller Art. Inhalte sind aber nicht selbst Zeit, sondern *in* der Zeit[71], sie *begegnen* uns in ihr, sie verlaufen in der Zeit. Das wiederkehrende Jetzt ist dagegen kein Inhalt der Zeit, ist nicht in der Zeit, es begegnet uns nicht, es verläuft nicht in ihr, sondern es ist die sich unmittelbar bemerkbar machende Zeit. Dagegen wird eine unregelmäßige Wiederkehr als etwas *in* der Zeit aufgefaßt. Das unterschiedliche der Zeitintervalle lenkt nämlich auf das stattfindende Phänomen (z. B. Hämmern) hin. (Analoges gilt auch für eine *auffallend* schnelle oder langsame Wiederkehr.) Wenn ich also meine Aufmerksamkeit nicht auf sich einstellende Inhalte, sondern auf das von jedem Inhalt losgelöste Moment des Wiederkehrens richte, bleibt die *bei sich belassene Zeit*, die sich als das unablässig wiederkehrende Jetzt meldet. Sie wird durch das wiederkehrende Jetzt abgesteckt.

Wenn ich am wiederkehrenden Jetzt das Moment ›Jetzt‹ für sich erfasse, so ist es Eines: das Jetzt als der gegenwärtige Augenblick; wenn ich Jetzte als Vorher und Nachher unterscheide, wenn ich also das Moment des Wiederkehrens in den Vordergrund rücke, sind es nicht dieselben, sondern eben das erste oder zweite Jetzt;[72] das Vorher kehrt als Nachher wieder. Wenn ich aber sage, *das* Jetzt kehrt *wieder*, fasse ich beide Momente zusammen: das identische Jetzt erscheint als ein Nacheinander, als ein Vorher und Nachher, als ein Wiederkehren; die Identität des Jetzt bekundet sich nicht im Jetzt selbst (wie die des Rot im Rot selbst), sondern in seinem Wiederkehren, sie bekundet sich als Wiederkehr. Daher schlägt die Zeit im Nous in Zählen um. Rot dagegen schlägt in nichts anderes um; es ›schlägt um‹ in *wahrgenommenes* Rot[73]. ›Diesda‹ ist eben dieses Diesda, Räumliches ist eben dieses Räumliche da; das Sichtbare ist nichts als sichtbar. Das vorfindliche ›Etwas‹ ist mir als dieses gegebene ›Diesda‹ Gewißheit. Doch das gegenwärtige Jetzt ist mit der unfehlbaren Erwartung verbunden, daß ihm ein nächstes, ihm gleiches folgt. Das Jetzt ist mit seiner Wiederkehr gekoppelt. Das Wiederkehren läßt die Zeit als im Jetzt verankert erscheinen. Die Zeit wird auf das Jetzt konkret bezogen. Die Wiederkehr bindet die Zeit an das Jetzt, sie bindet die Zukunft an die Gegenwart (freilich als Zeit; nicht als Inhalt); die Identität der Zeit – daß die Zeit eine einige[74] ist – stellt sich als die Identität des Jetzt, und damit als Wiederkehr dar.

Zeit als unaufhörliches Wiederkehren – und nicht als unendliches Fortschreiten (vgl. S. 41) – spiegelt sich als gleichförmige *Kreisbewegung*. Aristoteles erörtert die Kreisbewegung (κυκλοφορία) in 265a13–b16:

In der Rangordnung der Bewegungsarten kommt ihr die erste Stelle zu (πρώτη), weil sie vollkommen ist; sie kann nämlich ›ewig‹ (ἀΐδιος) – d. h. unaufhörlich – sein. Die anderen Bewegungsarten dagegen nicht. So die geradlinige Fortbewegung: sie kann nicht ins Unendliche gehen (ἄπειρον), denn dieses gibt es nicht, und wenn es auch Unendliches gäbe, wäre unmöglich, daß dieses durchquert (διελθεῖν) wird. Notwendigerweise müßte die Bewegung Halt machen (στάσις) bzw. umkehren (ἀνακάμπτουσα), somit aus zwei Bewegungen (δύο κινήσεις) bestehen, also zusammengesetzt sein (συνθετή). Wenn sie nicht umkehrt, ist sie aber unvollkommen (ἀτελής), da sie erlischt (φθαρτή). – Die geradlinige Fortbewegung hat Anfang, Mitte und Ende (ἀρχή, μέσον, τέλος), alles ist in ihr selbst enthalten; Start- und Zielort des sich Bewegenden stehen also fest (ὥστ᾽ ἔστιν ὅθεν ἄρξεται τὸ κινούμενον καὶ οὗ τελευτήσει). Bei der Rotation (περιφερής) dagegen sind sie unbestimmt; denn es gibt keine bestimmte Grenze (der Kreisbewegung), und ebensowenig Anfang, Mitte und Ende, so daß das sich Bewegende stets und nie am Anfang und am Ende ist. Der Grund ist, daß alles in Bezug auf das Zentrum des Kreises steht. Das *Zentrum* ist Anfang, Mitte und Ziel der Bewegung (τοῦ μεγέθους: der ›Bewegungsgröße‹); und da es nicht auf (ἔξω) der Peripherie liegt, erreicht das sich Bewegende keinen Ort, an dem es nach durchlaufener Bahn (διεληλυθός) zur Ruhe kommen würde. Denn es bewegt

sich stets *um* die *Mitte herum*, und nicht *nach* dem *Ende zu*. Und so, weil das Zentrum an seinem Platze bleibt (μένειν), ruht (ἠρεμεῖ) das Ganze gewissermaßen stets, und in einem damit bewegt es sich fortwährend (κινεῖται συνεχῶς).
b 14–16: Allein bei der Kreisbewegung liegen von Natur aus Anfang und Ende nicht *in ihr*, sondern *außerhalb ihrer* (ἐκτός).

Die Kreisbewegung ist also Bewegung und Ruhe in einem; das Rotieren des Kreises wird im ruhenden Zentrum aufgehoben. Sie bleibt stets dieselbe, sie ist an das eine Zentrum gebunden, und sie ist stets eine andere, ein neuer Umlauf. Sie kehrt unaufhörlich wieder. Die Kreisbewegung bietet sich dar als das Bild der Zeit, als diejenige Bewegung, an Hand deren auf ausgezeichnete Weise die Zeit bemerkbar, geradezu sichtbar wird. Oben (S. 41 f.) wurde dargestellt, daß sich die Zeit für sich nur an einer Bewegung bekunden kann, die, indem sie ständig an Ort und Stelle gleichförmig wiederkehrt, sich gleichsam wieder aufhebt. Das Urbild solcher Phänomene ist die Kreisbewegung. Durch das hier am reinsten in Erscheinung tretende Moment der stetigen Wiederkehr an Ort und Stelle werden auch alle anderen gleichförmigen Bewegungen wie die erwähnten, z. B. Wellen, Tropfen, Pendel, als ›Kreisendes‹ erfaßt. Die Kreisbewegung verkörpert aber nicht allein – durch den Vollzug des je einen Umlaufs – das diskrete, je und je gezählte Jetzt, sondern sie ist darüber hinaus durch das einschnittslos gleichförmig kontinuierliche Rotieren (»stets und nie am Anfang und am Ende«, 265a33f.[75]) das Bild der Zeit als Stetiges. Die Kreisbewegung ist gleichsam die Struktur Zeit – Jetzt als Sichtbares. Das Jetzt ist ja – als Zeit – dasselbe und nicht dasselbe.[76] Packe ich es gleichsam und werfe es auf eine harte Wand, so daß es zerbricht, so werden seine zwei Seiten – dasselbe und nicht dasselbe – vergegenständlicht: Jetzt als dasselbe wird zum Kreiszentrum, Jetzt als nicht dasselbe wird zur unaufhörlichen Wiederkehr in der Kreislinie. Etwas anders gesagt: Dieses Unaufhörliche ist kein Fortschreiten, sondern ein Wiederkehren; es entsteht durch die Bindung an das Zentrum. Das Verhältnis von Zentrum und Kreislinie beleuchtet das Verhältnis von Jetzt und Zeit. Die als unbestimmtes Fließen vorgestellte ›anonyme‹, noch ungebändigte Zeit wird durch die Bindung an das eine Jetzt zur wahren Zeitstruktur, zu der vom Nous erfaßten Zeit: zur Zeit als das unaufhörliche Wiederkehren.

Bei der Erörterung der Zeit führt Aristoteles das Bild des Kreises zunächst beiläufig ein, 222b2–4: »wie der Kreis in jedem Punkt zugleich konvex und konkav ist, so befindet sich stets die Zeit zugleich am Anfang und am Ende« (vgl. oben und Anm. 75). 223a29f. wird nun gefragt, welcher Bewegung Zahl die Zeit ist. Die vorläufige Antwort lautet (223a33f.): »sie ist die Zahl lediglich jeglicher kontinuierlicher (d.h. nicht abbrechender) Bewegung, nicht einer bestimmten

Bewegungsart.« 223b12–224a2 rückt aber die Kreisbewegung als in besonderer Weise ausgezeichnet an die erste Stelle. 223b12–18 enthält zweierlei Gesichtspunkte:

a) Gezählt wird Gleichartiges, die Einse durch die Eins, die Pferde durch (die Eins als) das eine Pferd, und so die Zeit durch eine bestimmte Zeit (die die Wahl der je und je gezählten Jetzte bestimmt – vgl. S. 41). Die Jetzte werden an Hand von Fortbewegung (b 12: φορά) – nicht an Hand einer anderen Veränderungsart (vgl. b 20 f.) – und zwar von *Kreis*bewegung (b 13: κύκλῳ) *gezählt* (b 13: ἀριθμεῖται), gemäß der Zeitdefinition.

b) Zeit und Bewegung werden gegenseitig *gemessen* (223b15: μετρεῖται; »wie wir sagten«: 220b23 und allgemein 220b14–221a8 – vgl. oben ›Zum Messen der Zeit‹, S. 36–41, bes. S. 38): Durch eine bestimmte Bewegung wird an der Zeit (223b17: χρόνῳ) die Quantität sowohl der Bewegung als auch der Zeit gemessen (223b15–18; vgl. Anm. 59).

Nun wird in 223b18–20 die gleichförmige Kreisbewegung (b 19: ἡ κυκλοφορία ἡ ὁμαλής) als das ausgezeichnete Maß (sc. von Zeit und Bewegung) eingeführt, weil ihre *Zahl* die am besten bekannte ist (b 19f.: ὅτι ὁ ἀριθμὸς ὁ ταύτης γνωριμώτατος) – d. h. aber zugleich: weil bei ihr die je und je gezählten Jetzte einwandfrei bestimmt sind. – Das grundlegende Phänomen also ist das Zählen (sc. der Jetzte: deren Bestimmung durch die gegebene gleichförmig wiederkehrende Bewegung). Und nun wird dieses Zählen – durch Wenden der Aufmerksamkeit auf die *Dauer* des einen Umlaufs, allgemein: des wiederkehrenden gleichen Zeitintervalls (vgl. dazu S. 42) – auch zum *Messen* verwendet, und zwar sowohl von Zeit als auch von Bewegung: (223b21–23) »Deshalb erscheint uns die Zeit als die Bewegung der (Himmels-)Sphäre, denn durch sie werden die anderen Bewegungen gemessen, und eben durch diese Bewegung auch die Zeit.«[77] Und 223b28–224a2: »Denn die Zeit selbst erscheint gleichsam als ein Kreis. Dies, weil sie das Maß einer solchen Bewegung ist und durch eine solche gemessen wird. Wenn wir also sagen, alles Geschehen sei ein Kreis, so sagen wir, es gebe einen Kreis der Zeit. Und dies, weil sie durch den Kreisumlauf gemessen wird. Denn außer dem Maß erscheint an dem, was gemessen wird, nichts anderes denn das Ganze als mehrere Maße.« – Lehrreich ist, daß im Neugriechischen nicht allein die Zeit, sondern außerdem auch das Jahr Chronos (χρόνος) heißt. In dieser Übernahme des Wortes ›Zeit‹ für die Benennung des Jahres kommt zum Ausdruck, daß die Zeit als ein – unaufhörliches – Wiederkehren, als Umlaufswiederkehr, wie das Jahr, vorgestellt wird.

Doch wir dürfen darüber nicht aus den Augen verlieren, daß das Ursprüngliche und Unmittelbare – wenn auch bei unreflektierter

Haltung Verborgene – am Bemerken von Zeit das sich als *Wiederkehr* bekundende *Jetzt* ist, das tik-tik-tik- ...; nicht das Messen und auch nicht das Wiederkehren einer, wie das Jahr, längeren Zeitperiode – das wir doch nicht durch unsere Sinne als präsent vor sich gehendes Jetzte-Zählen nachvollziehen können.

Es ist, als ob wir ein Organ für die Wiederkehrstruktur des Jetzt, für das gleichmäßige Zählen besäßen.[78] Ein nächstes Jetzt bestimmen, bedeutet, sich an das Eintreffen von Wiederkehr zählend halten. Wenn einmal das Netz einer gleichförmig wiederkehrenden Bewegung ausgeworfen worden ist, treffen wir unfehlbar, präzis, auf Maschen, wir treffen ›zählend‹ das je nächste Jetzt. Unser Zeitorgan betätigt sich als Gleichgewichtsorgan, es reguliert unser Zählen nach der Wiederkehr-Ordnung des Jetzt, nach dem Rhythmus der Jetzt-Wiederkehr. Zwar empfinden wir dabei die Zeit als Stetiges, aber ›einsteigen‹ bzw. ›aussteigen‹ können wir nur bei dem jeweilig eintreffenden Jetzt; denn wir operieren mit *ganzen* Zahlen.[79] Dazwischen ›gibt es nichts‹[80] – nichts durch den Nous Gebändigtes. Das der Zeit als Zählen immanente Stimmen, das die Unfehlbarkeit des Treffens bewirkt, ist das Moment, wodurch sich die Zeit bändigen läßt. Die Zeit erfasse ich als Eintreffen – des wiederkehrenden Jetzt. Und ich bändige sie, indem auch ich, von mir aus, das wiederkehrende Jetzt durch mein Gleichgewichts- oder Zählorgan treffe: indem mein Sinn für Rhythmus sich spontan meldet. (Ich brauche nicht einmal zu sagen, das Eintreffen decke sich mit meiner Erwartung, denn es geschieht, gleichgültig, ob ich es erwarten würde oder nicht.) – Nur als Zählen von Wiederkehr läßt sich ein Jetzt im voraus bestimmen. Denn ich habe dieses künftige Jetzt nicht; ich kann nicht darauf zeigen oder meinen Finger darauf legen: ich kann nicht, wie aufgrund eines vor mir ausgebreiteten Lückenlosen, den ›Abstand‹ zwischen zwei Jetzten ›messen‹, wie ich zwischen zwei Punkten das tue (›messen‹ bedeutet soviel, wie lückenlos, kontinuierlich die Strecke vom Punkt A zum Punkt B nachvollziehen, ›ermessen‹ – dagegen ›er-zähle‹[81] ich die Zeit).

Statt als ›Eintreffen‹ können wir auch sagen, die Zeit wird als ein Auf-uns-*Zukommen* erfaßt. Und wir werden ihrer Herr, wir bändigen sie, indem wir durch das Treffen der Jetzte ihr gleichsam entgegen*kommen*: indem »die Seele, ohne es zu wissen« (Leibniz), produktiv zählt. Die Zeit kommt auf uns zu – und schon beim eintreffenden Jetzt ist sie verstrichen, wird sie zu Vergangenheit. Was bleibt, ist lediglich die Erinnerung, das Gedächtnis an das Vergangene: an das *in* der Zeit vor sich Gegangene, gegenwärtig nur in dessen Auswirkungen[82]; an *die* Zeit selbst, ›gegenwärtig‹ als das je und je vergangene, ›gezählte‹ Jetzt, so wie wenn ich, zählend bei der 5 angelangt, mich erinnere, daß ich von 1 bis 4 gezählt habe[83] – das ist nun geschehen; aber das weitere Zählen kommt auf mich zu, und ich komme ihm entgegen, indem ich es aktiv durchführe.

Daß die bei sich belassene Zeit (vgl. S. 42) sich als Eintreffen der Zahl (bzw. als zählendes Treffen) bekundet, sollte als der Tribut des Nous an den Bereich der Zahl, an den Logos als Zahl, angesehen werden. (Mit dem *sich ereignenden* Jetzt, dem Logos als dem Nennakt, hat es seine eigene Bewandtnis. – Darüber und allgemein über die Erscheinungsweisen des Logos vgl. Kap. II a, III und IV.)

√ Mit der Jetzt-Wiederkehr, dem Eintreffen der Zahl, der Zeit als auf uns Zukommendem verbindet sich die Vorstellung, daß das Jetzt sich gleichsam unablässig *erneuert*. Die Zeit läßt sich nicht als Zustand von passivem Verharren denken; sie wird als sich stets in statu nascendi befindend erfaßt.

Kontinuum

Wie nun aber verhält es sich mit unserem Empfinden, die Zeit sei etwas Stetiges, Kontinuierliches?[84] Kann sie denn auch als Kontinuum angesehen werden? Wenn ja, wäre das nicht ein irreales Kontinuum, das sich vom Jetzt, dem einzig real Präsenten der Zeit, zu dem Vorher und dem Nachher, also dem nicht mehr und dem noch nicht Wirklichen hin ad infinitum ausdehnte?

In seiner Erörterung bezeichnet Aristoteles öfters die Zeit als kontinuierlich (συνεχής). Doch alle Stellen gehen entweder von der Kontinuität in Räumlichem und in Bewegung aus (219a12f.; 220a1–6; 220a10f.; 220b24–28) oder beziehen sich auf die Zeit als *Dauer* (218a21–25; 220b2; 222a10–12). Auch in 223a33f. bezieht sich συνεχής auf Bewegung (κινήσεως συνεχοῦς), nicht auf die Zeit. Daß Aristoteles, wenn er die Zeit als kontinuierlich bezeichnet, dies von der kontinuierlichen Bewegung als dem Primären ableitet, geht eindeutig aus 220a24–26 hervor: »Es ist offenkundig, daß die Zeit die *Zahl* der Bewegung nach dem Vorher und Nachher ist« (entsprechend der Zeit-Definition – vgl. S. 32 und 36) »und, als Zahl von *Kontinuierlichem* (sc. der Bewegung), kontinuierlich«. Demnach ist also Zeit a) Zahl[85], b) kontinuierlich als mit Kontinuierlichem, der Bewegung, (durch die Zahl) verknüpft. – Und daß Zeit als Kontinuierliches – im Unterschied zur Zeit als Zahl – auf Zeit als Dauer bezogen wird, wird deutlich aus einer Stelle wie 220b2f.: »Bei der Zeit als Kontinuierlichem sprechen[86] wir von ›lang und kurz‹« – bei diesen Adjektiven wird das Moment der Dauer ausdrücklich; »bei der Zeit als Zahl (dagegen) von ›viel und wenig‹« – hier ist nicht das Moment der Dauer das Vordergründige, sondern eben die Vorstellung des Zählens, der gezählten Jetzte.

Die gezählten Jetzte folgen, wie die Zahlen, einander, ohne sich zu ›berühren‹. Das Folgende (τὸ ἐφεξῆς) ist ein ›Danach‹ (ὕστερόν τι). Das kontinuierlich Folgende dagegen (ἐχόμενον) berührt sich (ἅπτεται) mit dem Vorausgehenden; sie haben eine gemeinsame Grenze (πέρας). Und so heißen sie συν-εχές (kontinuierlich; ›zusammen-gehalten‹, ›zusammen-gewachsen‹; vgl. die ganze Stelle 227a4–23 und a29–31; s. a. Met. 1069a12–14, Anm. 25). Das ›Danach‹ ist eine zeitliche Vorstellung; das ›Sich-Berühren‹ aber und ebenso die ›gemeinsame Grenze‹ sind dinglich-räumliche Vorstellungen.[87] Für die Zeit als Zählen ist das arithmetische ›gemeinsame Maß‹ (vgl. S. 30) kennzeichnend, die Eins ohne Ort und Ausdehnung, das Jetzt, das keine Dimension hat (vgl. S. 32). Kontinuierliches (συνεχής) ist die Zeit nur in einem vom Räumlich-Dinghaften übertragenen Sinn (und ebenso als meßbare Dauer, als hypostasierte Zeit – vgl. S. 37 f.).[88] Das gilt auch für die Vorstellung einer ›unendlichen‹[89] Zeit.

Streng genommen sollten wir also die Zeit nicht als Kontinuum bezeichnen. Noch weniger angebracht ist, ihr ein ›Fließen‹, ›Verlaufen‹ zuzuordnen. Zwar sprechen wir von der *fließenden, verlaufenden* Zeit, vom Strom der Zeit; wir sagen, ›die Zeit vergeht‹. Können wir aber fragen: wie schnell? Verläuft die Zeit einmal schneller, einmal langsamer, so wie eine Sanduhr schneller als eine andere ablaufen kann? Die Frage, wie schnell ›die Zeit fließt‹, was für eine Geschwindigkeit ›sie‹ hat, ist offenkundig sinnlos. Es gibt keine schnellere oder langsamere Zeit. Denn die Zeit hat eben keine Geschwindigkeit.[90] Also fließt (oder verläuft) sie auch nicht. Ist sie denn dann ›Beharren‹? S. 40 sahen wir, daß Beharren nicht der Zeit selbst, sondern nur einem Etwas, das *in* der Zeit ist, zugesprochen werden kann. Wenn Kant sagt,»die Zeit verläuft sich nicht« (s. Anm. 90), so behauptet er damit nicht, die Zeit sei das Beharren. Auch folgende Stelle sagt das nicht: »Die Zeit also, in der aller Wechsel der Erscheinungen gedacht werden soll, bleibt und wechselt nicht; weil sie dasjenige ist, in welchem das Nacheinander- oder Zugleichsein nur als Bestimmungen derselben vorgestellt werden.«[91] Bei der Feststellung, daß ein Etwas beharrt oder sich bewegt, sich verändert, verknüpfen wir es mit der Zeit; denn Beharren, Bewegung, Veränderung, setzen die Zeit voraus. Wäre die Zeit selbst das Beharren, so müßte man folgern, sie könne nicht mit der Bewegung (Veränderung) verlaufen; die Bewegung würde der Zeit sozusagen davonlaufen. Und würde die Zeit verlaufen, würde sie dem Beharrenden davonlaufen? Oder würde dieses zusammen mit der Zeit verlaufen? – Sowohl Beharren also wie Fließen, Verlaufen, haften nicht der Zeit selbst, sondern Phänomenen *in* der Zeit an. Da aber die Zeit an der Veränderung ausdrücklich wird, denken wir sie uns als dem Sich-Verändern, der Bewegung, anhaftend, und wir vermeinen, sie verlaufe, sie fließe.

Währen

Mit der Frage, ob die Zeit fließe (verlaufe) oder beharre, lehnen wir uns, ebenso wie beim Denken der Zeit als Kontinuum, als kontinuierlicher Größe, an Vorstellungen an, die mit dem Räumlichen zusammenhängen.[92] Davon werden wir befreit, wenn wir die Zeit als das *Währen* erfassen. Weder verläuft die Zeit, noch beharrt sie. Die Zeit »bleibt und wechselt nicht; verläuft sich nicht«[93], sie bleibt bestehen, als das Währen, das ›Immerwähren‹. Währen ist weder Fließen noch Beharren. (Wohl können wir aber sagen, daß diese währen, in dem Sinn, daß sie dauern[94], daß sie *in* der Zeit sind, ›während der Zeit‹, oder ›während einer bestimmten Zeit‹.) Die Zeit selbst ist ein ›Es währt‹. Ich merke, daß ›es währt‹, ohne ein Subjekt hinzufügen zu können. ›Währen‹ ist hier ein impersonales Verb. Es ist nicht ein Synonym von ›dauern‹. Die Zeit ist ein ›Es währt‹; aber ich kann nicht sagen, die Zeit ist ein ›Es dauert‹, denn ›dauern‹ impliziert ein Etwas, das dauert, also ein Subjekt. ›Währen‹ wird zwar auch als Synonym von ›dauern‹ verwendet, z. B. ›so lang der Tag währt‹; oder im Sinne von ›ist‹, ›es gibt‹, ›so lang die Erde, die Sonne währt‹. Aber ›die Zeit währt‹ ist eine Tautologie, genau so wie ›das Währen währt‹.

Das impersonale ›es währt‹ ist auch z. B. nicht mit dem ›es regnet‹ vergleichbar. Denn hier haben wir ein eigenständiges, ein auch unabhängig von Regnen vorkommendes Substrat, das Wasser. Aber beim ›es währt‹? Seine impersonale Struktur zeigt an, daß wir die Zeit *für sich* nicht direkt erfassen können. Die Zeit – das impersonale ›Es währt‹ – hat eben *kein Substrat*. Nur dann wäre das Währen nicht substratlos, wenn es sich *selbst* als Konkretes bekunden würde (vgl. Kap. II a. Ton).

Wenn man die Zeit vage als Kontinuum bezeichnet, meint man die Zeit als Bestehenbleiben, als Währen. Da wir nun aber beim Kontinuum kontinuierliche Größe, besonders Ausdehnung implizieren, erscheint uns mit Recht paradox, daß sich dieses Kontinuierliche, die als Ausgedehntes gedachte Zeit, als sein Gegenteil, als Diskontinuierliches, nämlich als Zählen bekunden soll. Das Währen aber liegt nicht – ausgedehnt, irgendwo draußen – vor mir, es hat keinen Ort und keine Ausdehnung. Es bezeichnet auch nicht die ›Ausdehnung‹ der Zeit, deren Dauer, deren Größe.[95]

Nicht ein Währen *der* Zeit ist gemeint, sondern *die* Zeit als das Währen.⁹⁶ Währen ist nicht etwas *an* der Zeit, sondern ihr Seinsmodus. Die Zeit *besteht* aus Währen, sie geht im Währen auf, sie ist das Währen selbst: sie ist nicht ein ›Etwas, das währt‹, sondern ein ›Es währt‹.

Die Identität der Zeit ist nicht wie die Selbigkeit eines Etwas, das *in* der Zeit identisch bleibt, das die Zeit voraussetzt⁹⁷, auch nicht wie das von der Zeit unabhängige Gelten etwa eines geometrischen Satzes, z. B. daß das Verhältnis von Seite und Diagonale eines Quadrats irrational ist,⁹⁸ oder einer identischen Gleichung, 3 + 2 = 2 + 3. Die Zeit ›ist‹ nicht, sie ist keine vorfindliche, fertige⁹⁹ Identität (vgl. auch S. 40). Die Identität der Zeit ist eine Identität sui generis. Sie besteht im durchgängigen und insofern *einen* Es währt; sie ist die sich als Währen darstellende Einheit; nicht eine Einheit von Etwas, sondern das Einssein, Einsbleiben selbst.¹⁰⁰

Indem sich nun aber die Identität der Zeit als Wiederkehr niederschlägt (vgl. S. 43), kommen diese Momente zur Deckung: Das Wiederkehren des identischen Jetzt als Vorher und Nachher (vgl. S. 43) ist nichts anderes als ein Darstellen des Bestehenbleibens der durchgängigen Identität der Zeit, des Währens. Das Währen ist es also, das sich als Wiederkehr meldet, als unaufhörliches Wiederkehren (vgl. S. 41 f.), als das unablässig wiederkehrende, sich stets erneuernde je und je gezählte Jetzt (vgl. S. 42), als der Prozeß des realen Zählens. Das Währen wird gleichsam ›abgelesen‹: als Wiederkehr des identischen Jetzt, als Je-und-Je-Zählen. Damit wird durch den Nous gleichsam verifiziert, daß die Zeit einig¹⁰¹ ist, daß nicht mit irgendeinem ›neuen‹ Jetzt eine ›neue‹ Zeit beginnt. Die Zeit dringt in uns als Währen ein, und *wir* bringen sie als Wiederkehr-Zählen wieder hervor. ›Zahl‹ bezieht sich also erst auf die *Struktur* der eigentümlichen Identität der Zeit, auf die Zeit als unaufhörliche und gleichförmige Wiederkehr.

Das Moment des Wiederkehrens ist das Währen, wie es, in uns eindringend, sich dem *Nous* darstellt. Das Räumliche meldet sich direkt im Erscheinen (vgl. S. 40); bei der Zeit hingegen muß das Jetzt, die Wiederkehr, das je und je Gezählte – jedes dieser drei Momente die Tätigkeit des Nous voraussetzend – vermitteln.¹⁰² Sie sind gleichsam das Produkt der Brechung beim Stoßen des Nous auf das Währen.¹⁰³ Der Ursprung der im Nous gespiegelten Zeit ist das Erfassen von Jetzt. ›Jetzt‹ ist das Bezeugen des Währens durch den Nous; es setzt den Nous als den *Zeugen* voraus, der Jetzt signalisiert, Jetzte auseinanderhält.¹⁰⁴ Ohne Nous kein Jetzt. Die Natur, die ›Zeit‹ ohne den Zeugen, kennt kein Jetzt.¹⁰⁵ Das Jetzt wird durch mein Selbst, als dem Zeugen, hervorgebracht.

Die Zeit ist nicht ohne den Nous (νοεῖν). Ihr εἶναι ist das νοεῖν als das *Wissen um* das Bestehenbleiben, das Währen, die im Nous reflektierte Zeit, der Zahlen-Logos, das Währen als das Jetzt, das Jetzt als das Währen: τὸ γὰρ αὐτὸ νοεῖν ἐστίν τε καὶ εἶναι, »Denn dasselbe ist das Jetzt und das Währen«, richtiger: »Jetzt als stets wiederkehrend ist das bemerkte Währen«.[106]

Ich könnte aber das Jetzt nun nicht als Wiederkehren erfassen, wenn ich nicht derselbe bei seiner Wiederkehr wäre. Das wiederkehrende Jetzt spiegelt die durchgängige Identität meines Selbst, und es gibt ihr Rückgrat. Daß ich von ihr weiß, bedeutet: ich weiß, daß mein Selbst jetzt identisch mit meinem Selbst vorher ist; ich weiß, daß ich bin, der ich war; ich erinnere mich gleichsam daran. Mein Zeitorgan verknüpft mein Selbst mit dem einen, wiederkehrenden Jetzt. Mein Selbst konstituiert sich an dem Jetzt, wie das Jetzt an meinem Selbst; sie werden *in einem* konstituiert; sie bedingen sich gegenseitig.

Daß ich mich als durchgängige Identität meiner selbst mir bekunde, bedeutet zugleich, daß ich stets, ausharrend, unausweichlich beim Jetzt bin (vgl. S. 31 f.). Und weil mir die Zeit lediglich als Jetzt gegenwärtig ist[107], dadurch daß sie stets ›beim Jetzt ist‹, und ich selbst stets beim Jetzt bin, habe ich das Gefühl, daß ich an das Jetzt gebunden vom Vorher zum Nachher mit der Zeit wandle, daß ich gleichsam im Währen wandle.[108] Mein Selbst weiß also auch von der Zeit als dem Währen; doch mit dem – noch unerkannten – Währen als solchem vermag es sich nicht unmittelbar zu identifizieren. Das Währen, das ›Bestehenbleiben‹ (vgl. S. 49) – die Identität der Zeit noch ohne den Nous, ohne das Zählen, ohne das Jetzt – spiegelt sich in uns, wie ich oben sagte, nur als Brechung.[109] Sie ist eine Folge des Faktums, daß wir nicht ein Währen sind – sondern gleichsam darin wandeln. (Daher auch die Vorstellung des sich erneuernden Jetzt, des Eintreffens, des auf uns Zukommens; vgl. S. 47.)

Jenseits dieser Brechung läßt sich das – substratlose – ›Es währt‹ nicht für sich fest fassen. Als eigenartig Unbestimmtes kann es vielleicht spürbar werden, wenn ich etwa die Augen ins Leere fixiere, ohne zu ›sehen‹: die Zeit scheint ›stehen zu bleiben‹ – zu bestehen, eben zu währen. Sobald ich aber dieses unbestimmte Spüren fester fassen will, es als der Zeuge in Bemerken umsetzen, das Währen von mir aus hervorbringen will, kippt es um in Jetzt-Wiederkehr, in jenes tik-tik-tik-... des Pendelschlags, der fallenden Tropfen, des Phänomens der gleichförmig eintönigen Wiederkehr, das ich zwar auch als ›zeitlos‹ empfinde, doch nicht als Verlaufen, Fließen, sondern: als Zeit, die besteht, als Währen, das sich als Wiederkehr des identischen Jetzt bekundet, als das ›Immerrege‹ des Nous, der sich als Identisches, als Selbst erfaßt. Das als Unbestimmtes in uns eindringende ›Währen‹ wird vom Jetzt her, und das heißt zugleich: vom Nous her[110], aufgerollt; es erhält Bestimmtheit als ›Zeit‹, als ein διὰ νοῦ.

II a. Ton

Tönen

Oben habe ich die Zeit auch an Hand des räumlich Beharrenden veranschaulicht (S. 40). Ein beharrendes Ding *erscheint*, und *außerdem* beharrt es. Das gilt aber nicht für den Ton. Denn der Ton *besteht* aus dem Tönen. Er besteht, *indem* er *wird*.[111] Er ist nicht ein Etwas, das nun außerdem tönt, sondern er ist ein Es tönt, so wie die Zeit das Es währt ist. Das Es tönt ist ein Etwas sui generis: es konstituiert sich als Zeit, als ein Es währt. Ist die Zeit das Es währt ohne Substrat (S. 49), so ist das Tönen ein konkretes Währen, ein Etwas als Währen, ein Währen als Etwas. Der Nous erfaßt tönende Zeit, das Währen selbst meldet sich unmittelbar als ein ursprüngliches Etwas; indem Es währt, tönt Es, wird das Substrat des Währens hervorgebracht[112], und es dringt, wie das Währen, in uns ein. Das als Währen sein Substrat konstituierende Tönen ist also nicht – wie z. B. das Ding, oder auch Sprechen, oder Gedanken – ein Etwas *in* der Zeit[113], sondern ein Etwas, dessen *Seinsmodus* Währen ist[114], ein Etwas, das aus Währen besteht; es ist ein Währen, das aber als konkretes Etwas einleuchtet; wir erfassen *reale Zeit*.

Tönen impliziert das stetige und gleichförmige, das *konstante* Sich-Hervorbringen. Solange das Tönen vor sich geht, erfassen wir es als sich stets in statu nascendi bekundende reale Einheit, eine Einheit, deren Identität sich als Währen konstituiert. Solange Es tönt, bezieht der Nous unablässig das gerade vor sich gehende Tönen auf das soeben verklungene, er vergleicht sie und stellt ein Identischbleiben fest; das stetig nachfolgende Tönen ist identisch mit dem vorausgehenden. Die sich als sich erneuerndes Jetzt bekundende Zeit wird hier als Konkretes dargestellt. Indem wir das sich so als tönende Zeit konstituierende Einssein[115] verfolgen, werden wir ein reales Einsbleiben gewahr. Im Tönen konstituiert sich ein reales Einsbleiben ohne Ort und Ausdehnung[116], eine Identität, die allein aus realem Währen besteht. Im Tönen, allein in ihm, konstituiert sich als Reales die sich selbst treu bleibende Eins ohne Ort und Ausdehnung, die währende 1. Um mir den Begriff ›Eins‹ zu sichern, muß ich ihn mir als Bestehenbleiben – als *während* vorstellen. Das Tönen mutet uns nun an wie die Realdarstellung des Bestehenbleibens, wie eine durch die Natur der Sache gegebene Realdefinition von ›Eins‹: es wird zum Tönen, indem es ohne Unterlaß sagt ›1 bleibt 1‹, ›1 bleibt bestehen‹.[117]

Die Eins als Einsbleiben, Gleichbleiben der Tonhöhe – welcher auch immer –, entspricht nicht einer bestimmten, einer absoluten Tonhöhe; sie ist nicht als Größe gemeint, sie ist nicht ›die (absolute) *Tonhöhe* 1‹ – etwa analog einem Einzelding (z. B. einem Apfel), das eines ist und, als Raumding, auch Größe hat. Dadurch wird zugleich ausgeschlossen, daß hinzutretende Töne zunächst je als Absolutes, für sich, bestimmt und erst danach vom Gesichtspunkt ihrer Relationen zu der Eins ausgewählt werden. Sie alle sind je ein Einsbleiben, das in Relation zu dem ursprünglichen Einsbleiben der ›Eins‹ entsteht.

Anders gesagt: Da das Jetzt überhaupt keine Dimension hat[118], und da es außerdem als nur eines je präsent ist, je als die Grenze zwischen Vergangenheit und Zukunft[119], bewirkt es nicht, wie die Dinge im Raum, gemeinsame Gren*zen*[120], somit auch Größen, sondern das Zählen. Und im Tönen bewirkt es, als das sich erneuernde Jetzt, die reale Eins: die Voraussetzung für die Entfaltung des Tönens als der tönenden Zahlrelationen.

Tönen wird aber als Empfindung wahrgenommen. Würde das Moment des stetigen und gleichförmigen, des konstanten Sich-Hervorbringens fehlen, hätten wir keinen Ton, sondern nur Geräusch. Dieses bringt nicht *sich* hervor, sondern es wird durch Dinghaftes hervorgebracht. Wie jede Empfindung wird es auf Räumliches bezogen.[121] Die es hervorbringende Geräuschquelle, das es verursachende Dinghafte meldet sich aber nicht – wie bei der Gesichts- oder Tastempfindung – direkt. Das Ohr sieht oder betastet nicht; es nimmt die Wirkung eines Vorgangs wahr.[122] Das Geräusch zeigt zwar Räumliches an, aber das Ohr ›sieht‹ es direkt nicht, sondern wird erst durch die Fragen Was? Woher? Wo? mit der Quelle und ihrem Ort verknüpft.[123] Damit hängt zusammen, daß wir bei der Gehörsempfindung den Eindruck erhalten, sie werde dem Sinnesorgan, dem Ohr, angeheftet, sie berühre das Trommelfell; ja sie selbst sitze am Ohr, und wir suchen gleichsam erst das sie verursachende Räumliche auf. (Analog verhält es sich mit der Geruchsempfindung.) Das Sichtbare dagegen ist eben unmittelbar sichtbar. Das Kratzen der Maus höre ich hier an meinem Ohr, es kratzt an meinem Ohr; aber ich sehe die kratzende Maus dort draußen. Da die Gesichtsempfindung mit dem Gesehenen, dem Anzeigen des Räumlichen identisch ist, mit dem ›Da‹ seiner Gestalt, seiner Farbe, zusammenfällt, erhalten wir den Eindruck, daß sie dem ›Ding‹ dort angeheftet ist, sie wird ›dort‹ lokalisiert, draußen im Raum, an dem Sichtbaren selbst, seiner sichtbaren, uns zugekehrten Seite. Das Auge sendet gleichsam einen Sehstrahl hinaus, bis er auf ein Sichtbares stößt; und dieses erscheint dort an dem Berührungspunkt des hinausgesendeten Sehstrahls mit dem Sichtbaren. (Vgl. dazu auch Platon, Timaios, 45b2–46b6.) Das Ohr aber sendet keinen Hörstrahl; es verhält sich passiv, es wird vom Geräusch aufgesucht, von ihm betroffen. Auch besitzen wir keine Ohrenlider, wohl aber Augenlider. Ihre Funktion ist, die Kommunikation durch den Sehstrahl zu versperren, die Wechselbeziehung von aktivem Senden und Affiziertwerden durch einen Vorhang zu unterbinden. Das Gemälde sehen wir ›dort‹, auf der bemalten Fläche, auf der kompakten Wand, die dem Sehstrahl Halt gebietet. Musik als Hörbares nehmen wir ›hier‹, am Trommelfell wahr.

Die Tastempfindung setzt kein besonderes Empfindungsorgan voraus. Sie entsteht durch die Berührung unseres Körpers mit dem Ding, also an der physisch gegebenen Kontaktfläche. Analog verhält es sich mit der Geschmacksempfindung.

Gemeinsam ist den Empfindungen, daß sie, Räumliches anzeigend, dem Außen zugekehrt sind. Die Gesichtsempfindung wird unmittelbar an dem wahrgenommenen Außen lokalisiert, die anderen Empfindungen werden vom Empfindungsorgan(bzw. von unserem empfindenden Körper) aufgefangen. Alle Empfindungen melden ein Außen, aber sie lassen es nicht in uns ein. So auch die Gehörsempfindung.

Und so das Tönen als Gehörsempfindung. Als Hörbares ist es ein Außen. Dieses Außen aber ist die Hülle, ist der Träger, der das Tönen bis zu unserem Gehörorgan, dem Ohr heranträgt. Auf diese Wand stoßend, macht das Hörbare halt; es wird als Hörbares erfaßt. Und nun fungiert diese Wand zugleich als Filter: Die bis zur Kontaktfläche notwendige Hülle bleibt draußen, und das mit dem Nous Affine, das reale Währen wird durchgelassen; es dringt in ihn ein, nun entbunden von der Verknüpfung mit Räumlichem. Sobald ich den Ton als das Tönen, als ›real währende Eins‹ erfasse, verliert die Empfindung den Charakter des Absoluten und des Anzeigens von Räumlichem, und sie wird lediglich zum Träger des Momentes ›real‹. Die Aufmerksamkeit wird vom Empfindungsmoment weg auf das Moment des Währens gelenkt (vgl. S. 53). Es wird dann gleichgültig, was für einer (absoluten) Tonhöhe das Tönen entspricht. Der Nous erfaßt es auch nicht in seiner Beschaffenheit als Hörbares, z.B. als ›schweren‹ Tubaklang oder als ›schwerelosen‹ Flötenklang. Das Tönen löst sich in jeglicher Hinsicht vom Räumlichen los. Jeglicher Bezug auf auch nur mittelbare Lokalisierbarkeit entschwindet. Gleichsam schwebt es, als raumloses, aber reales Währen. Daß hier das Zeitmoment unter Ausschaltung des Räumlichen[124] erfaßt wird, ist damit zusammenzusehen, daß der Ton sich nicht wie ein Einzelding verhält, das erscheint und außerdem beharrt[125], sondern daß er als Konkretisierung der real währenden Eins aus jenem ›Beharren‹ selbst besteht, das wir reales

Währen genannt haben. Das Tönen ist die – einzige – genuine Konkretisierung der autarken – insofern ›substantivischen‹[126] – Eins. Ist die Eins die einzige zu *denkende* autarke Identität, so ist das Tönen die einzige *reale* autarke Identität. Seine Seinsweise entfaltet sich in der Tonrelation, einem Ganzen von Bezügen, einem Realen sui generis. Gehörswahrnehmung, somit auch Räumliches sind lediglich dasjenige, *an Hand* dessen sich das reale Währen einstellt[127], analog dem ›Außen‹, dem ›Anderen‹, z.B. der Bewegung, somit der Gesichtswahrnehmung, die lediglich dasjenige sind, *an Hand* dessen sich Jetzt, Zeit, meldet. Analog dem Gewahrwerden von Jetzt, das durch das Außen, die Bewegung, veranlaßt wird, ohne daß das Jetzt selbst ein Außen sei, wird das Gewahrwerden von realem Währen durch das Außen, das Tönen als Hörempfindung, veranlaßt, ohne daß das reale Währen selbst ein Außen sei.

Was Tönen ist, zeigt sich uns unmittelbar, wenn wir etwa folgenden Versuch anstellen: Wir sprechen schreiend wie im Affekt; unsere Stimme bewegt sich innerhalb eines größeren Ambitus unregelmäßig zwischen Höhe und Tiefe. Plötzlich bleiben wir bei einer Stelle stehen, die wir nun in einen konstanten Ton verwandeln. Wir bringen ihn in gleicher Lautstärke wie das Vorausgegangene hervor, er ist, wie jenes, ein Hörbares. Aber ein überaus merkwürdiges Phänomen stellt sich ein. Es ist, wie wenn ein laufender Film plötzlich stehenbliebe und nur noch *ein* Bild zeigte; es ist, wie wenn die Zeit stehenbliebe – und wir bei der einen Tonhöhe ›beharrten‹. Aber – wo ›beharren‹ wir? Bei der Zeit, dem *B*estehenbleiben.[128] Das *in* der Zeit Enthaltene, das Sprechen, die Silben, das Auf und Ab der Stimme, wird getilgt, und es bleibt die bei sich belassene Zeit[129]. Wir werden das Tönen über die Hülle des bloß Hörbaren als das in uns eindringende reale Währen gewahr. Wir erfahren die Zeit als genuines und zugleich konkretes, sich als ein Etwas – ein Etwas sui generis - einstellendes Phänomen. Die Identität der Zeit meldet sich als Identität des Tönens.

Bevor ich fortfahre, versuche ich zusammenzuschauen. Das den Menschen Ausmachende wollen wir Nous nennen. Mein Thema ist, wie sich der Nous betätigt und wie er zu ›Werk‹ kommt. Der Nous betätigt sich, indem er merkt. Was bemerkt er? Zweierlei: das Währen und das Dinghafte. Das Währen dringt in ihn ein. Das Dinghafte bleibt draußen; es ist und es bleibt ein Außen. Das Währen dringt so sehr in den Nous ein, daß Nous ohne Währen nicht zu denken ist. Das Währen konstituiert den Nous. Es konstituiert die durchgängige Identität meines Selbst. Doch ist der Nous nicht identisch mit dem Währen.[130] Er bemerkt ja das Währen. Das ist sein Anker, der Boden, auf dem er ruht, das Element, in dem er lebt und webt, und von dem er durchdrungen ist. Ist der Nous vom Währen *durchdrungen*, so tritt ihm das Dinghafte, das Außen *entgegen*: Er kann es nicht assimilieren, sich nicht aneignen; es bleibt ihm unbegreifbar, es bleibt ihm ein ›Anderes‹. Aber er merkt dieses Andere, er bemerkt es. Zugleich streckt er die Waffen davor. Es ist ihm ein nicht durchstoßbares Faktum. Weil dagegen der Nous vom Währen durchdrungen ist, ist ihm nicht möglich, das Währen als ein ausdrücklich Bestimmtes zu bemerken; es fehlt die ›Distanz‹. Nun, das Dinghafte – das Außen, das Andere – ist es, das bewirkt, daß das Währen bemerkbar wird: Indem das Währen, das in mich eindringt, sich auch auf das Außen projiziert, kann es sich an Hand des Außen – an Hand der Veränderung allgemein, und ganz besonders an Hand der Bewegung – für den Nous in Bestimmtes verwandeln: in Zeit als unaufhörliche Jetzt-Wiederkehr.

Aber das Außen bewirkt auch das Tönen, und der Nous drängt danach, das Währen in Reales zu verdichten. Das Tönen kommt ihm nun entgegen. In ihm bietet sich das Währen als Reales dar, mit Hilfe des Anderen, des Außen, des Dinghaften. Das Außen selbst, das als Empfindung uns Erreichende, bleibt ein Außen. Aber das nun mit Hilfe des Außen als Bestimmtes geprägte Währen dringt ein in den Nous; es entfaltet sich als Eins und Zahl – ein Produkt des Nous – , als die tönende Eins und deren Aktualisierung als tönende Zahlenrelationen: als Harmonia (ἁρμονία)[131].

Erweist sich die Zeit über das Jetzt als Zählen, so erweist sie sich über das Tönen als die reale Eins und als Zahlenrelationen, die werden, indem sie real währen. Damit tritt aber die Zahl in doppelte Beziehung zu der Eins: a) Die *eine* Zeit bekundet sich als Zählen. Und b) die tönende Zeit, die real währende Eins aktualisiert sich als real währende Zahlenrelationen, das Tönen wird zur Harmonia.

So wie der Nous an Hand der Bewegung die Zeit als Eins und Zahl – wiederkehrendes Jetzt – erfaßt, erfaßt er das reale Währen an Hand des Hörbaren als Eins und Zahl: als das τὸ τὶ ἦν εἶναι (›das Wesenswas‹) des Tönens, die Harmonia. In beiden Fällen ist ›Eins‹ und ›Zahl‹ keine arithmetische Abstraktion: sie haben – wenn auch auf verschiedene Weise – *Zeit*beschaffenheit, das eine Mal als Jetzt-Wiederkehr, das andere Mal als Harmonia, Wesenswas des Tönens.[132] In beiden Fällen erweist sich ›Eins‹ und ›Zahl‹ als ein ursprüngliches Produkt der Aneignung des Währens durch den Nous. Und so ist, als Eins und Zahl, wie die Zeit selbst (vgl.S. 50), so auch die *reale Zeit*, die Harmonia, ein Produkt des Nous. Doch sie entspringt dem Tönen, das sich dem Nous mit Hilfe des Außen bereits als Tönen, als real währende Eins darbietet, das somit die Zahl, das Zählen, schon latent enthält, so wie auch das ›Naturprodukt‹ eines in Zahlenrelationen entfalteten Tönens bereits unabhängig vom aufnehmenden Nous mit Hilfe des

Außen als tönende Eins hervorgebracht und dargeboten wird.[133] Das Jetzt dagegen wird nicht durch das Außen hervorgebracht und uns ›dargeboten‹, sondern durch das Außen nur *veranlaßt;*[134] das Jetzt, die Zeit als Zahl, entsteht erst in uns, als ein διὰ νοῦ. Das Tönen nun wird aber von dem Außen als ein *dem Nous Gemäßes* dargeboten. Das heißt: das schon als ›Naturprodukt‹ Zahl Enthaltende wird, weil es so beschaffen ist, vom Nous akzeptiert und durchgelassen, so daß es in ihn eindringt und als ein In uns, als ein διὰ νοῦ erfaßt wird.

Schon beim Sirenenton (beim Tongleiten) stellt sich das Gehör auf die Voraussetzung des Tonphänomens ein, auf die währende reale Einheit, das Tönen, die Möglichkeit von Musik. Allgemeiner: Sobald ich – auch bei Geräuschen – ein Moment von Tonhöhenveränderung bemerke und, vom Geräusch absehend, mich darauf einstelle, meldet sich schon, wenn auch zunächst vielleicht nur latent, das Moment des Tons als des Phänomens des realen Währens. Schon bei solchen Erscheinungen habe ich den empirischen Ursprung der Möglichkeit des Tonphänomens zu suchen. Insofern läßt sich der Sirenenton als eine *Vorform* des Zeit-Etwas ansehen.

Das Tönen, ein zunächst bloß Hörbares, wird zu realem Währen, *indem* es als die reale Eins, das Einssein (als konstantes Sich-Hervorbringen) *erfaßt* wird. Das Tertium comparationis zwischen Währen und Tönen ist die Eins als das Einssein. Der Nous ist die Antenne, die sich – über das Jetzt – am Währen real konstituiert, und die dadurch befähigt wird, das sich ebenfalls am Währen real konstituierende Tönen als die reale Eins zu erfassen.

Die Eins als das Jetzt währt nicht; das Währen nimmt die Gestalt der Jetzt-Wiederkehr an; das Zählen gibt das Sich-Ablösen der Jetzte wieder durch Hinzufügung je einer Eins. Die Zahl ist hier eine Ordinalzahl, und zwar die genuine Ordinalzahl.[135]

Die Eins als das Tönen währt, ist ein Währen. Doch sie ist nicht immerwährend; wir würden sonst nicht allein im Währen wandeln[136], sondern zugleich im Tönen. Das eine, immerwährende Tönen wäre gleichsam ein ›Grau in Grau‹, und wir würden es außerdem nicht bemerken. Das Tönen taucht nur gelegentlich auf. Zu einem Einssein, zur Einheit, wird es *selbst*, durch seinen Seinsmodus. Aber ausdrücklich wird diese Einheit erst, wenn sie sich als das Prinzip der Zahl erweist. Stellt sie sich dabei als Tönen dar, so geht die Zahl ebenfalls als Tönen aus ihr hervor, als Tönen, das zu dem Prinzip ›Eins‹ in Relation steht. Der Nous aktualisiert sie als ἀρχὴ καὶ μέτρον ἀριθμοῦ (»Prinzip und Maß der Zahl«)[137], indem er – und zwar nach dem Verfahren der Überteiligkeit[138] – reale Zahlenrelationen, Töne, die ›einhaken‹[139], aus ihr hervorgehen läßt: die Harmonia, das evidente Sich-Bekunden der realen Zeit-Identität.

Das ursprüngliche Tönen läßt sich als 1 : 1 ansehen: als eine Eins, die nicht ein absolutes Eines angibt, z.B. ein Ding, sondern die das Einsbleiben als ›Verhältnis‹ darstellt. Die 2 als Verhältnis dargestellt heißt 2 : 1, die 3 3 : 2, die 4 4 : 3 usw. nach der Formel (n + 1) : n. Es findet kein progressives Zählen statt, sondern eine Darstellung des einen Währens durch die reale Sukzession der überteiligen Verhältnisse: ursprüngliches Einsbleiben als 1 : 1, Einsbleiben als 2 : 1, als 3 : 2, als 4 : 3, ..., als (n + 1) : n. Dem einen Währen wird nichts hinzugefügt. Es handelt sich immer um die eine Zeit, die sich als beliebiges überteiliges Verhältnis darstellen bzw. verwirklichen läßt. Die Überteiligkeit drückt die unmittelbare Beziehung zum ursprünglichen Tönen, der Eins, aus. Die als Überteiligkeit ausgefaltete real währende Eins ist die Harmonia: *das Generationsprinzip der Zahl als Relation, wie es sich als Überteiligkeit darstellt.*

Harmonia

Ich greife den Versuch S. 55 auf. Nachdem sich das Tönen eingestellt hat, wollen wir diese Identität auskosten, wir wollen ausprobieren, ob und auf welche Weise sich das Tönen bewährt, was für Früchte es trägt. Wir intonieren andere Töne, aber doch ohne das ursprüngliche Tönen zu vergessen. Es stellen sich Töne ein, die zum ursprünglichen Tönen passen. Sie haken ein, und dadurch, daß sie sich als feste Tonrelationen einstellen, geben sie dem ursprünglichen Tönen und in einem sich selber gleichsam Profil. Das Tönen festigt sich durch die auf es bezogenen, weil aus ihm hervorgehenden, Tonrelationen, die selbst als Tönen bestehen. Das Eine, Konstante wird ausdrücklich, dadurch daß es sich nun als tönende Relation bewährt. Die beiden Relationstöne konstituieren sich reziprok, als unverrückbare Relationsstruktur; sie werden gleichsam reziprok zurechtgerückt, sie stützen sich gegenseitig (und zwar gleichgültig, ob sie hintereinander oder – indem z.B. die Prim von einem Instrument übernommen wird – zugleich erklingen).

Vom ursprünglichen Tönen, der Prim, ausgehend, intonieren wir die Oktav, dann z.B. die Quint, die Quart, die Sekund, die Terz: Das jeweils andere Tönen wird als der Unterschied, das Unterschiedene ›erkannt‹, ›gebändigt‹. Daß diese Intervalle einhaken, fällt damit zusammen, daß sie uns einleuchten. Aber die Oktav nimmt eine Sonderstellung ein. Sie ist derselbe Ton – so erfassen wir sie – wie die Prim, hat aber eine andere Tonhöhe. Die Identität der Prim ist zugleich die Identität ihrer Oktav (bzw. deren Oktav, also der Doppeloktav usf.).

Die Identität des Tönens stellt sich dar, und festigt sich geradezu als Oktavenidentität. Aber doch unterscheiden sich Prim und Oktav durch die Tonhöhe. Und zwar ist der Tonhöhenunterschied viel größer als bei den anderen Intervallen. Was besagt nun die Oktavenidentität? Zunächst einmal – negativ –, daß die Identität des Tönens nichts mit absoluter Tonhöhe gemein hat[140]. Wir werden dasselbe Tönen auch in seinen Oktavtranspositionen gewahr. Die Identität des Tönens ist nicht nach dem Außen gekehrt; sie wird nicht im Außen verankert, sie ist nicht lokalisierbar. Dann aber – positiv – besagt die Oktavenidentität, daß das Tönen auf ein vom Außen hermetisch abgeschlossenes System, gleichsam ein internes Kreislaufsystem bezogen wird, worin die Töne ausschließlich unter sich verkehren[141]. Das kann nur ein Relationssystem sein, kein Raumfeld, sondern ein sich ursprünglich, genuin und real als Relation konstituierendes Feld, ein Relationsfeld. Indem die Oktavenidentität das eine Tönen als Relation darstellt, macht sie ausdrücklich, daß die Identität des Tönens die Relation in sich birgt und stiftet das Tonphänomen als Tonrelationsphänomen, sie schafft die Bedingung der Möglichkeit der Tonrelationen.

Die Oktav ist die Eins als Unterschied, das Einsbleiben als 2 : 1. Das ursprüngliche Tönen erhält durch den Oktavsprung gleichsam seinen Doppelgänger, wird ein Doppeltes, wird zur ursprünglichen Relation. Als ein Doppeltes, Zweifaches, ist die Oktav ein *vielfaches Verhältnis*, aus dem sich bei Einbeziehung der nächstfolgenden Zahlen die Reihe der vielfachen Verhältnisse, (2 : 1), 3 : 1, 4 : 1, 5 : 1, ... ergibt. Zugleich ist sie aber auch ein *überteiliges Verhältnis*, ein Verhältnis, bei dem, wie die Griechen formulieren, die erste Zahl die zweite um einen – unteilbaren – Teil übertrifft, 2 : 1, 3 : 2, 4 : 3, 5 : 4 ... Die Relation 2 : 1 erhält also nicht allein dadurch, daß sie sich als die erste ergibt, eine ausgezeichnete Stellung, sondern darüber hinaus dadurch, daß sie *als einziges Intervall ein vielfaches und zugleich ein überteiliges Verhältnis ist*. Im Oktav-Intervall als einzigem sind die zwei Glieder in zweierlei Hinsicht verbunden: als ›Vielfaches‹: nämlich als Verhältnis zur Eins (2 = 2 × 1) und als ›Überteiliges‹: nämlich als Verhältnis zur vorausgehenden Zahl, (n + 1) : n, hier n = ebenfalls die Eins).[142]

Bei dem progressiven Entstehen der Zahlen bzw. Intervalle ist nun aber nicht die Reihe der vielfachen, sondern die der überteiligen Verhältnisse bestimmend. Nur in dieser Reihe begegnet uns ein gleichsam behutsames Vorgehen, bei dem die jeweils neue Zahl durch Ausweisung ihres mit der ihr vorausgehenden Zahl gemeinsamen Maßes – eine Einheit mehr als diese – eingebürgert wird. Die 4 wird durch das Verhältnis 4 : 3 bestimmt als die Zahl, die die Einheit 1 mal mehr denn die 3 enthält. Das überteilige Verhältnis ist ein echtes Verhältnis von zwei verschiedenen Zahlen. Jede von ihnen wird durch das *gemeinsame Maß*[143] ›gemessen‹ – oder auch ›gezählt‹; insofern gilt für jede von ihnen zugleich das vielfache Verhältnis zu der Eins: 3 = 3 × 1 (sc. ›Maß‹: Einheit) und 4 = 4 × 1 (sc. ›Maß‹: Einheit). Das vielfache Verhältnis ist also im überteiligen enthalten. Aber das vielfache Verhältnis genügt nicht, um die Zahl auszuweisen; es besagt nur, daß – und um wieviel – sie durch die Einheit gemessen wird. Doch es liegt kein echtes gemeinsames Maß vor, denn das eine Glied ist diese Einheit selbst; die neue Zahl wird somit nicht zugleich durch ihre Beziehung zu der ihr vorausgehenden verankert, sondern nur durch ihr Verhältnis zu der Eins.[144] – Im Tonphänomen spiegelt sich das Prinzip des überteiligen Verhältnisses.

Wenn ich das gemeinsame Maß einer Tonrelation mechanisch-rechnerisch (durch einen Algorithmus) finden will, deren zwei Glieder zu einem dritten, zwischen ihnen liegenden Ton je ein mir bekanntes (gegebenes) gemeinsames Maß haben, so verwende ich die Formel $\frac{a}{b} \times \frac{c}{d}$, z.B. $\frac{4}{3} \times \frac{5}{4} = \frac{20}{12} = \frac{5}{3}$. Die Rechenoperation für das Auffinden des gemeinsamen Maßes beim ›Zusammensetzen‹ von Intervallen fällt mit ›Multiplizieren von Brüchen‹ zusammen. (Und die umgekehrte mit ›Dividieren‹: Ist $a : c = 5 : 3$ und $f : c = 4 : 3$, so ist $a : f = (5 : 3) : (4 : 3) = (5 : 3) \times (3 : 4) = 15 : 12 = 5 : 4$.) Was aber vor sich geht, ist kein ›Multiplizieren‹ (oder ›Dividieren‹) im landläufigen Sinn, oder als Selbstzweck, sondern ein *Vergleichen* sui generis, ein Vergleichen von Relationsgliedern mit gemeinsamem Mittelglied, eben das Auffinden des – neuen – gemeinsamen Maßes. Das ›Zusammensetzen‹ von Intervallen ist auch kein ›Addieren‹. Hiervon zu reden, hätte nur dann Sinn, wenn auch die zu addierenden Intervalle ihrerseits ein Ergebnis von ›Addition‹ wären, oder als solches angesehen werden dürften. Aber $a : c$ (5 : 3) ist ebensowenig ein ›Additionsergebnis‹ wie $f : c$ (4 : 3). Jedes von ihnen wird lediglich durch das ihm zustehende gemeinsame Maß gekennzeichnet. Das gemeinsame Maß macht also das Zeit-Etwas aus sowohl innerhalb der ›Zelle‹: der *einen* Relation, als auch in der Verknüpfung der Relationen miteinander.

Die Oktav 2 : 1, das erste Überteilige, gebiert durch Teilung nach dem Überteiligkeitsprinzip alle anderen Intervalle, Relationen, und zwar in fortschreitender Annäherung der zwei Relationsglieder (der ›Abstand‹ – das Intervall – wird immer ›kleiner‹): Bei 2 : 1 ist 2 das doppelte von 1; bei 3 : 2 ist 3 schon nur das anderthalbfache von 2, bei 4 : 3 ist 4 nur um 1/3 größer als 3, usf., also das gemeinsame Maß wird immer kleiner: 1, 1/2, 1/3 usf. Je kleiner aber das gemeinsame Maß, um so geringer die ›Verwandtschaft‹ der zwei Glieder, oder richtiger, um so weniger einleuchtend das Verhältnis, d.h. das Intervall. Und: Je kleiner die Zahlen des Verhältnisses, je näher sie der 1 sind, desto vollkommener ist das Intervall.[145]

Dieses ganze System,[146] der Bezug aller Zahlenrelationen zu der ausgezeichneten Mutter-Relation 2 : 1, ist die Harmonia. Und weil die Oktav an der Spitze des Systems steht, heißt auch sie Harmonia (so bei Philolaos, einem älteren Zeitgenossen Platons).

Das griechische Wort ἁρμονία bedeutet ›Fügung‹, ›Zusammenfügung‹ (verbale Form: ἁρμόζω = zusammenfügen), zunächst gegenständlich bezogen; so bei Homer (Odyssee 5, 247 f.) für das Zusammenfügen von Holzteilen beim Schiffsbau. Schon früh aber ist in dem Wort ἁρμονία die Vorstellung einer Einheit von Gegensätzlichem eingefangen, und zwar speziell das Übereinstimmen verschiedener diskreter Töne im Intervall. In Heraklits Frg. 54 werden möglicherweise beide Wortbedeutungen voneinander abgehoben: »Die unsichtbare Harmonia ist stärker (mächtiger, erhabener) als die sichtbare.« Durch Aristoteles (Eudem. Ethik VII,1,1235a 25, im Kapitel über die Freundschaft und im Zusammenhang mit der Gegensatzlehre) ist ein Ausspruch Heraklits überliefert: »Denn es könnte keine Harmonia geben, wenn nicht Hohes und Tiefes wäre, und ebensowenig Lebewesen ohne den Gegensatz des Männlichen und Weiblichen« (s. VS (Anm.106) 22 A 22). Eine Stelle in der pseudo-aristotelischen Schrift De Mundo 5, 396b enthält etwas ausgeführter denselben Gedanken: »Die Musikē, welche zugleich hohe und tiefe, lange und kurze Töne mischt, bringt in verschiedenen Tönen eine einzige Harmonia zustande«, und beruft sich anschließend ebenfalls auf Heraklit: »... Einträchtiges-Zweiträchtiges, Zusammentönendes-Auseinandertönendes...« (Frg.10). Noch in der mittelalterlichen Musiktheorie lebt der antike Harmonia-Begriff zusammen mit der Vorstellung eines übereinstimmenden (einträchtigen) Auseinandertönens, concorditer dissonans. Ähnliches in Heraklits Frg. 8: »Das Gegeneinanderstrebende zusammengehend; aus dem Auseinandergehenden die schönste Harmonia (καλλίστην ἁρμονίαν)«. Das erinnert an das Pythagoreische Akusma: »Was ist das Schönste? Die Harmonia« (τί κάλλιστον; ἁρμονία. VS 58 C 4) und an Platons Timaios (31b): »Die Harmonia ist die schönste der Bindungen« (δεσμῶν κάλλιστος). Erwähnt sei auch Heraklits Frg. 51: »Sie verstehen nicht, wie das mit sich Entzweite mit sich selbst (im Logos) zusammenstimmt (ὁμολογέει): des Wider-Spännstigen (Snell) Fügung (παλίντονος ἁρμονίη) wie bei Bogen und Lyra.« Platon zitiert und interpretiert dieses Heraklit-Fragment im Symposion bei der Stelle, wo an Hand der Musikē der zweifache Eros erläutert wird (187a–e). – Philolaos, ein Pythagoreer, sagt (VS 44 B 10): »Harmonia ist des viel Gemischten Einigung und des verschieden Gesinnten Sinnesverbindung«; und Aristoteles (De Anima 407b 30–34), sie sei »Mischung, ein Verbundenes von Entgegengesetztem, ein bestimmtes Verhältnis der Bestandteile«, κρᾶσις, σύνθεσις ἐναντίων, λόγος τις τῶν μιχθέντων.

Oben erwähnte ich die Bezeichnung Harmonia für die Oktav. Die Pluralform Harmoniai (ἁρμονίαι) für die verschiedenen Oktavausschnitte, Tonleitern, die in der musikalischen Praxis Anwendung fanden, ist schon bei Pindar belegt:
ἐξύφαινε, γλυκεῖα, καὶ τόδ' αὐτίκα, φόρμιγξ,
Λυδίᾳ σὺν ἁρμονίᾳ μέλος πεφιλημένον (4. Nem. Ode, V.44f.)

»Webe hervor, süße Phorminx, gleich auch dieses Lied, das mit lydischem Tone meine Freundschaft geschmückt« (Dornseiff).
Möglicherweise ist auch κατά τιν' ἁρμονίαν, 8. Pyth. Ode, V.68, in diesem Sinne, einer »rechten Tonweise«, zu verstehen.
Von Anfang an stellt sich bei den Griechen diese Vorstellung ein von zwei verschiedenen, eigenständigen, ja ›feindlichen‹ Dingen (oder auch Menschen), die als Einheit, als Verbundenes eine Harmonia bilden. Im Mythos ist die Gestalt der Harmonia die Tochter des Ares, des Kriegsgottes, und der Aphrodite, der Liebesgöttin (Hesiod, Theogonie 937). Bei Pindar kommt auch die mythologische Person Harmonia vor. (Sinn und Bezug des Worts in einem Bruchstück, 76D,9, der Sappho sind nicht zu erkennen. Man findet die frühen Stellen zusammengetragen und – philologisch – besprochen bei: P. Bonaventura Meyer O.S.B., ΑΡΜΟΝΙΑ, Bedeutungsgeschichte des Wortes von Homer bis Aristoteles, Zürich 1932.) Es sind dies Vorstellungen, die, weil sie stimmen, leben – bis in die abendländische Zeit. Ich erinnere nur an Shakespeares VIII. Sonett. Auch hier wird die ›musikalische‹ Vorstellung der Liebesverbindung von Mann und Frau. Der in Analogie zu den Tönen formulierte Schluß »Thou single wilt prove none« stimmt nur für die Person als ›Relation‹ in der Gemeinschaft, Freundschaft, Ehe. Das treffende Bild hierfür hätte Shakespeare von keinem anderen als dem Phänomen der Tonbeziehungen entlehnen können.

Der Harmonia-Bereich ist *naturhaft* (im Sinne der griechischen Bedeutung von φύσις) eine durch unverrückbare Grenzen bestimmte Seinsweise: durch die Eins und die Zwei. Denn der ganze Prozeß des Zählens wird, anstatt ad infinitum zu wachsen, durch das Überteiligkeitsprinzip innerhalb dieser Grenzen ausgebreitet. Das erste Überteilige (das zugleich Vielfaches ist), schafft die Grenzen, die δυάς (Platon): 1, 2 : 1.[147] Das nächste und jedes weitere Überteilige (d.h. jede weitere Zahl) stößt gleichsam auf diese Wand, die Zwei, und wird von ihr zurückgeworfen, anstatt über sie hinauszuwachsen. Die ganze Reihe der Überteiligen, die Hervorbringung der Zahlen, geht innerhalb der Grenzen ① und ② vor sich. Musikalisch: Prim und Oktav sind die Grenzen, innerhalb deren sich die Harmonia entfaltet:

$$①\leftarrow ----⑤/4 \;\; ④/3 \;\; ③/2 \qquad ②$$

Oder darstellbar durch Einschaltung jeweils des arithmetischen und harmonischen Mittels[148]:

$$① \quad ④/3 \;(\times)\; ③/2 \;(=)\; ②$$
$$⑤/4 \;(\times)\; ⑥/5 \;(= {}^3/_2)$$
$$⑦/6 \;(\times)\; ⑧/7 \;(= {}^4/_3)$$
$$⑨/8 \;(\times)\; ⑩/9 \;(= {}^5/_4)$$
$$⑪/10 \;(\times)\; ⑫/11 \;(= {}^6/_5)$$

usw.

also durch Anwendung jeweils der ›vollkommensten Proportion‹:
$$\frac{n+1}{n} : a = h : \frac{n}{n}. \text{ Oder } a \times h = \frac{n+1}{n} \times \frac{n}{n} = \frac{n+1}{n}$$
(a = arithmetisches Mittel, h = harmonisches Mittel).[149]
Die Oktaven in höherer (②–④, ④–⑧ usw.) oder tieferer Lage (½–①, ¼ – ½ usw.) lassen sich auf die ursprüngliche δυάς bzw. Oktav (διὰ πασῶν: eben der *gesamte* Bereich)[150] zurückführen; sie verhalten sich nicht als ursprüngliche Bereiche, sondern als Vielfache bzw. Teilungen von 2; sie lassen sich also stets auf das gekürzte Verhältnis 1 : 2 zurückführen.

Die Harmonia beschäftigt sich mit den Tonverhältnissen und mit deren Zuordnung zu den Zahlenverhältnissen. Sie ist aber vor allem das *System* der Zahlenverhältnisse, das von dem Tonphänomen her ausdrücklich geworden ist. Von diesem Gesichtspunkt her – und so haben das die Griechen verstanden – ist die Harmonia ein mathematisches Gebiet.[151] Sie haben uns die Augen geöffnet für dieses geheimnisvolle Phänomen, daß Intervalle und Zahlen einander zuzuordnen sind.

Daß die Griechen die Theorie der arithmetischen Verhältnisse vom Tonphänomen aus entwickelt haben, läßt sich auch an verschiedenen sprachlichen Ausdrücken belegen. ›Logos‹ (λόγος), das die grundlegende Bedeutung von ›Wort‹ hat, ist zugleich der griechische Ausdruck für ›Zahlenverhältnis‹ (z. B. 3:4). Nur als λόγος – d.h. als Relation, und nicht als Absolutes – kann ein Abstand von Tönen erfaßt werden; nur als λόγος ἀριθμῶν, als *Zahlen*relation, und das heißt stets zugleich als gemeinsames Maß. Das ›anonyme‹ andere Tönen muß sich durch ein gemeinsames Maß ausweisen, es muß als Zahlenrelation erkannt werden, erst dann kann es aus dem unbestimmten ›anonymen‹ (›absoluten‹) Unterschied heraustreten; es ist dann nicht mehr anonym, nicht ›ἄλογον‹, nicht uneinsehbar, sondern ›λόγος‹. Das Verhältnis als solches, das Verhältnis als Ursprüngliches ist hier bestimmend; es ist nicht weiter zu zergliedern. Daß es aus zwei Dingen (Zahlen) zusammengesetzt wird, ist ein Trug; lediglich *dargestellt* wird es so, qua Verhältnis, z. B. 3:2. Daher nennen die Griechen auch nicht etwa die Zahl ›λόγος‹, sondern eben das Zahlen*verhältnis*, das scheinbar Abgeleitete.[152] Man fragt ›3‹ was? 3 Welten, 3 Trillionen, 3 Zentimeter, 3 Bücher, 3 Menschen, 3 Epochen. Aber 3:2 genügt für sich, ist ein ›Absolutes‹, sozusagen ein ›Substantivum‹, eine ›Substanz‹, sich selbst genügend, in sich abgeschlossen, ›ganz‹, ›Einheit‹, ein ›Eines‹.[153] ›Logos‹, der griechische Terminus für Zahlenrelation aufgrund des Kriteriums des gemeinsamen Maßes ist nun aber kein ursprünglich aus rein arithmetischen Einsichten, sondern von der Einsicht in das *Tonphänomen* her entstandener Begriff.[154]

In den früheren Quellen heißt Zahlenverhältnis διάστημα, Intervall, Abstand, doch nicht im Zusammenhang mit Musik, sondern mit Mathematik. Die zwei Zahlen der Proportion nannten die Griechen ὅρος (Grenze; Plural: ὅροι, Grenzen).[155] Dies zeigt eindeutig, daß die griechischen Mathematiker, die sogenannten Pythagoreer, auf das Wesen der Proportion, auf die Verhältnisse der Zahlen und was sich daraus ergibt, durch das Tonphänomen gekommen sind. Denn primär beziehen sich die erwähnten Bezeichnungen nicht auf Zahlen, sondern auf das musikalische Phänomen. Ein musikalisches Intervall wurde durch seine zwei Grenzen bestimmt. Und diese Bestimmung wurde – wie zunächst scheint, sogar sehr weit hergeholt – auf die Zahlen übertragen.[156] Dies zeigt anschaulich, daß die mathematische Spekulation, die die Mathematik bis heute bestimmende Zahlentheorie schlechthin, sich am Tonphänomen, an dem Realen, entzündet hat. Und man ersieht daraus zugleich, daß für die Griechen die Zahl nicht etwas Abstraktes war. Vielleicht am meisten zu bewundern ist in diesem Zusammenhang bei den Pythagoreern – wir belegen damit die Schule, die sich auf Pythagoras bezieht, und die noch bis in die nachgriechische Zeit hinein wirkt – daß sie gleichsam das reale Vorbild dessen, was wir Zahl nennen, erfaßt haben, und erst von hier aus dann auf die Anwendung der Zahl als eines Bereichs für sich gekommen sind.

Sectio canonis

Nun wende ich mich der dem berühmten Mathematiker Euklid zugeschriebenen, unter dem Namen κατατομὴ κανόνος (Sectio canonis, Die Einteilung des Monochords) überlieferten Schrift zu [157], einem Werk, das sich in der Darstellung der arithmetischen Harmonia als pythagoreisch ausweist. Nur die beiden letzten Lehrsätze[158] bringen die dem Titel[159] des Werks entsprechende praktische Anwendung an der Saite. Doch den Hauptteil bilden rein mathematisch spekulative zahlentheoretische Lehrsätze, die auf dem Hintergrund des *ganzen* Euklid, der 13 Bücher seiner ›Elemente‹ gesehen werden müssen. Das Tonphänomen wird an Hand der Zahlentheorie, und umgekehrt: der Bereich der Zahlen wird vom Tonphänomen her erfaßt. Wir staunen vor der sich in der Sectio canonis bekundenden Geschlossenheit, Folgerichtigkeit und Klarheit.

Zunächst die Präambel im vollen Wortlaut:[160]

»Wenn Ruhe ist und Bewegungslosigkeit, so ist Stille. Und wenn Stille ist und sich nichts bewegt, so ist nichts zu hören. Wenn also etwas hörbar werden soll, so muß ein Schlag (Stoß) und Bewegung vorher stattfinden[161]. Weil nun alle Töne durch Schlag (Stoß) entstehen, und dieser Schlag unmöglich ist ohne vorherige Bewegung, – und weil von den Bewegungen die einen dichter[162] sind, die anderen dünner[163], und die dichteren die höheren Töne bewirken, die dünneren aber die tieferen, – ist es notwendig, daß die höheren, weil sie aus dichteren, aus schnelleren Bewegungen zusammengesetzt seien, und die tieferen, weil sie aus dünneren, aus langsameren Bewegungen.[164] Die höheren Töne lassen nach (an Höhe) durch Wegnahme (Verminderung) von Bewegung, die tieferen nehmen zu (an Höhe) durch Zusatz (Beschleunigung) von Bewegung. Wir müssen also sagen[165], daß die Töne, weil sie sich durch Zusatz oder Wegnahme verändern, aus Teilchen[166] bestehen. Alles aber, das aus Teilchen besteht, steht im Zahlenverhältnis zueinander, also müssen auch die Töne im Zahlenverhältnis[167] zueinander stehen. Von den Zahlen aber wird gesagt (eingesehen), daß die einen im vielfachen, die anderen im überteiligen Verhältnis, die weiteren in einem anderen Verhältnis stehen.[168] Also müssen auch die Töne in solchen Verhältnissen zueinander stehen. Von diesen aber heißen die Vielfachen und Überteiligen mit je einem Namen[169].

Wir wissen aber, daß unter den Tönen (Tonintervallen) die einen zusammentönend sind, die anderen auseinandertönend[170], und daß die zusammentönenden eine Verbundenheit (Mischung) aus zwei hervorbringen[171], die auseinandertönenden aber nicht. Weil es nun so ist, ist zu erwarten, daß die zusammentönenden Intervalle, weil sie eine Verbundenheit aus zwei Tönen bilden, zu den Zahlenverhältnissen gehören, die mit einem Namen[172] genannt werden: entweder vielfache oder überteilige Intervalle.«

Was wird hier nicht alles erschlossen, ohne irgend etwas an Empirie einzubeziehen – bis auf die Grunderfahrung des höheren und tieferen Tones. Das andere ist Folgerung, reine Theorie, Überlegung. Als Ursache für das Zustandekommen der Töne und als das die Tonhöhe Bestimmende wird die *Bewegung* herausgestellt, die, so wird geschlossen, auf *Zahlenverhältnissen* beruhen muß. Aristoteles definiert die *Zeit* als die an der Bewegung bemerkbar werdende Zahl (vgl. S. 28 ff.); und in dieser Präambel beschreibt Euklid die Tonintervalle als die an der Bewegung bemerkbar werdenden Zahlenverhältnisse.

Dies wird in den folgenden Lehrsätzen und ihren Beweisen ausgeführt. Ich werde nur auf einige näher eingehen. Ehe ich bei dem grundlegenden dritten stehen bleibe, bringe ich einführend die zwei ersten Sätze (ohne Beweise). Wir beggnen hier dem Wort διάστημα[173], das hier tatsächlich schillernd Zahlenverhältnis *und* Intervall bedeutet. Der reine Mathematiker[174] beanstandet »an dieser Art des Denkens, daß zwischen Verschiedenem nicht klar unterschieden wird. Man sagt ... ἐπόγδοον (d.h. 9:8) und meint das Ganztonintervall. Die ersten drei Lehrsätze in der Sectio canonis sind rein zahlentheoretisch, aber in der Formulierung ist nicht von Zahlenverhältnissen, sondern von Intervallen die Rede«. Doch gerade dies ist das Großartige, daß die drei rein zahlentheoretischen Lehrsätze der Sectio canonis mit Intervallen, d.h. mit dem Inbegriff des Zahlenrealen, des ›Zahlen-Etwas‹, operieren.

1. Wenn ein vielfaches Zahlenverhältnis (Intervall) zweimal mit sich selbst zusammengesetzt (verdoppelt) wird, bildet es wieder ein vielfaches Verhältnis.[175]

2. Wenn ein Zahlenverhältnis (Intervall) zweimal mit sich selbst zusammengesetzt (verdoppelt) wird und ein Vielfaches ergibt, so ist es selbst ein Vielfaches.

Und nun der dritte, der grundlegende Lehrsatz der Musik, der hier aber als ein für die Zahlentheorie grundlegender Lehrsatz aufgestellt wird:

3. Ein überteiliges Intervall enthält keine (weder eine noch mehrere) mittlere Proportionale.
oder:
Zwischen zwei Zahlen im überteiligen Verhältnis läßt sich keine Zahl einfügen, die im gleichen Verhältnis zu den zwei Eckzahlen steht.

Gemeint ist: Ein überteiliges Intervall (z.B. 3:2, die Quint) läßt sich nicht in zwei gleiche Intervalle teilen.[176] Das gilt für jedes überteilige Intervall, daher selbstverständlich auch für die Oktav, denn sie ist auch ein überteiliges Intervall (2:1). Aber speziell die Teilung der Oktav ist die Grundlage. Der Beweis beruht auf dem Kriterium des die überteiligen Zahlenverhältnisse konstituierenden gemeinsamen Maßes (κοινὸν μέτρον), auf der Kommensurabilität (s.o.S. 59ff.).

Vor Euklid wurde dieses grundlegende zahlentheoretische und zugleich musikalische Theorem schon von dem Mathematiker Archytas, einem Freund Platons, bewiesen. Dieser Beweis ist überliefert durch Boethius[177], den Philosophen und Musiktheoretiker des Mittelalters, um 500 n. Chr.

Der Satz, daß ein überteiliges Verhältnis nicht in zwei gleiche Verhältnisse teilbar ist, ist *der Satz der Hervorbringung des Zählens* und zugleich *der Satz der Hervorbringung der Harmonia*, der Darstellung des Zählvorgangs als Reales, als Tonphänomen. Entstehung der Zahl und Entstehung des Tonphänomens sind lediglich zwei verschiedene Seiten eines und desselben Faktums. – Dieser Vorgang wird nun in den folgenden Lehrsätzen der Sectio canonis dargestellt. Aus dem ersten, dem rein zahlentheoretischen Abschnitt erwähne ich nur noch den Satz, der die Teilung des Verhältnisses 2:1 in 3:2 und 4:3 ausspricht und damit die Möglichkeit der Reihe der Überteiligen aufstellt:

6. Das zweifache Verhältnis (2:1) ergibt sich aus den zwei nächstgrößeren[178] überteiligen Verhältnissen, nämlich aus 3:2 und 4:3.

Aus 2:1 wird 3:2 und 4:3, und so fort. Und zwar geht dieses Zählen von 1 bis 4 – die sogenannte Tetraktys der Pythagoreer[179] – unmittelbar aus der Einheit hervor: aus der Identität in der Form 2:1, das heißt in der Form der Überteiligkeit.

Deutlich ist das Ausgehen von der Oktav-*Identität* im 9., dem letzten Satz des zahlentheoretischen Teils ausgedrückt: »Sechs(mal) das Verhältnis 9:8 (der Ganzton) ist größer als die *Einheit* des Verhältnisses 2:1« (Τὰ ἓξ ἐπόγδοα διαστήματα μείζονά ἐστι διαστήματος ἑνὸς διπλασίου); und auch im anschließenden Beweis wird ausdrücklich die Einheit, »εἷς ἀριθμός«, zugrundegelegt.[180]

Ich möchte nur noch auf den 10., den ersten Lehrsatz des zweiten Abschnitts, etwas genauer eingehen:

10. Die Oktav ist ein Vielfaches.

Das ist ein theoretischer Satz. Wie beweist ihn Euklid? Er nimmt hier Bezug auf seine Erfahrung mit Musik, aber ganz allgemein, nämlich auf die Erfahrung, daß sich die Oktaven entsprechen, daß die Oktav und die Doppeloktav derselbe Ton sind wie die Prim, nur höher und noch einmal höher. Er sagt – aber ohne von der Saite auszugehen – daß sich bei Verdoppelung des Intervalls Prim-Oktav die Doppeloktav ergibt (4:1), ein Intervall, das, wie er aus der musikalischen Erfahrung weiß, durch einen Ton genau in der Mitte in zwei gleiche Teile geteilt wird. Auf Grund des früheren Beweises (Satz 3), daß sich ein überteiliges Verhältnis nicht halbieren läßt, folgert er, daß die Doppeloktav kein überteiliges, sondern ein vielfaches Verhältnis sein muß. Und nun knüpft er an den zweiten zahlentheoretischen Satz an (»Wenn das doppelte Verhältnis ein Vielfaches ist, so ist auch seine Hälfte ein Vielfaches«): »also ist auch die Oktav ein Vielfaches.« – In einem weiteren – dem 12. – Lehrsatz, in dem sich Euklid wieder auf einen früheren Beweis im zahlentheoretischen Teil beruft, stellt er nun erneut und gleichsam mit erneutem Staunen fest, daß nur das zweifache Verhältnis (die Oktav 2:1) die grundlegende Teilung in Quint (3:2) und Quart (4:3) zuläßt, daß dies für das vierfache Verhältnis der Doppeloktav (4:1) nicht gilt; auch nicht für das dreifache Verhältnis der Quint über der Oktav, der Duodezim (3:1). Denkerisch oder sich überlegend von der Anschauung her – aber nicht empirisch, vom Experiment her – kommt er wieder zu dem Ergebnis: Die

67

Oktav ist das Verhältnis 2:1; und das wird nicht in zwei gleiche Verhältnisse geteilt, sondern in die Quint und die Quart.

Satz 13[181] – im Beweis unter Bezugnahme auf Satz 8 des zahlentheoretischen Abschnitts – spricht nun explizite für die musikalischen Intervalle die Differenz[182] zwischen Quint und Quart aus: den Ganzton, der als *Schritt* empfunden wird im Gegensatz zu Quint und Quart, die wir als Sprünge empfinden, zugleich das kleinste Intervall, das als *Stufe*, nicht als Rutschen empfunden wird. Und schließlich – in Lehrsatz 16 – wird vom sogenannten Halbton (ἡμιτόνιον) bewiesen, daß er nicht durch ›Halbierung‹ des Ganztons entsteht, d. h. daß das überteilige Intervall des Ganztons (9:8) sich nicht in zwei gleiche Teile teilen läßt, ebensowenig wie alle anderen überteiligen Intervalle.

Nachdem im dritten Abschnitt (Sätze 17 und 18) die gewonnenen Einsichten auf die Stimmung der Saiten (etwa der Lyra) angewandt worden sind, folgt am Schluß die Darstellung am Monochord.[183] Erst jetzt, nachträglich, zur Verifizierung, werden an der einen Saite die Teilungen in den zuvor dargestellten Verhältnissen vorgenommen.

Empirische und physikalische Tonbestimmungen

Die Tonrelationen lassen sich an der Saitenlänge dadurch aufzeigen, daß diese jeweils in gleiche Teile (2, 3, 4, 5, 6 ...) geteilt wird, und diese Teilungen ergeben die Tonrelationen: 1:2 (Oktav), 2:3 (Quint), 3:4 (Quart), 4:5 (große Terz), 5:6 (kleine Terz); und durch weitere Teilungen: 8:9 bzw. 9:10 (Ganzton), 15:16 bzw. 24:25 (Halbton).

Eine andere Teilung der Saitenlänge als die in Ganzzahlenverhältnissen kennt das Tonphänomen nicht. Sie ist seine mathematische Grenze. So vermag es keine Quadrat- oder Kubikwurzeln zu ziehen. Das besagt aber, daß der mathematische Bereich des Tonphänomens, nun vom Räumlichen her gesehen, *eindimensional* ist. (Vgl. auch Anm. 180.)

Es ist auch bezeichnend, daß das Obertonphänomen sich am reinsten bei der schwingenden Saite, also bei einem so gut wie ›eindimensionalen Körper‹ einstellt.[184] Die Saite schwingt nicht nur als ungeteiltes Ganzes, sondern zugleich als 1/2, 1/3, 1/4, 1/5, 1/6, 1/7 ..., so daß im Hauptton auch die sich durch die Teilungen ergebenden Töne mitenthalten sind.

Es beruht aber auf einem Irrtum, wenn man meint, damit sei erwiesen, daß doch auch der räumlich-geometrische Bereich für das Tonphänomen zuständig sei. In Wirklichkeit ist es so, daß bei einer Strekke, weil nur *einer* Dimension, der Widerspruch, das Eigenständige des

Raums noch nicht zur Geltung kommt, und so läßt sie sich durch die Zahlen, sagen wir, ›traktieren‹. Und: Nur im ›Eindimensionalen‹ spiegelt sich das Tonphänomen, weil es das *Zeit*-Etwas ist.

Den sich auf der Länge spiegelnden Zahlenverhältnissen entsprechen (reziprok) die ›Schwingungszahlenverhältnisse‹[185]: Diese lassen sich nicht unmittelbar messen, nicht unmittelbar (nach dem ›Gehör‹, wie die Saitenteilung) exakt feststellen. Doch den Alten war selbstverständlich, daß den Tonverhältnissen *Zahlen*verhältnisse (und zwar die auf der Länge gefundenen) zugeordnet werden, und zwar – nach den meisten Quellen – dem ›schnelleren‹ (= ›höheren‹) Ton die höhere Zahl. (Vgl. auch Euklids Präambel, oben S. 65.)

Wir heute kennen den physikalischen Sachverhalt (Frequenzen) und versuchen das Einleuchtende (*ich sage so*; sonst spricht man von dem Konsonanzempfinden), die physikalische Gegebenheit zugrundelegend, physiologisch und psychologisch zu erklären. Daß physikalisch-physiologisch-psychologische Erklärungshypothesen möglich, anzustreben und legitim sind, bestreite ich nicht. Doch frage ich, ob nicht dabei das erste, primäre Glied der Kette vergessen wird: das intuitive (auf Anschauung und nicht auf Verstand beruhende) Erfassen von *Zahlen*verhältnissen als dem Realen der Zeit. Freilich als biologische Entwicklung ist es umgekehrt: zuerst ist die physikalische Gegebenheit (Frequenzen), dann Lebewesen mit Gehörorgan, das dann nun irgendwie gewisse Frequenzenverhältnisse bevorzugt (physiologisch) registriert, dann der Mensch, der sie ›psychisch‹ oder ›psychophysisch‹ verarbeitet, wertet, akzeptiert, angenehm oder schön findet, gewisse Tonverhältnisse bevorzugt, die einfachen Zahlenverhältnisse intiutiv erfaßt (»ohne es zu wissen, zählt«: Leibniz). Das stimmt natürlich. Aber das ist Naturwissenschaft, Wissenschaft der Natur (das Lebewesen Mensch inbegriffen). Meine Frage dagegen lautet: Wie verhält sich das Wesen, das nun der Natur (es selbst als Natur inbegriffen) gegenübersteht, sie *anschaut*.

Das arithmetische Faktum, die Zahlenrelationen sind das Ursprüngliche, und nicht die physikalische Gegebenheit der Saitenteilung bzw. der Frequenzenrelationen; diese stellen sich ein, *weil* die Tonrelationen Zahlenrelationen spiegeln, nicht umgekehrt.[186] Das Primäre ist die *Zahlen*relation selbst, die im Tonphänomen *unmittelbar* erscheint; und kontrollierbar, verifizierbar, physikalisch-experimentell aufzeigbar ist sie durch empirisches ›Messen‹: als Saitenlängen oder ›Frequenzen‹.[187]

Nur beim Tonphänomen habe ich direkt mit Zahlenverhältnissen ›an sich‹ zu tun; und nicht mit Zahlenverhältnissen, die auf ›Dinge‹ (Räumliches) bezogen werden. Die Zahlenverhältnisse sind hier das

das ›Etwas‹ Konstituierende. Dieses Zeit-Etwas ist ein *Reales,* muß also *an Hand* (aber nur an Hand; es ist nicht identisch damit) von Empfindungen für den Menschen erfahrbar sein (sonst wäre es etwas Mystisches, Phantastisches). So wird es *an Hand* des Hörens (s. S. 55) wahrnehmbar: als Erklingen. Und *dafür* sind die Schwingungen ›nötig‹. Dabei ist das *Faktum* das Wesentliche: Daß der Mensch nun über die Möglichkeit verfügt, durch Wahrnehmbarwerden einfache Zahlenverhältnisse intuitiv zu erfassen. Und daß er (daher handelt es sich um *Faktum*) über dieses Phänomen, das Tonphänomen, *in Staunen* gerät. – Warum dies (das intuitive Erfassen der *Zahlen*verhältnisse), und nicht das Akustische (das Hören), beim Tonphänomen das Konstitutive ist, beruht darauf, daß das Tonphänomen unabhängig ist von Empfindung, d. h. vom Räumlichen (vgl. S. 54 f.).

Das ›Sinnesorgan‹ für das Tonphänomen ist offenkundig ein ›Zählorgan für Relationen‹[188]: es zählt. Es ›zählt‹ die *Relation* der Frequenzen, der ›Geschwindigkeiten‹, die *Relation* von ›Bewegungen‹ – also doch ›Bewegung‹, die aber, weil Relation, nur Handlangerdienste leistet: das wahrnehmbare *reine Zahlen*verhältnis, *mit Hilfe* des der Sinnlichkeit zugänglichen Raum-Bewegungs-Phänomens. Absolutes und Raum werden ausgeschaltet.

Im Bereich der Zahlenproportionenlehre, der Zahlentheorie, ist es also möglich, die Strecke zur Veranschaulichung einzubeziehen; die realen Zahlenrelationen lassen sich als Eindimensionales darstellen. Diese Veranschaulichung durch Geometrisches – bei den Griechen war dabei wohl auch die ›Freude am Visuellen‹[189] mit im Spiel – ist es, die zu der irrigen Anschauung führte, *Geometrie* (und nicht Arithmetik) sei das mathematische Substrat der Harmonia, des Tonphänomens. Sie entstand, weil sich die Zahlenrelationen auf Eindimensionales projizieren lassen, die Strecke also zur Veranschaulichung einbezogen werden *kann,* und weil die späteren Pythagoreer aus diesem ›kann‹ die Regel machten.[190]

Die Zahlenrelationen sind es, die das ›Einhaken‹[191] herbeiführen, denn einen anderen Grund, weshalb es ›einhakt‹, gibt es nicht, kann es nicht geben. Es ist das ›Einhaken‹ der *Zahlenverhältnisse selbst*. Und dieses meldet sich *auch* in den Längen- oder den Bewegungs- (Frequenzen-) Verhältnissen als *Folge* der Zahlenverhältnisse, denn *diese* sind einleuchtend, diese sind der ›Grund‹; es handelt sich nicht um empirisch-›zufällige‹ Meßergebnisse.[192]

Ausgehend von einer gegebenen Tonhöhe werden Stufen gezählt: 1., 2., 3., 4. Stufe, und 5., 6., 7., 8. Stufe. Die ›zählende Seele‹ stellt fest, daß jeweils ein Stufenintervall innerhalb der 1. - 4. und 5. - 8. Stufenfolge kleiner ist, und zwar an derselben Stelle innerhalb beider 4-Stufen-Ausschnitte (z. B. 3./4. und 7./8.). Jede Stufe entspricht einer nach der einhakenden Tonrelation gestimmten Saite (chordē). Daher heißt die 4-Stufen-Struktur ›Tetrachord‹. Die ›Seele‹ konstatiert außerdem eine Koinzidenz der 8. mit der 1. Stufe, so daß die Stufenreihe sich, mit der je 8. Stufe erneut beginnend, wiederholt.

Das Einleuchtende, Einhakende ist das Sich-Einstellen des gemeinsamen Maßes. Dieses springt in den Raum über: Indem ich auf der Saite, von der wahrnehmbaren Relation geleitet, den Punkt finde, durch den sich die Quint ergibt, teile ich die Länge nach der Relation 3:2; also nicht durch Vermittlung eines Raum-Maßes oder einer geometrischen Konstruktion, sondern unmittelbar durch die wahrnehmbare Relation. Analoges gilt für die Frequenzverhältnisse. Es ist daher inadäquat zu formulieren: Die Zahlenrelation 3:2 ›gibt wieder‹ das Verhältnis der Frequenzen oder der Längen. Der Satz muß lauten: Das Verhältnis der Frequenzen oder der Längen ›gibt wieder‹ das sich als Zahlenrelation 3:2 hervorbringende gemeinsame Maß.

Es entsprechen einander: Einleuchtendes und Einleuchtendes: Tonphänomen und Zahlenrelation; nicht Tonphänomen und Sichtbares. Denn nicht das Sichtbare (die geteilte Strecke) leuchtet für sich unmittelbar ein, sondern die Zahlenrelation. Das Sichtbare (die Saite und ihre Teilstrecken) ist lediglich der Träger, auf dem sich Tonrelationen und Zahlenrelationen begegnen, der ›Kontaktstoff‹, wodurch die einleuchtenden Tonrelationen sich als einleuchtende Zahlenrelationen bekunden. Das pimär Einleuchtende ist: ›Wie die Zahlen (zur Eins), so die Töne (zum ursprünglich gegebenen, = tiefsten Ton)‹, und nicht ›Wie die Streckenteile (zur ganzen Strecke), so die Töne zum gegebenen Ton‹. Tonphänomen und Streckenteilung (Sichtbares oder Geometrisches) sind im Grunde unvergleichbar, denn sie sind heterogen, sie gehören verschiedenen Kategorien an, sie sind ›neben‌geordnet‹, sie schließen sich gegenseitig aus. Aber Tonphänomen und Zahlen nicht: die Zahlen erscheinen hier als eine Abstraktion aus dem Tonphänomen, sie erscheinen ihm *über*geordnet.[193]

Das Tonphänomen zeitigt, da es als Zahlenphänomen beschaffen ist, *diskrete*[194] Tonverhältnisse, und zwar ›automatisch‹, durch Einhaken, Einleuchten. Sie sind diskret, weil dazwischen ›nichts‹ ist[195] – d. h. nichts, das einhakt, einleuchtet. Und diese einhakenden, ›evidenten‹ Tonverhältnisse (die ›Intervalle‹) ergänzen sich; das wird wahrgenommen schon allein als Tonphänomen, ohne Hinzuziehung der Zahlenverhältnisse. So ergeben z. B. Quint + Quart die Oktav. Und nun bekunden sie sich als *Zahlen*verhältnisse (vermittels des ›Kontaktstoffs‹, der gespannten Saite), sie decken sich mit den ebenfalls ›evidenten‹ Zahlenverhältnissen. Sie veranschaulichen automatisch das Harmonia-Prinzip. Und dieses läßt sich – vgl. die Lehrsätze der Sectio canonis – arithmetisch beweisen.

Dieses System, die Harmonia, erscheint dem Menschen erst im Tonbereich als ›naturhaft‹ einleuchtend, als das Faktum, in dem sich das Phänomen des Zählens als *Reales* findet, und nicht als abstrahierende Verstandestätigkeit, wie in der Arithmetik, oder auch im naiven Zählen (Auszählen, Anzahl).

Inkommensurabilität

Zuletzt sprach ich vom Bereich des Sichtbaren oder Geometrischen als einer völlig verschiedenen Kategorie gegenüber dem Harmonia-Bereich. Dies möchte ich genauer begründen: Der Bereich der Geometrie hat nicht primär mit den Ganzzahlenverhältnissen zu tun; beim Vergleich von Größen sind nicht primär Zahlen am Werk. Um das gänzlich Heterogene dieses Bereichs gegenüber dem der Harmonia unmittelbar und ursprünglich – und uns deshalb in Staunen versetzend – zu veranschaulichen, ziehe ich zwei Beispiele heran, zwei antike Beweise des Pythagoreischen Theorems.
1. Der Satz des Pythagoras wird evident durch die Gegenüberstellung folgender zwei Figuren:

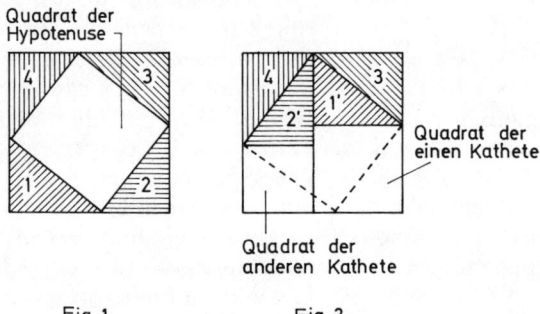

Fig. 1   Fig. 2

Fig. 1 wird gebildet durch das gegebene rechtwinklige Dreieck (schraffiert 1), das Quadrat seiner Hypotenuse (unschraffiert) und die Wiederholungen des Dreiecks an den übrigen drei Seiten des Hypotenusenquadrats (schraffiert 2, 3, 4). In Fig. 2 wurden die Dreiecke 1 und 2 verlegt: 1′ und 2′. Was jetzt unschraffiert erscheint, sind die Quadrate der zwei Katheten. Es ist evident, es wird *sichtbar*, daß der Umfang dieser zwei Quadrate zusammengenommen gleich dem des Quadrats der Hypotenuse (Fig. 1, unschraffiert) sein muß. Die zwei großen Quadrate, Fig. 1 und 2, sind kongruent. Beide werden bedeckt durch je 4 kongruente Dreiecke (schraffiert) + je eine übrig bleibende (unschraffierte) Fläche (Quadrat der Hypotenuse bzw. Quadrate der zwei Katheten). Es ist evident, daß die unschraffierte Restfläche von Fig. 1 (das Quadrat der Hypotenuse) gleichen Umfang haben muß wie die von Fig. 2 (die Quadrate der zwei Katheten). Es wird ›bewiesen‹ an Hand der unmittelbaren geometrischen Anschauung. Hier entspricht sie dem Faktum des Sich-Deckens, der Kongruenz: die zwei großen Vierecke und die je 4 Dreiecke sind deckungsgleich. Also ist der Rest gleich[196]: das Quadrat der Hypotenuse ist gleich den 2 Katheten-Quadraten[197]. Es liegt ein direkt auf geometrischer Anschauung beruhender, einleuchtender Beweis vor.[198] Denn zwischen den schraffierten und den unschraffierten Flächen kann sich keine weitere Fläche eingeschmuggelt haben. Sie haben ja gemeinsame Grenzen; sie *müssen* gemeinsame Grenzen haben. Dazwischen kann es nichts geben. Das Evidente (Einleuchtende) beruht auf dem Faktum des Sichtbar-Räumlichen. Es wird das Stetige, das Lückenlose des Raums (der Ausdehnung) postuliert, also die gemeinsamen Grenzen.[199] Das spezifische Moment dieser Evidenz ist räumlicher Natur. Dieses unmittelbar sichtbare Außen ›springt uns in die Augen‹ – aber es bleibt ein Außen. Es geht nicht im Zählen auf. Es ist ein Außen, das, als Erscheinen, zugleich eine ihm immanente Eigenschaft dem Nous unmittelbar offenbar macht. Das Einleuchtende liegt im Erscheinen *selbst*.[200]

2. Veranschaulichte das vorige Beispiel die genuin räumliche Evidenz für sich, so macht das folgende, den Satz des Pythagoras voraussetzende Beispiel die von Grund auf verschiedene Natur von Zahl für sich und Räumlichem[201] ausdrücklich: der Euklidische Beweis, daß Diagonale und Seite eines Quadrats kein gemeinsames Maß haben können, daß sie also inkommensurable Größen sind. Ich bringe den Wortlaut des Beweises, der im Anhang 27 zum X. Buch der Elemente steht[202], in der Übersetzung von K. von Fritz[203]:

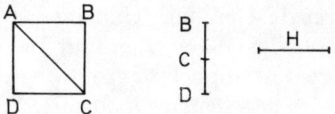

ABCD sei ein Quadrat und *AC* dessen Diagonale. Ich behaupte, daß die Strecken *AC* und *AB* inkommensurabel sind.

Denn nehmen wir an, sie seien kommensurabel. Ich behaupte, daß sich daraus ergibt, daß dieselbe Zahl gleichzeitig gerade und ungerade ist. Es leuchtet ein, daß das Quadrat über *AC* doppelt so groß ist wie das Quadrat über *AB*. Da also (nach unserer Annahme) *AC* und *AB* kommensurabel sind, steht *AC* zu *AB* im

Verhältnis einer ganzen Zahl zu einer ganzen Zahl. Sie sollen das Verhältnis $DE:F$ haben, und DE und F sollen die kleinsten Zahlen sein, die in diesem Verhältnis zueinander stehen. DE kann also nicht die Einheit sein. Denn wenn DE die Einheit wäre und zu F im selben Verhältnis steht wie AC zu AB, dann wird, da AC größer ist als AB, die Einheit DE größer sein als die ganze Zahl F, was unmöglich ist. Daher ist DE nicht die Einheit, sondern eine ganze Zahl (größer als die Einheit). Da nun $AC:AB = DE:F$ ist, folgt, daß auch $AC^2:AB^2 = DE^2:F^2$ ist. AC^2 ist aber $= 2AB^2$, daher $DE^2 = 2F^2$. DE^2 ist also eine gerade Zahl, und DE muß daher ebenfalls eine gerade Zahl sein. Denn wenn es eine ungerade Zahl wäre, wäre ihr Quadrat ebenfalls eine ungerade Zahl. Denn wenn eine Anzahl ungerader Zahlen addiert wird, so daß die Anzahl der addierten Zahlen eine ungerade Zahl ist, dann ist das Ergebnis ebenfalls eine ungerade Zahl. DE ist also eine gerade Zahl. DE soll dann im Punkt G in zwei gleiche Teile geteilt werden. Da DE und F die kleinsten Zahlen sind, die in demselben Verhältnis zueinander stehen, sind sie teilerfremd. Da DE eine gerade Zahl ist, muß F eine ungerade Zahl sein. Denn wenn es eine gerade Zahl wäre, würde die Zahl 2 sowohl DE als auch F messen, obleich sie teilerfremd sind, was unmöglich ist. F ist also nicht gerade, sondern ungerade. Da nun $ED = 2EG$ ist, folgt, daß $ED^2 = 4EG^2$ ist. Aber $ED^2 = 2F^2$, also $F^2 = 2EG^2$. Daher muß F^2 eine gerade Zahl und folglich F ebenfalls eine gerade Zahl sein. Aber es ist auch bewiesen worden, daß F eine ungerade Zahl sein muß, was unmöglich ist. Daraus folgt, daß AC und AB inkommensurabel sind, was zu beweisen war.

Euklid beweist also – und zwar *arithmetisch*, die zahlentheoretischen Sätze der Elemente voraussetzend, und das ist das Großartige[204] –, daß das Größenverhältnis von Diagonale und Seite des Quadrats keinem Zahlenverhältnis zugeordnet werden kann, daß es *kein Zahlenverhältnis* ›ist‹, daß es nichts mit Zahl zu tun hat, nicht durch Zahl gefaßt werden kann, daß es also eine ihm eigene Natur aufweist, eine Natur, die nicht dem Zählprinzip, somit nicht der Forderung nach gemeinsamem Maß, unterliegt. Die Gegebenheit, dieses Quadrat da mit dieser Diagonalen da, dieser Seite da, ist unwiderleglich einleuchtend; sie ist eindeutig da. Das mit den 2 Seiten und der Diagonale gebildete rechtwinklige gleichschenklige Dreieck ist unverrückbar fixiert. Die Größen der Seite und der Diagonale sind in dieser Figur als Strecken eindeutig bestimmt; das sehen wir: es sind unzweideutig durch Schnittpunkte begrenzte Geraden. Und ihr Verhältnis (d : s) wird durch den pythagoreischen Satz bestimmt: Der Umfang des Quadrats mit Seitenlänge d ist doppelt so groß wie der des Quadrats mit Seitenlänge s (also des gegebenen Quadrats). Wollten wir aber ihr Verhältnis als Zahlenverhältnis erfassen, so müßte eine und dieselbe Zahl zugleich gerade und ungerade sein. Die Zahl versagt.[205]

Weshalb? Die Zahl geht als Relation aus dem Zählen nach dem Prinzip des gemeinsamen Maßes, der Eins, hervor. Aber eine geometrische Gegebenheit beruht auf dem Prinzip des Räumlichen, des Stetigen, der Ausdehnung; sie wird als ein Außen bestimmt. Im angeführten Beispiel ist das primär Gegebene die Figur und ihre Bestandteile, die Seite und die Diagonale. Diese Strecken erhalten aber ihre Beschaffenheit vom souveränen Raum als Ursprünglichem, somit ist auch das sie Bestimmende durch die Figur unverrückbar festgelegte Größenverhältnis genuin räumlicher Natur. Warum sollten sie einer anderen, gleich souveränen, aber dem Raum heterogenen Instanz, der Relation als Zahl gehorchen müssen? Beruht die den Zahlen eigene Evidenz auf der Eins als dem *genuinen Maß*, so beruht die den geometrischen Größen eigene Evidenz darauf, daß sie durch *gemeinsame Grenzen* mit dem einen kontinuierlichen, lückenlosen Raum einleuchtend bestimmt werden – die Strecke innerhalb der grenzenlosen Geraden, die Figur innerhalb der Fläche, der Körper innerhalb des Raums. Aber solche Grenzen müssen nicht aus der Anwendung irgendeines gemeinsamen Maßes hervorgehen; sie bestimmen die Raumgröße unmittelbar, indem sie das Räumliche lediglich abgrenzen. Raumgrößen können zwar auch ein gemeinsames Maß aufweisen (vgl. a. Anm. 201), aber sie müssen dies nicht. Das Feld des *Inkommensurablen* ist ihnen offen. Das Inkommensurable – den Zahlen[206] fremd – entspringt den Relationen von *Raum*größen (wie im obigen Beispiel das Verhältnis von d : s). Von der Zahl her gesehen, ist es irrational, d. h. es hat keinen Logos, keinen λόγος ἀριθμῶν, keinen ›*Zahlen*logos‹. Aber als einsehbare *Größen*relation von genuin räumlichen Gegebenheiten (vgl. zitiertes Beispiel) *ist* es ein Logos, doch λόγος μεγεθῶν, ein ›*Größen*logos‹ (Euklid)[207].

Euklids Beweis führt Geometrisches (also Raum) auf ›Zeit‹ zurück: er erfaßt das Faktum d : s als (durch) ›Zeit‹, indem er beweist, daß die Zahl und somit, wie uns Aristoteles gelehrt hat, die Zeit untauglich ist, um das genuin räumliche Faktum zu erfassen. Er beweist, daß Zeit-Zahl-Struktur und Raumstruktur (Lückenloses) von Grund auf verschiedene Fakten sind. – Dies meint im Grunde auch Aristoteles, wenn er sagt, daß das Faktum d : s *unabhängig von der Zeit* ist: ἀεὶ ἔστι, Phys.222a5.[208]

Eine Quint ist einsehbar, einleuchtend, *nennbar* »mit *einem* Namen«, ἑνὶ ὀνόματι[209], auf Grund des gemeinsamen Maßes (σύμμετρον), der Kommensurabilität, als das Zahlenverhältnis 3 : 2; das ist ihr *Name*, ihr Logos (λόγος). Dagegen ist das Verhältnis von Quadratseite zu -diagonale als Zahl betrachtet uneinsehbar, nicht einleuchtend, es ist inkommensurabel (ἀσύμμετρον), eine irrationale Zahl[210], als Ganzzahlenverhältnis unnennbar (ἄλογος), unausdrückbar (ἄρρητος[211]), unaussprechbar (ineffabilis[212]). »Setzt man zwei nur quadriert kommensurable Strecken zusammen, dann ist das Ganze irrational; es heiße Binomiale (›die mit zwei Namen‹)«[213]. Die beiden Strecken, die, weil inkommensurabel, auch zusammengesetzt je ein Absolutes bleiben, sind als Ganzes ἄλογος, nicht auf *einen* Namen zurückführbar: jede von ihnen wird benannt, es sind *zwei Namen*, δύο ὀνόματα[214] nötig.

Ich habe das geometrische Faktum dem Zahl-Zeit-Tonphänomen entgegengesetzt. Es sprengt geradezu das Fassungsvermögen des menschlichen Geistes, daß diese beiden Fakten nebeneinander möglich sind: das Faktum der *klingenden* Zahlenverhältnisse und das der ›*stummen*‹ Figuren.

Das menschliche Grundphänomen der Zahl findet sich in der Harmonia. Sie deckt das *innere* Prinzip der Zahl, die Zahlenrelation auf, das Reale sub specie der Ganzzahlenverhältnisse, der Kommensurabilität, der Überteiligkeit, des Zählens. Und dieses Reale ist das *Reale sub specie der Zeit.*

Das Tertium comparationis zwischen Zeit und Zahl ist, daß beide keine Größe haben, daß sie ohne Ort und Ausdehnung sind. Analog der Zeit-Definition des Aristoteles,»Die Zeit ist die Zahl (der Bewegung ...)« sage ich: Die reale Zeit ist die Zahl als die Harmonia.

Die Zahl der Harmonia ist die *reine Zahl* – eben weil sie Größe, Ort und Ausdehnung, Meßergebnis nicht kennt. Sie ist aber auch nicht die abstrahierte Zahl der Arithmetik. Denn sie ist an die Zeit gebunden; sie ist ein Produkt der Zeit, sie enthält Zeit. Erst über die mathematisch abstrahierte Harmonia entsteht die apriorische Zahlenlehre, die Arithmetik, die von der Unterscheidung ἀριθμητόν - ᾧ ἀριθμοῦμεν[215] absehen kann und den von beiden abstrahierten, allgemeinen Begriff des ἀριθμός zugrundelegt, nur mit ihm operiert.

Sehe ich bei dem Zeit-Etwas von dem *Zeit*-Moment ab und wende mein Augenmerk lediglich auf die Relationen als solche, so bleiben die *Zahlen*-Relationen: eine *Abstraktion*, die nichts mehr mit Zeit zu tun hat, sondern eben nur mit Zahl: die *Arithmetik*. Oder: Wenn ich von der Formulierung ›Tonrelation‹, der explizierten Bezeichnung für ›Tönen‹, den Wortbestandteil ›Ton-‹ wegnehme, nehme ich die *Zeit* weg; was bleibt, ist nur die isolierte, abstrakte *Zahlen*relation, die dem Tönen innewohnte, die aber nun mit Tönen und somit mit Zeit nichts mehr zu tun hat.

Die Zahl ist also zwar konstitutiv für das Tonphänomen wie für die Zeit überhaupt; doch sie selbst kann auch ohne Zeit bestehen: in der Arithmetik.

Die Pythagoreer machten sich noch nicht ausdrücklich, daß in der Harmonia eine spezifische Verknüpfung mit der Struktur der Zeit vorliegt. Deswegen glaubten sie, die Zahl sei das Reale schlechthin, d.h. auch wenn sie sich als Räumliches bekundet.[216] Und deswegen wurden sie ratlos, als sie die Inkommensurabilität, d. h. die Eigengesetzlichkeit des Räumlichen, entdeckten. Sie begriffen nicht, daß hier Reales als Harmonia (d. h. als Zeit-Struktur) und Reales als Räumliches (d. h. als die Raum-Struktur) einander gegenüberstehen; sie begriffen nicht, daß die Entdeckung der Inkommensurabilität ihnen das Erfassen der Wirklichkeit von ihren *beiden* Seiten her eröffnete (Zeit und Raum).

Das Große der Pythagoreer ist, daß sie das ›Natur‹-Vorbild des gemeinsamen Maßes erfaßt haben: das Tonphänomen, und daß sie so ihre *arithmetische* Proportionenlehre, das arithmetische Logos-Prinzip, als etwas *Reales* gegründet haben: als den *im Tonphänomen wahrnehmbaren* Logos. Aber erst mit Hilfe von Aristoteles läßt sich sagen: Dieses Erklingen von Relationen ist *Zeit*. Aristoteles vollzieht nicht den Schritt zum ›Zeit-Etwas‹ (das gehört im Zeit-Kapitel der Physik nicht in seinen Zusammenhang; merkwürdig aber, daß er es auch sonst nirgendwo tut).[217]

Die Pythagoreer wissen von der Harmonia als dem Tonphänomen-Logos, aber nicht, daß dies die reale Seinsweise der Zeit ist. Aristoteles weiß von der Zeit als Zahl (Zählen), aber nicht von der Harmonia als dem Tonphänomen-Logos. Die Brücke zwischen beiden schlägt der Satz: *Die Harmonia ist der Logos der Zeit*, der Zeit-Identität, des Währens.

Der Feststellung des Aristoteles[218] »Wenn nichts anderes vermag zu Zählen außer der Seele und dem Nous der Seele, so ist es unmöglich, daß es Zeit gibt, wenn es keine Seele gibt« entspricht die die Harmonia-Vorstellung der Pythagoreer voraussetzende Beobachtung von Leibniz, daß unsere Seele bei der Tonwahrnehmung gleichsam intuitiv zählt, ohne es zu wissen: »Musica est exercitium arithmeticae occultum nescientis se numerare animi« (Brief an Goldbach, 17.4.1712). Mein Ansatz enthält auch hier gleichsam eine Verbindung: Die Seele zählt, indem sie Zahlen*relationen* erfaßt; die *Zeit* bekundet sich als reale Relation, als das Zahlenverhältnis; die Seele erfaßt die Zeit als die Zahlenrelation; die Seele erfaßt die Zeit als das *Identische* und zeitigt so ein Etwas, das stets, als die (wahrnehmbare) Zahlenrelation, auf das Identische, die Eins, *das gemeinsame Maß* zurückgeführt wird.

Zum abendländischen Tonsystem

Das genuine Zählen beruht auf dem echten, produktiven Zählen nur bis 4 (6). Ab 7 nämlich läßt sich das Überteiligkeitsprinzip nicht gänzlich anwenden. Es liegt also kein ›Unvermögen‹ des Tonphänomens, sondern eines der Zahlen vor. Es handelt sich um eine Eigenschaft der Zahlen, die verbietet, im Tonphänomen die 6 zu übersteigen.

Das Gesetz lautet: Nur solche Zahlen werden zugelassen, die mit allen anderen zugelassenen ein überteiliges Verhältnis bilden, sei es direkt, sei es durch Verdoppelung des kleineren Terms (d.h. durch Oktavversetzung, durch Umkehrung):

2 : 1; 3 : 2 oder 3 : 1 (3 : 1 × 2 = 3 : 2); 4 : 3, 4 : 2 (= 2 : 1), 4 : 1 (4 : 1 × 2 = 4 : 2 = 2 : 1);   5 : 4,   5 : 3   (5 : 3 × 2 = 5 : 6),   5 : 2 (5 : 2 × 2 = 5 : 4) (analog 5 : 1); 6 : 5, 6 : 4 (= 3 : 2), 6 : 3 (= 2 : 1), 6 : 2 (= 3 : 1; 3 : 1 × 2 = 3 : 2) (analog 6 : 1).

Aber bei 7 hört es auf. 7 : 6 ginge; aber 7 : 5 (7 : 5 × 2 = 7 : 10, geht nicht), 7 : 4 (7 : 4 × 2 = 7 : 8), 7 : 3 (7 : 3 × 2 = 7 : 6), und analog 7 : 2, 7 : 1. Die 7 scheidet aus, und ebenso alle folgenden Primzahlen (11, 13, 17 ...). Es bleiben nur die Zahlen mit den Faktoren (1), 2, 3, 5.

Das griechische System ist strenger: es akzeptiert nur die Faktoren (1), 2, 3, d.h. nur die Überteiligen 3 : 2 und 4 : 3, eigentlich nur das primäre Überteilige 3 : 2 (denn 4 : 3 = 2 × 2 : 3 = Umkehrung von 3 : 2); d.h. die zwei Überteiligen, die zusammen das 2 : 1, die Oktav, die sich als Verschiedenheit (als Intervall) darstellende Identität bilden. Darin liegt die Bedeutung der pythagoreischen Tetraktys, daß die ersten 4 Zahlen (-Verhältnisse) die einzigen sind, die *unmittelbar* zu der ursprünglichen Identität stehen, aus ihr hervorgehen.[219]

Am nächsten der Tetraktys steht dann die Reihe 1-5 (6), die noch als einzige die Identität (als 2 : 1) durch das Überteiligkeitsprinzip erschöpfend zergliedern kann. Mit der 7 wird das durchgängige Überteiligkeitsprinzip durchbrochen. Von da an haben wir kein ursprüngliches Zahlenhervorbringen, keine (freilich Prim-) Zahlen, die unmittelbar zur Identität stehen.[220]

Das klassische griechische System wie es uns in Euklids Sectio canonis entgegentritt, machte in der sukzessiven Teilung der Oktav nach dem Prinzip der Überteiligkeit bei Quint und Quart halt. Die übrigen Intervalle wurden als Unterschiede erfaßt.[221] Das abendländische – und auch schon das spätere griechische – System setzte aber die harmonische Teilung fort, und zwar jeweils vom größeren der sich ergebenden Intervalle ausgehend. Die Teilung der ›vollkommenen Konsonanz‹[222] der Quint ergibt in nächster ›Generation‹ die sogenannten ›unvollkommenen Konsonanzen‹ der großen und kleinen Terz 5 : 4 und 6 : 5.[223] Die übernächste ›Generation‹ ergibt zwar noch immer einleuchtende Intervalle, die aber nicht mehr als Konsonanzen bezeichnet werden: den großen und kleinen Ganzton durch die Teilung der großen Terz (9 : 8 × 10 : 9 = 5 : 4). Das weitere ergibt sich auch innerhalb der abendländischen Ableitungsweise als Differenz. Der Unterschied zwischen Quart und großer Terz ist der Halbton,

$$\frac{4}{3} : \frac{5}{4} = \frac{16}{15} \quad (\text{z. B. } e\text{-}f);$$

der zwischen Quart und kleiner Terz der kleine Ganzton,

$$\frac{4}{3} : \frac{6}{5} = \frac{10}{9} \quad (\text{z. B. } es\text{-}f);$$

und der Unterschied zwischen kleinem Ganzton und Halbton ist der chromatische Halbton,

$$\frac{10}{9} : \frac{16}{15} = \frac{25}{24} \quad (\text{z. B. } es\text{-}e).$$

Dadurch nun, daß die Oktav bei Zeugung der Intervalle unmittelbar in die Quint und die Quart überspringt, werden durch Teilung in überteilige Verhältnisse nur die Intervalle von der Quint bis zum chromatischen Halbton gewonnen. Kraft aber des polaren Verhältnisses der Oktav-Identität kann ein Ton durch sein Oktav-Äquivalent ersetzt werden. Auf diese Weise läßt sich der Sprung von der Oktav zur Quint ausfüllen: Das Intervall der großen Terz (5 : 4, $e\text{-}c$) ergibt z. B. die kleine Sext (5 : 8, bzw. 8 : 5, $e\text{-}c' = c'\text{-}e$) durch Versetzung des tieferen Tons in seine Oktav, also durch die sogenannte Umkehrung der Intervalle. Die kleine Terz (6 : 5) ergibt die große Sext (3 : 5 bzw. 5 : 3), die große Sekund 9 : 8 ergibt die kleine Sept 16 : 9 usf. Die Intervalle zwischen der Quint und der Oktav entsprechen also zwar keinen überteiligen Verhältnissen, werden aber doch auf solche als deren Umkehrungen zurückgeführt.

Auch die Quart kann als Umkehrung der Quint angesehen werden, und die Quint als Umkehrung der Quart; 3 : 2 → 3 : 4, und 4 : 3 → 2 : 3; dies, weil beide durch die Teilung der Oktav entstehen, und somit zusammengesetzt die Oktav ergeben. Aber jedes dieser beiden Intervalle ist zugleich ein primäres überteiliges Verhältnis. Aus diesem Grund kann jedes von ihnen je nach der musikhistorischen Epoche oder auch je nach dem musikalisch-satztechnischen Sachverhalt als entweder primär – d. h. in seiner Eigenschaft als überteiliges Verhältnis – oder als Umkehrung des anderen angesehen werden.[224]

Außer den Umkehrungen ergeben sich nicht-überteilige Verhältnisse als musikalische Intervalle durch Zusammensetzen von überteiligen. So die übermäßigen und verminderten Intervalle, z.B. die übermäßige Quint, $(3:2) \times (25:24) = 25:16$ oder $(5:4) \times (5:4) = 25:16$, und die übermäßige Quart $(4:3) \times (25:24) = 25:18$, oder deren Umkehrung, die verminderte Quint $(6:5) \times (6:5) = 36:25 = (3:2) \times (24:25)$. – Das Diffuse solcher Intervalle hängt wohl damit zusammen, daß sie weder in der Grundform noch in der Umkehrung ein überteiliges Verhältnis spiegeln. Darüber hinaus hängt das den Tritonus kennzeichnende Disparate mit seiner Indifferenz der Intervall-Umkehrbarkeit gegenüber zusammen.[225]

Die Tonleiter ist stets ungeradzahlig, sowohl unsere übliche, die 7-Tonleiter (Heptatonik) als auch die 5-Tonleiter, die sogenannte Pentatonik. Dieses Phänomen ist eine Folge des mathematischen Gesetzes, daß ein überteiliges Intervall sich nicht in zwei gleiche Teile teilen läßt (S. 000). Die Oktav besteht aus Quint und Quart, d. h. 4 Schritte (3 Ganztöne + 1 Halbton) und 3 Schritte (2 Ganztöne + 1 Halbton) = 7 Schritte. Die Pentatonik schließt den Halbtonschritt aus: die Quart wird aufgeteilt in Ganzton und einen Rest, der größer ist als der Ganzton (kl. Terz), die Quint in 2 Ganztöne und einen Rest, der größer ist als der Ganzton (kl. Terz), also 2 + 3 Schritte = 5 Schritte. Geradzahlige Leitern ergeben sich erst durch die Temperierung (vgl. auch Anm. 223).

Obertonphänomen

Das dem Tonphänomen zugrundeliegende Prinzip der überteiligen Verhältnisse läßt sich als Teilung der Saite, also am Monochord veranschaulichen, so in den Sätzen 19 und 20 der Sectio canonis (vgl. dazu S. 68 ff.). Wir stellten fest: Nicht ein *physikalisches* Phänomen als solches ist das Vorbild des Systems der musikalischen Intervalle, sondern ein bestimmtes *Zahlen*prinzip, das sich lediglich *auch* physikalisch verifizieren, d. h. als Wahrnehmbares einleuchtend machen läßt. Das physikalische Moment – und nicht eine Zählstruktur – ist, wie wir sahen (S. 68), auch das die *Natur-* oder *Oberton*reihe Kennzeichnende, weshalb diese Reihe nicht die für das Tonphänomen konstitutive ist. Das ist leicht zu zeigen:
a) Die Reihe der Partialtöne entspricht nicht dem Prinzip der Überteiligkeit, sondern dem der Vielfachen: der 1. Partialton weist eine bestimmte Schwingungszahl pro Zeiteinheit auf; der 2. hat die doppelte Schwingungszahl, der 3. die dreifache usf. Das Ergebnis ist *Streuung* der Einzeltöne, immer größere Entfernung der Obertöne vom Grundton, gleichsam ad infinitum: 1, 1 × 2, 1 × 3, 1 × 4, 1 × 5 ... Dagegen werden bei der Reihe der überteiligen Verhältnisse die Intervalle innerhalb der Oktav *zusammengedrängt* (vgl. auch S. 62). –
b) Eine Folge der Tatsache, daß die Partialtöne Vielfache sind und nicht überteiligen Verhältnissen entsprechen, ist, daß die Quart – ein für das musikalische Tonphänomen so grundlegendes Intervall – in der Reihe der Partialtöne nicht als primäres, sich zum Grundton bildendes Intervall erscheint: Das überteilige Verhältnis 4 : 3 läßt sich

nicht auf den Einklang oder seine Oktavversetzungen zurückführen, weil kein Vielfaches der 3 einer Potenz von 2 gleich sein kann. Die Quart bildet sich zwischen dem 3. und 4. Partialton, zwischen Quint und Oktav, also nur als Umkehrung der Quint. Wenn das Phänomen der Partialtöne die sogenannte natürliche Voraussetzung der Musik bilden würde, wäre z. B. die Mehrstimmigkeit der karolingischen Zeit, die die Quart als primäres Intervall erfaßt, aber auch ein Musiksystem wie das griechische, das auf der Quart beruht, nicht möglich gewesen. – Fehlt nun in der Reihe der Partialtöne das für die Musik wesentliche Intervall der Quart, so kommen statt dessen andere ›Intervalle‹ vor, die aber für die Musik irrelevant sind: die den Primzahlen über die 5 hinaus entsprechenden Intervalle. Wäre das Phänomen der Partialtöne der Ursprung des musikalischen Tonphänomens, so wäre unverständlich, weshalb solche Intervalle, wie z. B. das 7 : 1 (als 7 : 4 oder auch 7 : 6), vom musikalischen Tonphänomen nicht akzeptiert werden. Wohl lassen sich alle das musikalische Tonphänomen ausmachenden überteiligen Intervalle *auch* im Naturphänomen finden (als Intervalle zwischen benachbarten Partialtönen). Doch das umgekehrte ist nicht möglich; das Tonphänomen akzeptiert aus der Obertonreihe nur solche Intervalle, die durch die Überteiligkeit legitimiert sind. – c) Das Phänomen der Partialtöne geht vom Grundton als *Einzelton* aus, der in seine Faktoren zerlegt wird (und diese stehen in einem bestimmten Verhältnis zum Grundton). Das System der musikalischen Intervalle aber geht von der *Relation*, und zwar von der *Oktav* als dem zeugenden Intervall aus, und nicht vom Einzelton. Nur die von ihr als überteilig gezeugten Intervalle sind mir, dem Menschen, etwas Einleuchtendes, ein Faktum. Allenfalls finde ich sie in der Reihe der Partialtöne *wieder*; aber von diesen gehe ich nicht aus. Töne wie 7 oder 11 akzeptiere ich nicht, obwohl sie ›in der Natur‹ vorhanden sind, ›da sind‹.[226] Und auch mit der Reihe ad infinitum kann ich nichts anfangen.

Innerhalb des europäischen Kulturkreises, das griechische Altertum inbegriffen, werden die Tonsysteme nicht in eine absolute Tonhöhe verankert. Dieses Vorgehen ist dem Wesen des Tonphänomens ganz und gar adäquat. Der ›Kammerton‹ ist eine späte, nur praktischzweckmäßige Errungenschaft; er beruht auf Konvention. – Es ist bezeichnend, daß die Verankerung orientalischer Tonsysteme in eine absolute Tonhöhe ›außermusikalischer Natur‹ ist, d. h. außerhalb des spezifischen Tonphänomens stattfindet: Der Generationston des Tonsystems wird durch ein Rohr erzeugt, dessen *Länge* die des sanktionierten festen, ›absoluten‹ *Längen*maßes – des Fußes – ist. Es wird also das empirische, an Empfindung gebundene, seiner Beschaffenheit nach ›absolute‹ Maß für empirische Raumgrößen zugrundegelegt. Durch die Verankerung wird der Generationston des Tonsystems auf Andersartiges, auf ›Sichtbares‹, nämlich die empirische Länge, zurückgeführt. Verankerung des Tonphänomens in ›Absolutes‹ ist ja anders nicht möglich. – Diese Verankerung ist übrigens ein Hinweis darauf, daß das Tonphänomen, daß der Bereich der Musik in solchen Kulturen noch nicht in seiner Eigenständigkeit erfaßt werden konnte, daß er noch mit dem Empfindungsmoment verquickt ist.

Fremde oder primitive Kulturen, die bei der Bestimmung und Berechnung der Töne vom Räumlich-Sichtbaren, weil wirklich Greifbaren ausgehen (z. B. Skalen nach dem Distanzprinzip auf Grund der Löcher-Abstände eines Blasrohres oder der Griffe auf der Saite: die optisch gleichen Abstände ergeben nicht gleiche Intervalle), erfassen nicht das spezifisch Musikalische. Solche Teilungen hängen mit dem Handwerklichen, mit dem Herstellen des Instruments zusammen, und damit verbunden mit der Freude am Basteln eines Gerätes, das die Fähigkeit hat, Töne hervorzubringen. Daß die sozusagen außermusikalisch entstandenen Tonordnungen sich durch die ständige Verwendung solcher Instrumente einbürgern, ist dem Vergnügen der ›geselligen‹ Gewohnheit, ist nicht mehr als einer *Konvention* zuzuschreiben. Die *Freude am Wiedererkennen* – sie setzt nicht *Erkennen* voraus – ist ja ein Faktor, der beim Aufnehmen jeglicher Musik eine wesentliche Rolle spielt, ganz unabhängig von deren Herkunft, Rang, Gattungszugehörigkeit usw. – Auch die akustisch gleiche Distanz durch Aneinanderreihung desselben Intervalls wie sie z. B. in der sogenannten Slendro-Skala des Gamelan auf den Inseln Bali und Java vorliegt, ist kein genuin *musikalisches* Prinzip. Man kann dieses Phänomen vielleicht mit den dort verwendeten glockenähnlichen Instrumenten in Verbindung bringen, bei denen freilich das Längenmaß zur Bestimmung der Töne nicht in Frage kommt. Hier wird das Ohr eingeschaltet. Doch wo Ohr ist, ist nicht unbedingt auch Musik; auch ein Geräusch wird durch das Ohr wahrgenommen. Auch die akustisch gleiche Distanz ist also ein außermusikalisches Mittel, um irgendwie eine Auswahl von Tönen zu bestimmen. Das Prinzip der Distanz – sowohl der visuellen wie der akustischen – spiegelt das in jenen Kulturen noch nicht Geklärte der Musik – bezeichnend, daß auch das Gefühl für die Oktav nicht ausgeprägt vorhanden ist – und auch die – damit zusammenhängende – Tatsache, daß hier keine Kunst im engeren Sinn vorliegt. Auch fehlt den Menschen solcher Kulturen wohl das Unterscheidungsvermögen zwischen tatsächlichem und gemeintem Ton (vgl. S. 25 f.). Doch wäre es sinnlos, diese Tonfolgen etwa von uns aus ›reinigen‹, korrigieren, auf die unseren zurückführen zu wollen – wie es in den vergangenen Jahrzehnten immer wieder geschehen ist. Das Ungeklärte zwischen gemeintem und tatsächlichem Ton gehört zu jener Wirklichkeit, und durch ›Berichtigung‹ wird diese nur gefälscht.

Bewegungsvorstellung

Aristoteles operiert mit der Bewegung, um die Zeit zu erfassen, weil »wir sie daran am besten erkennen« (219b29). Daher läßt er hier andere Veränderungsarten, etwa die »Bewegung der Seele« (219a5), außer Betracht. Er stellt auch nicht die Frage[227]: Wie kann die Seele zwei Jetzte außerhalb einer Bewegung im eigentlichen Sinn, einer Raum-Bewegung, ausdrücklich unterscheiden?

Das Tonphänomen erfaßt Zeit, d. h. zwei ausdrückliche Jetzte im Vorher und Nachher zweier Töne:

$$\begin{array}{cc} \downarrow & \downarrow \\ c \quad\quad\quad d \quad\quad\quad \\ \text{1. Jetzt} & \text{2. Jetzt} \end{array}$$

und ein ›währendes‹ Dazwischen. So wie ich das eine Ding, den einen Punkt, an zwei verschiedenen Orten wahrnehme und dadurch von zwei Jetzten spreche (219a27f.[228]), nehme ich beim Tonphänomen das eine Etwas, den Ton, das je identische Tönen, an zwei verschiedenen ›Tonorten‹ wahr und unterscheide damit zwei Jetzte. Es besteht eine Analogie zur Raumbewegung. Doch die zwei Tonorte werden nicht als Orte im Raum, sondern durch Zahlenverhältnisse bestimmt: Ton und Tonort (φορά und φερόμενον[229]) *fallen zusammen*. Jede Tonbewegung (Schritt, Sprung, Fortschreitung usw.) wird durch die Töne (= Tonorte) *selbst* gebildet, z. B. die stufenweise absteigende Tonfolge. Ein Ball dagegen, der die Stufen einer Treppe hinabfällt, ist nicht identisch mit den Stufen. Und außerdem schiebt sich von Stufe zu Stufe eine Bewegung ein, 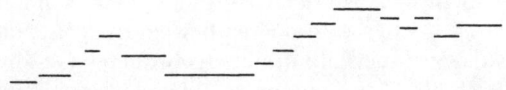[230]. Aber beim Ton nicht:

d————c————; er verwandelt sich *im Nu*[231] von d in c. Beim Dazwischen ›währt‹ die musikalische Zeit. Weil die Tonorte als *Zahlen*relationen bestimmt werden, ist deren Folge eine Folge von *Diskreten*. *Daher* lösen die Tonorte einander *unvermittelt*[232] ab:

Die Vorstellung von *Bewegung* wird also durch die *Verwandlung*[233] der Relationen hintereinander bewirkt. Irreflektiert vermeine ich, daß der Ton, das Tönen, im Vorher und Nachher an verschiedenen Tonorten erscheint.

Auch die graphische Musikdarstellung gibt dies wieder. Das Tönen (›Währen‹)) wird als eine horizontale Strecke vorgestellt; somit das Tönen der verschiedenen Tonhöhen als parallele horizontale Strecken, hintereinander oder – soweit mehrstimmig, Zusammenklänge – auch zugleich:

$$\underline{}\ \underline{}\ \underline{(\text{\scriptsize?}\ \textit{♩}\ \textit{♩}\ \textit{♩.})}$$
$$\underline{(\textit{♩}\ \textit{♪.}\ \ \textit{♪.}\ \ \textit{♪})}$$

Also das Bündel der sich einander ablösenden und auch zugleich geführten Parallelen (Strecken) bildet das Währen des Tonphänomens als eines Ganzen ab. (Die Notenköpfe – und ihr rhythmischer Wert – stehen, als Punkte, für den Anfang des jeweiligen Tönens.) Es wird also graphisch eine ›Bewegung‹ dargestellt, eine ›Bewegung‹, die stets horizontal, aber auf verschiedenen Etagen, abläuft. Dabei sind der senkrechte Abstand der Parallelen (also die ›Stufen‹) und deren jeweilige Länge nicht wörtlich der geometrischen Figur zu entnehmen (sie sind nicht als ursprüngliche Raumgrößen zu verstehen), sondern diese faktischen Raumgrößen sind ›Zeichen‹ (Symbole) für die spezifischen Momente des *Ton*phänomens: Tonrelation + Zeitrelation (Rhythmus).

Man sieht daraus gut, daß das Tonphänomen nicht ein Etwas (sc. ein *Raum*-Etwas) ist, das sich bewegt, sondern ein Etwas, dessen Realität das ›Sich-Bewegen‹ ist. Sonst müßte dieses ›Etwas‹ auch als unbewegt abgebildet werden können, wie z. B. ein Stein oder eine Kugel; ♩ oder ♩ bilden keinen ›Gegenstand‹ ab, sie haben graphischen Sinn nur als horizontale Strecken vorgestellt. Allerdings *sieht* man das, d. h. als Diagramm. Aber man ›*hört*‹ das nicht: Was man wahrnimmt, ist das *Währen*, die währenden festen Tonhöhen, das währende Tönen, das Tönen als das reale Währen. Beim Wahrnehmen des Tonphänomens stellt sich eine Analogie zur ›Bewegung‹ nicht in der Form des Parallelenbündels (nicht in Form der Richtung →) ein, sondern in der des Etagenwechsels, ↑ oder ↓, also eine ›Bewegung‹ von Währendem zu Währendem, oder innerhalb des übergeordneten Gesamthörens, des Gesamtwährens des Tonphänomens. – Das läßt sich gut verifizieren, wenn man sich einen Ton vorstellt, der liegenbleibt, während andere schnell aufeinanderfolgen:

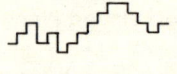

Den liegenbleibenden Ton empfinde ich als Währen, und den schnell vor sich gehenden Etagenwechsel als Bewegung[234], deren einzelne kurze Währensstrecken, wenn sie sehr kurz sind:

ich kaum mehr als Währen realisiere:

Der Tonwechsel also verursacht eine analogische Bewegungsvorstellung; (dies wohl aus dem Bedürfnis, ›sichtbar‹ zu machen – ›sichtbar‹, als der letzten Instanz für Reales: ›das Sichtbare ist eben nur sichtbar‹. Ich wüßte kein Phänomen aus dem Bereich des Sichtbaren, das – umgekehrt – von einem unabweisbaren Bedürfnis begleitet wäre, ›hörbar‹ – oder sonst vernehmbar – zu machen.[235] Die Identität einer räumlichen Bewegung (bzw. Veränderung) gründet in der Identität des Bewegten (φερόμενον)[236]. In der Musik aber haben wir kein φερόμενον, weil der Ton kein Ding ist. Die Identität gründet hier in der Identität des Tönens, des realen Währens, in der Identität der Eins, der währenden Einheit. Und die Identität der Tonfolge gründet in ihrer einleuchtenden Beziehung zu der Eins, in ihrer Zahlenrelation zu der Eins. Daher kann sich in der Musik der Nous nicht mit dem Zählen der zwei Jetzte begnügen, sondern verlangt, daß das *Gefüge selbst* aus Zählen besteht.

In ihm bekundet sich die zuvor ›leere Zeit‹ als ›erfüllte Zeit‹ als durch ein Zeitphänomen erfüllte Zeit. ›Erfüllte Zeit‹ ist erfülltes Zeit-Zählen. ›Erfülltes Zeit-Zählen‹ tritt an die Stelle des Aristotelischen ›Zahl (Zählen) der (gleichförmigen) Bewegung‹, der gezählten Jetzt-Wiederkehr, das für die ›leere‹ Zeit gilt. ›Erfüllte Zeit‹ ist das Wahrnehmbarwerden der Zeit, indem sie aus sich die der Identität innewohnenden und währenden Zahlenrelationen hervorbringt und so sich zugleich als real explizierte Identität selbsttätig zählt.

Dieses Zahlen-Gefüge, das die Intervalle in der Tonfolge bestimmt, besteht ebenso für die im Zugleich erklingenden Intervalle, für den *Zusammenklang* (vgl. auch S. 58). Zwei oder mehr zugleich erklingende Töne sind analog der Identität des Währens *eines* Tons als erklingende – identische – Eins $((1:1):(1:1):(1:1)...$, oder einfacher $1:1:1...)$ das Währen als Relation (etwa $3:2, 6:5:4, 9:8$), die mit sich identische Relation, $(3:2):(3:2):(3:2)...$ Ebensowenig wie bei der Relation aufeinanderfolgender Töne handelt es sich beim Zusammenklang um zwei oder mehrere zunächst selbständige ›Dinge‹, ›Substanzen‹ (Kant) *in* der Zeit, die ›außerdem‹ in Wechselwirkung zueinander stehen, sondern um die reale Zeit als erklingende – identische – Relation, deren beide – oder mehr – Glieder sich gegenseitig konstituieren, sich erst als Relation konstituieren. Somit verhalten sich zwei zugleich erklingende Töne, die ein bestimmtes Intervall bilden, von Grund auf anders als zwei Dinge, die zugleich im Raum sind (z. B. Mond und Erde, Kants Beispiel[237]).

Im Fixieren des ›nächsten Tons‹ als einem Zugleich – unter Ausschaltung der ›Zeit‹ im landläufigen Sinn des Hintereinander – läßt sich das Tonphänomen als Phänomen der Zeit, der Zeit als des ›Nicht-Räumlichen‹, sogar noch klarer erfassen. In jedem Zusammenklingen meldet sich eine ›Zeit-Identität‹. Jeder ›Querschnitt‹ durch dieses Zusammenklingen ist identisch mit jedem beliebigen anderen. ›Querschnitt‹ ist hier ein bildlicher Ausdruck für ein – beliebiges – Jetzt der realen Zeit, ›real‹ weil sie eine einleuchtende Struktur aufweist, einfacher: weil sie einleuchtet, und dies: weil schon der Querschnitt einleuchtet, das Verhältnis, die Zahlen-Struktur der zugleich erklingenden Töne.[238] Dieser Querschnitt hat – da Querschnitt – ›keine Zeit‹. Die ›Zeit‹ ist das ›*Identischbleiben*‹ des Querschnitts. Ja, in ihm ist der ›Ursprung‹ des Zeitrealen zu suchen.

Aber erst die bunte Vielfalt der Tonrelationen, im Mit- und Nacheinander, stellt das ausgeführte reale Äquivalent des Währens dar. Damit aber meldet sich die Zeit zugleich über den Rhythmus. Das *Spiel* im Mit- und Nacheinander der Tonrelationen erfasse ich unabweisbar zugleich von der Jetzt-Wiederkehr, vom Zählen her. Dies schon deshalb, weil der Harmonia die Zahl innewohnt. Es meldet sich in einem die doppelte Beziehung der Zahl zu der Zeit (vgl. S. 56). In beiden Fällen handelt es sich um *Treffen* (eines künftigen Jetzt bzw. eines zweiten Tons) durch ›Zählen‹.

J. S. Bach, F-dur-Invention

Als Rückblick auf die Harmonia und als Anwendung auf ein Beispiel, zugleich als Brücke zum Thema Rhythmus, dem ich mich dann zuwenden will, ziehe ich den Beginn der zweistimmigen Invention F-dur von Joh. Seb. Bach heran:

Ich sprach von der Bedeutung des Wortes Harmonia als Oktav[239], dem Mutter-Intervall, der Urmutter der Musik, die die anderen Intervalle gebiert, und von der Anwendung auf die musikalischen Gattungen, die verschiedenen Tonarten, dorisch, phrygisch, lydisch usw., die verschiedenen Möglichkeiten der Oktav-Einteilung.[240] Ich sprach auch von der harmonischen Ableitung der Intervalle bis zum Halbton, der sogenannten harmonischen Teilung der Oktav.[241] Und nun unser Beispiel:

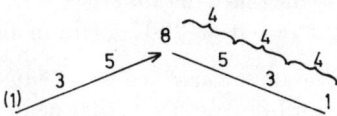

Kann es nicht geradezu als eine Veranschaulichung der Harmonia – zuerst der Oktav als des Mutter-Intervalls, dann der Gattung – angesehen werden?

Der Beginn ist ein dreimaliges Anheben von der Prim aus. Im ersten Sprung wird die große Terz (5 : 4) erreicht, die unvollkommene Konsonanz, durch die harmonische Teilung aus der Quint (3 : 2) geboren, zu der sie sich im zweiten Sprung ergänzt, der Quint als dem Ergebnis der harmonischen Teilung der Oktav (2 : 1), die nun im dritten Sprung erreicht wird:

Die die Musik konstituierenden Sprünge sind aufgestellt!

Und nun folgt die Oktav als Gattung. Die Tonreihe abwärts ›rollt ab‹ in Ganz- und Halbtönen, den legitimen musikalischen Schritten, die in drei ausgefüllte Quartabstiege gegliedert sind, womit nun auch die Quart (4 : 3), das Komplement der Quint, einbezogen ist:

Gleich einer Inschrift sagt dieser Anfang: Das ist die Harmonia, das ist die Musik.

Dies kommt jedoch nur zur Geltung, wenn man das Stück in gemessenem Tempo spielt und dabei so *artikuliert*, daß man die Töne, die die Intervalle bestimmen, *vernimmt*. Wie ›sprechend‹ ist dieser Anfang, wenn man beim Spielen dieses Entstehen der Oktav nachvollzieht! Auf diese Weise aber werden auch die Zeitwerte vernehmbar, das Moment des Rhythmus: die ersten sechs Achtel – sie bereits diktieren das Tempo – und das Ausfüllen des Oktav-Abstiegs in Sechzehnteln. Wieder haben wir das Verhältnis 2 : 1, aber nun als zeitliches Hintereinander: ♪ : ♫. Und diese verschiedenen Zeitwerte werden durch eine bestimmte Rangordnung, die wir Takt nennen, gegliedert, hier durch das Zusammenfassen von jeweils drei Vierteln, |1 2 3|1 2 3|. Damit tritt auch das Viertel in Funktion, nämlich als die 1-2-3 zählende Maßeinheit, im zweiten Takt hervorgehoben durch die Bildung der Quartenreihe – sie bewirkt zusätzlich das Verhältnis Viertel/Sechzehntel, ♩ : ♬, 4 : 1 – sowie dadurch, daß auf ›1‹ das Zusammenklingen des unselbständigen e'' der Oberstimme mit dem f-Einsatz der linken Hand nicht als Dissonanz, sondern daß das Viertel als rhythmische Einheit gehört wird:

In diesem Thema leuchtet die Einheit von Musik und Zahl auf. Alle Verhältnisse, die hier vorkommen, sowohl die Tonhöhen als auch der zeitliche Ablauf beruhen auf Zahlen und nur Zahlen, und daß heißt: Zahlenverhältnissen. Das sind die klingenden Zahlenverhältnisse, von denen ich gesprochen habe, nun auch als Rhythmus.

Verweilen wir kurz dabei, wie hier Zahl und Musik eins werden. Ich habe oben nach dem Gemeinsamen von Zeit und Zahl gefragt und bin zu der – negativen – Antwort gekommen, daß beide ohne ›Ort und Ausdehnung‹ (Aristoteles), nichts Räumliches sind. Versuchen wir von daher dieses einfache Beispiel zu begreifen. Was liegt hier vor? Ein reines Zeit-Phänomen, das nichts mit Raum zu tun hat. Stellen wir uns vor, nur der Ausgangspunkt des f', nur dieser Einsatz-Ton sei uns gegeben, nur dieses Jetzt, dieser Augenblick, da er beginnt: ein klar erkennbar fester Ton, den wir aushalten können, der nicht schwankt. Was ist nun unsere Aufgabe? Weiterzugehen; etwas zu realisieren, *etwas Einleuchtendes* zu realisieren; das heißt aber nichts anderes als: weiterzugehen in der *Zeit*. Und das bedeutet: Wir können nicht anders weitergehen als durch Zahlen; es gibt keinen anderen Weg. In der Zeit, als Zeit Mitteilbares, Machbares, Konstruierbares, Festes, Einleuchtendes können wir, wenn wir Ort und Ausdehnung ausschließen, nur durch Zahlen realisieren. Das gilt auch für die musikalische Schrift, auch für die mündliche Vorschrift oder Anweisung zu einer musikalischen Ausführung, auch für die auf einem Erfassen beruhende – sich nicht mit einem Ungefähr begnügende – Nachahmung eines musikalischen Vorgangs. Weder in Bezug auf jedes einzelne Jetzt in seinem ›Querschnitt‹ (s.S. 86) noch des jeweils nächsten Jetzt besteht eine andere Möglichkeit der Bestimmung als über die Zahlenverhältnisse, als sozusagen vorauszurechnen, zu *zählen*, zu *zielen*, zu *treffen*[242].

Dieses auf Zählen angewiesene Vorgehen bestimmt das für die Musik so wesentliche Moment des *Tuns*. Weil die Musik nur das Jetzt als Festes kennt, kann alles andere, was sie ist, nur als *Tun* geschehen. Dieses Tun aber, die eigentliche Musik, ist Zeit. Die Zeit zwingt mich auf ihrem gespannten Seil, auf dem ich mich zwangsweise fortbewege, mich bei meinem jeweiligen ›Standort‹[243], dem Jetzt, ›auszubalancieren‹, wie ein Seiltänzer.[244] Damit aber befinde ich mich im Bereich des Praktischen, der Entscheidung, des Ethischen, der Verantwortung: du sollst; du sollst das *wagen*[245]. Ständig entscheide ich mich für das nächste Jetzt, und ich gestalte es. Die Welt der Töne erweist sich als die Struktur Soll-Tun. Es ist der Bereich des Handelns, der den Menschen stellt. Dies ist der Grund, weshalb die Griechen vom Ethos in der Musik und von der ethosbildenden Kraft der Musik, von der μουσικὴ παιδεία sprachen. Und nur weil er Musiker war, konnte Beethoven dieses ›Stellen‹ – das was man auch das Ethische nennt – als Werk verwirklichen: weil die Musik dieses Postulat Jahrtausende in sich trug und sozusagen auf diese Verwirklichung wartete.

Musikalischer Rhythmus

Der *musikalische Rhythmus* ist eine notwendige Folge des Tonphänomens; er gehört zum Begriff des Zeit-Etwas als des realen Zeit-Phänomens. Der Rhythmus ist offenbar ein Verfahren, das ich auf das Tonphänomen anwende, um es als Zeitphänomen zu gliedern. Er genießt eine gewisse Autonomie dem Tonphänomen gegenüber, insofern er sich stets auf die ›Zeit‹ als ›die Zahl der wiederkehrenden Bewegung‹[246] direkt berufen kann. Doch das Zählen ist das Tertium comparationis, das die innige, ja notwendige Verbindung von Musik und Rhythmus ermöglicht, besser: gebietet. Ein musikalischer, d.h. ein auf Zahlenrelationen beruhender Rhythmus erhält seine Erfüllung, seine Integrierung, erst in Verknüpfung mit dem Tonphänomen. Fehlt dieses, fehlt das Relations-Etwas, so ist der Relations-Rhythmus ein bloßer Schatten. Anders gesagt: Die Domäne des musikalischen Rhythmus ist die Musik, nicht das Geräusch. Blank, ohne fixierbare Tonhöhen auftretender Rhythmus ist nicht sich selbst genug. Er ist wohl eine Erscheinung aus dem Bereich des Vitalen – des ›Magischen‹, oder des bloßen Ausdrucks[247], oder des ›Anonymen‹ (z. B. ›rhythmisches‹ Geräusch einer Maschine, als der ›motorische Rhythmus‹) – aber den Bereich des Realen betritt er nicht.

Der Grund, daß Harmonia und Rhythmus beide Relationsphänomene sind, liegt in ihrer Zeit-Beschaffenheit, darin, daß die Zeit selbst sich als Relation bekundet. Und daraus, daß die Grundverfassung des Tonphänomens, des Realen der Zeit, eines die Zeit ausfüllenden Phänomens, die von Zahlenverhältnissen ist, ergibt sich, daß auch dessen zeitliches Hintereinander eine Verfassung in Zahlenverhältnissen aufweist: den *musikalischen* Rhythmus. Dieses Reale als Aufeinanderfolge ist ῥυθμός als ἀριθμός[248] der Zeit.

Dieselbe Identität, die das Tonphänomen (das Zahlenphänomen als Reales) durch die Harmonia entfaltet, entfaltet auch zugleich den Rhythmus, den zahlenbedingten Rhythmus, das Ausdrücklichmachen, das Realisieren der gleichförmigen Wiederkehr des Jetzt, Erwartung und Eintreffen des nächsten Jetzt, 1. Jetzt, 2. Jetzt, 3. Jetzt, ..., 1-2-3- ... Und zwar liegt dies bereits in der Identität des einen Tönens vor, als die sich erzeugende Identität, eine ›tätige‹ Identität angesehen (Eins bleibt Eins bleibt Eins ...)[249], und sie bildet zugleich die Grundlage des sich entfaltenden Rhythmus: das ›Stützen‹ der Identität ↑‾‾‾ , ihr ›Neubeleben‹ durch sich gleichsam wiederholendes ›Setzen‹ und – währendes – ›Stützen‹, etwa ↑⌒↑⌒↑⌒↑⌒↑⌒↑⌒ . Das ist der Sinn der Gleichsetzung des χρόνος mit der Kreisbewegung (περιφορά; κυκλοφορία) und mit deren ἀριθμός.[250]

Durch den Rhythmus werden die je erklingenden Töne – und die Pausen – als Dauer konkretisiert. Er ist das Mittel, wodurch das Folgende an das Gegenwärtige *gebunden* wird. Er ist der Niederschlag des ›Lückenlosen‹, des ohne Pausen währenden ›Es währt‹ der Zeit. Bezeichnenderweise kann die Tonausfüllung ›Lücken‹ – die Pausen – aufweisen; der Rhythmus aber nicht.

Auch die Tonrelation selbst enthält bereits implizite den Rhythmus, ja sie kann als ursprüngliches Rhythmus-Phänomen angesehen werden. Wir fassen die Relation zweier Töne, schon ohne daß wir deren Dauer oder gar eine Tonfolge in der fortlaufenden Zeit einbeziehen, zugleich sub specie einer Relation mit Zeitbeschaffenheit auf: Wir fassen den höheren Ton als den ›schnelleren‹, ›beweglicheren‹ auf; wir verwenden beim höheren Ton gleichsam ein kürzeres Zeitmaß als beim tieferen; die Frequenzverhältnisse wirken sich als Wahrnehmung aus. (Und wenn, wie beim Glockengeläute, Klänge durch Pendelbewegung erzeugt werden, verknüpft sich von selbst der höhere Klang mit der Aufeinanderfolge in kürzeren Zeitintervallen.)[251]

Der musikalische Rhythmus ist *das Verankern des Tonphänomens im Jetzt*. Durch das Erklingen eines Tons, einer währenden Identität, wird die empirische, auf Raum oder Bewegung, oder ›Erleben‹ bezogene Zeit ausgeschaltet; an ihre Stelle tritt die reale Zeit. Diese beginnt mit dem Jetzt eines Erklingens; sie wird somit darin (in diesem Jetzt) verankert. Von diesem Jetzt aus existiert sie für sich als reale Zeit; als solche muß sie bestimmbar sein; d. h. das nächste Jetzt muß, richtiger: die nächsten Jetzte müssen von dem gerade mit dem Einsetzen des Erklingens zusammenfallenden Jetzt aus bestimmbar sein. Bestimmbar können sie aber nur durch das Prinzip des gemeinsamen Maßes – eines gemeinsamen ›Zeitmaßes‹ – sein. Denn ›bestimmbar‹ bedeutet hier (d. h. im Bereich der Zeit, die ja nur das jeweils eine Jetzt kennt) *im voraus* bestimmbar, und das heißt wiederum als *Zeit*intervall bestimmbar. Es bleibt nichts anderes, als daß sie durch ein wiederkehrendes, d. h. allen Zeitintervallen *gemeinsames* Maß bestimmbar sei. Alles andere wäre ›zufällig‹, d. h. empirisch, d. h. nicht im voraus (aus dem Zeitrealen heraus) bestimmbar, und auch nicht genuin reale Zeit.[252] – Daß das gemeinsame Maß uns auch aus der Empirie geläufig ist (Atem, Puls, Schritt, Pendelbewegung, allgemein gegliederte Bewegung), mag beim ›Aufdecken‹ des genuin musikalisch gezeugten Rhythmus mitgeholfen haben; doch nicht dieses ist für den musikalischen Rhythmus das primäre Phänomen. Darauf beruht lediglich die Möglichkeit der Kombination des musikalischen Rhythmus mit anderen als Zeitgliederung auftretenden, dem Musiker als ›empirisch‹ gegebenen Phänomenen: mit Sprache oder mit Bewegung (›Tanz‹).

Daß dem Tonphänomen sowohl als Harmonia wie auch als musikalischer Rhythmus nichts anderes als die Zahlenrelation (das gemeinsame Maß) übrig bleibt, um bestimmbar zu werden, beruht darauf, daß es ein Zeitphänomen ist, daß es nur einen ›Anhalts*punkt*‹ kennt: das jeweilig gegenwärtige Jetzt. Von dort aus muß es seine ›Diesda‹ bestimmen, und das heißt: ›im voraus‹ bestimmen, eben weil sie *keine* Diesda – im räumlichen Sinn – sind. Dies gleichgültig, ob unabhängig von der Aufeinanderfolge (d. h. als Zusammenklang, oder allgemein als Tonintervalle) oder als Bestimmung der Aufeinanderfolge (d. h. als musikalischer Rhythmus).

Ausgehend von der gezählten gleichmäßigen Jetzt-Wiederkehr der Zeit als Voraussetzung und Grundlage der Zählstruktur des musikalischen Rhythmus, läßt sich sagen: *Musikalischer Rhythmus ist das Phänomen der in ihrer Aufeinanderfolge bestimmbaren Jetzte*. In diesem Zusammenhang möchte ich ein Zitat des Aristoxenos[253] erwähnen, das unüberhörbar an die Zeit-Definition des Aristoteles[254] anklingt: »Der Rhythmus kann nicht bestehen aus *einer* Zeiteinheit (aus einer Zeit), sondern seine Entstehung bedarf des Vorher und Nachher« (Ὁ δὲ ῥυθμὸς οὐ γίνεται ἐξ ἑνὸς χρόνου, ἀλλὰ προσδεῖται ἡ γένεσις αὐτοῦ τοῦ τε προτέρου καὶ τοῦ ὑστέρου).[255] Hier wird klar gesagt, daß erst das in Relation-Setzen musikalischen Rhythmus schafft. Haben wir die gleichmäßige Wiederkehr des Jetzt als konstitutiv für die vom Nous erfaßte Zeit erkannt,[256] so vollzieht sich durch das mit diesem Gleichgewichts- oder Zählorgan verknüpfte Sinnesorgan,[257] das Ohr, reales Zählen in gleichen Abständen.

Reales Zählen in gleichen Abständen ist, möchte ich sagen, das Konstituieren des Rhythmus. Ich meine ein Zählen ›in gleichen Abständen‹ eines *gleichen Maßes*, wie es in der griechischen Musikē der Chronos protos (erste Zeit, kleinste Zeit) war. Die Wiederholung also eines sich selbst gleichbleibenden Maßes, seine gleichförmige Wiederkehr, ist als die erste Stufe der Verwirklichung des musikalischen Rhythmus anzusehen, und sie ist so elementar, daß sie in sich genügen kann. Ich veranschauliche dies wieder an J. S. Bach, an der letzten von ihm niedergeschriebenen Komposition, dem Choralvorspiel ›Vor deinen Thron tret' ich hiermit‹. Gleichmäßig pochende Achtel durchziehen das ganze Stück[258] vom Anfang bis zum Schluß – als wollte es nicht enden. Dieses gleichmäßige Pochen ist wie ein Habhaftwerden der Zeit. Die unaufhörliche Wiederkehr, dieses Merkmal der Zeit, wird hier ›veranschaulicht‹, d. h. realisiert, freilich notwendigermaßen innerhalb von Grenzen (Anfang und Ende des ›Stücks‹), aber insofern stellvertretend für das Unaufhörliche, Nicht-Abbrechende der Zeit, als das *Relations*prinzip hier zum Realen wird: Es wird das Unaufhörlich-Stetige, Nicht-Abbrechende *vorgeführt* an Hand eines im naturalistischen Sinn nicht unaufhörlichen Stücks.

Dem musikalischen Rhythmus liegt nicht das überteilige, das ursprüngliche Zahlenverhältnis zugrunde, sondern die Teilung in gleiche Teile. Hier herrscht das Prinzip der *Vielfachen*, die auf die Einheit zurückgehen: die Einheit mal 2, mal 3, mal 4, oder auch das Prinzip der Addition: 1 + 2 Zeiteinheiten = 3 Zeiteinheiten, oder 2 + 3 Zeiteinheiten (in einem weniger gebräuchlichen Rhythmus) = 5 Zeiteinheiten. Somit besteht im Bereich des Rhythmus die Möglichkeit der Halbierung, die im Bereich der reinen Zahlenverhältnisse, im Bereich der Harmonia, nicht möglich ist.[259] 1 : 2 als Oktav läßt sich nicht in zwei gleiche Teile teilen, als Rhythmus aber ohne weiteres. (Vielleicht kann man bis zu einem gewissen Grad das Überteiligkeitsprinzip auch beim Rhythmus als mitwirkend ansehen: 1 : 2, 2 : 3, doch von da an wird es problematisch.) Vielfältige Kombinationen der wiederkehrenden Jetzte sind möglich, sei es als Quantitätsrhythmik, 1-2-2-1-2-1-1-..., sei es auf dem Hintergrund eines zusammenhaltenden leeren Schemas (Takt).

Ganzzahlenverhältnisse konstituieren also auch den Rhythmus. Die Relationen ›haken ein‹; dazwischen ist ›nichts‹, wie auch zwischen den Ganzzahlen ›nichts‹ ist.[260] Auch hier sind allmähliche Übergänge nicht möglich; das Moment des Kontinuierlichen scheidet auch hier aus. Der Musiklehrer ruft: ›Zählen‹, nicht: ›Messen!‹,[261] und er meint damit ein Treffen, ein Zielen auf Zahlen, ebenso wie sich die ermahnung ›Rein intonieren!‹ auf das Treffen des ›richtigen‹, des wirklichen, das heißt des den Ganzzahlen entsprechenden Intervalls bezieht – das ›Dazwischen‹ ist ›unrein‹, daß heißt nichts musikalisch Wirkliches.

Als Relationsphänomen ist der musikalische Rhythmus ebenso wie die Harmonia ›transponierbar‹, das heißt: derselbe Rhythmus läßt sich langsamer oder schneller anwenden. So ist auch die Bestimmung des Chronos protos, der kleinsten Zeit in der Quantitätsrhythmik, nichts Absolutes. Wenn das eine Mal schnell, das andere Mal langsam vorgetragen wird, kann im einen Fall die Kürze länger sein als die Länge im anderen Fall. Dieses Zählen ist nichts Absolutes[262], somit auch nichts Physikalisches und nichts Naturalistisches, auch nichts Psychologisches oder Physiologisches, mit anderen Worten: es hat nichts mit *Tempo* zu tun.[263] Das Tempo[264], als verselbständigter Faktor der Komposition eine spätere Erscheinung unserer Musik seit erst etwa 1600, entspricht einer Physikalisierung der Zeit, parallel zum Aufkommen anderer Momente der Physikalisierung des musikalischen Satzes.[265]

Die Zahl ist also für den Rhythmus in anderer Weise als bei der Harmonia[266] das Generationsprinzip, eben insofern er nicht in derselben Weise das spezifische Moment der realisierten Zeit, die Entfaltung der Zahlenrelation als Überteiligkeit, darstellt. Dies steht im Zusammenhang damit, daß sich der musikalische Rhythmus, wie ich schon sagte, erst in Verbindung mit dem Tonphänomen integriert. Er selbst ist nicht, wie die Harmonia, das Reale der Zeit – und *nur* die Zeit; er ist nicht, wie die Harmonia, von der Musik her entstanden, *das* musikalische und nur musikalische Phänomen des Zusammenpassens der Töne. Er ist, möchte ich sagen, in einem weniger und mehr. Als *musikalischer* Rhythmus ist er auf die Harmonia angewiesen; doch der Rhythmus als solcher unterscheidet sich von der Harmonia besonders dadurch, daß er nicht allein und unbedingt das musikalische Phänomen erfaßt. Von Rhythmus sprechen wir auch bei Zeit-Phänomenen, die der musikalischen, der Zähl-Komponente entbehren, z. B. bei einer Folge von Geräuschen oder bei der Sprache. Aber auch bei Bewegung, die ja Sichtbares, somit Räumliches einbezieht, z. B. beim Tanz, allgemein bei Körperbewegung, findet sich das Moment des Rhythmus, auch ohne eine Koppelung mit Musik.

Diese nicht ausschließlich musikalische Anwendung wird durch die Herkunft des Wortes ῥυθμός beleuchtet, die zeigt, daß der Rhythmus als solcher ursprünglich kein rein musikalisches, sondern ein mit dem Ganzheitlich-Menschlichen, auch mit dem Räumlichen zusammenhängendes Phänomen ist. Es hat Jahrhunderte gedauert, bis es zu der Bedeutung des Wortes kam, die wir heute primär damit verbinden, den musikalischen Rhythmus, oder zumindest etwas, das in der Zeit vor sich geht.[267]

ῥυθμός ist ein Wort, das alle Kultursprachen aus dem Griechischen übernommen haben, um das zu bezeichnen, was wir eben Rhythmus nennen. Was aber bedeutet das Wort? Und wie kommt es, daß alle Sprachen es übernehmen, ohne in der Lage zu sein, für das darunter Verstandene (als Wort, nicht als Terminus) ein eigenes Wort aufzubringen, es zu übersetzen?[268] Aber auch wenn wir das Griechische nach der Bedeutung des Wortes ῥυθμός befragen, erhalten wir keine klare Antwort. Wir stehen ratlos davor.

Ein Überblick über die ersten Textstellen, die dieses rätselhafte Wort enthalten[269], versetzt uns in ein vor- und früh-musikalisches Bedeutungsfeld, das aber trotzdem die spätere musikalische Anwendung erhellen kann.

Die frühen griechischen Belege des Wortes seit etwa der Mitte des 7. Jahrhunderts v. Chr. – bei Homer kommt es nicht vor – kreisen um eine vom Räumlichen und zugleich vom Statischen kommende Vorstellung. So im ältesten Beleg des Wortes bei dem Lyriker Archilochos, etwa Mitte des 7. Jahrhunderts: »Erkenne, welcher Rhythmus den Menschen in seinen Banden hält« (nach W. Jaeger). Im Sinne von ›Haltung‹, ›Eigenart‹, ›Charakter‹ eines Menschen, das einen Menschen Bestimmende, versteht man ein Bruchstück des Lyrikers Anakreon, etwa hundert Jahre nach Archilochos: »Ich hasse aber alle, die chthonische und schwere Rhythmen tragen.« Bei dem Lyriker Theognis, Wende des 6. zum 5. Jahrhundert, heißt es: »Du sollst niemanden loben, bevor du sein Gemüt, seine Haltung (ῥυθμός), seine Sinnesart (τρόπος), wie sie sind, erkannt hast.« ›Rhythmus‹ auf die Dinge bezogen, ist belegt bei dem Komödiendichter Eupolis, einem etwas älteren Zeitgenossen des Aristophanes: »Manches ändert sich an den Dingen durch lange Zeit. Nichts bleibt im selben Rhythmus.« Und bei Aischylos sagt Prometheus (Prom. 240), der am Fels im Eisengeflecht seiner Fesseln regungslos festgehalten wird: »Ich bin hier in diesen Rhythmus gebannt (ἐρρύθμισμαι)« (W. Jaeger). Gestützt durch andere ähnliche Stellen, hat man erwogen[270], ἐρρύθμισμαι mit der Nebenbedeutung von ›Strafe‹ zu interpretieren, und so könnte man sagen ›gemaßregelt‹, ein Wort, dessen Bestandteile an die spätere Bedeutung von Rhythmus denken lassen. In den ›Persern‹ (747) heißt es von Xerxes, der durch das Nebeneinanderstellen von Schiffen vom östlichen zum westlichen Ufer des Hellespont eine Brücke bauen ließ, er habe den Fluß in Fesseln gelegt und den Wasserweg über ihn »in eine andere Gestalt (Rhythmus) gebracht (καὶ πόρον μετερρύθμιζε)«(W. Jaeger). In einem Bruchstück spricht Aischylos von den »dreieckigen Rhythmen« (τριγώνοις ῥυθμοῖς) einer Schmuckleiste, der lesbischen Kyma (gr. ›Welle‹): »Du sollst die Kyma in dreieckigen Rhythmen zu Ende führen.« Noch im 4. Jahrhundert lebt die Bedeutung ›Gestalt‹, ›Form‹, wie aus einer Stelle bei dem Komödiendichter Alexis hervorgeht: »Dieses Gefäß ist weder schalen- noch kesselförmig, sondern es hat teil an beiden Rhythmen.« Herodot (5. 58) sagt in seinem Bericht über die Übernahme des griechischen Alphabets von den Phöniziern, daß die Griechen »den Rhythmus (die Gestalt) der Buchstaben verändert haben, und dann heißt es weiter: »Sie haben so das Alphabet umgeformt (μεταρρυθμίζαν, wörtlich: reformiert)«. Von einem Bildhauer namens Pythagoras, einem Zeitgenossen des Aischylos, wird überliefert: »Es scheint, daß er als erster sein Augenmerk auf Rhythmus und Ebenmaß (συμμετρία) gerichtet habe.« (συμμετρία heißt hier nicht ›gemeinsames Maß‹, ›Kommensurabilität‹, wie im Zusammenhang mit Zahlenlehre und Harmonia, sondern allgemein ›Proportion‹, ›Verhältnis‹, ›Verhältnismäßigkeit‹, wie im Kanon des Polyklet.) Aus der großen Zeit, nämlich bei Pindar, ist auch die auf Architektur bezogene Anwendung belegt: »Und dieser Tempel, der durch die kunstvollen Hände des Hephaistos und der Athena gebaut wurde, was für einen Rhythmus hatte er?«[271] (Das Wort Rhythmós kommt sonst in den überlieferten Pindar-Texten nicht vor.) In dieser Zeit, Anfang des 5. Jahrhunderts, ist von musikalischem Rhythmus noch nicht die Rede. Demokrit spricht (nach Aristoteles, Met. 985 b 16 ff.) vom Rhythmus der Atome und meint nicht etwa deren Bahnen, deren Bewegung – obwohl er davon weiß –, sondern die ›Gestalt‹, ›Form‹, das ›Schema‹ (σχῆμα) der Atome. Er erklärt dies am Unterschied von Buchstaben, was an Herodot erinnert. Demokrit muß aber auch schon die musikalische Bedeutung gekannt haben, denn es ist überliefert, daß er ein – nicht erhaltenes – Werk mit dem Titel ›Περὶ ῥυθμῶν καὶ ἁρμονίης‹[272] verfaßt hat. Der älteste erhaltene Beleg in musikalischem Zusammenhang scheint eine Stelle bei Ion von Chios, einem Zeitgenossen des Sophokles, zu sein: »Er spielte auf dem tiefen Aulos einen lauten Rhythmus«. Von da an hat sich das Wort ῥυθμός mehr und mehr in musikalischer Bedeutung, genauer: in Bezug auf Zeiteinheiten eingebürgert, im Bereich der Sophistik und Rhetorik vorwiegend auf Prosa und deren Vortrag, daneben aber auch auf die fest gebauten Verse der Dichtung bezogen. Aristophanes spricht vom Reigen-Rhythmus (Thesm. 955: »Reicht einander die Hände, im Reigen-Rhythmus schreitet, hüpfet hurtig tanzend im Ring herum!«) und von Vers-Rhythmen, z. B. dem Daktylos (Wolken 649 ff.), sowie dem Trochäus, der beim Tanzen aufzulockern sei (Eccl. 1168). Die hier neben der Singular- gebrauchte Pluralbildung (vgl. Anm. 272) weist eher in die Richtung eines Terminus technicus, eben im Sinne der verschiedenen Versfüße.

Sehr häufig nun, und in eindeutig musikalischer Bedeutung, wird das Wort ῥυθμός bei Platon verwendet. Es ist eindrucksvoll, daß es bei ihm oft, ja meist in Verbindung mit ἁρμονία auftritt, daß er diese zwei Merkmale des musikalischen Phänomens, die Tonhöhenverhältnisse und die zeitlichen Verhältnisse der Töne, als Einheit auffaßt. In den ›Gesetzen‹ (653 e 3 ff. und 664 e 8 ff.) sagt er: »Der Name für die Ordnung der Bewegung (ἡ τῆς κινήσεως τάξις) sei Rhythmós, und für die Ordnung der Stimme die Unterscheidung von hoch und tief, die sich mischen in eine Einheit, Harmonia. (Zum Wort ἁρμονία vgl. oben S. 61.) Und das beide Verbindende sei χορεῖα, Chorreigen, genannt.« »Die anderen Lebewesen haben kein Gefühl für die Ordnung der Bewegungen, deren Name Rhythmós und Harmonia sind.« In der Epinomis (991 b 2-4) heißt es von der durchgeführten Teilung der Oktav – der harmonischen Teilung (s. o. S. 62 f.) – daß die Menschen durch sie den Zusammenklang und das Gleichmaß, Harmonia und Rhythmós, für den Chorreigen der Musen bestimmt, empfangen haben. Als ein nicht ἄλογον, sondern μετὰ νοῦ[273] zu erfassendes Geschenk der Musen an den Menschen werden Rhythmós und Harmonia in Timaios 47 d genannt; in den Dienst der Musikē gestellt, sollen sie dazu helfen, die Seele mit sich selbst in Übereinstimmung und zu Gleichmaß zu bringen. (Weitere Stellen bei Platon, in denen Rhythmós in Verbindung mit Harmonia genannt wird: Staat 398 d und 400 d.) Aus der bekannten Stelle Symposion 187 b 3-9 leuchtet der Zusammenhang Harmonia-Rhythmós-Zahlenrelationen auf: »Denn Harmonia ist Zusammenstimmung (συμφωνία), Zusammenstimmung aber eines bestimmten Zahlenverhältnisses (ὁμολογία). Ein (arithmetisches) Zahlenverhältnis aber kann unter Entzweitem, solange es entzweit ist (solange es nicht durch einen Logos verbunden ist), unmöglich sein. Und das Entzweite und zahlenmäßig nicht Übereinstimmende kann wiederum unmöglich zusammenstimmen (ἁρμόσαι, wörtlich: harmonieren). So wird auch der Rhythmós zusammengestellt aus dem Schnellen und Langsamen (gemeint sind Kürze und Länge als Dauer vorgestellt), die zuvor (πρότερον) auseinandergingen, dann aber zusammengekommen sind, indem sie auf einen Logos zurückgeführt wurden (ὕστερον δὲ ὁμολογησάντων)«[274]. Ist hier die Zeit-Definition des Aristoteles vorweggenommen, gleichsam als klingende ›Anwendung‹ auf die reale Zeit? (Vgl. auch Staat 617 a–c.) Bei Platon klingen noch die dann bei Aristoteles verstummten Zahlen[275]. Im Timaios (36 d) erscheint die Harmonia als immerwährend sich hervorbringende Rotation, als Bild des Währens, der Ruhe. Und die sichtbar gewordene Rotation vermittelt die ausdrückliche Zahl (das Zählen der als Bewegung wahrgenommenen Zeit, 47 a, b; s. o. Anm. 110); dies ist zugleich das Bild des Rhythmus: das ›Zählen‹ des Währens als Bewegung. Die Rotation ist also – über Harmonia und Rhythmós – Ruhe und Bewegung in einem (vgl. Aristoteles, S. 43 f.). Die Harmonia (vgl. 34 b–37 c) gehört zum αἰώνιον (zum νοητὸν ζῷον, 39 e 1), Zeit aber, Zeitzählen durch Rotationsbewegung, ›Rhythmus‹, zum γεννητόν, zum Abbild (εἰκὼ κινητόν τινα αἰῶνος, 37 d 3-5): ποιεῖ μένοντος αἰῶνος ἐν ἑνὶ κατ' ἀριθμὸν ἰοῦσαν αἰώνιον εἰκόνα, τοῦτον ὃν δὴ χρόνον ὠνομάκαμεν (37 d 7 f.), »bildet von der in der Einheit beharrenden Ewigkeit ein nach der [Vielheit der] Zahl sich fortbewegendes dauerndes Abbild«. Das μένοντος αἰῶνος ἐν ἑνὶ entspricht der Harmonia; das κατ' ἀριθμὸν ἰοῦσαν αἰώνιον εἰκόνα dem Zeitzählen-›Rhythmus‹.[276] – Beachtenswert ist schließlich, daß man bei Platon wie bei Demokrit (s. o. S. 95) – den beiden Philosophen – eine Zuordnung ῥυθμός-σχῆμα (Rhythmós-Schema) findet. Es heißt z. B. in den ›Gesetzen‹ (655 a 4–6): »Aber in der Musikē haben wir Schemata und Melodien, weil die Musikē aus Rhythmós und Harmonia besteht.« Nun scheint es, daß sich der Übergang von dem räumlich-sichtbar oder allgemein verstandenen Rhythmós zu dem rein musikalischen über die sichtbare Bewegung im *Tanz* vollzogen hat. Denn das Wort Schema wird oft im Zusammenhang mit dem Tanz, dem Chorreigen gebraucht, z. B. (Gesetze 654 e 4 f.): »Ein schönes σχῆμα und Melodie und Gesang und Chorreigen.« Das Schema scheint sich hier auf das eben zugleich Sichtbare der Bewegung, auf den Chorreigen zu beziehen. σχῆμα bedeutet nun nicht nur ›Schema‹, wie wir es auch heute gebrauchen: Gestalt, Gerippe, Struktur, Verhältnis (im Sinne von Form, Verhältnis der Teile), sondern auch: feste Haltung, menschliche Haltung, Charakterzug – in beiden Bedeutungsfeldern deckt es sich weitgehend mit der vormusikalischen Bedeutung von Rhythmós der früheren Zeit. Warum die Sprache dann so wollte, daß nur Rhythmós, nicht aber Schema speziell musikalische Bedeutung erhielt, ist freilich nicht zu fragen. Doch Folgendes läßt sich feststellen: Die Philologen und Linguisten nennen die Substantiva mit der Endung -μα Nomina rei actae, Substantive, die etwas Perfektisches, Vollendetes, Gewordenes, Zuständliches bedeuten, dagegen die auf -ϑμος (-σμος) endenden Substantive Nomina actionis, Substantive des Tuns, des Handelns, um neben ῥυθμός ein einfaches Beispiel nennen: ›das Weinen‹, κλαυθμός (die deutsche Endung -nen entspricht der griechischen -θμός). Und ein schönes Beispiel für beide Endungen bei derselben Wurzel (›setzen‹): θέ-μα, Thema, das Gesetzte, das Zuständliche, und τε-θμός (auch θε-σμός; wie ῥυ-σμός, z. B. bei Demokrit), Brauch, etwas Auszuführendes, Entstehendes nach einer Satzung, nach Geltendem. (Vgl. auch Anm. 248.) Ein Substantiv also, das durch seine Endung -μα das Festgeformte, das schon Gestaltete, ich möchte sagen das Räumliche ausdrückt, konnte sich gleichsam schon aus diesem Grund nicht für eine wesenhafte Eigenschaft der Musik – die ja ein Tun und nur ein Tun ist – hergeben.

Nun ist im Zusammenhang mit dem Wort Schema auch Aristoteles heranzuziehen, nämlich mit einigen Stellen aus dem Passus über den Rhythmós in der Rhetorik. Aristoteles spricht in diesem Werk über die Kunstprosa und deren (musikalisch-) rhythmische Komponente: »Das Schema der Rede (Lexis, λέξις[277]) soll weder metrisch (ἔμμετρον) sein – man darf also nicht in Versen sprechen – noch unrhythmisch (ἄρρυθμον). Denn das erste ist unwahrscheinlich, es ist gemacht, und zugleich lenkt es ab, weil man immer auf die Entsprechung (auf den nächsten Vers sozusagen) wartet. (...) Das andere aber, das Unrhythmische, ist ohne Schranken (ἀπέραντον, wörtlich: ohne Fassung), widrig (ἀηδές, eigentlich: fad), und es leuchtet nicht ein (ἄγνωστον) qua Ungefaßtes. Aber gefaßt wird alles[278] durch die Zahl.« Und nun folgt die – sehr bekannte – Definition: »Rhythmus ist aber die Zahl des Schemas des Wortes (bzw. der Rede)«, ὁ δὲ τοῦ σχήματος τῆς λέξεως ἀριθμὸς ῥυθμός ἐστιν (1408 b 29). Dieser Satz mutet an wie das Pendant zur Zeit-Definition des Aristoteles: »Denn das ist die Zeit, die Zahl der Bewegung nach dem Vorher und Nachher.« Der ›Bewegung‹ entsprechen die Versfüße, die Maße (μέτρα), die gleich im Anschluß an die Rhythmus-Definition als Teile des Rhythmós, als Rhythmen (Plural!) bezeichnet werden. »Jeder Rhythmós wird durch eine bestimmte Bewegung gemessen«, πᾶς ῥυθμός ὡρισμένῃ μετρεῖται κινήσει, heißt es in den Problemata (882 b 2). Und auch Platon hatte, wie wir sahen (s. S. 95), den Rhythmus »die Ordnung der Bewegung« genannt. Aristoteles behandelt in der Fortsetzung des Rhythmus-Abschnitts der Rhetorik die Versfüße, diese Zellen, die in der Dichtung durch Anwendung des Prinzips der Wiederholung den Vers ausmachen, im Hinblick auf die Kunstprosa. Er spricht zunächst von zwei Möglichkeiten: der einen, 1 : 1, Spondäus, Daktylus, Anapäst, der anderen, 1 : 2 oder 2 : 1, Jambus oder Trochäus. Die Rhythmen des ›heroischen‹ Verses, des Hexameters, seien für die Rede ungeeignet, weil zu feierlich, der Trochäus, _ ᴗ _ ᴗ, sei unbrauchbar, weil zu tänzerisch, zu hüpfend. Der Jambus dagegen, ᴗ _ ᴗ _, sei anzuwenden, weil er ohnedies im gewöhnlichen Sprechen häufig vorkomme, und so auch in der Rede unauffällig sei. Und nun nennt Aristoteles das 1 ½-Verhältnis, 3 : 2, den Päan. Er sei allen anderen vorzuziehen, weil bei ihm am wenigsten die Neigung zur Versbildung bestehe. Aristoteles unterscheidet zwei Arten von Päanen: _ ᴗᴗᴗ »und umgekehrt« ᴗᴗᴗ _, und hebt besonders ihre Eignung zu Beginn und am Ende des Satzes hervor, wobei das Schließen mit der Länge vorzuziehen sei, also die zweite Art (oder durch Hinzufügen einer Länge bei der ersten Art). Nachdem Aristoteles die ›gereihte Sprache‹ – er nennt als Beispiel Herodot – wegen ihres Mangels an Begrenzung (ἔστι δὲ ἀηδὴς διὰ τὸ ἄπειρον) abgelehnt hat, spricht er ausführlich über die in sich gerundete, weil in *Perioden* gegliederte Rede. Unter Perioden versteht er Redeteile, die sowohl ihrem Bau als auch Sinn nach (τῇ διανοίᾳ) einen Anfang, ein Ende und einen übersichtlichen Umfang haben, wodurch sie der Auffassung des Zuhörers entgegenkommen. Und leicht zu behalten sei die in Perioden gegliederte Rede, weil sie die Zahl einbeziehe (1409 b 5). Das Kunstvolle der sprachlichen Perioden beruht nach Aristoteles im Aufgreifen bestimmter rhythmischer Formen sowie in der Art des Handhabens der einer Periode untergeordneten Einheiten, der *Kola*.

Aristoteles schafft hier nicht nur die Grundlagen für die gesamte Metrik und die Kunstprosa der späteren Zeit, sondern auch für unsere sprachgebundene Musik, und somit für die Musik überhaupt. Die Rhetorik des Aristoteles wäre sehr wichtig zu studieren, um den Mann richtig zu erfassen, der die deutsche Sprache gerade von den Kola her und als rhythmische Prosa aber zugleich eben als Musik hingestellt hat: *Heinrich Schütz*.

Eine Entsprechung von Rhythmós und Schema fanden wir bei Demokrit, Platon, und zuletzt bei Aristoteles. Sie begegnet uns nochmals bei Aristoxenos. Sein Werk über den Rhythmus ist nicht als Ganzes, doch in großen Bruchstücken erhalten. Dort unterscheidet Aristoxenos zwei wesenhafte Komponenten, ›Naturen‹ im Bereich des Rhythmós: den Rhythmus selber als das Aktivische, Prägende, das Rhyth*misierende* (ῥυθμίζον) und den Stoff, der rhythmische Gestalt annimmt, der rhythmisiert wird (ῥυθμιζόμενον, die passive Form). Der unförmige Stoff, der allerdings geeignet ist, rhythmisiert zu werden, der also in der Zeit eine Einheit darstellt – er kann aus Tönen, aus Worten und Silben, und aus (Körper-)Bewegung (Tanz, ὄρχησις, χορεῖα) bestehen – benötigt etwas Aktives, um gestaltet, geprägt zu werden, den Rhythmós. Wir erinnern uns an die aktivische Bedeutung der Endung -thmos (s. S. 97). Und Aristoxenos erläutert: »Man denke sich diese zwei Wesen, die des Rhythmus und die des Rhythmisierten, in einem ähnlichen Verhältnis zueinander wie dasjenige, in welchem das Schema (σχῆμα) und das Schematisierte (σχηματιζόμενον) zueinander stehen.« Eine derartige Unterscheidung zwischen einem Stoff – z. B. Holz – und dessen Gestaltung, Formung (σχηματιζόμενον καὶ ῥυθμιζόμενον, vgl. Physik 245 b 9 ff.) – z. B. als Bett – hatte Aristoteles nur im Bereich des Dinghaften getroffen. Doch der musikalische Rhythmus – Bereich der Zeit – ist bei ihm als ›Zahl des Schemas‹ noch eins mit dem ›Schematisierten‹, dem musikalischen ›Stoff‹, der musikalischen Komponente der Lexis. Aristoxenos löste den musikalischen Rhythmus von der Lexis; er autonomisierte den musikalischen Rhythmus.

Zu Beginn dieses Abschnitts, S. 89, stellten wir als Gemeinsamkeit von musikalischem Rhythmus und Tonphänomen fest, daß beide Phänomene der Zeit sind – die Voraussetzung für die Möglichkeit ihrer legitimen Verknüpfung – und daß beide, da Phänomene der Zeit, kein dingliches Fortzubewegendes (φερόμενον) kennen, nicht ›Ort und Ausdehnung‹ haben, sondern nur eine Zählbeschaffenheit aufweisen, die sie gleichsam in einem als Tonbewegung und Tonort (φερόμενον = φορά, s. S. 83) bestimmt. In Anlehnung an Aristoteles möchte ich nun sagen: Das Tonphänomen – Harmonia und Rhythmós – ist das Schema der Zeit-Identität, das reale Zähl-Schema der Tonbewegung bzw. der Tonorte. Schema bzw. Rhythmós beziehe ich dabei ebenso wie auf die Rhythmus-Abfolge auf die Harmonia-Komponente, z. B. wäre – analog zu Demokrits Rhythmós der Atome – 3 : 2 der ›Rhythmós‹ der Quint. So läßt sich die Brücke schlagen zwischen antiker nicht-musikalischer Bedeutung des Wortes Rhythmós und dem musikalischen Rhythmus.

Nomos

Mehrfach erwähnte ich die Komponente des Tuns (zuletzt S. 89 und 97). Tönen und Zählen konstituieren sich als Tun. Beim Zählen ist es ein Hervorbringen, ein Tun des Nous, beim Tönen ist es ein *Sich*-Hervorbringen (*Sich*-Zählen, vgl. S. 52 und 56f.), zunächst ohne Zähltätigkeit eines (menschlichen) Nous[279], das aber ein parallellaufendes spontanes Tun des Nous hervorruft – eben ein ›Zählen‹. Ein ›Tun‹ ist auch die Harmonia, ein auf sich selbst bezogenes Tun, das Sich-Hervorbringen des realen Zählens durch das sich betätigende gemeinsame Maß (vgl. S. 66). Die Zeit, sagten wir (S. 50), dringt in uns als Währen ein, und wir bringen sie als Wiederkehr-Zählen wieder hervor: die Vorraussetzung zum Rhythmus, bei dem ebenfalls wir es sind, die produktiv zählen (vgl. auch S. 93 und Anm. 266).

Auch der musikalische Sinn der Niederschrift wird erst eigentlich im Produzieren von Ton, also als Zeitphänomen, als Tun konstituiert. Das vom Komponisten Aufgeschriebene ist eine Anweisung zum Produzieren von Tönen, eine Aufforderung zum Tun. Die musikalische Schrift ist eine Art Vorschrift, Regel, Gesetz, wie ich im einzelnen Fall vorgehen soll, um Musik hervorzubringen. Das griechische Wort für Gesetz ist *Nomos*. Ursprünglich hatte bei den Griechen der Nomos nicht die engere Bedeutung von ›Gesetz‹ im Sinne der Gesetze des Staates, der Jurisprudenz oder der Naturgesetze. Er fand aber – in einer Zeit, da man noch keine musikalische Schrift verwendete – im musikalischen Bereich Anwendung, er hatte einen musikalischen Sinn, so noch bei Pindar. Nirgends können wir das Wesen der Musik als eines Tuns, das Wesen der Komposition als einer Vorschrift für das Tun, die durch die musikalische Schrift entstehende innige Wechselbeziehung zwischen Komposition und Tun, aber auch ihrer beider Verschiedenheit und Eigenständigkeit so gut begreifen wie an Hand der musikalischen Nomos-Vorstellung bei den frühen Griechen.

Wieder ziehe ich ein griechisches Grundwort heran. Doch ebensowenig wie bei Harmonia und Rhythmós geht es mir um Altertumskunde oder um die Anfänge der Musik. Ich gehe von den Griechen aus, um mit Hilfe ihrer Einsichten dem Phänomen Musik – nicht altgriechischer Musik – näher zu kommen. So ist meine Absicht nicht, musikgeschichtlich nach dem konkreten musikalischen Inhalt der verschiedenen Nomoi, ihren Formen und ihrem Werdegang im Bereich der altgriechischen Musik zu fragen. Solche Versuche – sie wurden mehrfach gemacht – vermöchten nicht zum Wesentlichen hinzuführen, a) weil die Nachrichten über Einzelnes ohne den Zusammenhang und vor allem ohne die Sache selbst – die altgriechische Musik existiert ja nicht – nicht genügen, b)weil die diesbezüglichen Nachrichten aus viel späterer Zeit stammen - z. B. Plutarch, um 100 n. Chr. – und daher nicht als Quellen, sondern gleichsam nur als Sekundärliteratur gelten können. Denn der Nomos als eine musikalische Vorstellung war bestimmend in der älteren Zeit, bis etwa 400 v. Chr.

Ein Fragment des chorischen Dichters Alkman, der im 7. Jahrhundert v. Chr. in Sparta gewirkt hat, lautet: »Ich kenne die Nomoi aller Vögel«, οἶδα δ' ὀρνίχων νόμως πάντων[280]. Nomos ist hier etwa mit ›Weise‹, ›Sangesweise‹ wiederzugeben. Aber die Hauptbedeutung von Nomos ist ›Gesetz‹, ein Begriff, der dem Bereich des Rechts und des Staates angehört. Was hat die Weise, die Melodie, mit dem Gesetz zu tun?

Das Wort Nomos begegnet uns zum erstenmal bei Hesiod, im 7. Jahrhundert.[281] In dieser frühen Zeit bedeutet es ›Brauch‹, ›Gewohnheit‹, ›Sitten und Gebräuche‹. Etwa um die gleiche Zeit wurde aber Nomos auch schon in musikalischem Zusammenhang verwendet. Von Terpander, der in Sparta um die Mitte des 7. Jahrhunderts, kurz vor Alkman, wirkte, ist überliefert, daß er musikalische ›Nomoi‹ geschaffen hat, Weisen, die als Vorbilder angesehen wurden. Genannt werden z. B. der Boiotische, Aiolische, der Trochaische, der Orthios (›stehende‹) Nomos. Auch die Proömien Terpanders zu den homerischen Gesängen waren wohl ›Nomoi‹. Es gab rein instrumentale Nomoi und Nomoi mit Gesang. Aber auch bei diesen dürfte sich die Bestimmung Nomos primär auf die spezifisch musikalische und nicht auf die sprachliche Seite bezogen haben.

Die Anwendung von Nomos in Alkmans Fragment »Ich kenne die Nomoi aller Vögel« setzt die Kenntnis der musikalischen Wortbedeutung voraus. Es ist der älteste uns überlieferte Beleg für das Vorkommen des Wortes Nomos in einem musikalischen Zusammenhang – ›musikalisch‹ freilich in einem weiteren Sinn, denn es handelt sich hier nicht direkt um Musik, sondern eben um Vogelgesang. Dazu ein kleiner Exkurs.

Die Lautäußerungen gewisser Vögel, eben derjenigen, die wir *Sing*vögel nennen, haben offenbar etwas Gemeinsames mit dem menschlichen Gesang, mit Musik, das uns ermöglicht zu sagen: Die Vögel singen. Aber warum singen nur die Vögel unter den Tieren? Ich will nicht versuchen, diese Frage zu beantworten. Ich sage nur: Die Vögel singen *und* fliegen. Wir können uns nicht ein Tier denken, das den Erdboden nicht verlassen, die Schwere nicht überwinden und doch singen könnte! Auch die Engel haben Flügel *und* singen. Es scheint, daß sich mit dem Singen die Vorstellung der Überwindung der Schwere verbindet. Allerdings besonders mit einer bestimmten Art von Gesang, der uns als schwerelos erscheint. Wir Menschen können nicht fliegen, wir haben aber dafür die Musik, wir überwinden die Erdenschwere auf ›Flügeln des Gesanges‹. – Die homerische Formel der geflügelten (gefiederten) Worte (ἔπεα πτερόεντα) – sei es, daß die gefiederten Pfeile, sei es daß die Flügel der Vögel für die Metapher bestimmend waren, das Tertium comparationis ist das Moment des *Fliegens* – konnte sich nur in einer Sprache wie der altgriechischen Musikē einstellen, die die Komponente der Musik enthielt. In der 9. Olymp. Ode nennt Pindar seinen Gesang »Geschosse von dem Bogen der ferntreffenden Musen« (V. 5 und 8), einen »*geflügelten* süßen Pfeil« (V. 11 f.), ein »*geflügeltes* Schiff« (V. 24), und er sagt ausdrücklich: »keine zu Boden fallenden Worte wirst du rühren, wenn du die Leier regst« (V. 12 f.).

In der Bedeutung ›Gesetz‹ bürgert sich das Wort Nomos erst im Verlauf des späteren 6. und 5. Jahrhunderts ein; aber auch danach blieb die musikalische Verwendung weiter bestehen. Platon spricht ausführlich über die musikalischen Nomoi und zugleich – ja oft in einem Atem – über die Nomoi als Gesetze. Und es gibt eine Stelle in den ›Fröschen‹ des Aristophanes, in der Nomos ›Sangesweise‹ bedeutet und sich wie bei Alkman auf Vogelgesang bezieht: »Sie (die Schwalbe) singt (zwitschert, läßt erklingen) den klagenden Nachtigallen-Nomos«, (χελιδών) κελαδεῖ δ'ἐπίκλαυτον ἀηδόνιον νόμον (V. 684).

Was sind die Nomoi der Vögel? Die Amsel singt, und Alkman erkennt den Nomos der Amsel. Aber was Alkman Nomos nennt, ›ist‹ nicht ›da‹, ist nicht vorhanden. Was die Amsel jeweils singt, ist nie genau dasselbe. Doch kann er unterscheiden: Das ist der Nomos der Amsel oder der Nomos der Nachtigall. Insofern ›sind‹ die Nomoi der Vögel ›da‹, unabhängig von ihrer Aktualisierung, von ihrem jeweiligen Hörbarwerden. Was Alkman kennt und Nomos nennt, ›ist‹ also nicht ›da‹ und doch ›da‹, nämlich die für ihn als Vorstellung reale Weise der Amsel, nicht das, was im nächsten Augenblick eine Amsel hervorbringen wird.

Analog – auf den Menschen bezogen – haben wir auch den musikalischen Nomos zu verstehen: ein ›Sangesbrauch‹. Der musikalische Nomos ›ist da‹, aber nur im jeweiligen Vollzug nimmt er konkrete Gestalt an, wird er konkret formuliert, tritt er als Tun hier und jetzt in Erscheinung. Diese Umschreibung erfaßt zugleich den Sinn des Nomos überhaupt. Nomos ist etwas Geltendes und insofern gleichsam

Immerwährendes, das aber nur in der jeweiligen Anwendung volle Realität erlangt. Er ist nichts Sichtbares, Vorhandenes, sondern etwas, das eine Weisung setzt, eine Richtung weist, dem Menschen anzeigt, was zu tun ist: was er tun soll, tun darf – oder auch, was man zu tun pflegt.

Es hilft, Nomos ein anderes griechisches Wort gegenüberzustellen: Moira, ›Anteil‹, ›das beschiedene Los‹, ›Schicksal‹, von μείρομαι, ›ich erhalte als Anteil (μέρος)‹. νόμος, Nomos, dagegen – von νέμω, nemō, ›austeilen‹, aber auch zugleich ›sich aneignen‹ – bedeutet etwa ›das Gegebene anwenden, verwenden‹.[282] In beiden, Moira und Nomos, steckt die Bedeutung ›austeilen‹; doch während Moira nur passivisch verstanden wird – man erleidet sie –, enthält nemō, und so auch Nomos, das Aktivische, das Moment des Sich-Aneignens. Ist die Moira geradezu das Unabwendbare, so wird der Nomos durch das Moment des Anwendens gekennzeichnet, durch die Spannweite zwischen Austeilen und Sich-Aneignen, Allgemein-Gegebenem und besonderer Ausführung, Geltendem und Sich-danach-Richten, immerwährendem Sinn und jeweiliger Verwirklichung. Das Vermittelnde, könnte man sagen, ist die Urteilskraft – wobei man nicht unbedingt an Kant denken muß.

Der Rechtsphilosoph Erik Wolf[283] umschreibt den Nomos im Zusammenhang mit Heraklit und Parmenides als das dem Seienden wesensgemäß Zukommende, Selbstverwirklichung, Grundverfassung, das In-Ordnung-Halten, In-Ordnung-Sein; und zusammenfassend: Weisung. Nomos als das dem Seienden wesensgemäß Zukommende und als Selbstverwirklichung läßt an ein von Pindar mit Gewicht verwendetes Wort denken: φυά, Phyá[284], ›Ursprung‹, ›Herkunft‹, ›Geblüt‹, ›Wesen‹. Darin schwingt Pindars Adelsglaube mit. (In der Bedeutung verwandt ist das Wort συγγενές, ›das Angeborene‹.) Einzig das Tun, das sich nach der Phyá richtet, sei wesentlich. »Was durch Phyá gegeben wird, ist das stärkste überall« (9. Olymp. Ode, V. 100). Nomos und Phyá ergänzen sich. Beide stellen durch ihr bloßes Dasein eine Forderung. Beide beleuchten das Wirkliche: Phyá von seinem Ursprung her, aufgrund gleichsam seiner Imperfekt-Struktur, Nomos dagegen als ein Zutuendes, im Hinblick auf seine Soll-Struktur.

Um zu veranschaulichen, was die Alten unter dem Nomos im Bereich der Musik verstanden, möchte ich den Inhalt der 12. Pythischen Ode von Pindar angeben. Die Stadt Agrigent soll Midas empfangen, der im Aulosspiel, einer von Athena erfundenen Kunst, siegte. Als nämlich Perseus Medusa enthauptete, hörte Athena das Klagen der Schwestern. Und nachdem sie Perseus von seinen Mühen erlöst hatte, erfand sie das Aulosspiel, und zwar eine bestimmte Weise (Nomos), um jenes herzzerreißende, lauttönende Wehklagen darzustellen. Sie übergab den Menschen diese Modellweise, die als ruhmvolle Mahnerin das Volk zu Wettkämpfen zusammenführte, und nannte sie die Vielhäupterweise (Polyképhalos Nomos), – dies wohl in Anspielung auf die vielen Köpfe der Schlangenhaare der Medusa und ihrer Schwestern. – Pindar beschreibt das Aulosspiel als eine göttliche Erfindung. Weiter wird gesagt, daß eine Weise göttlichen Ursprungs, ein Nomos, zum Vorbild wird, nach dem die menschlichen musikalischen Nachbildungen entstehen. Dieser Urtyp, dieser Nomos, ist wie der Ahnherr einer bestimmten musikalischen Gattung, oder auch: eines ›Stücks‹, das freilich jeweils, je nach der Wiedergabe, verschieden ausfällt.

Der göttliche Nomos wird also zu den Menschen, zum menschlichen Tun in Beziehung gesetzt. Athena hat den Polyképhalos Nomos geschaffen, gestiftet und den Menschen übergeben zur jeweiligen Ausführung, zur jeweiligen Anwendung. – Von hier aus haben wir ein Fragment des Pindar zu verstehen[285]: νόμων ἀκούοντες θεόδματον κέλαδον, »Sie hörten den von dem Gott gebauten Klang – kélados[286] – der Nomoi«. Dieser wunderbare Spruch kann für die Musik, aber auch allgemein gelten; für die Musik: »Sie hörten die von dem Gott gebauten Nomoi – Weisen – erklingen«; im allgemeinen Sinn: »Sie vernahmen die von dem Gott gestifteten Nomoi – Gesetze«. – Bei Hesiod, nun nicht auf Musik bezogen, heißt es (Erga 276): τόνδε γὰρ ἀνθρώποισι νόμον διέταξε Κρονίων, »Zeus hat diesen Nomos (›Brauch‹) verordnet«. Und Heraklit spricht vom theios Nomos, vom göttlichen Nomos, der über den menschlichen Nomoi steht (Frgm. 114). Nach Pindars berühmtem Spruch »Nomos, König von allen, der Sterblichen und der Unsterblichen[287]; er rechtfertigt auch das Gewaltsamste durch höchste Weisung«[288] haben der Gott und die Menschen dem Nomos, somit zugleich ihrem Wesen, ihrem Ursprung – ihrer Phyá – zu gehorchen[289], auf ihn zu horchen, und sich, ihr Tun danach zu richten oder ihre Entscheidungen zu treffen.

Neben Nomos gibt es auch andere der allgemeinen Sprache entlehnte Worte, die, in musikalischem Zusammenhang als Fachwörter verwendet, den durch Nomos belegten musikalischen Sachverhalt jeweils von ihrer Seite her beleuchten. Sie gegenüberzustellen, hilft, an die Bedeutungsweite und -tiefe der Nomos-Vorstellung heranzukommen.[290]

Das deutsche ›Weise‹ bedeutet ›Art und Weise‹ und ›Sangesweise‹. Ihm entspricht das griechische Wort Trópos.

Die allgemeine Bedeutung des Wortes τρόπος ist ›Art und Weise‹, es bedeutet aber auch ›Weise‹ im Sinne von Melodie. Das Wort kommt von τρέπω (trepō), drehen, wenden; Tropos bedeutet also eigentlich ursprünglich ›Wendung‹, was sich in unserem Sprachgebrauch ja auch auf eine Melodie, eine Weise beziehen läßt: diese Wendung – diese Art und Weise der Melodie – gefällt mir. – Tropos wird in der späteren griechischen Musiktheorie neben Harmonia (s. oben S. 61 f.) für ›Tonart‹ verwendet, wobei man unter Tropoi speziell die transponierten Harmoniai verstehen will. – Das gemeinsame Bedeutungsfeld Tropos – Nomos – Harmonia läßt sich beleuchten durch ein Bruchstück, einen Papyrusfund aus einem Paian von Pindar (Snell Frgm. 52 b, Paean II, V. 101): »Sie sangen (zwitscherten) den süßen Tropos mit ihrer Stimme«, κελαδ [έον] τι γλυκὺν αὐδᾷ [τρόπ]ον·. Die in eckiger Klammer stehenden Buchstaben fehlen in dem Papyrus; beim letzten Wort ergänzt Snell *trop* (on), dagegen Liddell-Scott *nom* (on). Beides ist möglich; tropos beleuchtet mehr die empirische Seite, die Art und Weise der Ausführung der Melodie, während nomos, das würdevollere Wort, auf umfassendere Zusammenhänge weist. Das Schillern des Wortes Tropos zwischen ›Art und Weise des Vortragens, Ausführens‹ und ›Melodie‹ zeigt sich auch anschaulich in Pindars 3. Olymp. Ode, V. 4: »Die Muse stand mir bei, als ich den neuartigen Tropos erfand«, bei Dornseiff: »da ich die neuschimmernde Weise fand«, bei Werner: »neuartig glänzende Sangart findend«. – Lehrreich ist auch, daß im Byzantinischen das Diminutiv von Tropos, Troparion, für eine Liedgattung der ostkirchlichen Liturgie gebraucht wird. – Die im Mittelalter seit der karolingischen Zeit gebräuchlichen Tropen – die Art und Weise der Deutung des gegebenen liturgischen Textes – hängen mit der Kirchendichtung und dem Choral zusammen.

Das entsprechende lateinische Wort ist modus.

Ein Überblick über die Bedeutung des Wortes *modus* in den Derivaten beleuchtet den Zusammenhang. Es ist ein vielseitiges Wort auch in seiner Anwendung innerhalb des musikalischen Bereichs. Modus bedeutet Maß, Maßstab, aber auch Vorschrift – das erinnert an den Nomos –, Art und Weise (so wird es ja auch im Deutschen verwendet), oder eben Melodie, Weise. *Modulus* bedeutet ebenfalls Maß, Maßstab, im Mittelalter auch Weise, Lied. *Modulor*, das Verbum modulari, rhythmisch einrichten und daraufsingen, d. h. eine Melodie hervorbringen, vortragen. *Modulatus* bedeutet rhythmisch, melodisch. *Modulator*, soviel wie Tonsetzer, Komponist, derjenige, der Melodien verfertigt. *Modulatio* bedeutet Rhythmus, aber auch, besonders im Mittelalter, Gesang (z. B. Gesang der Vögel). Das Wort umfaßt also beide Bedeutungsfelder, die des Rhythmischen und des Harmonischen im alten Sinn. Vgl. auch die berühmte Definition des Augustinus: Musica est scientia bene modulari, »Musik ist die Wissenschaft, in Bezug auf Tonrelationen und auf rhythmisches Maß richtig zusammenzustellen«.

Oimos, οἶμος, ›Weg‹, bedeutet, besonders in der Form οἴμη, Oimē, auch ›Sangesweise‹, also etwa ›Gang des Gesanges‹, so bei Pindar (9. Olymp. Ode, V. 47): οἶμον λιγύν, »den klingenden Pfad des Gesanges«.

In den Gesetzen IV, 4 (722 c-723 e) werden οἶμος und νόμος von Platon in direkter Verbindung gebraucht, und zwar beide Wörter in Gegenüberstellung des Bezugs auf Musik und auf Gesetz. Er sagt, »daß es zu allen Reden, ja zu allem, woran die Stimme beteiligt ist, Einleitungen, προοίμια, und gleichsam gewisse Bewegungsübungen gibt, die eine kunstmäßige Vorbereitung darstellen, die recht nützlich für den darauf folgenden Vortrag ist. Und so sind, glaube ich, den sogenannten *Nomoi* des Gesangs zur Kithara und jeder Form von Musikē wundervoll ausgearbeitete Einleitungen (προοίμια) vorangestellt; bei den wirklichen Gesetzen dagegen, die wir ja Staatsgesetze nennen, hat noch niemand jemals von einem Prooimion gesprochen, noch, wenn er ein solches verfaßt hatte, es ans Licht gebracht, als ob es der Natur der Sache nach keine gebe.« Er knüpft daran den Wunsch, »daß der Gesetzgeber sowohl beim Beginn der Gesetze insgesamt stets verpflichtet ist, sie nicht ohne Vorrede zu lassen, als auch bei jedem einzelnen Gesetz. (...) Wollten wir jedoch sowohl bei den sogenannten großen wie auch bei den kleinen Gesetzen gleichermaßen ein Prooimion vorschreiben, so hätten wir nicht recht. Denn auch nicht bei jedem Gesangsstück (ᾄσματος) und bei jeder Rede braucht man so etwas zu tun – freilich gibt es für alle naturgemäß ein passendes (Prooimion), aber man darf sie nicht alle anwenden – sondern dies muß dem Redner selbst, dem Sänger (μελῳδῷ) und einem Gesetzgeber (νομοθέτῃ) in jedem einzelnen Fall überlassen bleiben.« – Wie man aus der Benennung des Apollonhymnus als Prooimion bei Thukydides schließt, waren die hexametrischen sogenannten ›Homerischen Hymnen‹ (›Nomoi‹) Vorgesänge (wörtlich Pro-oímia zum eigentlichen Chorlied, zur οἴμη) vor dem eigentlichen Vortrag der Verse Homers. Auch von Terpander wird (über Herakleides, 4.Jh.) berichtet, er habe kitharodische Prooímia in (Hexameter-) Versen vorgetragen. Bei Platon fungiert also, kann man sagen, die als Matapher der ursprünglichen Bedeutung längst etablierte musikalische Anwendung von ›Prooímion‹ als Muster für gleichsam eine Metapher zurück in die ursprüngliche allgemeinere Bedeutung des Wortes.

In ähnlichem Sinn wird bei Pindar kéleuthos, κέλευθος, ›Bahn‹, verwendet: »(Der Aulos) beschritt die dorische kéleuthos der Hymnen« (Frg.191). In allen diesen Ausdrücken schwingt der Sinn ›Anweisung‹ oder ›Wegweiser‹ mit. Im Mittel- und Neugriechischen bedeutet Skopós, σκοπός (›Ziel‹, ›Zweck‹, ›Absicht‹) auch ›Sangesweise‹.

Die allgemeine Bedeutung von σκοπός (von σκήπτομαι, überlegen, scharf beobachten): ›Wächter‹, ›Aufseher‹; oder dann auf die Sache bezogen: ›Ziel, worauf man schaut‹, oder noch schärfer: ›Ziel, worauf man schießt‹. Vgl. auch das mittellat. Lehnwort scopula = Ziel, Blickpunkt. Übertragen auf die musikalische Bedeutung: eine Weisung des Ziels, der Richtung einer Melodie. Man kann das Wort bis in die byzantinische Zeit, wahrscheinlich bis zum Jahr 1000, zurückverfolgen. Aus der Antike existiert ein Fragment (des Komödiendichters Eupolis), in dem σκοπός die Bedeutung eines bestimmten Tanzes hat.

Das Wort Tethmós, τεθμός (›Sitte‹, ›Brauch‹), älter als Nomos – wir sind dem Wort oben schon begegnet (S. 97) – erscheint bei Pindar auch in der Bedeutung ›Sangesbrauch‹. Bei Aischylos, Hiketiden 1034, bedeutet θεσμός[291] (= τεθμός) soviel wie musikalischer Nomos.

Vor Hesiod, etwa in der Zeit von Homer, aber auch noch von Drakon, kommt νόμος nicht vor; auch Solon verwendet das Wort noch nicht. Man verwendete für ähnliche Bedeutungszusammenhänge das Wort θέμις (-στες) oder θεσμός (dorisch: τεθμός). Dieses Wort nun finden wir – das scheint mir wichtig – in musikalischem Zusammenhang. Ich zitiere die einschlägige Stelle aus C.M.Bowra, Pindar (Oxford 1964, S. 196): »Though the word [sc. τεθμός] certainly extends beyond song to the occasions at which it is performed and the services which it renders, it is *also applied to song* in more than one way. [Folgen Stellen: 4.Nem. Ode, V. 33; 7. Olymp. Ode, V. 88; 13. Olymp. Ode, V. 29;

6. Isthm. Ode, V. 20; 6. Paian, V. 57.] Pindar believes that *song has a τεθμός* which decides its limits, its appropriateness, its character, its relations with the gods. ... it is likely that his notions of such rules were Dorian, and their ultimate origin may be found in the art which Terpander brought from Lesbos to Sparta.« [Hervorhebungen von mir.] In der Altphilologie also wird diese Tatsache registriert (doch nicht in Verbindung mit dem musikalischen Nomos gebracht). Wie kommt aber Pindar auf Thesmós im musikalischen Zusammenhang? Wäre nicht zu vermuten, daß auch in der Zeit, da Thesmós regierte – also in der Zeit des Homer, vor Hesiod – man das Wort mit Musik in Verbindung brachte, und daß bei Pindar – der ja stark rückwärts orientiert war – noch dieser Wortgebrauch fortlebt, daß also dem musikalischen ›Nomos‹ ein musikalischer ›Thesmós‹ voranging?

Die Verflochtenheit der allgemeinen und der musikalischen Bedeutung von Nomos zeigt sich ausdrücklich bei Platon. Ein Beispiel: (Gesetze 700 a–b): »Zur Zeit der alten Nomoi (der παλαιοὶ νόμοι)[292] war das Volk über keinen einzigen der Herr, sondern er war gewissermaßen freiwillig der Knecht seiner Nomoi. – Welche meinst du? – Vor allem die, welche die damalige Musikē betrafen.« Platon spricht zuerst von den politischen Nomoi, und dann unversehens von musikalischen Nomoi, Gesangsgattungen, Gesangsweisen, die er mit verschiedenen Namen aufzählt: Hymnen, Klagegesänge, Paiane, Dithyramben. Und dann folgt: »Auch sprach man noch von Nomoi mit eben diesem Namen, worunter man abermals eine neue Art von Gesang verstand, und man fügte noch die Bezeichnung ›kitharodisch‹ hinzu.[293] Nachdem also diese und einige andere Arten einmal ihre festbestimmte Ordnung erhalten hatten, war es nicht gestattet, willkürlich eine Melodiegattung für eine andere zu mißbrauchen.« In diesem Schillern der verschiedenen Anwendungen des Wortes Nomos schwingt stets mit das Verhältnis von Weisung und Soll zu dem Tun, zu der Ausführung, ›Gesetz‹ und ›Ausführung‹, ob Musik, ob Recht, ob Politik. So kann das Wort Nomothetēs, ›Gesetzgeber‹, auch den Stifter – den ›Komponisten‹ – von musikalischen Nomoi bezeichnen[294]. Beide geben eine bleibende Weisung, die es jeweils zu befolgen, jeweils auszuführen gilt. Im Staat 424 c heißt es: »Denn eine neue Art von Musikē einzuführen, muß man sich hüten, weil es das Ganze gefährdet. Denn niemals werden die Arten der Musikē verändert, ohne die wichtigsten staatlichen Nomoi« (ἄνευ πολιτικῶν νόμων τῶν μεγίστων). In den Gesetzen 656 d–657 a geht Platon vom Vorbild der Ägypter aus, die »in der gesamten Musikē«, daß heißt in den musikalischen Nomoi, keine Neuerungen erlaubten, und er sagt, dies sei ein »großartiger Beweis von gesetzgeberischer und politischer Befähigung«. Und eine letzte Stelle von Platon, Gesetze 799 e: »Und es soll als beschlossene Sache gelten, daß für uns die Gesänge (die Odai) zu Nomoi erhoben sind. Und zwar in irgendeiner Weise so, wie die Alten schon damals bezüglich der Kitharodia (der Gesänge zur Kithara) den Namen gaben.« Hier wieder dieses Schillern: »zu Nomoi erhoben« (im Sinn von ›Gesetz‹), »bezüglich der Kitharodia den Namen gaben« (im Sinne der musikalischen Bezeichnung).[295]

Der musikalische Nomos bedeutet also, können wir sagen, ›Sangesweise‹, aber eine bestimmte Sangesweise, die bei der Verwirklichung verschieden ausfällt. Nun kann aber auch Harmonia ›Weise‹ bedeuten. Dieses für die Musik so grundlegende Wort hat auch diese allgemeinere Bedeutung ›Weise‹, ›Tonweise‹ erhalten. Das geht so weit, daß Pindar beide Worte wie Synonyme verwenden konnte: (5. Nem. Ode, V. 22-25) »Gern sang ihnen auch am Pelion der Musen göttlich schöner Reigen, und in ihrer Mitte rührte Apollon die siebenstimmige Leier mit goldenem Schläger und leitete mannigfaltige *Weisen*« (ἀγεῖτο παντοίων νόμων); und 8. Pyth. Ode V. 68: »eine gewisse *Tonweise*«[296] (κατά τιν' ἁρμονίαν).

Die meisten spezifisch musikalischen Bezeichnungen neigen mehr oder weniger nach der Seite der Fachtermini. Harmonía, Rhythmós, Nomos dagegen haben die Würde echter Namen. Zusammengenommen umschreiben diese drei Worte das, was wir als Musik in uns tragen. Alle drei wurden, wie ich ausführte[297], ursprünglich nicht in musikalischem Zusammenhang verwendet. Aber während Harmonía und Rhythmós von dem Augenblick an, da sie eine musikalische Bedeutung erhalten haben, zu primär musikalischen Wörtern geworden sind, ging Nomos seine eigenen Wege. Wir wundern uns heute, wenn wir von einer musikalischen Bedeutung des Wortes Nomos erfahren; sie lebt nicht mehr. Die Beschränkung auf die Bereiche des Rechts, des Gesetzes, hängt wohl damit zusammen, daß Nomos, im Gegensatz zu Harmonía und Rhythmós, außer dem allgemein-musikalischen Sinnbezug keine spezifisch-musikalischen Momente erfaßt. Die Forderung, das Tun nach dem, was ›da ist‹, zu richten, gilt gleichermaßen für den allgemeinen wie für den musikalischen Nomos.

Der musikalische Nomos ist das Verhältnis zwischen dem, was ›da ist‹ – einem immerwährenden ›Vorbild‹, das aber kein dinghaft Bestehendes ist – und dem ›Abbild‹, wie es sich im jeweiligen Tun, aber nur flüchtig verwirklicht. Harmonía und Rhythmós haben dieses Bedeutungsfeld des Nomos mit diesem gemeinsam: auch sie weisen auf das Nicht-›Vorhandene‹ der Musik hin, aber auf etwas, das doch immer ›da ist‹, real ist, eben die Musik. Ich möchte in diesem Zusammenhang Platon erwähnen, der im Hinblick auf die Musik über die Pythagoreer und die Empiriker spricht (Staat VII, 531 a). Er wendet sich gegen die Empiriker, die bloß mit den Ohren klären wollen, ob und inwiefern zwei Töne verwandt sind: ὦτα τοῦ νοῦ προστησάμενοι, »sie haben die Ohren dem Nous vorgezogen« (sie gebrauchten dabei ihre

Ohren statt des Nous). Daraus leuchtet wieder die Einsicht hervor: Das Bleibende, das Nicht-Hörbare, ist etwas für sich, hat Bestand; und das andere ist das lediglich jeweils in Erscheinung Tretende. In Platons Timaios (47d) heißt es: μουσικῆς φωνῇ χρήσιμον πρὸς ἀκοὴν ἕνεκα ἁρμονίας ἐστὶ δοθέν, »die musikalische Anwendung der Stimme ist uns neben dem Gehör wegen der Harmonia verliehen«. Klar, scharf werden diese zwei Dinge auseinandergehalten: Gehör und Harmonie – die Harmonía, die ›da ist‹ und mit dem Zahlenbereich zu tun hat.

Die Nomoi waren wie Urbilder, nach denen jeweils hier und jetzt Musik hervorgebracht wurde. Nur in der Ausführung waren die Nomoi jeweils gegenwärtig. Für sich waren sie nicht greifbar. Aber ein Nomos ging auch nicht in der jeweiligen Hervorbringung restlos auf. Keine konnte ihn ersetzen, auch die beste nicht, auch die Summe aller nicht. Der Nomos war etwas dem menschlichen Erklingen Übergeordnetes. Als potentieller Sinngehalt war er stets mehr als das Erklingen. Und umgekehrt: Die hörbare Hervorbringung des Nomos bedeutete eine Einschränkung seines Sinngehalts. Aber zugleich war der Nomos auf das Erklingen angewiesen. Ohne dieses blieb er ein Phantom. Erst und allein während der Ausführung war der Nomos eine Realität; allein während des Geschehens, allein im Tun. Jeder Nomos selbst war die Aufforderung zu diesem Tun und bestimmte zugleich die Art und Weise dieses Tuns, das jeweils den Sinngehalt des gegebenen Nomos veranschaulichte – ähnlich dem konkreten Beispiel zur allgemeinen Regel.

Die Musik der Griechen können wir nicht rekonstruieren. Wir können sie nicht wieder zum Erklingen bringen, obwohl hierzu immer wieder Versuche gemacht werden, weil es einige Musiknotierungen aus der Antike gibt. Doch diese sind leider ungenügend. 1. Die Zahl der Stücke ist viel zu gering; es handelt sich um kümmerliche Reste, aus denen sich kein allgemeines Bild gewinnen läßt. 2. Sie entstammen einer späten, die meisten erst der nachchristlichen Zeit, und auch die älteren reichen nicht weiter als ins 2. Jahrhundert v. Chr. zurück; es besteht also ein Abstand zu der großen Zeit von zwei bis drei Jahrhunderten. 3. Wir wissen gar nicht, welches das Verhältnis dieser Notation zum Klang war, wie man musizierte, was für Umspielungen man machte, was für Gepflogenheiten man hatte usw. 4. Man hat Grund zu bezweifeln, ob es sich bei diesen Musikaufzeichnungen überhaupt um echte Schrift handelt. Zur Schrift gehört der Charakter des Öffentlich-Verbindlichen. Der Wille zu schreiben ist der Wille sich mitzuteilen. Und dazu gehört die Fülle; eine Schrift greift aus dem Vollen. Zum Charakter der eingebürgerten Schrift gehört das Selbstverständliche. Man bedenke nur, daß die gesamte frühe Dichtung der Griechen bis Ende des 5. Jahrhunderts gleichzeitig Musik war. Wie anders als durch Schrift ist uns ein großer Teil dieser Dichtung als Texte überliefert. Hätte es parallel eine musikalische Schrift mit dem gleichen Charakter des Öffentlich-Verbindlichen, Selbstverständlichen gegeben, warum soll ausgerechnet da alles verlorengegangen sein? Bezüglich der späten Reste von ›griechischen Musik-*Denkmälern*‹ zu sprechen, beruht jedenfalls auf einem Mißverständnis. 5. Auch fehlt ihnen folgende wesentliche Voraussetzung für Schrift: das Anschauliche. Beim Lesen der Sprachschrift liegt das sofort Einleuchtende im Wort als Einheit mit der Bedeutung und somit im Schriftbild. Analog erwarten wir von der musikalischen Schrift die anschauliche Darstellung des Einleuchtenden der Musik: der Intervalle und des zeitlichen Hintereinander.

So trat in späteren Zeiten an die Stelle der von den Göttern geschaffenen Nomoi die Komposition, die von Menschen – den Komponisten – jeweils geschaffene Anweisung, Musik hervorzubringen. Diese Anweisung – untrennbar verbunden mit dem Bereich des Musiktheoretischen – wurde schriftlich niedergelegt, sie wurde durch die musikalische Schrift festgehalten. Es entstand das Verhältnis Komposition – Aufführung, wie wir es kennen, die Aufgabe, Sichtbares in Hörbares zu verwandeln.

Graphische Musikdarstellung und Musiktheorie

Wie aber verhält es sich mit diesem Sichtbaren: mit der musikalischen Schrift? Was ›höre‹, was ›sehe‹ ich? Ich höre Zahlenverhältnisse, und ich sehe Punkte, deren vertikaler (als Ordinate gelesener) Abstand den Intervallen, d. h. den Zahlenverhältnissen ›entspricht‹ (und der horizontale, die Abszisse, dem zeitlichen Hintereinander). Wie das Tonphänomen ein Relationsphänomen, so ist die musikalische Schrift eine Relationsschrift: Ich lese die Zeichen nicht absolut (nicht wie bei musikalischer Buchstabenschrift), sondern als Relation: höher – tiefer; ich *sehe*: Sekunde, Terz (zum vorausgehenden Ton) usw. Beim Sehen kümmere ich mich nicht im geringsten um die Genauigkeit der Abstände (ob sie den Zahlenverhältnissen genau entsprechen): *Zahlen*verhältnisse sind eben nicht Sache des Sehens. Ich sehe Abstände – d. h. Punkte, die Strecken begrenzen –, und das genügt. Ich sehe also nicht arithmetisch, sondern räumlich, d. h.: a) absolut: primär Punkte, einzelne Punkte, im zweidimensionalen Raum (also an verschiedenen Orten), b) ich fasse sie als Grenzen (von Strecken) auf, c) dadurch erst lese ich Abstände, διαστήματα[298], (vgl. den Terminus ›diastematische‹ Tonschrift), d) von diesen Diastemata erwarte ich aber nicht, daß sie genau den Zahlenverhältnissen entsprechen; ich lese sie ›pauschal‹ aufgrund einer Einteilung nach Stufen: eine Stufe ist das – optisch dargestellte – Maß. Wie groß sie ist, sagt mir das Tonsystem, also das Tonphänomen: das *Gehörte*, nicht das Gesehene. Nicht einmal Ganzton und Halbton werden als *Gesehenes* unterschieden.

Dabei habe ich vor Augen – wörtlich ›vor Augen‹ – unser (Guidonisches) Liniensystem: die Stufen

entsprechen der diatonischen Reihe; nur hier habe ich – gehörsmäßig – echte Stufen. Die Chromatik ist ein Zwischenstadium zwischen diatonischen echten Stufen und Gleiten. Optisch läßt es sich im (diatonischen) Liniensystem nicht adäquat darstellen:

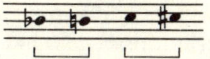

je zwei Töne haben keinen – senkrechten – Abstand.

Anders gesagt: graphisch dargestellt wird nicht ein Epitriton (4 : 3), oder Hemiolion (3 : 2), sondern eine *Quart* (= 4-Etagen-Abstand), oder eine *Quint* (= 5-Etagen-Abstand):

wobei bezeichnenderweise bei dieser Benennung und graphischen Darstellung nicht die Diastemata, nicht die Stufen, sondern die sie ausmachenden Grenzen, die Punkte (die Töne), gezählt werden: die Quart enthält 3 Stufen-Strecken (3 Intervalle), nicht 4, die aber durch die 4 Punkte begrenzt werden:

$$\begin{array}{c} 3\;\;\raisebox{0.5ex}{.}\\ 2\;\raisebox{0.5ex}{.}\;\;4\\ 1\;\raisebox{0.5ex}{.}\;3\\ \raisebox{0.5ex}{.}\;\;2\\ 1 \end{array}$$

Und entsprechend die Quint (5 Punkte, 4 Stufen-Strecken).

Das Stufenlesen ist der Niederschlag der Tonphänomenstruktur als ›einhakend‹, d. h. als diskrete Töne, also der Niederschlag der Zahlenstruktur. Aber eben nur der Niederschlag ihres ›Ergebnisses‹: es dringt nicht in das Phänomen selbst, in die Relation, ein; es erfaßt sie nicht. Das wäre ja sinnwidrig: denn das Räumliche hat keine Zahlenbeschaffenheit. Es kann daher nur ein ›Bild‹ (eine Analogie) der Tonphänomenstruktur liefern: eben nur ihr fertiges ›Ergebnis‹, ihre Auswirkung als Stufenverfahren, einleuchtend darstellen.

Die graphische Musikdarstellung ist also nur zum Teil eine echte graphische Darstellung: nur zum Teil wird das Räumlich-Sichtbare beim Wort genommen, und zwar *nicht* im Hinblick auf das Spezifische des Tonphänomens[299], sondern nur im Hinblick auf das Auf und Ab der *Tonhöhen* und ihre Verbindung durch *Stufen* (als Diskretes). Diese Musikdarstellung ist nicht echt graphisch, insofern das Räumlich-Sichtbare nicht ›von selbst‹ als genau zu nehmende geometrische Zeichnung, als tatsächliche Abstände der entstehenden geometrischen Figuren fungiert, sondern – von dem stufenmäßigen Auf und Ab und dem zeitlichen Hintereinander links → rechts abgesehen – als konventionelle, auf Zeichen, Symbolen, beruhende ›Schrift‹: die sichtbare Figur ist in dieser Hinsicht nicht als das *was sie ist* zu lesen, sondern ihre ›Füllung‹ ist etwas ganz und gar Andersartiges: die Tonrelationen, die Zahlenverhältnisse: *diese* habe ich beim Lesen der graphischen Darstellung einzusetzen, ähnlich wie ich beim Sehen des Buchstabens ›a‹ den Sprachlaut ›a‹ einzusetzen habe. Aber von der Sprachschrift unterscheidet sich die musikalische Schrift grundlegend darin, daß ein guter Teil, eine wesentliche Seite von ihr eben *graphische* Darstellung ist. Graphisch ist eben jener Teil nicht, der nicht graphisch, d. h. nicht geometrisch sein kann: die Zahlenverhältnisse.

Es ist lehrreich, daß die graphische Darstellung zunächst – bei den Neumen – nicht zergliedert hat (Punkte, Grenzen, Abstände; s. o.), sondern den Verlauf ungeschieden als ein Auf und Ab wiedergab: ╱ ╱ ╱·╱⌒. Der Sänger führte primär Strecken (Intervalle) aus; erst sekundär vergegenwärtigte er sich deren Grenzen (die Einzeltöne). Der vorkarolingische liturgische Gesang, auf der Streckenvorstellung beruhend, wurde nach den ›Kirchentönen‹ geordnet und in Beziehung zu einer ›Finalis‹ gesetzt. Die musikalische Schrift des einstimmigen Gesangs veranschaulicht die Streckenvorstellung (byzantinische Notenschrift, Neumen des lateinischen liturgischen Gesangs). Der liturgische Gesang beruht – als Erklingen und als ›Theorie‹ – auf dem *d*-System. Von *d* aus, der Finalis des 1. Kirchentons, entfaltet sich die Tonreihe spiegelbildlich nach oben und nach unten:

$$G \quad A \quad H \quad c \quad d \quad e \quad f \quad g \quad a$$
$$1 \quad 1 \quad \tfrac{1}{2} \quad 1 \mid 1 \quad \tfrac{1}{2} \quad 1 \quad 1$$
$$\leftarrow \mid \rightarrow$$

Generationsprinzip ist das Tetrachord (im Anschluß an die griechische Theorie). Das *d*-System entfaltet sich im Hintereinander, zielstrebig; es beruht auf dem linearen Prinzip.

Eine erste Zergliederung fand mit Hilfe der Linien und der Silben statt in der *Musica Enchiriadis*, einem durch über fünfzig mittelalterliche Handschriften überlieferten Traktat der karolingischen Zeit:[300]

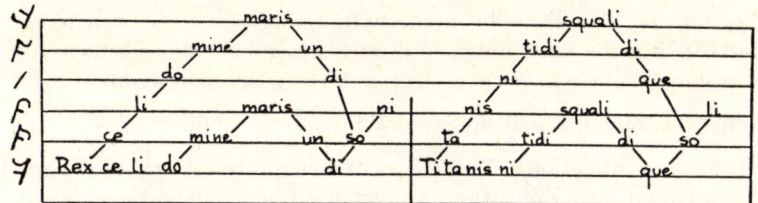

Auch hier werden noch die ›Abstände‹ (das Auf und Ab) als schräge Linien zwischen den Silben dargestellt. Erst dann folgte die Zergliederung in Punkte, also die Verlagerung des Gewichts auf die ›absoluten‹ Punkte (Töne).

Dieses Diagramm zweistimmiger Musik wird – ähnlich den späteren ›Koordinaten‹ – auf zwei Achsen bezogen,

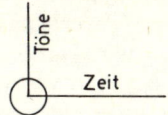

ein, wie es scheint, in jener Zeit einzig dastehendes Verfahren zum Erfassen eines nicht dem Bereich des Räumlich-Sichtbaren angehörenden Vorgangs.[301] Den Tonstufen entsprechen die gestimmten Saiten (χορδαί) der Kithara (vgl. Tetrachord, τετράχορδον, für die 4-Tonreihe[302]). Und diese lassen sich als parallele horizontale Geraden, also graphisch, darstellen (vgl. Abb. oben). Das Koordinieren von Tonstufen und Saiten bietet die Möglichkeit einer auf *Analogie* beruhenden graphischen – also sichtbar-räumlichen – Darstellung der Tonreihe. Und der Tonvorstellung ›hoch – tief‹ entspricht die waagerechte Anordnung: die unterste Gerade entspricht dem ›tiefsten‹ Ton.[303]

Die Geraden werden in *gleichen* Abständen gezogen. Sie veranschaulichen daher lediglich die Stufenstruktur, die Zählstruktur der Tonreihe. Daß gewisse Stufen als kleiner empfunden werden (Halbtöne), tritt graphisch nicht in Erscheinung. Die Stellung der Halbtöne wird durch die den Linien vorangestellten sogenannten Dasia-Zeichen kenntlich gemacht. Diese Zeichen nehmen also die Funktion der späteren Schlüssel vorweg (d. h. der den zugeordneten Tonlinien[304] vorangestellten Tonbuchstaben), die ursprünglich ebensowenig wie die Musica Enchiriadis-Linien, die Dasia-Zeichen oder die Tonbuchstaben, absoluten Tonhöhen koordiniert wurden (s. a. S. 81 f.).

Da die jeweils zugrundeliegende Tetrachordstruktur sich bei der

Fortführung der Tonreihe wiederholt, genügen vier Zeichen (Abb. S. 113). Für die nach unten und oben anschließenden Tetrachorde werden je dieselben Zeichen, doch umgelegt, umgedreht oder umgekehrt verwendet, z. B. ↗ für *c* (aus ⌐ für *g*), oder ⌐↙ für *a* (aus ⌐ für *d*). Daß den Tonrelationen Zahlrenrelationen zugrundeliegen, daß also jedes Tonintervall Zählstruktur in sich birgt, spiegelt sich weder in der Linienanordnung noch in der Dasia-Reihe.

Das Beispiel (die ›descriptiuncula‹) der Musica Enchiriadis stellt eine zweistimmige Ausführung des Rex coeli dar: die jeweils erklingenden Töne werden durch Eintragen der ihnen zugeordneten, gesungenen Wortsilben angezeigt. Die Wortsilben werden durch Striche verbunden. Es entsteht ein aus zwei Verläufen bestehendes Diagramm, das die zeitliche Ordnung der erklingenden Töne (als Zugleich und als Nacheinander) anzeigt. Wichtig ist dabei, daß dieses Diagramm nicht allein etwas Nicht-Räumliches, sondern daß es außerdem keine Größen, keine *Meß*werte darstellt. (Aus einem Temperatur-Diagramm entnehmen wir dagegen Meßwerte, und zwar in gemessenen Zeiten.) Die die Silben verbindenden schrägen Striche zeigen keine Zwischenwerte an, sondern sie verdeutlichen lediglich das Nacheinander der Silben (bzw. Töne). Es entsteht also keine ›Linie‹, an der eine kontinuierliche Veränderung von Werten abzulesen wäre. Was graphisch dargestellt wird, ist ein *Zählen*, Zählen von Diskreten, also etwas, das mit dem Messen, dem Messen von kontinuierlichen Größen nichts gemein hat. Das gilt sowohl im Hinblick auf die ›Ordinate‹ (diskrete, zählbare Tonstufen – vgl. auch die Bezeichnungen Sekund, Terz, Quart usw. – ; was dazwischen liegt, wird nicht erfaßt), als auch im Hinblick auf die ›Abszisse‹: sie ist keine graphische Darstellung der meßbaren Zeit. Es wird nämlich weder angezeigt noch impliziert, daß die Silben bzw. Töne etwa in gleichen Zeitabständen aufeinander folgen. Es liegt also nicht ein *Messen* der Zeit vor. Die Zeit wird hier nicht als meßbare Größe gedacht; sondern es findet ein *Zählen* der Zeit statt, ein Zählen von ›Jetzten‹ (je das Ansetzen einer Wortsilbe ist ein zählbares Jetzt).[305]

Die visuelle Ähnlichkeit mit auf Koordinatensystem bezogener graphischer Darstellung kontinuierlicher Größen entsteht also durch die Verwendung der senkrechten und waagerechten Anordnung zweier verschiedener, doch miteinander verknüpfter Reihen von Diskreten: Tonstufen und Jetzte: 1., 2., 3., ... Tonstufe, 1., 2., 3., ... Silbe. – Die zwei Richtungen stellen sich unreflektiert ein: die ›Ordinate‹ durch die Tonvorstellung ›tief – hoch‹; die ›Abszisse‹ durch die Darstellung des zeitlichen Nacheinander als links → rechts, in Anlehnung an die Sprachschrift (die ja auch in der descriptiuncula enthalten ist). Doch da hier ein *musikalisches* Diagramm vorliegt, somit eine Verknüpfung von ›Tonort‹-Beziehung (= ›Ordinate‹) und zeitlicher Ordnung, wird die Funktion der ›Abszisse‹ als Darstellung des zeitlichen Nacheinander ausdrücklich.

Die Musica Enchiriadis behandelt das Gesamte der Musik jener Zeit. Sie geht aus vom einstimmigen liturgischen Gesang, den Kirchentönen usw. (und zwar beruhend auf der griechischen Theorie, wie sie durch Boethius überliefert war), und unversehens, bei der Behandlung der Konsonanzen, schafft sie Neues, nämlich die Mehrstimmigkeit. Es ensteht plötzlich der Zusammenklang, dadurch, daß nun die Grenzen des Intervalls, die Einzeltöne, und zwar instrumental vorgestellte Töne, fixiert werden. Die graphische Darstellung bietet ja ein Abbild der Kithara-Saiten; und die in der Musica Enchiriadis beschriebene mehrstimmige Musik heißt ›Organum‹ (= ›Instrument‹). In der Musica Enchiriadis entsteht das Prinzip der Zusammenklangsmusik durch Umdeutung des Prinzips der Einstimmigkeit. Auf dem (Tasten-) Instrument erklingen primär die Grenzen des Intervalls, die Einzeltöne; erst sekundär entsteht das Intervall. Die ihrem Wesen nach instrumentale Zusammenklangsmusik beruht auf dem Übereinstimmen von Einzeltönen. Die musikalische Schrift des instrumentalen Zusammenklangs veranschaulicht die durch die Tasten fixierten Töne, an deren Stelle in der Musica Enchiriadis noch die Textsilben standen. Es entsteht die Tabulatur (für Orgel oder Laute), eine Griff-Schrift. Auch die Musica Enchiriadis ist schon eine Art ›Tabulaturschrift‹ – allerdings eine *sprachgebundene* Tabulaturschrift. Grundlegend ist die Orgeltabulatur seit Conrad Paumann. Die dort notierte Zusammenklangsmusik beruht nicht auf dem *d*-System der Einstimmigkeit, sondern – als Erklingen und als Schrift – auf dem *c*-System. Der Orgeltabulatur entspricht die spätere Klaviernotierung: 11 Linien, wobei die mittlere nicht gezogen wird; diese, die *c*-Linie, ist aber die Achse, von der aus sich das Notenbild spiegelbildlich entfaltet:

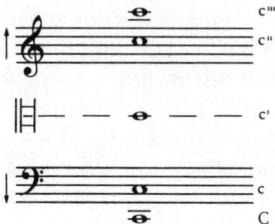

Generationsprinzip der Zusammenklangsmusik ist das Hexachord[306] (*c-a*, also ohne *h*) als die Dur-Reihe. Sein Merkmal: es enthält nicht beide Halbtöne bzw. nicht den Tritonus.[307] Das *c*-System stellt gegenüber dem *d*-System nicht eine andere Reihe des Hintereinander dar, sondern bekundet die Struktur des Zusammenklangsphänomens. Es macht die zentrale Stellung der hexachordalen *c*-Dur-Reihe offenbar. Von der Musica Enchiriadis an erscheint die Musik (besonders die mehrstimmige) als eine sich wandelnde Wechselbeziehung zwischen diesen zwei Systemen. Die Musica Enchiriadis ist das die abendländische mehrstimmige Musik gründende Werk. Die dort stattfindende Gegenüberstellung und gegenseitige Durchdringung der zwei Systeme bestimmt den Gang der Musikgeschichte.[308]

Die Musica Enchiriadis ist ein theoretischer Traktat, der aber zugleich die Musik der damaligen Zeit repräsentiert, was später die Notenschrift allein besorgt. Mit Hilfe des Wortes und der Diagramme und sonstiger Mittel wie Zeichen, Benennungen von Tönen wird dargestellt, was man zu tun hat, um der Musik habhaft zu werden. Damit bedeutet die Musica Enchiriadis zugleich die Entstehung der sogenannten Musiktheorie im Sinne einer *Vorschrift* für konkretes musikalisches Tun, Hervorbringen von Musik. Dies war neu gegenüber der antiken Musiktheorie, die im Gegensatz zur Musica Enchiriadis in ganz anderer Weise wirklich Musik*theorie* war, aus der sich das Tonsystem herauskristallisierte, aber noch nicht Musik. Es scheint, daß diese – dort tatsächlich eine ›Praxis‹ – mehr nebenherlief. Die antike Musiktheorie stellt zwar das Tonsystem dann auch für die Praxis dar, sogar durch eine ›Notenschrift‹, auch sonst stellt sie Überlegungen an, die mit der praktischen Musik zusammenhängen, ihr Anschauungsstoff sind die dem Autor vorliegenden musikalischen Erscheinungen, z. B. dem Aristoxenos die Rhythmen und auch die Intervalle, der Vorrat an ›Tönen‹, für Augustinus der Rhythmus der ihm bekannten Verse; aber das ist eine Musik*theorie*. Die Musiktheorie im antiken Sinn findet ihren Abschluß mit Boethius. Zwischen Boethius und der Musica Enchiriadis geschieht das Wunder, daß man nun die *Musik* selbst ins Auge faßt und sie darstellt mit allen Mitteln, die dem Musiker zur Verfügung stehen, in erster Linie dem Wort. Dieser Mann der Musica Enchiriadis (oder ein früherer, den wir nicht kennen?) macht sich gar nicht klar, daß er etwas anderes tut als Boethius. Er will dasselbe, nur so konkretisiert und so angepaßt, daß es seinen Gegebenheiten entspricht. Er ist davon erfüllt, die Musik, so wie sie ihm vorliegt, zu erfassen, aber zu erfassen als Tun, indem er *Tun-Vorschriften* gibt. Diese Verwandlung der Einstellung zur Musik, dieser neue Ansatz und die damit verbundene Kraft: das ist der Beginn der abendländischen Mehrstimmigkeit, der abendländischen Musik als geschichtliches Phänomen.

IIb. Diesda

Zum Licht

Ist nicht auch das Licht wie der Ton ein Währen, das als Reales einleuchtet?

Ein sichtbares Ding *ist da*, aber das Licht *leuchtet* – und der Ton *tönt*. Der Ton, sagte ich, *besteht* aus dem Tönen. Und das Licht *besteht* aus dem Leuchten. Ein brennendes Licht, die in sich bewegte Lichtquelle[309] einer Flamme ist nicht ein Etwas – z. B. Kerze, Holz –, das außerdem leuchtet, sondern es ist ein Es leuchtet, ein Sich-Hervorbringen[310].

Aber das Licht ist ein als Sinnesempfindung wahrnehmbares Währen: es ist nicht wie der Ton in mir, sondern es ist etwas Räumliches und somit nicht etwas *der* Zeit, sondern *in* der Zeit. Es erscheint als leuchtendes, somit räumliches Währen. Die Zeit eigne ich mir als Zählen an, sie ist in mir, sie konstituiert meine Identität (S. 51). Und der Ton ist reale Zeit. Aber das Licht kann ich nur als Gegebenes hinnehmen, als ein Außen, eben als Räumliches. Es bringt sich hervor, und ich kann nur bezeugen, daß Es leuchtet. Ich kann nur beleuchtet *werden*. Trotzdem weisen Licht und Ton eine wesentliche Verwandtschaft auf, insofern beide nicht als ein statisches Etwas erfaßt werden, das beharrt, sondern sich als etwas ›Aktives‹, als ein ständiges Sich-Hervorbringen bekunden. Beide tauchen auf aus ihrem Negativen: die Lichtquelle aus dem Dunkel, der Ton aus der Stille.[311] Beide hören auf sich hervorzubringen: das Licht erlischt, und der Ton verklingt.

Das Licht nun leuchtet nicht nur, es *be*leuchtet auch. Die Sonne leuchtet und beleuchtet; ebenso die Kerze. Das Licht – ein Räumliches – macht das Räumliche, das Dinghafte, sichtbar. Aber der Ton, ein Fremdling im Raum, bleibt für sich, er bekundet nichts außerhalb der Zeit als Reales. Nicht das Spezifische des Tons macht Raum ›hörbar‹, sondern der Schall, das Geräusch als Schall: ein Raum *hallt*, d. h. er wird durch ein in ihm erschallendes Hörbares bemerkbar. Die Töne ›beleuchten‹ sich gegenseitig, sie werden durch ihren gegenseitigen Bezug, als Tonrelationen, verankert.[312] Das Licht dagegen ist im Raum, *da*, verankert. Platon verbindet die nach den Tonrelationen angelegten Sternenbahnen mit Sirenen; er schafft eine leuchtende und zugleich tönende Harmonia (Staat 617 a–c).[313]

Selbst/Anderes

Der *Raum* und alles, was er beinhaltet, meldet sich uns als ein Außen, als ein Außerhalb unseres Selbst. Raum und alles, was er beinhaltet, unseren eigenen Körper inbegriffen, ist das *Andere* als unser Selbst, als unsere – sich unmittelbar, als Zeit konstituierende – durchgängige Identität. Das Räumliche für sich läßt sich daher – im Gegensatz zu der Zeit (vgl. S. 55f.) – nicht vom Nous assimilieren. Nous und Räumliches weisen nichts Affines auf. Der Nous stellt lediglich fest, daß etwas außen *da ist*, er merkt ein *Diesda* – in toto, und jeweils bei dem einzelnen Räumlichen, Dinghaften, das ihm begegnet. Wir können uns zwar mit dem Außen empirisch – oder auch naturwissenschaftlich-theoretisch, oder psychologisch – befassen; aber vor dem Phänomen ›Diesda‹ als solchem – davor, *daß* wir auf Diesda stoßen – streckt der Nous die Waffen. Er kann Diesda lediglich konstatieren. Er muß es als ein Faktum, als ein *Vorfindliches*, als ein Etwas, das durch Notwendigkeit hervorgebracht ist, ein δι' ἀνάγκης γιγνόμενον (Platon, Timaios 47e) hinnehmen. Das Außen, das Andere ist das, was mich festnagelt, stellt, mich herausfordert, meinen Nous zu betätigen. Doch das Außen ist nicht διὰ νοῦ, es wird nicht von der Zeit hervorgebracht; es ist das schlechthin Andere als die Zeit. Nur die Zeit setzt »die Seele und den Nous der Seele«[314] voraus; das Räumliche dagegen ist von ihnen unabhängig: es existiert nicht διὰ νοῦ, sondern δι' ἀνάγκης.[315] Anders gesagt: bei der Zeit ›zählt‹ die Seele und der Nous;[316] beim Räumlichen nimmt sie lediglich Diesda wahr; sie stößt auf es. Das Sichtbare ist nichts als sichtbar; Raum gibt sich uns unmittelbar als ›Natur‹. Zeit dagegen kippt in Zahlenrelationen um, gibt sich uns nur als ›Struktur‹, eben als ein διὰ νοῦ.[317]

Diesda ist *in* der Zeit. Ein Außen ist da, es überrascht mich, ich nehme es wahr: Von *da an* ist es ein Diesda. Indem es wahrgenommen wird, wird es *mit mir* und zugleich *mit der Zeit verknüpft*. Diese Verknüpfung bedeutet ›wahrnehmen‹.

War das Außen vor meiner Wahrnehmung nicht in der Zeit? Nein, nicht in der Zeit als durch den Nous sich Konstituierendes. Umgekehrt: Diese sich als Zählen konstituierende Zeit bemerke ich am Wahrgenommenen: ›jetzt‹ – ›jetzt‹, δύο εἴπῃ ἡ ψυχὴ τὰ νῦν[318]. Aber das Wahrgenommene ist nicht das Jetzt; das Jetzt ist das Signalisieren, daß nun die Wahrnehmung gerade jetzt wirklich ist. Dieses Auftreffen – im Nu – ist das ›jetzt‹: das Auftreffen, nicht die Wahrnehmung selber; das Auftreffen, der *Augenblick*, in dem diese Wahrnehmung vor sich geht.

Der Nous merkt ein Es währt, und parallel dazu merkt er, daß er in einem ›Anderen‹ ist, von einem Anderen umgeben ist. Dieses In- und

Umgeben-Sein bestimmt, ja definiert geradezu das Andere: Ich weise ihm ›Ort‹ zu, und zugleich ›Ausdehnung‹, in dem Sinn, daß der Ort nicht nur einer, ›dieser da‹, ist, sondern überall in mir und um mich herum, und zwar *lückenlos* überall; genau so lückenlos wie auch das Es währt ohne Pausen währt.[319] Denn ohne diese Bedingung des Durchgängigen könnten schlechthin weder das Es währt noch das Andere gesetzt sein, als undurchstoßbare Fakten mein Selbst bestimmen.

Empfindung

Ich merke ein ›Anderes‹ – und damit *hebt sich* mein Selbst davon *ab*. Hier muß es zwischen meinem Selbst, dem Nous, und dem Anderen eine Brücke, ein Vermittelndes, geben. Das ist das Wahrnehmungsganze, das das ›Lebewesen‹ Bestimmende, »die einem Körper innewohnende Seele, in der wiederum der Nous ist« (nach der Vorstellungsweise der Griechen: vgl. etwa Timaios 30 b, νοῦς ἐν ψυχῇ, ψυχὴ ἐν σώματι).[320] Die Voraussetzung für das Schlagen der Brücke ist die Anlage, mich als ›Ort‹ (Körper) und als von Orten durchgängig umgeben zu fühlen.[321] In diesem Gefühl wurzelt das Wahrnehmungsganze mittels der Empfindungen.[322]

Von dem Außen, dem Dinghaften, wissen wir über unsere Empfindungsorgane; wir nehmen es vermittels der Empfindung wahr. Wir sehen etwas: blauer Himmel[323]. ›Es ist hell‹ – sc. das Außen, der Raum. Wir stoßen auf etwas: eine Wand. Wir greifen etwas: ein Stein, unser Finger. Auch die Gehörs-, Geruchs-, Geschmacksempfindungen melden uns ein Außen, gleichgültig, ob dieses lokalisierbar ist (der Duft dieser Rose da) oder nicht (ich empfinde Rosenduft, sc. allgemein im Raum). Oder: Wir empfinden Schmerz: dort am Kopf, rechts an der Brust; und wenn er nicht genau lokalisierbar ist, haftet er doch unserem Körper an. Oder z. B. Hungergefühl, Schwindel: sie nehmen Bezug auf unseren Körper. Die Empfindungen sind die Verbindungskanäle mit dem Außen, dem Ort, dem Dinghaften als Einzelnes oder gesamthaft. Das Verhalten des Lebewesens (Begehren, Abwehr, Orientierung usw.) ist mit dem Empfindungsmechanismus als einem Ganzen verknüpft. Lebewesen ohne Empfindungen, ohne Kommunikation mit dem Außen, Empfindungen ohne Lebewesen sind undenkbar. Die Empfindungen werden in dem Anderen, einem Außen, dem Räumlichen, verankert.

Eine Empfindung zeigt das Außen an. Sie zeigt es als ein Diesda, d. h. primär für sich an: als ein Absolutes, nicht erst vergleichend.[324] Auch der – durch Empfindung – angezeigte Ort wird absolut angezeigt: ›dieser Ort da‹. Ein Punkt ist primär ›dort‹ – dort, wo ich ihn sehe; erst sekundär ist er ›oben, rechts von jenem‹. (Das Jetzt dagegen enthält von selbst die Beziehung zum Vorher und Nachher.)[325] Die jede Empfindung kennzeichnenden Momente nannte ich: das *Absolute* und das *Anzeigen*; sie bedingen sich gegenseitig.[326]

Die Empfindung entsteht erst in mir, dem wahrnehmenden Menschen dadurch, daß sich mein Sinnesorgan und der Reiz begegnen. Trotzdem erfasse ich sie als etwas *Gegebenes*. Ich bin ihrer ebenso gewiß wie des Reizes, der – in Zusammenwirkung mit meinem Sinnesorgan – sie verursacht. Ich setze Empfindung und Reiz einander gleich. Ja, von der Empfindung weiß ich nicht mehr, als *daß* sie mir gegeben wird und daß sie mir gewiß ist – eben weil sie mir als ein letztes, undurchstoßbares Faktum *gegeben* wird. Ich kann sie nicht durchschauen, kann nicht ›dahinter‹ schauen; so kann ich sie auch nicht definieren[327] oder sie einem Menschen, dem sie fremd ist – z.B. das Blau dem Blinden – erklären, verständlich machen. Denn sie kann nur etwas Gegebenes sein, das ich hinnehmen muß. Ich kann darauf nur hinweisen. Ich verknüpfe die Empfindung mit dem sie verursachenden Ding. Aber auch wenn ich sie dabei direkt mit einem Namen belege – z.B. ›blau‹ oder ›süß‹ – weise ich zugleich auf das Ding hin, das sie anzeigt: ›Dieses da ist ist blau oder süß‹.[328]

Beim Wahrnehmen des Außen nimmt der Gesichtssinn eine Vorrangstellung ein. Er zeigt das Außen direkt an.[329] Das durch den Gesichtssinn Angezeigte wird unmittelbar als das räumliche Diesda wahrgenommen. Indem ich sehe, lokalisiere ich das durch Sehen Angezeigte im Raum. Auch durch die Hautempfindung (und den Geschmack) wird zwar das Angezeigte direkt lokalisiert, aber nur sofern ein Kontakt stattfindet, und nur in Bezug auf meinen Körper. Der Gehörssinn dagegen zeigt das Außen nur mittelbar an (analog der Geruchssinn).

Die Gesichtswahrnehmungen sind stets zugleich Farbempfindungen. (Was ich sehe, hat immer Farbe, wenn auch nicht immer leuchtende, ›bunte‹ Farbe, z.B. bei relativer Dunkelheit, wenn ich nur ›Grau in Grau‹ sehe, nur ›Hell und Dunkel‹ unterscheide.)

Das Außen, den Raum erfahre ich als einen *durchgängigen Zusammenhang*, als *ein* sichtbares Diesda, das zugleich in eine Vielfalt von sichtbaren Diesda, von Gestalten, zerfällt. Diese bekunden den Raum. Es ist nicht *meine* Aufgabe, ihn bemerkbar zu machen; er sorgt selber genügend dafür. Die Dinge füllen den Raum *lückenlos* aus, was besagt, daß sich der Raum als Kontinuierliches vor mir ausbreitet, daß das Auge keine Lücken kennt. Selbst wenn innerhalb des Gesichtsfeldes eine für das Auge gänzlich lichtlose Stelle vorkäme, würde sie als ›schwarz‹ registriert werden.[330] Es ist dies die lückenlose ›Kongruenz‹, das ›Aufeinanderpassenmüssen‹ alles jeweils Sichtbaren, das schon erwähnte Moment[331], daß die Gestalten im Raum stets *gemeinsame Grenzen* aufweisen (oder, wenn sie nicht scharf gegeneinander abgrenzbar sind, daß sie ineinander übergehen, z.B. blauer Himmel und einsetzender Nebeldunst). Hier tritt primär weder Messen noch Zählen auf. Die sich zu dem einen Raum lückenlos zusammenfügenden ›Kleinräume‹, die Farben, die konkreten Farbflächen (oder -strecken), die Formen, sind gleichsam sein ›Maß‹. Die Diesda ›messen‹ ihn erschöpfend, ohne Rest.

Dem Faktum, daß die Eins die Zahlen erschöpfend, ohne Rest mißt (gemeinsames Maß), und daß die Zeit sich in dem wiederkehrenden, zählbaren Jetzt niederschlägt, entspricht beim Raum das Faktum, daß er durch die Diesda restlos ausgefüllt (gemeinsame Grenzen) und damit erst als der eine Raum wahrgenommen wird. Es bestehen also folgende Analogien[332]:

– Was das Jetzt für die Zeit, sind die einzelnen wahrnehmbaren Diesda für den Raum. Oder:
– Wird die Identität des Raums als das konkret Lückenlose (durch die gemeinsamen Grenzen der Diesda) wahrgenommen, so wird die Identität der Zeit als die unablässige Jetzt-Wiederkehr bemerkt. Und:
– Kippt die Zeit beim Bemerken des Nous in Zählen um, so bleibt der aus Diesdas zusammengefügte Raum beim Bemerken des Nous Raum, das Diesda Diesda, lediglich in der Wahrnehmung konkretisiert.

So wie die Zeit als Währen Räumliches, Empfindungen, Absolutes nicht kennt, weiß die vom Nous als Jetzte bzw. als Zählen bemerkte Zeit nichts von Ort und Ausdehnung, nichts von Empfindung.

Das gleiche erkannten wir am Zeit-Etwas, am Tonphänomen. Es beruht auf einer Wahrnehmung sui generis, nämlich einer *Relations*wahrnehmung[333], die – nach Abzug seiner materiellen Einkleidung durch den Tonerzeuger (z.B. Stimme, Klavier) – als für sich Einleuchtendes übrig bleibt.

Geräusch / Tonphänomen

Das Geräusch drängt danach, mit Sichtbarem verknüpft zu werden. Wir haben das Bedürfnis zu ›sehen‹, woher es kommt, ›was das ist‹; oder das Geräusch ruft die Vorstellung des sichtbaren Substrats hervor, z.B. beim Waldrauschen, beim Vogelgesang, oder beim Wahrnehmen einer Klangfarbe, z.B. eines Trompetentons. Das Geräusch

hat nicht selbst eine sichtbare Seite, sondern schlägt nur eine Brücke zum Sichtbaren als der Geräuschquelle. Ein Geräusch, bei dem die Brücke zur Sichtbarkeit ausbleibt, hat das Unheimliche des Anonymen[334], es bleibt uns ›dunkel‹. Das Sichtbare aber ist ›licht‹, es ist durch das Licht. Etwas Dunkles im Bereich des Sichtbaren bedeutet, daß sich in ihm das Unsichtbare meldet. Das Farbphänomen ist, als nur sichtbar, die Sichtbarkeit selbst. Hier stoßen wir unmittelbar auf einen letzten Grund. Darin gründet die Malerei. Vgl. dazu Kap. IV.
    Das Geräusch ist nicht etwas notwendig Auftretendes beim Erfassen von Natur. Das Ohr erwartet nicht wie das Auge, daß sich ihm die Natur als ein notwendig lückenloser, durchgängiger (Geräusch-) Zusammenhang bekundet. Eine Natur, die keine Geräusche hervorbringt, ist vorstellbar. Der Blinde wird in erster Linie dafür bedauert, daß er die Welt als Natur, daß er das Sichtbare nicht sieht, das *Licht* nicht kennt. Den Tauben aber bedauert man nicht nur, weil ihm die Natur als Hörbares entgeht, weil er keine Geräusche hört, sondern vor allem, weil er die Sprache nicht vernimmt – als Taubstummer auch nicht hervorbringt – und die Musik nicht aufnimmt.[335]
    Woher kommt es nun, daß nicht auch das Geräusch, wie die Sichtbarkeit, ein *notwendig* durchgängiges Moment der Natur ist? Bei der Gesichtswahrnehmung fallen die Empfindung und das im Raum Angezeigte zusammen, sie decken sich. Aber die Geräuschempfindung findet in der Zeit statt, sie fällt nicht zusammen mit dem von ihr im Raum Angezeigten. Empfindung und Angezeigtes werden hier auseinandergehalten. ›Dieses Ding da *ist* rot‹; aber: ›Jenes Ding dort *bringt* ein schrilles Geräusch *hervor*‹.
    Wir – und die Lebewesen im allgemeinen – besitzen für den Bereich des Hörbaren ein aufnehmendes und *außerdem* ein sendendes Organ, Ohr und Stimmbänder; für das Sichtbare aber nur ein aufnehmendes, das Auge; denn unser Sende-Organ für Sichtbares sind wir selbst (und unser Auge), wir *sind* ja sichtbar, ob wir wollen oder nicht. Es genügt das Licht, das den durchgängigen Zusammenhang des Sichtbaren an den Tag legt. Aber hörbar sind wir nur, wenn *wir* unsere Stimmbänder betätigen. Zum Hörbarwerden ist eine *Tätigkeit* – z. B. Berühren, Schlagen, Reiben, Blasen – notwendig, die *einzeln* auf das Ding ausgeübt wird. Nicht das Ding selbst ist potentiell hörbar. Ein Geräusch flackert ›von Zeit zu Zeit‹ gleichsam zufällig auf. Im Glaubensbekenntnis könnte ›alles was sichtbar und unsichtbar ist‹ nicht durch ›alles was hörbar und unhörbar ist‹ ersetzt werden. ›Gott schuf das Licht‹ – aber nichts Analoges, das bei seinem Auftreten die Gehörsempfindungen – wie das Licht die Gesichtsempfindungen – samt und sonders ermöglichen würde.
    Darin also, daß Gehörsempfindung und Angezeigtes auseinander-

gehalten werden, Gesichtsempfindung und Angezeigtes dagegen nicht – und dies wiederum, weil Gehörsempfindung ein zeitliches Phänomen ist, Gesichtsempfindung aber ein räumliches –, darin liegt der Grund, weshalb die Natur sich nicht von selbst meinem Ohr wie ein Teppich lückenlos ausbreitet, wohl aber meinem Auge.

Das ist zugleich der Grund, weshalb es keine der Malerei analoge ›Geräuschkunst‹ gibt. Das Zwingende der Malerei ist das Erfassen des notwendig lückenlosen, durchgängigen Naturzusammenhangs, und das würde der ›Geräuschkunst‹ abgehen. Anders gesagt: Es würde ihr das Zusammenfallen von Anzeigendem und Angezeigtem fehlen. Das von selbst Einleuchtende der Malerei besteht aber darin, daß sie in einem beides, Anzeigendes und Angezeigtes ›einsieht‹. Daher muß nicht das Angezeigte in der Malerei immer auch naturalistisch verstanden werden können. Denn das Anzeigende, z. B. ein Rot, ist zugleich *selbst* ein Angezeigtes.[336]

Beim Geräusch ist das Angezeigte im Raum beheimatet, das Anzeigende aber, die Gehörsempfindung, in der Zeit; sie wird durch eine Tätigkeit verursacht (s. o.). Durch die Gehörsempfindung läßt sich aber die Zeit nicht erfassen, – nicht menschlich bewältigen. Daher auch das ›Anonyme‹, Unheimliche des Geräusches, wenn es nicht in einem Angezeigten, somit im Raum lokalisiert werden kann. Daß also das Geräusch nicht einen ›durchgängigen Zusammenhang‹, die Welt als ›Lückenloses‹ darstellt, liegt in der ›Natur der Sache‹: Es weist ›Lücken‹ (Löcher) auf, weil es die ›grundsätzliche Lücke‹, die Lücke zwischen Empfindung und Zeit, enthält: Als Empfindung ist es Außenwelt, als Betätigung meldet sich die Zeit, doch als nicht menschlich Bewältigtes, nicht menschlich zu Bewältigendes.

Weil das Geräusch, obwohl es ein Zeit-Phänomen ist, auf Dinge im Raum bezogen wird, weil es also die Zeit auf Raum zurückführt, kann es nicht den Gehörssinn als den *Zeit*sinn fassen, es kann also nicht ein einleuchtender Träger einer genuinen Zeitkunst werden. Was das Geräusch davon abhält, ist seine *Empfindung*skomponente, jenes Vorfindliche, das stets den Raum einbezieht. Das Geräusch ist ein Etwas *in* der Zeit, und nicht ein Etwas *der* Zeit. Die Zeit wird ausdrücklich bemerkbar an der Bewegung, allgemein an der Veränderung,[337]. Das Geräusch ist mit Veränderung verbunden (setzt an, hört auf, verändert sich während seines Vorhandenseins – sonst wäre es Ton); es macht somit Zeit ausdrücklich bemerkbar.[338] Es ›braucht Zeit‹, d. h. es nimmt Zeit in Anspruch. Und diese Zeit, die Zeit als Vorgegebenes, als etwas den Empfindungen *Vorausgehendes*, wird uns an der Geräuschempfindung bemerkbar. Solche Zeit – ›Form‹ – braucht ›Inhalt‹. Und dieser ist ›*in* der Zeit‹.[339]

Der Ton als Empfindung[340] (Geräusch, Gehörsempfindung),

Klangfarbe, absolute Tonhöhe[341], teilt mit den Gehörsempfindungen, daß ich ihn nicht direkt benennen kann: Holzsägegeräusch, Flötenton, schriller, tiefer Ton. Aber das Spezifische des Tonphänomens, die Tonrelation, führe ich weder auf Absolutes noch auf Angezeigtes zurück; ich erfasse sie nicht von der Seite der Verknüpfung des Tons mit dem sie erzeugenden Ding her. Ich bezeichne die Tonrelationen, die Intervalle, in Anlehnung an Zahlen: ›Oktav‹ (= 8 Stufen enthaltend), ›Quint‹ (= 5 Stufen); oder durch Zahlenrelation: 1 : 2, 2 : 3. Oder ich verwende zur Kennzeichnung Wörter, die sich auf das *Verhältnis*, die Relation zweier Töne, und nicht auf die zwei gesonderten Töne beziehen: Intervall (›Zwischenraum‹), *Kon*-sonanz, *Dis*-sonanz.[342]

Dem genuin Räumlichen (etwa Sichtbares, Körperwiderstand, Bewegung) gesellen sich Akzidentien hinzu (etwa Geruch, Geschmack, Geräusch), die den ›Ort‹ implizieren, ihn aufsuchen lassen, ich frage: ›woher?‹. Analog gesellt sich dem Zeit-Etwas die ›Geräuschempfindung‹ (›Klangfarbe‹) als Akzidens hinzu, die aber als ›Ort‹ implizierend, zum Raum, und weg vom Zeit-Etwas führt, doch auf das *Zeit-Etwas* bezogen, ihm ›Naturfülle‹ verleiht.

Daß das Spezifische des Tons nicht in der Empfindung liegt, zeigt sich auch darin, daß mit Klangfarben (also mit ›Empfindungen‹) allein sich noch keine Musik konzipieren läßt, wohl aber mit ›Tönen‹ – d. h. aber: mit Tonrelationen – unter Abstraktion vom Klangfarbenmoment. Beispiele: Bachs Kunst der Fuge, aber auch allgemein ältere instrumental aufzuführende Musik (etwa vor 1600), sofern sie nicht an eine bestimmte Besetzung gebunden war. Daß aber Tonphänomen und Empfindung nicht zu vermengen sind, wird besonders am Gesang (an unbegleiteter sprachgebundener Musik) deutlich: Die hier als der Träger des Tonphänomens fungierende Empfindung gehört ja nicht dem musikalischen Bereich an. Die Trägerfunktion übernimmt hier die Sprache: der artikulierte Sprachlaut. In ihm und nicht im Tonphänomen ist die Klangfarbenkomponente dieser Musik enthalten. Das reine Tonphänomen, die Tonrelation, und die Empfindung, der artikulierte Sprachlaut, worin es eingekleidet ist, lassen sich also hier ausdrücklich auseinanderhalten. Die Tonrelation läßt sich im Gesang als das die Musik konstituierende Moment *für sich* erfassen.[343]

Eine Empfindung geht, indem sie sich einstellt, zugleich aus der Empfindungsebene heraus und begibt sich über den Reiz zum ›Ding‹: zu dem die Empfindung auslösenden Gegenstand oder Vorgang, den sie eben dadurch anzeigt. Beim Empfindungs-Mechanismus herrscht ein ständiges Hin und Her zwischen dem Empfindungskreis und dem Angezeigten. Anders das Tonphänomen: Es zeigt nicht an. Da es auf der Relation beruht, leuchtet es ausschließlich als gegenseitige Beziehungen der Töne unter sich ein. Der Relations-Mechanismus besteht eben darin, daß die Töne, unter sich bleibend, sich stets in einem geschlossenen Kreis bewegen, daß sie keine Möglichkeit haben, aus ihm herauszutreten. Darin liegt der Grund, weshalb sich das Tonphänomen zur Darstellung von Dingzusammenhängen, von ›Natur‹, nicht eignet, daß Musik nichts ›abbilden‹ kann.

Steht die Empfindung in primärer Verknüpfung zu Dingzusammenhängen, so steht der Ton in primärer Beziehung zu *anderen Tönen*. Selbst wenn ich einen einzelnen Ton wahrnehme, verankere ich ihn auf diese Weise: ich erfasse ihn als Prim, oder als Quint usf.; erst so, nämlich als Relation, ›habe‹ ich ihn. Anstelle des Anzeigens wird das Tonphänomen in sich *selbst* verankert und, in einem damit, schlägt es sich als Zahlenrelation nieder.

Die sich selbst, sonst aber nichts außer sich anzeigende Tonrelation läßt sich nun nach Belieben *transponieren*[344]: Ein Tonzusammenhang widersetzt sich dem Transponieren schon deswegen nicht, weil er nicht an irgendein Angezeigtes gebunden ist (vgl. S. 23). Allgemein: Relation läßt sich transponieren, Absolutes dagegen nicht; $c : g, c' : g'$, $d' : a'$; $3 : 2, 6 : 4, 9 : 6$ sind äquivalent; 3, 6, 9 oder 2, 4, 6 aber nicht.

Beim Produzieren des Tonphänomens, durch ein Instrument oder meine Stimme, bin ich geleitet durch mein ›inneres Gehör‹. Dadurch verlagert sich das Gewicht von der Empfindung auf das dem ›Inneren‹, Geistigen, dem Nous Genuinen: d. h. aber vom Absoluten des Phänomens auf seine Relationseigenschaft, das Zeitmoment. Dieses dem Nous Einleuchten auf Grund der Entsprechung Zählen-Ton, Zählen-Zeit, Zeit-Zählen stellt sich zwingend ein: eindeutig, einhakend, mit unfehlbarer Sicherheit produzierbar, angebbar. Durch das Zusammenwirken dieser Momente tritt beim Tonphänomen die Empfindungsgegebenheit, das Absolute (das ›Außen‹) zurück, und es stellt sich die Relation (das ›Innen‹) als das Wesentliche, das ›innere Etwas‹ ein. Dieses aber ist empfindungsfrei, d. h. raumlos; es schwebt gleichsam ›in mir‹, im ›Innen‹.[345]

Die konstitutive Unabhängigkeit des Tonphänomens von der Empfindung – verbunden mit der sich einstellenden Analogie zur Bewegung im Raum (s. S. 82 ff.) – ist der Grund für die Vorstellung, daß es ein Tönen im Weltall gibt, das durch die Bewegung der Himmelskörper entsteht und für das menschliche Ohr – als ein Sinnesorgan für Empfindungen – unhörbar ist. Die Sphärenharmonie der Alten, Keplers oder Shakespeares (vgl. etwa Kaufmann von Venedig V, 1, 58–66), ist eine Hypostasierung des ›inneren Etwas‹, des raumlos, empfindungslos in mir schwebenden Etwas, als eines Außen: als eines ›empfindungsfreien Tönens‹ in einem ›empfindungsfreien Raum‹, wobei ›Tönen‹ hier als die Wirkung der schwebenden (das heißt gewichtslosen, das heißt empfindungsfreien) Bewegung von empfindungsfreien Körpern vorgestellt wird.

Oben (S. 83 ff.) sprach ich von der durch den Ton- und Klangwechsel hervorgerufenen ›Tonbewegung‹ (›Tonschritt, Sprung, Klangfortschreitung, aufwärts, abwärts‹ usw.), bei der es sich aber um keine Bewegung im eigentlichen Sinn, um kein räumliches Phänomen, sondern nur um die *Analogie* zur Bewegung im Raum handelt.[346] Durch diese Bewegungsanalogie nun, meine ich, schleicht sich eine *sekundäre* Raumanalogie in die Musik ein: Weil die Verankerung im Räumlichen fehlt, läßt sich diese ›Bewegung‹ mit der Bewegung im ›Inneren‹[347] verknüpfen. *Weil* Musik keine Bewegung im Raum ist, kann sie sowohl Bewegung als Räumliches wie auch Bewegung als Inneres spiegeln.

Wie kommt die Koppelung von Musik als dem Ton-Zahlen-Phänomen mit ›inneren Empfindungen‹ zustande? Der ganzheitlich daseiende Mensch hat das Bedürfnis, die Musik als Phänomen *der* Zeit mit irgendetwas *in* der Zeit zu verknüpfen. Sonst ist sie vom Ganzheitlich-Menschlichen her gesehen noch nicht ›erfüllt‹. Mit äußeren Erscheinungen kann sie nicht (jedenfalls nicht unmittelbar) erfüllt werden. Denn das wäre eine Verknüpfung von Musik und ›Raumdingen‹ (oder ›-vorgängen‹). Das einzig Mögliche, das übrigbleibt und sozusagen von selbst geschieht, ist, daß sie mit ›Empfindungen‹ erfüllt wird, die wir in uns tragen, die in uns ausgelöst werden, mit ›inneren Empfindungen‹, Gemütszuständen und dergleichen.

›Mehr Ausdruck der Empfindung als Mahlerey‹ notiert Beethoven zur Pastorale. ›Gewitter. Sturm‹ (4. Satz): unerhört Reales. Aber das Primäre ist nicht ›Mahlerey‹, sondern ›Ausdruck der Empfindung‹, nicht Abbildung, Nachahmung eines empirischen ›Inhalts‹, das ›Sichtbare‹ (vgl. S. 124 f.), sondern das Verwandeln von dessen Furchen auf den ›inneren Sinn‹[348], die Zeit, in Musik, in Zeit-Reales. Die Zeit, der ›innere Sinn‹, ist das Gemeinsame zwischen Musik und ›Empfindungen‹, die nun ›ausgedrückt‹ werden.

Daß in Bachs Musik sich zugleich auch Gefühle, Affekte, Stimmungen spiegeln, ist eine andere Frage. Diese Tatsache hängt mit der geschichtlichen Stufe der Musik zusammen: mit dem ›Organischen‹[349]. Die musikalische Struktur ist jetzt so geartet, daß sie das ›Organische‹ im Menschen einfangen kann; also auch durch Analogie. Doch ist diese Analogie nicht, wie bei den Wiener Klassikern, primär, sie ist nicht konstitutiv; denn die Struktur des musikalisch Organischen ist eine *inner*musikalische Struktur; in Bachs Musik herrscht allein das innermusikalische Relationsphänomen, nur dieses ist konstitutiv.[350] Nicht Innermusikalisches tritt allenfalls als Ars inveniendi in Erscheinung (z. B. Choralvorspiele, oder Bereich der

›musikalischen Rhetorik‹). Die Musik *selbst* zwingt uns nicht, außermusikalische Bereiche (Strukturen) einzubeziehen, um ihr gerecht zu werden. Aber eine Haydnsche langsame Einleitung (vgl. unten S. 225 ff. zur Militär-Sinfonie Nr. 100) *zwingt* uns dazu.

Der geometrische Raum

Wie steht es aber mit dem *geometrischen* Raum? Auch die geometrischen Gegebenheiten (Punkt, Linie, Fläche, Figur, Körper) werden als Räumliches, als ein Außen erfaßt. Es wird aber von den Empfindungen abgesehen. Trotzdem ist auch der geometrische Raum nicht διὰ νοῦ; es findet nicht – selbsttätig, wie bei der Zeit – ein Umkippen in Zählen statt.[351] (Erst die mathematische Wissenschaft kann die geometrischen Figuren umsetzen, algebraisch ›berechnen‹ bzw. beim algebraischen Rechnen verwenden.) Dafür wird er dem Nous angepaßt: er bleibt zwar Raum, Räumliches, Außen, ›Anderes‹, somit ein δι' ἀνάγκης; aber er muß *einleuchten*. Er weist eine Struktur auf, die vom Nous angeeignet werden kann. Der geometrische Raum läßt sich vom Nous konstruieren. Es läßt sich aufzeigen, daß und weshalb die geometrischen Bedingungen des Räumlichen erfüllt werden.[352] Indem ich Räumliches geometrisch erfasse, sehe ich zwar von den Empfindungen ab, aber ich bleibe bei der Vorstellung von Räumlichem. Es ist ein Räumliches, dessen Eigenschaften – weil ich von dem Moment des Anzeigens durch Empfindung absehe – nun von mir eingesehen werden können;[353] doch nur die Eigenschaften: das Faktum selbst, das Faktum ›Räumliches‹ bleibt auch hier das Außen, wovor der Nous die Waffen streckt (vgl. S. 118).

Versuchen wir, den Raum als *geometrischen Raum* fester ins Auge zu fassen.

Ich betrete einen Kirchenraum. Ich bin beweglich in dem Unbeweglichen, das mich beherbergt. Ich fixiere dies und jenes, oder ich fühle mich fixiert, ich schaue links und rechts, links und rechts von mir als einem Punkt sozusagen. Aber ich schaue nicht, um *an*zuschauen, etwa eine Plastik oder ein Altarbild *in* der Architektur, sondern ich werde von der Architektur bestimmt, in meinem Blick und in allem. Ich werde gleichsam in jenen Augenblick, in jenen Ursprung versetzt, da die Seele, die nichts vom Außen weiß, plötzlich sich in einem Außen ertappt: Ich, meine Seele, mein Selbst, als ein Zentrum. Und nun schaffe ich den Raum, meinen Raum. Ich werfe meine Netze aus, ich stecke ab: Links und entsprechend rechts, *genau* links und rechts von mir, im gleichen Abstand; und ich bin in der Mitte. Mein Zentrum ist gleichmäßig flankiert. Verfolge ich von mir aus diesen Abstand um mich herum, so habe ich den *Kreis*, meinen Raum des Kreises geschaffen. Aber das Zentrum wird konkretisiert ganz besonders durch das Links und Rechts, der jeweiligen zwei Endpunkte des Durchmessers, der jeweils *einen* Linie. So also habe ich den Kreis geschaffen, ohne dazu ein Diesda zu brauchen, das mir begegnet, worauf ich stoße. Schon durch meine Augenbewegung, oder allein durch meine Vorstellung – noch ohne Einbeziehen der Sinnesorgane, der Empfindungen – entsteht der Kreis, die Projektion meines raumlosen Selbst in Raum. Die Raumkomponente meines Selbst ist das Zentrum. Der Kreis ist damit viel mehr als die bloße geometrische Figur entsprechend der Definition ›alle Punkte des Kreises stehen im gleichen Abstand von einem anderen Punkt‹. Das Gewicht wird verlagert. Nicht die Peripherie ist das Wichtigste, sondern das Zentrum. Erst als Folge davon wird das Zentrum ausgeweitet, gleichmäßig nach überallhin.

Die nächste Bewegung ist *vorwärts*. Auf einer Linie habe ich das Links und Rechts abgesteckt: ich wiederhole das jeweils einen Schritt weiter. Das Zentrum bewegt sich fort, und zwar auf solche Weise, daß Links und Rechts gleichbleiben, daß die Winkel meiner Bewegung zu diesem Durchmesser links und rechts die gleichen, das heißt rechte Winkel sind. So komme ich zur ›Definition‹ der *geraden Linie*. Durch solches Sich-Fortbewegen des Zentrums mit dem Kreis entstehen also Parallelen in gleichmäßigem Abstand zum Zentrum. Es entsteht Geometrisch-Räumliches: z. B. Zentralbau und Säulenabsteckung innerhalb eines Gangs; die Säulen – ich brauche gar keine Wände – stellen gleichsam meinen Schritt dar, meine Möglichkeiten der Bewegung, das Bewegte, Gegliederte innerhalb des Unbewegbaren. Durch meine Halsbewegung – Links-Rechts, Links-Rechts usw. – flankiere ich mich im Geiste sozusagen, und es entsteht *Gang und Zentrum*. Und in einem damit entsteht: *Symmetrie*.

Ich habe das Vorwärts und – als Gegenstück – das Rückwärts, sowie das Links und Rechts von mir aus geschaffen. Nun aber stehe ich in diesem Raum aufrecht, senkrecht über dem Boden: die dritte Dimension, das *Oben-Unten*. Auch hier Symmetrie (Dächer, Gewölbe, Kuppel). Und so entdecke ich mich als wanderndes Zentrum von lauter Symmetrien, Punkt- oder Linien-Symmetrien. Und gleichzeitig setze ich Grenzen, Grenzen geometrischer Natur. Das Grenzen*ziehen* bringt mit sich das Moment des Geometrischen, und zwar alles *von mir aus*. Schon das Blicken zu einem Punkt ist eine geometrische Gegebenheit: mein Blick ist eine Gerade, die mich mit einem Punkt, einem Diesda verbindet (s. a. S. 53 f.).

Der beschriebene Vorgang stellt sich auch ein bei Ausschalten des Materiell-Vorhandenen. Der Blick faßt und erfaßt völlig frei die ganze Blickweite, von links nach rechts, von oben nach unten; und was da ist, ersteht neu, gleichsam als Vision, durch meine *Einbildungskraft*. Auch dabei steht das sehende Selbst im Zentrum. Und was ich mitbringe und durch meine Einbildungskraft in den Raum hineinprojiziere, ist etwas Geometrisches. Es sind Koordinaten, die auf mein Zentrum bezogen werden. Dahinein stellen sich alle Dinge, die ich sehe.

Dieser von mir als dem Zentrum konstruierte geometrische Raum existiert theoretisch als luftleerer Raum, ohne Diesda, ohne Dinghaftes. Doch dies ist zunächst eine Fiktion; der wirkliche Raum hat das Dinghafte. Das Diesda aber ist nicht abzuleiten von der Spontaneität meines Selbst, das den geometrischen Raum schafft. Ich sehe Dinghaftes *in* diesem Raum. Die Dinge haben für mich ihre eigene, eine andere Spontaneität, Ursprünglichkeit, Eigenständigkeit; ich staune, sie sind da. Das Diesda läßt sich aus dem geometrischen Raum ebensowenig ableiten wie der geometrische Raum aus dem Diesda. Der geometrische Raum braucht das Diesda, die Empfindungen nur, um sichtbar, greifbar zu werden. Und umgekehrt braucht das Diesda nicht diesen geometrischen Raum. Ich stelle das mir *erscheinende* (s. S. 40) Diesda – sei es auch nur durch meine Einbildungskraft gleichsam als Vision – in meinen geometrischen Raum. Das Diesda ›braucht‹ mich. Das ausdehnungslose Selbst, das Zentrum, erhält seinen ›Hof‹. Der geometrische Raum ist sozusagen die Ortung meines Selbst[354]; die ›Eins‹ (das Selbst) erhält ›Ort und Ausdehnung‹.[355]

Der Nous ertappt sich als durch einen eigenen Körper wirkend, er kann sich nicht anders vorstellen als in dem menschlichen Körper (s. a. S. 119). Der Nous ist unlösbar verbunden mit diesem Gehäuse, er ist durch eigenste Erfahrung selbst ein Raum: von einem Raum, einem Gehäuse gehalten, festgehalten. So wie das Selbst immer beim Jetzt ist (s. S. 51), so ist es auch immer in seinem Körper. Und da es, nun im Raum vorgestellt, von diesem seinem Gehäuse, seinem Körper her sich betätigt, so begreift es diesen Körper als Zentrum. Der Körper gehorcht dem Nous, er richtet – bei freier Wahl des Standorts (s. S. 31 f.) – seine Bewegung nach dem Nous, und es entsteht der von meinem Selbst her konstruierte geometrische Raum.

Wäre der Nous nicht im Körper ›eingekerkert‹ (nach der Vorstellung der Griechen), so würde er nicht gleichsam im Währen wandeln (s. S. 51), sondern er würde währen. Er hätte somit keine Möglichkeit zu wirken bzw. wäre dieser Notwendigkeit enthoben. Er könnte nicht zählen, nicht Jetzte auseinanderhalten, nicht Jetzte-Zählen an Hand von Bewegung vollziehen, wenn er nicht in einem Körper wäre, wenn er nicht zugleich das Zentrum des Raums wäre. Anders gesagt: Gott als der Nous schlechthin, der Nous ohne Körper, vor der Erschaffung der Welt, kann nicht zählen, oder – braucht nicht zu zählen.

Die Bedingung dessen, daß ich ein Diesda erfasse[356], ist, daß ich einen Horizont habe, ›Horizont‹ im wörtlichen Sinn, den Kreis, dessen Zentrum ich bin, daß also das Diesda in den von mir konstruierten geometrischen Raum, meinen Raum eintritt.[357] Ein Bild: Ich habe den Horizont im offenen Meer, ein Kreis, – entwickelt von meinem Selbst: mein Horizont. Was mein Selbst nicht fassen kann[358]: daß plötzlich durch einen Vulkan eine Insel auftaucht: Diesda; sie hat ihre Ausdehnung. Das hat überhaupt nichts zu tun mit dem Horizont. Die Insel ist in meinem Horizont, aber sie ist etwas ebenso Ursprüngliches wie ich. Und davor strecke ich die Waffen. Die Insel als Diesda kann ich nicht durch meine geometrischen Gegebenheiten, die ich mir gesetzt habe,[359] erklären.

Mein geometrisch abgesteckter Raum ist also nicht etwas von dem Diesda-Raum Abgezogenes, was übrig bleibt, wenn ich von den Empfindungen absehe (die Form, die Figur, die Abgrenzung der Diesda), nicht die Anschauungsform Kants, sondern es ist mein Raum, den ich mitbringe, dieses Koordinatensystem, das auf mich, auf das Zentrum bezogen wird, diese *Sphäre*, die ich mit mir trage, die sich mit mir bewegt, und in die ich alles mir erscheinende Diesda einordne.

Zeit – leere und erfüllte – *besteht* aus Relationen. Der Raum dagegen, der sich primär als ein Diesda, ein Außen, ein Anderes meldet, *weist* Relationen *auf*. Was nun den vom Selbst her geschaffenen geometrischen Raum vom Diesda-Raum unterscheidet, ist, daß er – wie die Zeit, doch anders als die Zeit – aus Verhältnissen *besteht*: Mein Selbst ist da, und der Raum entsteht als Verhältnis zu mir. Der geometrische Raum hat gemeinsam mit der Zeit das Moment des ›Selbst‹. Konstituiert sich bei der Zeit das Selbst am Jetzt (s. S. 51), am ›Innen‹, so konstituiert sich das Selbst beim Konstruieren des geometrischen Raums als ein Außen. Dieses Konstruieren ist nicht abstrakt, willkürlich bloße wissenschaftlich-geometrische Forderung, sondern wird vom Selbst her als Notwendiges, als Konstruieren-*Müssen* erfaßt. Der konstruierte geometrische Raum ist weder Zählen noch Messen, sondern Symmetrie vom Selbst aus als unbeweglichem Zentrum, oder Symmetrie zu einem Zentrum, das sich zugleich fortbewegt, somit zu einer eine Achse bildenden geraden Linie. Dagegen meldet sich beim ursprünglichen, eigenständigen Erfassen von Diesda nichts von Symmetrie. (Daß ein Diesda, z.B. ein Blatt, symmetrisch angelegt sein kann, hat selbstverständlich damit nichts zu tun.) Der geometrische Raum wird von mir geschaffen, wogegen das Diesda (und der Diesda-Raum) etwas mir Begegnendes ist. Der geometrische Raum führt das Diesda – als Ursprüngliches das schlechthin Andere – auf Koordinaten, d.h. auf Verhältnisse zurück, allerdings Verhältnisse eines Außen, des Außen, im Außen.

Diese Art der Erschaffung des Raums ist zugleich das ›Erschaffen‹ des *Gesichtssinns*: ein Messen, Abstecken, Grenzenziehen von Strecken, Radien, Winkeln innerhalb der auf mich, auf mein Selbst zentrierten Koordinaten. Dieses Grenzen-Stiften ist identisch mit dem Raum-Stiften. Darin zeigt sich am besten die Einheit von Grenzen-Aufweisen und Räumlichem (vgl. S. 121): Das Grenzenziehen wird vom Diesda selbst besorgt.[360] Das Grenzen-Stiften von meinem Selbst, von meinem Zentrum her – das ist etwas Apriorisches, würde Kant sagen[361] – ist dann übertragen auf mein Selbst als Leibhaftiges, das heißt als etwas über Sinne Verfügendes, das Stiften des Gesichtssinns als eines diesem Zentrum angemessenen Sinnesorgans. Die Eigenschaft, die Fähigkeit des Auges, Diesda zu erfassen, zu erblicken, besteht aus zwei Komponenten: das Primäre ist das Diesda als Abgegrenztes, und davon unabhängig ist das Diesda zugleich Farbe (im weitesten Sinn) Aufweisendes.

Der Diesda-Raum führt zu Malerei und Plastik; der vom Selbst erschaffene geometrische Raum – ein Entstehen, ein Konstituieren des Raums sui generis – führt zur Architektur. Architektur setzt voraus *das Selbst im Anderen*. Die Beziehung *Selbst-Anderes* ist das Thema der Architektur.

Der von meinem Selbst her geschaffene geometrische Raum ist mit meinem Selbst unlöslich verbunden. Er ist also nicht abstrahiert, nicht Gegenstand einer Wissenschaft, auch nicht ›wissenschaftlich‹ einwandfrei;[362] er ist noch nicht der *mathematisch*-geometrische Raum. Dieser entsteht erst, wenn ich vom Selbst abstrahiere. Dann wird er axiomatisch aufgebaut, seine Eigenschaften werden bewiesen, usw.

Reine Mathematik setzt das Abstrahieren von dem Faktum (dem Realen, der realen Zeit) voraus (s. S. 76). Es wird ›vergessen‹, und es wird der davon abstrahierte Begriff zugrundegelegt. Reine Mathematik ist nicht ein Schritt vorwärts (in Richtung auf Reales, Ursprüngliches, ›Wesen‹), sondern ein Schritt zurück; ist nicht weitere Zergliederung, die uns ermöglicht, ein Ursprünglicheres, das Faktum (die Eins als Anschauung: als die reale Zeit) zu erfassen, sondern eine ›unerlaubte‹ Abstraktion, ein – um mit Kant zu reden – die Erfahrung verlassender überschwenglicher Begriff, dem nichts Reales zugrundeliegt, eine (im Sinne Kants) unerlaubte Metaphysik – oder eine ›technische‹ Anwendung, die aus dem Wissen um das (vergessene) Faktum abgeleitet wurde.

Die Arithmetik als reine Mathematik abstrahiert aber nicht allein vom Faktum des Tonphänomens, sondern ebenso von dem der Dinge, der getrennten Dinge. Sie wird ›a-faktisch‹, sie verläßt den Bereich des Realen; ›imaginäre Zahlen‹ z. B. wären sonst nicht möglich.

Die Geometrie bleibt, solange sie sich auf den anschaulichen (den dreidimensionalen) Raum bezieht, Beschäftigung mit Realem (Euklidische Geometrie). Sie wird zur reinen Mathematik erst durch Einführung des Zahlbegriffs, der von der Anschauung entblößten Zahl (mehrdimensionale Räume und dergl.). Es ist bezeichnend, daß dann Arithmetik und Geometrie zusammenfallen (Arithmetisierung der Geometrie).

Das ›A-Faktische‹ der reinen Mathematik aber stimmt in sich. Daher kann es angewandt werden: in Physik und Technik. Das die Anwendung ermöglichende Gemeinsame zwischen Mathematik, Physik und Technik ist das A-Faktische: in der Mathematik der (isolierte) Zahlbegriff, in der Physik – allgemein in der Naturwissenschaft – und in der Technik der (isolierte) Wirkungsbegriff; in allen drei also das Vergessen der *Herkunft*, das Nicht-Wissen um sie, das Nicht-Einbezogen-Sein der Herkunft.

Etwas Analoges liegt vor in der (isolierten) Logik (Logistik): sie ist ›a-faktisch‹, sie stimmt in sich und kann daher auf alles (nun auch auf das nicht primär mathematisch faßbare) A-Faktische als isolierte Wirkungsbezüge Betrachtete angewandt werden. Es werden die Naturwissenschaften auf Menschliches angewandt (›exakte Geisteswissenschaften‹). Mathematik plus Logistik ist also das Instrument zur restlosen Technisierung, zum restlosen Ersatz des Faktums durch das – wirkungsvolle (unheimliche Wirkungen zeugende) – verselbständigte A-Faktische. Die Parallele von a-faktisch und an-onym liegt auf der Hand.

III. NENNEN

Der Sprachlaut

Sammelpunkt der Empfindungen ist der Wahrnehmende, der Mensch. Als Wahrgenommenes, als Anzeigendes werden sie in ihm zusammengehalten. Im Hinblick aber auf das Angezeigte verhalten sie sich verschieden.

Die Gesichtsempfindungen werden durch den durchgängigen Raum, den sie anzeigen (S. 120), zur Einheit zusammengehalten; die Farben insbesondere durch das sie alle ermöglichende Licht, durch den Raum sub specie des Lichts. Zugleich zeigen die Gesichtsempfindungen die einzelnen Dinge an – darunter z. B. auch den Menschen, seinen Körper, seine Organe, sein Blut. Die Empfindung wird am angezeigten Ding lokalisiert (S. 53 f., 119 f.).

Das Geräusch flackert nur ›von Zeit zu Zeit‹, zufällig auf (S. 122); es wird durch eine Tätigkeit verursacht, wodurch erst ein Diesda angezeigt wird (S. 121 f.) – z. B. durch den unartikulierten Laut ein Lebewesen. Die Geräusche zeigen, wie auch die Gesichtsempfindungen, stets ›Raumdinge‹ an (S. 123). Doch Gehörsempfindung und Angezeigtes werden von uns auseinandergehalten (S. 122 f.); auch nehmen wir nur disparate Geräusche wahr; sie zeigen nicht einen durchgängigen Zusammenhang an.

Auch die Sprachlaute sind Empfindungen, disparate Geräusche. Als Empfindungen sind auch sie ›absolut‹ und ›anzeigend‹. Sie unterscheiden sich aber von allen anderen Empfindungen dadurch, daß sie nur vom Menschen hervorgebracht werden, und daß sie daher, als einzige, stets und allein *ihn* anzeigen. Wo ein Sprachlaut, dort ein Mensch – und zwar nicht als ein Außen, als ein ›Raumding‹, vielleicht als Lebewesen, sondern der Mensch als wir selbst. Der Sprachlaut zeigt den Menschen in einer spezifisch menschlichen Tätigkeit an, die er freiwillig an sich selbst ausübt: als *Artikulieren*. Jedesmal, wenn ein Artikulieren vor sich geht, wird der Mensch angezeigt. Der Mensch (die Empfindung in ihm) zeigt den Menschen (das Artikulieren in ihm) als das auch diese Empfindung notwendigerweise und ausschließlich Angezeigte an. Was für die Gesichtsempfindungen der Raum bzw. das Licht, ist für die Sprachlaute der Mensch: in ihm, als dem Wesen, das artikuliert, werden sie zur Einheit zusammengehalten. Die Sprachlaute haben also nicht – wie jede Empfindung – allein als Wahrgenommenes, d. h. als Anzeigendes, ihren Ort im Menschen, sondern darüber hinaus – nur sie – auch als Hervorbringen, d. h. als Angezeigtes. Der Mensch – nur er – bringt durch sein ihm eigenes komplexes Sende-Organ[363] Sprachlaute hervor[364], und eben derselbe, der Mensch, nimmt sie wahr. Sie zeigen unser leibhaftiges (Raum) Selbst (Mensch) an. Sie allein gehen vom Menschen – als die Artikulationstätigkeit – aus und kommen somit auf ihn zurück: Der Empfindungsmechanismus der Sprachlaute ist rückbezüglich; es handelt sich um eine *reflexive Empfindung*. Sie sagt gleichsam von sich, lediglich auf sich selbst bezugnehmend: ›ein Ding (als Tätigkeit) ist da‹ und: ›ich, der Mensch (als Tätigkeit) bin da‹ in einem.[365]

Eine Zwischenbemerkung: Die isolierte Betrachtung des Sprachlauts beruht auf einer Fiktion. Wir erfahren ihn, das Artikulieren, nur in dem Zusammenhang des Sprechens. Sprechen und Artikulieren sind nicht zu trennen.[366] Eher noch könnte man den Sprachlaut als eine Komponente der Sprache ansehen, was auch die zusammengesetzte Benennung ›Sprachlaut‹ nahelegt. Doch erleichtert die zunächst durchgeführte fiktive Trennung und die vorläufige Klärung eines – wenn auch künstlich isolierten – Momentes die Erörterung der in diesem Kapitel gestellten Frage nach dem *Nennen* als der Bedingung der Möglichkeit von Sprache.[367]

Das Zusammenfallen von Anzeigendem und Angezeigtem im Artikulieren, das Reflexive, gilt aber nicht allein im Hinblick auf den Menschen als die zusammenhaltende Einheit, sondern darüber hinaus auch auf der Ebene der einzelnen Sprachlaute. Bei dem unartikulierten Laut, einem Schrei, einem Seufzer, kann ich nicht einzelne eindeutig unterscheidbare und nach Belieben genau wiederholbare Wahrnehmungen fixieren: es fehlt das Artikulieren.[368] Anders bei den Sprachlauten[369]: Ich, der Mensch, nehme den Sprachlaut kra – als Empfindung und somit als Anzeigendes – wahr, durch mein aufnehmendes Organ. Und ich, ebenderselbe Mensch, bringe ebendenselben Sprachlaut kra – nun als Tätigkeit, als Empfindungs*quelle*, als das Angezeigte – hervor, frei, durch mein Sende-Organ. Ich kann also einen und denselben Sprachlaut, sofern ich ihn artikuliere, als das Angezeigte (die Empfindungsquelle, die Tätigkeit), sofern ich ihn wahrnehme, als das Anzeigende (die Empfindung) ansehen, und zwar nur ich, der Mensch, den Menschen.[370]

Versuchen wir, auf einem Umweg dem geheimnisvollen Wesen des Sprachlauts näher zu kommen. Man weiß, daß die einfachen, die elementaren Wahrnehmungen, die bloßen, nackten Empfindungen, die den Stoff unserer Vorstellungswelt bilden, sich nicht definieren lassen, nicht weiter erklärbar sind (s. S. 120 u. Anm. 327); sie lassen

sich nur benennen: z. B. ›blau?‹ – blau! ›süß‹: was süß schmeckt, oder: der Zucker ist süß. Nun ebenso die Sprachlaute: was ist ›kra‹? – das, was ich als ›kra‹ wahrnehme. Sie sind ein Faktum wie die anderen erwähnten unerklärbaren Fakta, sie gehören zum ›Stoff‹, zur ›Materie‹ unserer Wahrnehmungen, doch mit dem Unterschied, daß sie allein dem Menschen eigen sind. *Ich* bringe sie *hervor*, während ›blau‹ oder ›süß‹ mir entgegentritt. Mit dem Benennen dieser einfachen Gegebenheiten (so auch die Menschen mit Eigennamen) stellen wir völlig Verschiedenes, Heterogenes einander gegenüber: Sache hier – Wort dort. Eine mit ihrem Namen identische Sache scheint undenkbar. Denn eine Sache (ein Etwas) ist in Raum und Zeit, mir gegenüber, *ich* nenne *sie*. Wenn es also eine Sache gäbe, die identisch mit ihrem Namen wäre, so müßte das heißen, daß diese Sache kein Etwas ist, sondern – Ich. Nun probieren wir:
Ich zeige stumm auf Blau (den blauen Himmel); was ist das? – blau; es *heißt*: blau.
Ich zeige stumm auf Süß (den süßen Zucker); was ist das? – süß; es *heißt:* süß.
Ich zeige stumm auf einen Menschen; wer ist das? – Hans; er *heißt:* Hans.
Stets unvergleichbare Dinge: Sache – Wort.

Nun zeige ich stumm auf einen vernommenen Sprachlaut, ›kra‹; wie benenne ich ihn? Wie *heißt* er? – ›kra‹! Sache oder Wort? Ein Wunder: Ding und Name, Sache und Wort fallen zusammen! ›kra‹ (als anzeigendes) = ›kra‹ (als angezeigtes). Der Verstand bleibt stehen: er stößt auf Faktum, Urfaktum, auf das Urphänomen unserer Wirklichkeit. Die Sprachlaute sind die einzigen Phänomene, die identisch mit ihrer Benennung sind.

Indem wir durch den Sprachlaut in einem erfahren ›ein Ding ist da‹ und ›ich, der Mensch, bin da‹ (S. 134), lassen wir das ›es ist‹ und das ›ich bin‹ zusammenfallen; wir erfahren: das ›Ding‹ bin ich selbst, das ›Ding‹ ist also kein Ding. Außerdem erfahren wir den Sprachlaut nicht gleichsam über den Umweg der Empfindung, sondern unmittelbar als eine an uns und von uns ausgeübte Tätigkeit (S. 133). Dies auch, wenn wir einen von einem Anderen artikulierten Sprachlaut hören, denn wir artikulieren ihn zugleich in unserer Vorstellung mit; wir erfassen ihn zugleich als von uns artikuliert. Das durch ihn Angezeigte, den Menschen, mich selbst, fasse ich nicht als fremdes, somit nicht als mir von außen her Gegebenes, eben nicht als Vorfindliches auf. Ebensowenig sehe ich den Sprachlaut, das Anzeigende, als ein mir entgegentretendes Fremdes an. Als reflexive Empfindung gehört er nicht, wie die anderen Empfindungen, zum Bereich des Diesda. Vielmehr ist der Sprachlaut das Gegenteil des Vorfindlichen; er ist *unsere Betätigung* schlechthin, die sich selbst – als Sprachlaut – und mich – als den Menschen – anzeigt. Ihr Merkmal ist die *Unmittelbarkeit*: in ihr zeigt sich unmittelbar – d. h. ohne Vermittlung eines Etwas – der Mensch als Mensch.

Wir haben das Tonphänomen als das *empfindungsfreie*, als das den räumlichen Bereich eliminierende Etwas kennengelernt. Wir nannten es deswegen ein Etwas sui generis (S. 52) und setzten es damit dem vorfindlichen Etwas entgegen. Ist das Tonphänomen ein *Etwas* sui generis (nämlich Relation: ein Etwas, das keine Empfindung ist), so ist der Sprachlaut eine *Empfindung* sui generis (nämlich reflexiv: eine Empfindung, die kein Etwas ist).

Beim Sprachlaut liegt das für sich Einleuchtende in dem spezifisch menschlichen ›Verfahren‹[371] des Artikulierens selbst; in ihm ist die Mitteilung enthalten, sie fällt mit ihm zusammen; es wird darüber hinaus kein für sich einleuchtendes Etwas mitgeteilt. Das Tonphänomen dagegen teilt uns ein für sich einleuchtendes Etwas mit: die Zahlenrelation. Aus diesem Grund ist ein gesungener Ton ohne erklingende Stimme nicht möglich; sie ist der Träger jenes Etwas. Doch für das den Sprachlaut Zustandebringende, das ihn formende Artikulieren als solches, ist Tongebung durch die Stimme nicht unbedingt erforderlich.[372] Wir können tonlos, und doch vernehmbar und – bis auf die Unterscheidung von stimmhaften Konsonanten – eindeutig artikulieren.[373]

Es ist eigentümlich, daß die Funktion des Ohrs als eines spezifisch menschlichen Organs in diesen zwei – man möchte sagen – Ausnahmefällen innerhalb des gesamten Wahrnehmungsbereichs gründet, dem Sprachlaut und dem Tonphänomen.[374] Die normale Gehörsempfindung, das Geräusch, wird von dem Ohr als spezifisch menschlichem Organ geradezu verpönt – es scheint ihm zu banal zu sein. Auch vermittelt es ja dem Ohr nicht ein Bild der Natur als eines durchgängigen Zusammenhangs (S. 122 f.). Das menschliche Auge gründet ganz und gar in der gewöhnlichen Gesichtswahrnehmung[375], während das Gehör in seiner spezifisch menschlichen Funktion das Organ des Zeitsinns ist.[376] Und die Zeit läßt sich durch Empfindung – als Geräusch[377] oder als Bewegung[378] – nur mittelbar, und daher nicht als Faktum, nicht einleuchtend fassen. Aber das menschliche Gehörorgan will doch unmittelbar mit der Zeit fertig werden: So nimmt es Zuflucht zum Tonphänomen und zum Sprachlaut. Das Tonphänomen haben wir ja als die ›reale Zeit‹ erkannt. Aber der Sprachlaut?

Reflexive Empfindung und Nennen

Ich wiederhole, daß der Sprachlaut nur im Zusammenhang des Sprechens seine Integration erhält, daß der isolierte Sprachlaut nicht als Eigenständiges aufgefaßt wird. Dies zeigt sich auch darin, daß für die einzelnen reflexiven Empfindungen keine echten Namen zur Verfügung stehen.[379] Ich bezeichne den einen, konkreten Sprachlaut, indem ich ebendieselbe reflexive Empfindung hervorbringe. Ich höre ›p‹: das ist ein ›p‹; ich wende lediglich jene merkwürdige Identität an, von der schon die Rede war.[380] Ich kann zwar ›pe‹ (oder ›ell‹ für l) sagen; aber auch das ist keine Benennung, sondern nur eine akustische Verdeutlichung der Bezeichnung, die dadurch zum Terminus wird; oder ich kann zur Bezeichnung ein optisches Zeichen verwenden: p.[381]. Erst wenn sich der Sprachlaut integriert hat, stellt sich eine echte, ursprüngliche Benennung ein: ›Wort‹. Dieser Name ist die adäquate Benennung des uns ursprünglich einleuchtenden Faktums, durch welches zugleich die Sprachlaute hervorgebracht werden und worin sich die reflexive Empfindung erst integriert.

Was ist aber das Wort? Wir unterscheiden in ihm drei Momente: a) die reflexive Empfindung, b) das eindeutig und scharf Abgegrenzte den benachbarten Worten gegenüber: das ›Zentripetale‹, c) das Bedeuten. Keines dieser drei Momente besitzt für sich Eigenständigkeit. Zum Faktum werden sie erst als Einheit, als Wort. Und umgekehrt: damit ein Wort zustandekommt, müssen diese drei Momente zusammenwirken; sie sind notwendige Bedingungen der Möglichkeit des *Nennens*. Durch a) wird das Nennen zum realen und reflexiven Vollzug, durch b) wird dieser zentriert, durch c) wird der zentrierte reflexive Vollzug zum Nennen, zum Wort. – Bedeuten und zentrierendes Artikulieren formen und verfestigen sich gegenseitig in dem einen Vollzug des Nennens, der zwingenden Verknüpfung beider.

Das Nennen weist nun eine Analogie zur Empfindung auf, insofern auch in ihm die Merkmale des Absoluten und des Anzeigenden angetroffen werden. Es ›zeigt absolut an‹, indem es bedeutet: Durch je ein Wort wird eine zwingende Verknüpfung des Artikulierens mit dem Genannten hergestellt; und diese Verknüpfung von Ding, Vollzug, Beziehungsmodus, Vorstellung ist je absolut.

Das Bedeuten ist ja auf einen den Sinnen wahrnehmbaren Träger angewiesen, mit dem es eine Verbindung eingehen muß. Als solcher fungiert im Nennen als Artikulationsvorgang die reflexive Empfindung. Warum ist nun das Nennen auf sie allein angewiesen, warum ist Nennen in Verknüpfung ausschließlich mit ihr möglich, woran liegt die Notwendigkeit dieser Verknüpfung?

Die Antwort lautet: a) weil Träger des Nennens kein Etwas sein kann. Und ins Positive gewendet: b) weil im Nennen das Reflexive enthalten sein muß.

Zu a). Das Nennen kann nicht einen beliebig gewählten Träger verwenden. Ein solcher Träger würde, da er nicht reflexiv wäre, als eigenständiges, z. B. akustisches oder optisches Medium fungieren. Wir würden dieses Medium primär als das, was es für sich ist, erfassen: als ein Empfindungs-Etwas, das ein Ding, ein Vorfindliches anzeigt (S. 119f.). Erst sekundär hätte dieses Etwas außerdem eine Bedeutung zu tragen, mit der wir es nachträglich belasten würden. Wir würden es damit als Medium verwenden: als Zeichen, womit wir etwas – die Bedeutung – bezeichnen.[382] Bezeichnen aber hat mit dem Nennen, dem echten, ursprünglichen Nennen, nichts gemein. Denn das Nennen besteht nicht darin, daß ich eine Bedeutung – vermittels eines Mediums, eines Vorfindlichen – bezeichne, sondern darin, daß ich – ursprünglich, ohne jegliche Vermittlung – be-deute. Das Bedeuten ist das Nennen selbst, vollzieht sich unmittelbar, zwingend, von selbst einleuchtend als das Nennen. Das Empfindungselement darin muß daher so beschaffen sein, daß es in ihm aufgeht.

Die reflexive Empfindung ist es, die, vom Menschen geradezu hervorgerufen, die zentrale Aufgabe übernimmt, als Träger des Nennens zu fungieren. Aber sie geht zugleich im Nennen auf, sie konstituiert sich überhaupt erst darin. Und umgekehrt ist ihr Mitwirken notwendig, damit sich das Nennen konstituiert. Sie zeigt, und zwar notwendigerweise, nur *sich* – und zugleich den Menschen als Artikulierenden – an. Sie ist daher willig, das Wahrnehmbarmachen des Bedeutens zu übernehmen, ja, bei dessen Zustandekommen aktiv zu sein. Durch die Identitätsgleichung kra = ›kra‹ (S. 135) wird das sonst Eigenständige der Empfindung und des Angezeigten eliminiert. Dadurch wird der reflexiven Empfindung ermöglicht, als *primäre* Verknüpfung mit dem Erfassen des Bedeutens – und nicht wie beim Zeichen erst sekundär mit Bedeutung belastet – im Nennen eingesetzt zu werden und somit in ihm aufzugehen.[383]

Zu b). Auf eines allerdings kann die reflexive Empfindung nicht verzichten, denn dadurch würde sie sich gänzlich verleugnen: darauf, daß sie sich selbst anzeigt, auf das Reflexive. Aber sogar diese, sie ausmachende Eigenschaft erfassen wir im Nennvollzug gar nicht als eine selbständige Funktion des Artikulierens, gar nicht für sich: so diskret ist das Wirken der reflexiven Empfindung, so sehr geht sie im Nennen auf. Das Reflexive des Sprachlauts springt auf das Nennen über, wird von ihm übernommen, gleichsam völlig aufgesaugt. Es streift jeglichen Rest seines Haftens an der Wahrnehmungsebene ab, wir erfassen es nicht mehr als eine Eigenschaft der Sprachlautempfindung; es wird zur Komponente des Nennens, des Bedeutens selbst.[384]

Das besagt aber: Im Nennen bedeute ich nicht allein die ›Dinge‹ (meine Vorstellungen inbegriffen), sondern *mich zugleich*. Darin besteht der Unterschied zwischen Nennen und Bezeichnen; er richtet eine nicht zu übersteigende Mauer zwischen beiden auf.

Daß das Bedeuten Ding und Mensch in einem erfaßt, weist darauf, daß im Namen – anders als etwa im Begriff – eine ungebrochene Einheit vorliegt: »Denn dasselbe ist Sich-Bekunden und Reales«[385]. Erst auf abgeleiteter Stufe zerfällt diese Einheit in Subjekt und Objekt – woraus u. a. das Bezeichnen, der Begriff, die Definition erfolgen. Beim Nennen steht nicht ein Ich hier und ein Ding dort, sondern das X bedeutet *sich*[386]: es bedeutet sich durch sein nennendes Organ, den Menschen; es bekundet sich, es wird zum *Realen*.[387]

Vernehmen

Wir stellen die Fragen:
1. Wie wirkt sich das Reflexive auf das Verhältnis von Hervorbringen und Wahrnehmen des Sprachlauts aus?
2. Wie wirkt sich die Verknüpfung von Bedeuten und Artikulieren aus?
3. Wie wirkt sich das Verhältnis von Hervorbringen und Wahrnehmen der reflexiven Empfindung im Nennen aus?

Diese drei Fragen korrespondieren mit den drei im Wort unterschiedenen Momenten (S. 137). Sie fassen das Nennen ins Auge

1. auf der Stufe der reflexiven Empfindung,
2. auf der Stufe des bedeutenden Artikuliervollzugs,
3. auf der Stufe des Bedeutens.

1. Wie wirkt sich das Reflexive auf das Verhältnis von Hervorbringen und Wahrnehmen des Sprachlauts aus?

Bei der gewöhnlichen Empfindung (das Geräusch inbegriffen) besteht das Phänomen – das Einleuchtende – im Wahrnehmen eines Etwas; bei der reflexiven Empfindung dagegen im Wahrnehmen der spezifisch menschlichen Betätigung, ohne Vermittlung eines Etwas, unmittelbar (S. 136). Bei der gewöhnlichen Empfindung liegt die Korrelation Ding – Empfindung vor; bei der reflexiven Empfindung dagegen: Artikulieren – Sprachlaut. Die gewöhnliche Empfindung impliziert Dinge, Natur (den Naturraum); die reflexive Empfindung dagegen Artikulieren, den Menschen als Artikulierenden: Wie das

Grün des Blattes nichtig ist ohne das Blatt, wodurch es hervorgebracht wird, so der wahrgenommene Sprachlaut ohne den artikulierenden Menschen, der ihn hervorruft. Nun: bei der gewöhnlichen Empfindung ist die Empfindung *meine* Wahrnehmung, und das Angezeigte ein sie hervorbringendes Ding (die Tätigkeit von Dingen inbegriffen); bei der reflexiven Empfindung dagegen ist der Sprachlaut *meine* Wahrnehmung, und außerdem das Angezeigte, das Artikulieren, *mein* Hervorbringen. Projiziert sich daher bei der gewöhnlichen Empfindung das Ding als Vorfindliches auf die Empfindung als Etwas, und wird allein sub specie des Empfindungs-Etwas von mir wahrgenommen, besteht also das Phänomen im Wahrnehmen dieses Etwas allein, so erfasse ich die reflexive Empfindung – das *eine* Phänomen – gesondert von zwei Seiten her, und zwar gleich ursprünglich, gleich unmittelbar, gleich eigenständig: als Wahrnehmen *und* als Hervorbringen. Das Phänomen der reflexiven Empfindung ist gleichsam janusköpfig: es zeigt sich als Sprachlaut oder als Artikulation, je nach der Seite, von der man es anschaut, ist aber in beiden Fällen dasselbe; es zeigt den einen Menschen als Sprachlaute wahrnehmend oder als artikulierend[388]. Anders gesagt: ich höre einen Sprachlaut, und ich weiß, ich kann ihn ebenso ursprünglich hervorbringen. Hervorbringen und Wahrnehmen sind in mir geradezu eins. In der reflexiven Empfindung nehme *ich* als Hervorbringender *mich* wahr.[389] Ich erfasse mein Wahrnehmen – gleichgültig, ob *ich* artikuliere oder ein anderer – zugleich als *mein* Hervorbringen. Und auch das Wahrnehmen von seiten eines anderen Menschen erfasse ich zugleich als *mein* Wahrnehmen. Die reflexive Empfindung ist kein ›Naturphänomen‹[390], sondern ein *den Menschen Gemeinsames*.

Das Artikulieren ist wie eine Durchzuckung, die den Menschen durchfährt; der Natur gegenüber ist es wie das Abschneiden der Nabelschnur, ein Emanzipieren. Denn die Natur nimmt sich nicht wahr; der Artikulierende aber nimmt sich – als hervorbringend – wahr. Dieses ›sich‹, das Reflexive, durchbricht – transzendiert – die Natur. Es bewirkt, daß der Wahrnehmende die reflexive Empfindung als die menschliche *Anlage* erfaßt, in der sich das *Sich*-Wahrnehmen erfüllen kann: eine Anlage für das als Bedeuten erfüllte Artikulieren.

2. Wie wirkt sich die Verknüpfung von Bedeuten und Artikulieren aus?

Beim Nennen geht die reflexive Empfindung im Bedeuten auf. Die zwei Momente, Artikulieren und Bedeutendes, lassen sich im Wort nicht auseinanderhalten; so innig ist die Verknüpfung beider (vgl. auch Anm. 384). Wie kommt diese Verknüpfung zustande?

Der Sprachlaut ist eine Empfindung, ein Geräusch; er wird daher als Absolutes wahrgenommen. Das Bedeuten stellt sich ebenfalls als

Absolutes ein (S. 137); es wird als das Wort wahrgenommen. Wir müssen also das Absolute der Empfindung und das Absolute des Wortes zunächst auseinanderhalten.

Ein Wort ist ein- oder mehrsilbig. Gehen wir vom Artikulieren aus, so dürfen wir über den einzelnen Sprachlaut hinaus auch die eine Silbe – z. B. ›strup‹ – als nur *eine* Empfindung ansehen: es sind zwar einzelne Sprachlaute unterscheidbar, doch diese werden durch *ein* Artikulieren zusammengehalten. Aber bei den mehrsilbigen Wörtern scheint eine Diskrepanz zwischen dem Absoluten des einen Artikulierens und dem des einen Bedeutens zutage zu treten. Bliebe es dabei, so wäre die Verknüpfung von Artikulieren und Bedeuten nicht so innig, sie würden nicht in eins verschmelzen.

Nun aber ist die Konkretisierung des Bedeutens im Artikulieren gleichsam zeitlos. Sie stellt sich ein als der *Augenblick* des Bedeutens. Die der Empfindung analoge Korrelation Artikulieren-Bedeuten bringt mit sich, daß diese Realisierung des Bedeutens das Artikulieren zentriert, es als Wort zusammenhält. Um das ›im Nu‹ sich einstellende Bedeuten herum, um diesen einen Augenblick gruppiert sich, durch die Prägungskraft des Bedeutens zusammengehalten, eine konkrete, unverwechselbare, ein- oder mehrsilbige Artikuliertraube. Sie wird gegebenenfalls zugleich – auch mittels der Flexion oder durch Hinzufügung von Silben – in einem sprachlichen Zusammenhang verankert. Dieser eindeutig abgegrenzte Artikuliervollzug ist das Wort, ein in ein Diesda konsolidiertes, *zentripetales* – durch das Bedeuten zusammengehaltenes – Gefüge.[391]

Die deutsche Sprache[392] macht wie keine andere in ihrem Artikulationsmechanismus dieses ›in einem Augenblick‹ Sich-Ereignen des Bedeutens ausdrücklich: das Bedeuten konzentriert sich auf *einen* Punkt, äußert sich explosiv als die – durch das Bedeuten bedingte – Betonung und wird zum Generationskern des Wortes. Dieses Moment prägt die das Bedeuten tragende Silbe (die Wurzelsilbe) und zugleich zentriert es, auch auf der Wahrnehmungsebene, ausdrücklich den Artikuliervorgang als die bedeutungsbedingte Einheit.[393] Durch ihn wird das Wort – das einfache Grundwort (Wurzelwort) – unauflösbar zusammengehalten.

3. Wie wirkt sich das Verhältnis von Hervorbringen und Wahrnehmen der reflexiven Empfindung im Nennen aus?

Der Drang zu Bedeuten nötigt uns das zentripetale Artikulierverfahren ab. Die dabei stattfindende, im Deutschen ausdrücklich gewordene innige Verknüpfung von Artikulieren und Bedeuten konsolidiert das Artikulieren, indem sie es zentripetal formt, und überträgt das sich als undurchstoßbares Faktum einstellende Absolute der Empfindung, es verwandelnd, auf das Bedeuten. Dieses, das Wort, wird als ein das Signum des Realen tragendes ›Monogramm‹ vollzogen, als bedeutendes Artikulieren, als artikulierendes Bedeuten; indem ich bedeute, fügt sich das Artikulieren zentripetal; und: indem ich das Artikulieren als Zentripetales hervorbringe, bedeute ich.

Wir schlossen nun die Erörterung der ersten Frage mit der Bemerkung, der Mensch werde in der reflexiven Empfindung als eine *Anlage* erfaßt, ›in der sich das Sich-Wahrnehmen erfüllen kann: eine Anlage für das als Bedeuten erfüllte Artikulieren‹ (S. 140). Demnach soll das bedeutende Artikulieren, das ›Monogramm‹, eine Erfüllung des Sich-Wahrnehmens, der realen Einheit Hervorbringen-Wahrnehmen (S. 140) sein. Inwiefern trifft dies zu?

Im ›Monogramm‹ ist die reflexive Empfindung, somit die reale Einheit von Hervorbringen und Wahrnehmen enthalten, aber in Bedeuten verwandelt. Vergegenwärtigen wir uns den Wandel der Verknüpfung ›absolut-anzeigend‹ von der Stufe der Empfindung bis zur Stufe des Bedeutens: Durch die Empfindung wird Vorfindliches angezeigt. Dagegen zeigt die reflexive Empfindung nur sich selber an. Durch die Verbindung, die sie mit dem Bedeuten eingeht, zeigt sie erneut – und über das Sich hinaus – an; doch ebenfalls keine Dinge, sondern – nunmehr – Bedeutungen: sie bedeutet. Wenn ich bedeute, bringe ich ein zentripetales Artikulieren hervor. Dieses verhält sich zum Bedeuten wie die Empfindung zum Ding, wie das Absolute zum Angezeigten: wie das Wahrgenommene zum Hervorbringenden. Das Bedeuten fungiert also als das Hervor*bringende*, nicht als das Hervor*gebrachte*: es tritt an die Stelle des Dings. Doch dieses Verhältnis läßt sich auch umkehren: das Artikulieren ist ja ein Hervorbringen, und der Sprachlaut – den ich nun auf der Stufe des Bedeutens als den ›Wortlaut‹ wahrnehme – das Hervorgebrachte. Jetzt also fungiert das wahrgenommene Bedeuten des Wortlauts als das Hervorgebrachte. Diese Möglichkeit der Umkehrung beruht auf dem Reflexiven der Empfindung, auf der Einheit von Hervorbringen und Wahrnehmen (S. 140). Anders gesagt: das Wort ist eine *reflexive* Einheit: es trägt das Bedeuten bei *sich*.[394] Es ist *das Reflexive* als Reales.[395]

Nun aber dürfen wir auf der Stufe des Nennens nicht von ›Wahrnehmen‹ sprechen. Sagten wir früher: bei der reflexiven Empfindung nehme ich als Hervorbringender mich wahr (S. 140), so müssen wir jetzt sagen: beim Nennen ›erfasse‹ ich mich als Hervorbringender, deutlicher: als Nennender. Ich nenne, indem ich das Bedeuten hervorbringe. Und erst weil ich das Bedeuten konstituieren kann, leuchtet mir sein ›Wahrnehmen‹ ein: Ich erfasse es zugleich als – mein – Hervorbringen: erst so *vernehme* ich es.

Die drei Momente, die wir im Nennen unterschieden haben,

(S. 139), lauten jetzt: a) das ›*Sich*‹ – zunächst an der reflexiven Empfindung bemerkbar, b) das als das zentripetale Artikulieren sich hervorbringende Bedeuten: dessen Sich-Konstituieren, c) das Einleuchten, das Evidente als das Bedeuten. Diese drei Momente zusammen machen das Nennen als das Vernehmen aus. Ich kann nicht vernehmen, d. h. das Evidente des Bedeutens erfassen, ohne zugleich *mich* darin nicht nur aufgrund der reflexiven Empfindung wahrzunehmen, sondern zu vernehmen. Indem ich das Bedeuten als *mein* Hervorbringen – ohne Vermittlung eines Etwas: unmittelbar, reflexiv – erfasse, vernehme ich *es*, und zugleich *mich*.[396]

Insofern das ›Sich‹ nicht allein auf der Ebene der Empfindung, sondern in allen drei Momenten mitschwingt, enthält das Bedeuten in einem eminenten Sinn das Reflexive: es ›reflektiert‹ das X als artikuliertes Bedeuten (verwandelt das X in Evidentes); und außerdem ist das Vernehmen *an sich* ein Sich-selbst-Reflektieren, Sich-selbst-Sehen, Sich-selbst-Bekunden: indem wir vernehmen, vernehmen wir zugleich uns selbst.[397] Wir vernehmen uns jeder für sich und zugleich gegenseitig. Darin bekundet sich das den Menschen Gemeinsame (S. 140) – nun nicht als bloße Anlage, sondern erfüllt. Das Sich-Vernehmen gründet Person und Gemeinschaft in einem. Es fällt zusammen mit dem Nennen von ›ich‹, ›du‹, ›er‹, ›wir‹.[398]

Damit aber wird das schon auf der Stufe der reflexiven Empfindung vorbereitete Emanzipieren (S. 140) vollzogen: Das Nennen verwandelt das Lebewesen ›Mensch‹ in schlechthin Andersartiges: in ein Wesen, das sich selbst vernimmt. Mensch geworden, wird dieser aber nun schlechthin vernehmend: er kann ein jedes Naturphänomen – sich selbst als ›Naturphänomen‹ inbegriffen –, alles, was er gewahr wird, sub specie des Vernehmens erfassen: er nennt. Damit wird aber das ›Sich‹ – der vom ›Naturphänomen‹ emanzipierte Mensch – in jegliches Bedeutete einbezogen. Das X legt, zugleich mit uns, das ›Natürliche‹ ab; es fungiert nicht mehr als das lediglich auf uns Wirkende, sondern es wird, zusammen mit uns, in Vernehmen[399] verwandelt. Vernehmen ist nur in der Form der unlöslichen Einheit von X und ›Sich‹ möglich. Darin bekundet sich der Mensch als das konstituierend vernehmende Organ des Alls, sich selbst inbegriffen. Das All – der Mensch inbegriffen – bekundet sich als das sich durch sein nennendes Organ vernehmende Eine.

Die frühere Formulierung (S. 139) kann jetzt etwas abgewandelt und ergänzt werden: Das X bedeutet *sich*, indem es sich *vernimmt*: durch sein nennendes – d. h. konstituierend vernehmendes – Organ, den Menschen; es bekundet *sich*, es wird zum Realen.

Wir sagten, das Wort trägt das Bedeuten bei sich.[400] Es begibt sich also nicht – wie die Empfindung (S. 119 f.) – zu den Dingen hinaus, sie anzeigend, sondern es zieht diese in den geschlossenen Kreis des Nennens herein; es nimmt sie auf. Bildlich vorgestellt: Ein Pneuma, ein Hauch – das Artikulieren –, der aus dem nennenden Organ, dem Menschen, zunächst als das Sich-Wahrnehmen hervorgeht, berührt das X und wird von ihm berührt: er fängt es ein, er empfängt, und wird so zu einem erfüllten, zu einem geformten Hauch: zum Wort, zum Nennen.

Wir nehmen das X als Diesda wahr. Indem wir es aber benennen, verwandeln wir es in ein Diesda sui generis; das Vorfindliche in dessen *Sich-Bekunden*, in dessen Vernehmen, in schlechthin Andersartiges als die Natur. Es ist nicht mehr das All als ›Natur‹, sondern das All als ›Reflexion‹, als Ver-Gegenwärtigung; nicht mehr das All als Räumliches, sondern als das Vergegenwärtigen: als das Festfassen des Augenblicks. Das Sich-Bekunden – das zugleich das meine ist – trägt das Merkmal der Evidenz. Das Nennen nagelt die Evidenz des Diesda gleichsam fest, indem es auf sie absolut hinweist – sie ›hervorrufend‹[401]. Das Nennen ist ein *Hinweisen*. Zeigt die Empfindung ein Vorfindliches an, so *weist* das Nennen *hin*: auf das Diesda als Evidentes.

Das Evidente läßt sich weder ›verstehen‹[402] noch erklären. Ich trage lediglich die Gewißheit davon. Weder also verstehe ich, noch bezeichne ich einen Begriff, indem ich nenne. Mit dem Nennen ›blau‹ z.B. stellt sich weder ein Verstehen noch eine Definition des Blau ein[403]: Ich stoße auf dieses Faktum; ich kann es nicht durchstoßen; statt dessen verwandelt sich dieser Aufprall auf die undurchstoßbare Wand, mich einbeziehend, in Nennen: ›blau‹. Dadurch weise ich hin auf diese Farbe als Diesda – auch ohne daß sie gegenwärtig sein muß –, ich werde darauf, und in einem auf mich, hingewiesen.

Das aber gilt für jedes echte Nennen. Seine Eigenart erfassen wir deutlich bei elementaren Fakten, die uns so gewiß und unbegreiflich in einem, so evident sind, daß uns nichts anderes übrig bleibt, als sie zu nennen: ›Licht‹, ›Zeit‹, ›Raum‹, ›Sehen‹, ›Hören‹, ›Ding‹, ›du‹, ›Hans‹ ... Solchen Fakten stehen wir, trotz – oder eher wegen – der damit verbundenen Gewißheit, so ratlos gegenüber, daß daraus wie aus Verzweiflung das Nennen entspringt. Das echte Nennen erfaßt das X stets unmittelbar und absolut sub specie des Diesda.[404] So erfasse ich ›Tisch‹, ›Baum‹ sowohl vom Wortlaut als auch vom Bedeuten/ Hinweisen her ›zentripetal‹, weil gleichsam auf *einen* Punkt konzentriert. Aber ebenso geht das Nennen auch dann vor sich, wenn das Genannte, z.B. ›Baum‹, *außerdem* umschrieben, oder sogar – nun als ›Objekt‹ – in Begriff aufgelöst, definiert oder logistisch bezeichnet werden kann. Wenn ich ›Baum‹ *nenne*, ist er dieses Absolute, als Diesda, als nicht weiter Zurückführbares, sei es ›dieser Baum‹, sei es ›ein anderer Baum‹, seien es ›Bäume‹ oder ›alle Bäume‹. Was sich einstellt, ist stets das sich als ein unauflösbares Ganzes bekundende Phänomen: ›Diesda‹ als das, was Baum ›ist‹. Stets stellt sich das merkwürdige, plötzliche Einleuchten des Nennens ein: staunend werden wir gewahr, wir weisen hin, wir werden herausgefordert zu nennen. Das gilt nicht etwa nur für die Substantive, Adjektive und Verben, sondern für alle Wortarten: Auch ein ›aber‹[405] stellt sich als ein ›evidenter‹ Beziehungsmodus ein.

Daß das Ersetzen eines Wortes durch Umschreibung stets eine Lücke hinterläßt – nämlich die Lücke des ›Diesda‹ –, zeigt, daß dem Wort eine Würde innewohnt: die Würde des Realen, die aus dem Nennen hervorleuchtende Evidenz, geradezu das Nicht-zu-Verstehende oder Nicht-zu-Erklärende. Indem ich dieses Absolute nenne, räche ich mich gleichsam dafür, daß ich es sonst nicht fassen kann. Ich zeige darauf mit dem Finger, und Ihr alle müßt es sehen, ich prangere es an, wie man die Hexe im Mittelalter anprangerte. Was hatte man dabei von ihr ›verstanden‹? Man hatte auf sie hingewiesen! Durch die Sprache verständigen wir uns über das Nicht-zu-Verstehende, indem wir kraft des Nennens real darauf hinweisen.

Am krassesten zeigt sich dieses Spezifische des Nennens bei den Eigennamen, weil hier jeweils auf dieses *eine* Diesda hingewiesen wird. Das Nennen ist wie das Hinweisen des Johannes[406]: von Grund auf anders als jegliches Verstehen oder Erklären, und zugleich viel mehr.

Vater unser, der du bist im Himmel, geheiligt werde dein Name: Das Staunen davor, daß es ›Vater‹ – hier ›Vater‹ schlechthin – überhaupt gibt, unbegreiflich, unverstehbar, bewirkt das Nennen ›Vater‹. ›Vater unser im Himmel, geheiligt werde *dein Name*‹ – mehr kann ich nicht sagen. ›Dein Name‹ wird zum Stellvertreter für das schlechthin Andersartige: der Name davon oder des das Staunen Bewirkenden, dessen was wir ›Gott‹ nennen; das wird geheiligt. Das Wunder des Staunens, die im Menschen verankerte Voraussetzung und der Anfang alles Nennens, ist eingefangen im Beginn des *Vater unser*.[407]

Nennen, Zeit, Akt

Im Nennen ist die reflexive Empfindung enthalten. Diese aber ist zugleich ein Geräusch (S. 133). Das Geräusch – eine Empfindung – ist absolut. Das besagt: Die Aufeinanderfolge von Geräuschempfindungen bildet keine einleuchtende Relation; das Moment dessen, was wir Rhythmus nennen, ist hier nicht konstitutiv[408]; die Aufeinanderfolge wird als zufällig erfaßt, sie ist keine notwendige Folge der Empfindung selbst, sondern sie wird von woanders her bedingt (vgl. auch

S. 122 ff.).). Obwohl das Geräusch ›in der Zeit‹[409] stattfindet, läßt sich durch die Geräuschempfindung als solche die Zeit nicht bewältigen; es steht das mit der Geräuschempfindung und dadurch auch mit der Zeit gekoppelte Raum-Etwas im Wege (S. 123).

Auch eine Artikulierfolge ist eine Folge von Geräuschen, ein Hintereinander in der Zeit, ›braucht Zeit‹[410] – doch nicht die vom Nous erfaßte Zeit als Zählen, sondern die Zeit als das Währen[411], das gleichsam als leerer Behälter schlechthin alles enthält. Im Hintereinander einer Artikulierfolge als Geräuschhaftes ist weder ›Zeit‹ noch ›Hintereinander‹ positiv faßbar.

Nun aber zeigt der Sprachlaut, als die reflexive Empfindung, nicht, wie sonst das Geräusch, ein Raum-Etwas, nicht die Tätigkeit eines irgendwo im Raum lokalisierten Vorfindlichen an, sondern mich, den Menschen, durch meine spezifisch menschliche, unmittelbare, die Vermittlung eines Etwas ausschließende Betätigung: diese schlägt keine Brücke zum Raum; sie eliminiert den Raum. Sie bleibt ausschließlich ›in der Zeit‹ – als Sprachlaut-Geräusch-Vorgang *muß* sie ja in der Zeit stattfinden. Die reflexive Empfindung meldet sich aber als Absolutes; und so auch das Bedeuten. Zeit bekundet sich hier als Absolutes, nicht als Relation wie im Tonphänomen. Kann sich denn die Zeit als Relation *und* als Absolutes bekunden? Birgt das nicht einen Widerspruch? – Die reflexive Empfindung geht im Nennen auf: Wie verhalten sich Nennen und Zeit?

Im Nennen werde ich der Evidenz gewahr: ich *vergegenwärtige* mir real – d. h. als Nennen – das Diesda als das Evidente. Das Diesda – ich, der Mensch, inbegriffen – wird in Gegenwart verwandelt, es schlägt in Gegenwart um.

So wie das Hinweisen ›zentripetal‹ geformt ist, sich nicht explizieren oder umschreiben läßt (S. 144), so ist es auch als das Sich-Vergegenwärtigen auf *einen* Punkt konzentriert. Es ereignet sich auf *einmal*, und zwar in doppelter Hinsicht: a) als das plötzlich sich mit dem Nennen einstellende Einleuchten, b) als die explosive Betonung, um die sich die Artikuliertraube gruppiert (S. 141). Es ereignet sich real als die Verknüpfung von Bedeuten und Artikulieren. Das Nennen vollzieht sich ›im Nu‹ (vgl. S. 141); es stellt sich ein als der ›bedeutende Augenblick‹: als das durch das reale Hinweisen erfüllte *Jetzt*. Darin treffen sich das Vergegenwärtigen und die in zentripetales Artikulieren verwandelte reflexive Empfindung, die nun das genuine Jetzt – somit auch mich als Jetzt – wahrnehmbar macht, es ›anzeigt‹. Das Nennen bekundet sich als ein sich ›im Nu‹ ereignender *Akt*, als der Akt der Vergegenwärtigung, der Nennakt. Das ›Vollziehen‹ der reflexiven Empfindung geht im Akt des Nennens auf.

Durch den Blitz des Nennaktes getroffen, wird das Jetzt gleichsam stigmatisiert, wird zum *Mal* des Menschen; es leuchtet als die Evidenz, es wird durch das Signum des Realen geprägt. Es wird untilgbar.

Wiederholt gebrauchte ich das Wort ›real‹. Gemeint ist: das ›einleuchtende Faktum‹. Als Faktum wird das bezeichnet, was sich wie eine undurchstoßbare Wand einstellt. Ich kann von diesem Faktum nichts Weiteres wissen, als *daß* ›es ist‹; ich kann es nicht etwa ›verstehen‹ oder in Begriff auflösen. Darüber, daß ich darauf stoße und es nicht durchdringen, mir nicht aneignen kann, stellt sich ein *Staunen* ein. Im Realen ist aber zugleich das von selbst Einleuchtende enthalten, dadurch daß mit ihm stets eine unmittelbar darauf bezogene Wahrnehmung verbunden ist.[412]

So wird das Reale als Evidentes erfaßt. Es trägt das Mal der konkreten *Gewißheit*; einer *konkreten* Gewißheit, die sich unmittelbar einstellt, die sich wie die Axiome[413] als Unableitbares bekundet. Das konstituierende Moment dieser konkreten Gewißheit ist das *Stoßen auf Faktum*, nichts ›Innerliches‹, ›Geistiges‹, über der Wirklichkeit Schwebendes. Sogenannte Verinnerlichung, Vertiefung, ist zugleich eine Verflüchtigung des Realen; ein Mangel an Gedächtnis des Ursprungs: des Zusammenstoßens mit dem X. Das Reale kommt zustande entweder als Etwas (sei es durch Empfindung, sei es durch das Tonphänomen) oder als ›Akt‹ (Nennen). Aber der Akt – Bedeuten, Vernehmen, Hinweisen, erfülltes Jetzt – ist das ursprüngliche Reale. Das Reale als Etwas setzt das Reale als den Nennakt voraus: Daß man sich ein Etwas vergegenwärtigen kann, setzt voraus, daß man sich überhaupt vergegenwärtigen, d. h. aber Nennakt vollziehen kann.

Nur als im Nennakt enthalten lernen wir das Artikulieren de facto kennen: als die zentripetale Artikuliertraube, die sich einstellt, indem wir das staunende Sich-Vergegenwärtigen (Gewahrwerden, Hinweisen, Bedeuten) konkretisieren, real machen. Der Akt der Vergegenwärtigung trägt so stark in sich die Potenz zum Realen, daß er uns das adäquate reale Vollziehen als den Akt des Artikulierens abnötigt[414]; *real*: Widerstand bietend; *adäquates Vollziehen*: reflexive Empfindung; *Akt*: die Artikuliertraube bzw. -folge als das Reale, das Sigel der Vergegenwärtigung. Vergegenwärtigungs- und Artikulierakt fallen zusammen, sind eins.[415]

Der Mensch ist das Wesen, in dem sich Reales einstellt; er ist der Exponent, in dem das X in Evidenz umschlägt. Und er selbst ist durch den Nennakt ein Reales. Das Reale als Akt, das Nennen als das reale Jetzt, ist das den Menschen Konstituierende. Es ist die Gewißheit schlechthin.

Reales Jetzt und Zeit

Wie verhält sich nun das Nennen als das reale Jetzt zu der Zeit?

Das Nennen wird zentripetal geformt. Die stetig fortlaufende Zeit läßt sich aber nicht umkehren; sie läßt sich somit auch nicht zentripetal umformen. So ist auch die im Tonphänomen verkörperte Zeit das Gegenteil des Zentripetalen (Anm. 391). Das Wort ballt. Die Zeit ballt nicht; sie läuft – seit ›ehedem‹. Das Bedeuten hat keine Zeitbeschaffenheit; es ist aber zugleich das reale Jetzt. Dieses nun wird von uns als ein realer ›Punkt‹ innerhalb der ›gelebten Zeit‹[416] erfaßt, als ein einleuchtender ›Zeit-Punkt‹: Das Einschlagen des jenseits der Zeit sich ereignenden Nennaktes in die gelebte, fortlaufende, ›reißende‹ (Hölderlin) Zeit ballt sie, bändigt sie, gibt ihr festen Halt, macht sie durch die leuchtenden, weil realen Jetzt-Punkte selbst leuchtend und zum einleuchtenden Faktum, verwandelt sie in Reales. Das je zeitlose Bedeuten und die reißende Zeit konsolidieren sich gegenseitig zum ›Monogramm‹, dem Wort. Es wird die Zeit als ein nun vom Menschen gestifteter, d.h. aber: als ein *realer* Zusammenhang ermöglicht. *Der Nennakt stiftet die Zeit.* In ihm als dem untilgbaren Mal gründet das ›Ist‹, ›War‹, ›Wird‹, und die Möglichkeit ihrer Verknüpfung.

Der Nennakt, der Akt der realen Vergegenwärtigung, ist das Gewahrwerden des Jetzt als des Realen. Der Nennakt ist nichts: ein ›bloßer Augenblick‹, und alles: das sich als Jetzt einstellende ›All‹ (mich, den Menschen, inbegriffen), das Vernehmen und Vernehmbarwerden. Jedesmal wird im Nu die ›Natur‹ in Vernehmen, der Inbegriff des ›Etwas‹ in ›Jetzt‹ verwandelt.[417] Der Nennakt ist die Fülle, ist das staunende Gewahrwerden des X, mich inbegriffen. Er *ereignet* sich aus der *Freiheit* heraus. Er *ist* die Freiheit. Er stempelt den Menschen zum freien Wesen. Er ist das Aufblitzen der Kontaktfläche von All und Jetzt, der Aufprall der Freiheit auf die Natur – zugleich der Akt, wodurch sie beide erst als menschliche Wirklichkeit geschaffen werden, woraus sie entspringen. Hier finden wir das Phänomen der Freiheit in seiner Ursprünglichkeit, den Bereich der Verantwortung. Seine ethische Anwendung, das Gebiet des Praktischen, der kategorische Imperativ, ist nur eine Folge – nur eine der Folgen; auch Wissenschaft und Kunst sind erst als Folgen des Nennvermögens möglich (darüber Kap. IV).

Der Nennakt stiftet die Korrelation All-Jetzt. Erst dadurch wird aber Reales überhaupt ermöglicht. Der Nennakt stiftet das Reale; er ist der *Ursprung*. Er ist der Ursprung der Evidenz, der Ursprung des Realen; und so stiftet er die Zeit als ein Reales: als das reale Jetzt.

Als den Menschen konstituierend, nimmt ihn der Nennakt unmittelbar je *auf einmal* gänzlich in Anspruch. Ein reales Jetzt ist ein Totales; daher erträgt ein Nennen gleichzeitig kein zweites, sondern verdrängt dieses gleichsam an die nächstfolgende Stelle. Die Sprache ist ein striktes Hintereinander. Anders gesagt: Weil das Nennen nicht von der Zeit herkommt, muß die Sprache ein streng zeitliches Hintereinander sein.

Der absolute Nennakt ereignet sich je als ein diskretes reales Jetzt[418]. Das Nennen der Jetzte[419], ihr Hintereinander – die Sprache – ist also diskontinuierlich. Die diskontinuierlich zusammenhängende Rede wird in den kontinuierlichen Strom der ›fortlaufenden‹ Zeit, in die Zeit als das Währen[420] gebettet. So wie mit dem Zählen der Jetzte in einem der notwendige Zusammenhang der vorherigen und nachfolgenden Jetzte gestiftet wird, so verhalten sich Wort und Satz zueinander: Der Satz ist der notwendige durchgängige Zusammenhang der Nennakte.[421]

Nun aber geht mit dem zeitlichen Hintereinander der zusammenhängenden Rede nicht notwendig ein zeitliches Hintereinander des bedeuteten Zusammenhangs einher; die Wortfolge muß keineswegs damit kongruent sein. Ja, es ist ihr selbstverständlich, Sinngehalte einzufangen, die überhaupt nicht als zeitliches Hintereinander vorgestellt werden. Die Sprache kann alles bedeuten, weil sie, wie der Nennakt, schlechthin andersartig als das Bedeutete ist: Weil das Nennen nicht von der Zeit ist, steht auch die Sprache über der Zeit. Sowohl das Hintereinander, in dem sich die Sprache vollzieht, als auch dessen Unabhängigkeit vom Verhältnis des Bedeuteten zu der Zeit ergeben sich erst gleichsam sekundär als Folgen des die Sprache ermöglichenden Nennakts, des realen Jetzt, das nicht der Zeitbedingung unterliegt. In der Sprache als Hintereinander – im Reden, im Sprechen, im Satz – bleiben die zentripetalen, eindeutig abgegrenzten Wortgebilde, bleibt der Akt des in der Betonung verankerten Bedeutunggebens das Primäre. – Das Tonphänomen dagegen, als das Reale der Zeit auf die Zeit angewiesen, setzt das ursprüngliche Reale, den Akt als das Stiften der Zeit voraus. Der ›Sinngehalt‹ ist hier mit dem zeitlichen Hintereinander der Töne und Zusammenklänge identisch; er fällt mit dem zeitlichen Vollzug, mit dem Hervorbringen des Zeit-Etwas als der Relation zusammen.[422]

Die Möglichkeit der Verknüpfung von Sprache und Musik beruht darauf, daß beide, obwohl sie sich auf so verschiedene Weise in der Zeit vollziehen, nicht kollidieren; ja das Verschiedene ist es, was das Spezifische der Verbindung ermöglicht. Der Sprachrhythmus ergibt sich aus dem Hintereinander von diskreten, absoluten, zentripetalen Akten; der musikalische Rhythmus dagegen (S. 89 ff.) ist ein stets weiterführender Ablauf von Zahlenrelationen. Wie der Zeitablauf wird die Musik als Stetiges aufgefaßt: der jeweils folgende Ton bezieht sich auf den ihm vorausgehenden, selbst wenn dieser eine ›Phrasen‹-Schlußfunktion hat, oder wenn Pausen dazwischen entstehen. (Daß in der Komposition gewaltsames Abbrechen, z. B. durch Generalpausen, einbezogen werden kann, ja daß es Musik wie die Wiener klassische gibt, deren Verfahren als Kunst auf der Diskontinuität beruht, gehört nicht hierher.) Der Sprachrhythmus aber beruht auf einer Antinomie: des unverwechselbar sprachlichen Phänomens einerseits, der einzelnen Wörter, die in sich gemeißelte rhythmische Gebilde sind, und des Fortlaufenden der Sprache andererseits, das aber eher als eine Begleiterscheinung des Sprechphänomens, als etwas nicht spezifisch Sprachliches anzusehen ist, wesentlich mitbestimmt auch durch ›Vitalgegebenheiten‹ (Affekt, Pathos, Sprachgeste und dergl.). Der Sprachrhythmus schafft reale ›Zeitpunkte‹; ihre Abfolge – als Hervorbringen, nicht als Sinnzusammenhang – ist beliebig, sie liegt im Ermessen des Sprechenden; und so entstehen erst sekundär, nicht *für sich* einleuchtend, Zeitintervalle. Der Sprachrhythmus kennt keine verbindlichen Zeitintervalle, weil das Primäre die dem einzelnen Wort innewohnende rhythmische Gestalt ist. Das hinweisende Sagen des Wortes, das Bedeuten durch Artikulieren, schafft zugleich diese geprägten Rhythmusgebilde, und diese verkörpern im Sprechen die primäre Schicht des Satzrhythmus. Die Sprache ignoriert die Zahl, wie in den Sprachlauten so auch im Sprachrhythmus. Bei der Verknüpfung nun von Sprache und Musik werden die Intervalle zwischen den ›absoluten Punkten‹ des Sprachrhythmus mit dem realen Zeit-Etwas des Tonphänomens – der ›erfüllten Zeit‹ (S. 85) – ›ausgefüllt‹. Die Sprache wird gleichsam arithmetisiert.

Ich greife meine im I. Kapitel an Hand der Zeit-Definition des Aristoteles ausgeführten Gedanken auf[423], um sie mit obiger Darstellung des Nennaktes zu verbinden.

Zeit wird als Zahl der Bewegung (sc. in der Seele, 219a5 f.) nach dem vorherigen und nachfolgendenJetzt, d. h. als realesJetzt, als der Nennakt gestiftet. Das δύο εἴπῃ ἡ ψυχὴ τὰ νῦν, »die Seele hält zwei Jetzte auseinander« (s. Anm. 104) legt dadurch das Unbestimmt-Dunkle ab. Die Frage, wie ich denn die »zwei Jetzte« bestimme, ›wähle‹, wie sie mir gegeben werden, wie sie sich einstellen, erhält zur Antwort: als *reale* Jetzte, als *die* realen Jetzte. »Die Seele hält auseinander« (εἴπῃ ἡ ψυχή) erhält nun einen realen Sinn: die Seele zählt (λέγει), d. h. sie vollzieht Nennakte; sie ›nennt‹ die ›νῦν‹ – ›νῦν‹, ›Jetzt‹ – ›Jetzt‹, sie unterscheidet *real* zwei Jetzte. Es findet eine »Bewegung in der Seele« statt: die Seele bringt Nennakte hervor, und so ›zählt‹ sie reale Jetzte, sie hält sie, da sie real sind, als real Verschiedenes, als Diskretes auseinander.

So dargestellt, erscheint das δύο εἴπῃ ἡ ψυχὴ τὰ νῦν als die *reale* Bedingung der Möglichkeit der Zeit als Menschliches, als die reale Bedingung der Möglichkeit des Menschen.

In δύο εἴπῃ ἡ ψυχὴ τὰ νῦν ist das Stiften des Menschen als das Stiften des *Logos* total enthalten: das λέγειν (›εἴπῃ‹) der ψυχή (vgl. später, 223a25f.: καὶ ψυχῆς νοῦς, somit des Nous[424]) als Nennakt und als Zählen, der Logos als das Nennen und als das Zählen. Der Logos als das Nennen (als Absolutes) stiftet das reale Jetzt, stiftet somit die Möglichkeit der Zeit. (Vgl. auch S. 149 u. Anm. 419.) Er macht das Jetzt ›vernehmbar‹, der Mensch ›vernimmt‹ das Jetzt und wird so in die Lage versetzt, *die Zeit* zu ›vernehmen‹ (nun als Relationen). Aber damit wird zugleich das Unterscheiden, sc. von Diskreten, gestiftet, somit das Zählen (δύο εἴπῃ). Diese Seite ist das spezifische Merkmal der ›bei sich belassenen‹ – doch ›zuvor‹ durch das reale Jetzt gestifteten – Zeit. Sie wird als die Identität, als das Währen erkannt: als die unablässig gezählte Wiederkehr des Jetzt.

Das Jetzt ist die ganze Welt:
Jetzt von der Wahrnehmung (der Veränderung, der Bewegung) abstrahiert, schlägt sich nieder als Zahl;
Jetzt als Erblicken des Diesda ist die räumliche Blitzerscheinung; und
Jetzt als hinweisend (bedeutend, bezeugend) ist der Nennakt.

Das reale Jetzt des Nennakts ist aber den beiden anderen übergeordnet, es enthält und es schafft sie zugleich. Das ›gezählte‹ Jetzt der Zeit (und des Zeit-Etwas, des Tonphänomens) werde ich, dadurch, daß ich unausweichlich daran gebunden bin (S. 31 f.), gewahr ›so wie es ist‹. Das Jetzt des Sichtbar-Räumlichen werde ich über den Augen-Blick gewahr, wie es, von meinem – freien – Standort abhängig, ›erscheint‹. Das reale Jetzt – weder ein Etwas der Zeit noch des Raums – vereinigt in sich diese beiden einander widersprechenden Eigenschaften: es ist ein Hinweisen auf ›Alles‹ was ›erscheint‹ (im Raum und sonst: ›was sichtbar und unsichtbar ist‹) ›so wie es ist‹ – daß ›es ist‹. Daß das Jetzt als Reales, als das Mal, als der Akt frei ist von der knechtischen Bindung an den Raum und an die Zeit, ermöglicht ihm, die Zeit als Menschliches zu stiften, somit die Voraussetzung für die Entdeckung des Räumlichen und der Zeit zu schaffen.

Der Nennakt ›Jetzt‹ schafft außerdem die Verknüpfung zwischen den δι' ἀνάγκης (Diesda) und den διὰ νοῦ (Zeit, reale Zeit) bedingten Bekundungsweisen des Alls (S. 118): er vereinigt in sich das Moment des Absoluten (im Akt des Hinweisens) – darin dem Diesda verwandt – und das der Relation (im Verfahren des strikten Hintereinander der Sprache) – darin den διὰ νοῦ verwandt. Doch der Mechanismus des lückenlosen Aneinanderfügens der Nennakte ist wiederum verwandt mit der Diesda-Struktur: dem lückenlosen Aneinandergrenzen der Einzeldinge im Raum entspricht der durchgängige Zusammenhang im ›Sprachraum‹.

ES IST

Das Nennen weist auf das Diesda als das Evidente hin (S. 144 u. 146). Die Evidenz ist aber zugleich das einleuchtende Faktum der undurchstoßbaren Wand (S. 144 u. 147): sie ist gleichsam unsere Schranke; wir erfahren nur, *daß* ›es ist‹, aber nicht *was*. Das Daß ist nicht weiter zu denken, weil das reale Jetzt, der erfüllte Augenblick des Nennaktes nicht ›von der Zeit‹ ist. Mit der Frage nach dem Was beginnt die Gnosis, die Spekulation, oder das Verstehen, oder die exakte Wissenschaft, das Beweisbare (Konstruierbare). Das Reale verflüchtigt sich, das Evidente geht abhanden. So wie der Blitz in einem sich selbst und – mehr noch – das Dunkel um ihn herum sichtbar macht, ist der Nennakt Licht und Dunkel in einem. Sein Licht, das Daß, ist zugleich der Vorhang vor dem Was. Nun aber wiegt das Daß bei weitem das Was auf: Wir erfahren die sich aufrichtende Wand als ein ›*ES IST*‹, es stellt sich die Gewißheit schlechthin ein; das ES IST leuchtet auf, wir werden es staunend gewahr.

Dem Menschen als dem real Gewahrwerdenden, d. h. Nennenden, wird plötzlich das X evident. Hier gibt es keinen Raum für Zweifel. Suche ich einen Satz, der mir unmittelbar einleuchtet, so lautet er: Es gibt Nennakt, somit Gewißheit, daß ›es ist‹ – und zugleich, daß ›ich bin‹.[425] Nicht: ›cogito, ergo sum‹, sondern: ›ich nenne, also *es ist* und *ich bin* in einem‹. Es gibt die Gewißheit ES IST, somit Gewißheit um alles, worin sich der Mensch als Mensch erweist, dies, unter vielem anderen, auch im Denken.

Der Satz ES IST schwingt bei jedem echten Nennakt mit, begleitet ihn stets, gleichsam als das darin enthaltene ›Amen‹, ›es ist gewißlich wahr‹; er ist die ›Form des Nennens‹.

So sind voneinander abzuheben: a) die Form des Nennens; sie ist der Akt als solcher, die sich einstellende Evidenz selbst, das Vernehmen eines ›ES IST‹ schlechthin; b) das Bedeuten im engeren Sinn, das Vernehmen des Diesda als des Evidenten: ›Diesda ist‹, ›Dieses Wort bedeutet‹. Beide Momente wirken zusammen. Indem ich nenne, nagele ich gleichsam ein ›Bedeutetes‹ fest, und zugleich verwandle ich dieses ›Natürliche‹ in schlechthin Andersartiges; das ES IST leuchtet im Vernehmen dieses X. Ich nenne: ›blau‹, ›Holz‹, ich vernehme ›Diesda‹ und *daß* ES IST. *Was* ist das ES IST in ›blau‹, ›Holz‹?

Auf diese Frage kann ich keine Antwort erhalten. Aber schon die Frage selbst wird erst durch das Nennen überhaupt ermöglicht; sie vorher zu denken – oder unabhängig vom Nennen – entbehrt eines Sinns.

Können wir denn dieses absolute ES IST irgendwie fester fassen? Der Nennakt als solcher ›sagt‹ ES IST. Dieser ›Satz‹, ES IST, ist der *ursprüngliche Satz*. Er ist die Bedingung der Möglichkeit sowohl des Nennens als auch der Sprache. Der sprachliche Satz, die Sprache, wird *analogisch* zu diesem ›Ursatz‹ gebildet. Er selbst aber beruht auf keiner Analogie; er ist die Gewißheit selber, die Evidenz, das Vernehmen selber. Die Sprache wird dadurch legitimiert, daß in jedem Satz dieser ursprüngliche Satz mitschwingt. Die Sprache beruht auf Analogien, sie betätigt sich als der Mechanismus der Analogien, sie verwirklicht sich stets in Analogien, äußert sich stets gleichsam im übertragenen Sinn, ›in Bildern‹. Selbst Sätze wie: ›Diesda ist blau‹, ›Heute ist es warm‹, ›Sie ist meine Mutter‹ sind Analogiesätze: die Verwendung des ›ist‹ als Kopula wird erst durch den Analogien-Mechanismus ermöglicht; das koppelnde ›ist‹ entsteht durch Analogie zu dem absoluten ›ist‹, zu dem ›ES IST‹. Die Sprache verfügt über kein Wort, das *direkt* für das Prädizieren geschaffen wäre, über kein Wort, das an der Stelle des prädizierenden ›ist‹, also des in übertragener Bedeutung verwendeten ES IST, treten könnte. Ja erst dadurch weist sie sich gleichsam aus in ihrer Herkunft von der Evidenz, von der Gewißheit schlechthin. Zugleich aber bekundet sie dadurch ihre Ohnmacht, den Nennakt, den Satz ›ES IST‹, das ursprünglich Reale *selbst* – direkt, und nicht analogisch – zu prädizieren.[426] Sie weist auf das schlechthin Gewisse und zugleich nicht weiter Durchschaubare hin.

Mit dem Nennen ES IST wird auf die Grenze des Nennbaren, somit auf den Ursprung, dem das Reale entspringt, gestoßen. Dies läßt sich nicht besser veranschaulichen als durch die hier vorliegende Form eines impersonalen Verbs. Das Impersonale hat kein von ihm gesondertes Subjekt. Der Satz ›ES IST‹ besteht aus *einem* Nennen.[427] Das gilt aber für jedes Impersonale, z. B. ›es regnet‹. Das durch das Verb ausgesagte ›Vor-sich-Gehen‹ ist zugleich das ›Substantielle‹ (das sonst als Substantiv, als ›Subjekt‹ für sich Genannte) daran. Das Impersonale setzt eine *Verb*-Realität; diese ist sich selbst genug, sie wird nicht auf ein ›Ding‹ bezogen. Das im Deutschen erscheinande ›es‹ bedeutet also soviel wie: kein Ding, sondern die Verb-Realität selbst ist der Träger des durch das Impersonale Ausgesagten. Nicht das Wasser – oder sonst etwas, z. B. die Wolke – regnet, sondern ›der Regen regnet‹, genauer: ›das Reg*nen*‹ – also das durch das Verb selbst Bedeutete – ›regnet‹. Da im Englischen ›Regen‹ und ›Regnen‹ im Wortlaut zusammenfallen (rain), ergibt sich der Satz ›the rain rains‹ zwanglos.

Wunderbar ist der Sinn des Impersonales in Shakespeares Vers eingefangen: And the rain it raineth every day.

Nun aber erträgt der Satz ›ES IST‹ nicht einmal eine solche Ergänzung. Zu sagen ›Es ist einen jeglichen Tag‹ ist sinnwidrig. Denn ›es *ist*‹ eben – und fertig. Auch ›Das Sein ist‹ – analog zu ›the rain raineth‹ – wäre ein sinnleerer Pleonasmus. Warum? Das normale Impersonale nennt ein Geschehenes; daher erträgt es eine nähere Bestimmung (›jeglichen Tag‹) und auch die Vorstellung, daß das Geschehene von einem Subjekt (›das Regnen‹) herrührt. Ja, dieses Auseinanderlegen macht die impersonale Struktur ausdrücklich. Aber ›ist‹ nennt kein Geschehen, sondern das ›Immerwährende‹. Daher erträgt es weder eine nähere Bestimmung noch die tautologische Form des Auseinanderlegens: ›Ist‹ hat als die *Verb*-Realität des Immerwährenden einen so totalen Sinn, daß es sich auch kein scheinbares Subjekt, wie ›Das Sein‹, aufzwingen läßt. Auch ersetzen läßt sich das ›ist‹ nicht durch die substantivierte Infinitivform ›Das Sein‹; nicht allein weil diese Form eine Hypostasierung, die Vorstellung eines Dinghaften impliziert, sondern auch weil hier die der verbalen Form innewohnende ursprüngliche Bedeutung – nämlich der Gewißheit, der Evidenz, als dem Wesentlichen an diesem Nennen – fehlt. ES IST *setzt* zugleich das Genannte, ist eine Aussage, enthält das ›ich stehe zu ihr‹, ›es ist wahr‹[428]. Es nennt weder ein Diesda noch eine Tätigkeit; es nennt vielmehr die Einheit beider, die ursprüngliche Totalität. Es kann weder bei den Verben noch bei den Substantiven untergebracht werden; vielmehr ist es die Bedingung der Möglichkeit sowohl des Substantivs als auch des Verbs. Es vermag gerade noch eine sprachliche Gestalt anzunehmen.[429] In dieser wird aber geradezu das Reale bewirkt. Das Einsehen, daß ›ES IST‹ *über* der Alternative Substantiv – Verb, Vorfindliches – Tätigkeit, steht, ist befreiend. Damit wird einleuchtend, daß das Was des ES IST jenseits des Nennbaren, somit jenseits des Realen (vgl. S. 152) liegt.

Meiner früheren Ausführung, der Nennakt sei das Reale (S. 147), das die Zeit Stiftende (S. 148), füge ich nun hinzu: der Nennakt als solcher, die Form des Nennens, der Satz ›ES IST‹. Dieser Satz hat nicht allein Verb-, sondern darüber hinaus *Präsens*form.[430] Mit dem Satz ›ES IST‹ wird also zugleich gesagt, daß das Reale sich als das *Jetzt* ursprünglich bekundet.

Augustinus stellt im XI. Buch der Confessiones der ›stets gegenwärtigen Ewigkeit‹ Gottes das Präsens unserer, der Schöpfungszeit gegenüber. (Vgl. auch Anm. 71.) Doch dieses Präsens mit dem Nennen gleichzusetzen, wäre auf der geschichtlichen Stufe des Augustinus nicht möglich gewesen. Denn erst bei der gänzlich versprachlichten Sprache, der deutschen Sprache (s. S. 141 u. Anm. 392 u. 393) stellt sich die ausdrückliche Frage nach dem Stiften der Zeit. Und auch erst von hier aus ist das Unterscheiden zwischen Stiften und Zählen der Zeit möglich. Augustinus aber sprach ja nicht deutsch. Er ist so weit gegangen, wie es innerhalb des damaligen menschlichen Horizonts, d. h. innerhalb der damaligen Sprache möglich war.

Der Satz ›ES IST‹ – der Nennakt als solcher, die Form des Nennens – sagt: ›Sein‹ bekundet sich als das reale Jetzt, als der Nennakt ›ES IST‹. Die Zeit wird gestiftet mit dem sich als Jetzt bekundenden – nicht ›Sein‹, sondern – Realen: mit dem Nennakt ›ES IST‹. ›Sein‹ können wir Menschen nur als das Sich-Vergegenwärtigen, als das reale Jetzt, als ›ES IST‹ ›wirklich haben‹ – als den zeitlosen und insofern auch ›unvergänglichen‹ erfüllten Augenblick.

Der Satz ›ES IST‹ sagt auch, daß das sich als Nennakt einstellende Ursprünglich-Reale keine Scheidung in Subjekt und Objekt, in Ich und Welt, kennt. Das Nennen, die reale Gewißheit, hat lediglich zwei Seiten: ist *Zeuge* und zugleich *Zeugnis* des ES IST. Der Mensch ist das nennende – ›zeugende‹, vernehmende – Organ des Sich-Vernehmenden, des jeweils als ›Zeugnis‹ Fungierenden. Im Nennakt ›ES IST‹ ereignet sich die reale Einheit ›Zeuge-Zeugnis‹. Diese Einheit ist das reale Sich-Bekunden, Sich-Vernehmen des *Selbst*, des Identischen. Zeigt der Mensch durch die reflexive Empfindung ›sich selbst‹ an (S. 138), so ist die reale Einheit von Bezeugen und Zeugnis im Nennakt ›das Selbst‹: das Eine, das Identische, die eine Einheit, das ES IST, das εἶναι des Parmenides; »denn dasselbe ist das Einsehen (Zeuge) und das ES IST (Zeugnis)«. (Vgl. auch S. 139.) Im Nennen findet sich der Mensch und die Welt als Einheit. Indem der Nennakt die Natur und den Menschen als das Eine, das Selbst stempelt, verwandelt er die Natur – den Menschen als Lebewesen inbegriffen – in Struktur. Indem der Nennakt das ›Andere‹ (θάτερον) benennt, und auf diese Weise sich, den Menschen, einbezieht, erfaßt er das ›Selbst‹ (ταὐτόν).[431] Dieses, das ES IST, wird von uns als das Sich-Vernehmende vernommen. *Unser* sich vernehmendes Selbst integriert sich als *das* sich-vernehmende Selbst, das ES IST. Ich vernehme mich (im Nennakt), indem sich (im Nennakt) *es* (das ES IST) vernimmt. Beides ist ein Sich-Vernehmen, ist ›vom selben Stoff‹.[432]

Es scheint, als habe das Wirkliche als das Eine des Nennakts – gleichsam weil wir das schlechthin Eine nicht als die Einheit, die es ist, zu fassen vermögen – eine Innenseite (oder -komponente) und eine Außenseite (oder -komponente): die Innenseite des Artikulierens und die Außenseite des Bedeutens, Hinweisens, Bezeugens (also umgekehrt als sich der Laie vorstellt). Die Innenseite, das Artikulieren, sagt ›ich bin‹, die Außenseite, das Bezeugen, sagt ›es ist‹. Der Nennakt sagt ›so wahr ich bin, es ist‹, oder auch ›so wahr es ist, ich bin‹, die Überzeugung schlechthin,[433] das Wirkliche Eine, das sich als die Struktur,

(Kant würde sagen ›der Mechanismus‹) Zeuge-Bezeugtes, als die Struktur der Überzeugung schlechthin bekundet.[434] Das Wirkliche Eine ist ein sich als Artikulieren bezeugendes X, ein sich als Artikulieren einstellendes Zeugen, ›daß es ist‹. ›Ist‹ ohne ›Zeugen‹ ist ebenso undenkbar wie ›Zeugen‹ (Sich-Bekunden) ohne ›ist‹ (Sein), wie auch Jetzt ohne den Zeugen.[435]

Ich möchte mir den Sprung vom Lebewesen zum Menschen auf etwa folgende Weise vorstellen. Das durch seine Sinne affizierte Lebewesen ist gekennzeichnet durch sein Begehren, oder allgemeiner: sein ›Verhalten‹. Es hat keine ›Wahrnehmungen‹ (und ›Empfindungen‹), weil es der übrigen Natur nicht gegenübersteht. Es reagiert ohne Unterscheidungsvermögen. Durch den Begehrungstrieb[436] – nicht Begehrungs*vermögen*, sondern eher Begehrungs*not* – baut es seine diesem Trieb dienenden Organe aus. Das Begehren ist gleichsam das ›Vorwärtsgerichtete‹ des Alls; man könnte auch sagen: das Sich-Selbst-Darstellen des Alls als ausdrücklicher Veränderungsdrang – und zwar in Richtung vorwärts –, der implicite auch in der anorganischen und pflanzlichen Natur enthalten ist. Vorwärtsgerichtet in ›vorderster Front‹ des Alls, dessen einer Ausläufer es ja ist, ist das Lebewesen ›blind‹, es ›sieht‹ nicht, denn ›vor‹ ihm *ist* nichts zu sehen. So tummelt es sich, tastet blind, als bloßes Begehren: das All als Begehren. Und nun findet eine plötzliche Wendung rückwärts statt; ein gewaltsames Wegschütteln des Nackenjochs, ein Bezwingen der Nackensteifheit; das Lebewesen dreht sich um: In diesem Augenblick, in diesem Jetzt, wird es mit dem All konfrontiert, und plötzlich spiegelt sich in ihm die Fülle; das Lebewesen, das bis zu diesem Jetzt blind war, ›sieht‹[437], d.h. es reflektiert die Fülle – ein unerschöpflicher ›Anblick‹: zerschmetternd, vernichtend, aber zugleich erfüllend, übervoll. Daß dieses Ereignis nicht zum Vernichten des Lebewesens führt, sondern zur Überfülle wird, geschieht dadurch, daß dieser Aufprall ›aufgefangen‹ wird: im Reflexionsakt, im Nennen. In diesem Akt ist das All als das Jetzt aufgefangen. Der Nennakt, dieses ›menschliche All‹, das ›All als Menschliches‹, ist das Gewahrwerden des Alls als einer Bipolarität[438]: das Gewahrwerden einer Spontaneität, meines Selbst, innerhalb des Alls der Wirklichkeit. Der Nennakt entspringt der Nackenfreiheit, sich zurückzuwenden. Er ist der Niederschlag des plötzlichen, staunenden Erwachens des Menschen im Lebewesen, das latent die Anlage zur Menschwerdung in sich trägt. Entstehung des Menschen und Entstehung des Nennakts ist ein und dasselbe. Der Mensch entsteht, indem sich ein Staunen in ihm einstellt. Nicht ein Staunen *über* dies und jenes, das er – als Lebewesen – fühlt, tut, erleidet, begehrt, wahrnimmt, oder – in sekundärem Reflektieren – sich

›bewußt macht‹. Beides bliebe auf der Ebene des Natürlichen, und somit in dessen Abhängigkeit.[439] Das den Menschen ausmachende Staunen ist weder ein passives Erfassen noch ein ›Sich-Bewußtmachen‹; es ist nichts Abgeleitetes, sondern ein Primäres, Ursprüngliches: ›Spontaneität‹, Akt. So ist der Nennakt das *spontane Hinweisen*; aber nicht auf die ›Dinge‹, das Natürliche[440], das Begehrte, Gefühlte, Getane, Erlittene, Wahrgenommene, sondern auf das Faktum, daß sie da sind, auf das konkrete ES IST.

Der Mensch ist gleichsam das vom All der Wirklichkeit gezeigte, diesem zugekehrte ›Auge‹, *ihr* Auge, wodurch sie sich *selbst* anschaut.[441] Dieses ›Auge‹, der Mensch, faßt, indem es anschaut, Seiten des Alls fest: es *nennt* sie – das ist seine ›Anschauungsform‹.[442] Jedes Nennen ist eine Stellungnahme zum All der Wirklichkeit von je einer Seite her; es steht stellvertretend für das All, es von dieser je einen Seite her erfassend. Blau, du, Sonne, aber, durch, wird, mir, lief ... sind eben so viele Stellungnahmen, die von je einer Seite her das durchgängige – und zugleich auf unerschöpflich viele Weisen unterscheidbare – Ganze festnageln, es zugleich formend: als Artikulieren.[443]

Das Moment des Reflexiven in der den ›Reflexionsakt‹ konstituierenden reflexiven Empfindung ist die *reale* Bedingung der Möglichkeit für das ›Reflektieren‹. Erst die Integration beider schafft das Reflektieren als Reales.[444]

Daß es *verschiedene Sprachen* gibt, hängt mit der Spontaneität des je einen Nennens zusammen.[445] Der lautliche Niederschlag des Reflektierens (und damit wohl auch die Art und Weise des Reflektierens, richtiger: der ›Reaktionskette‹) fällt in den verschiedenen Menschengemeinschaften verschieden aus, weil das reale Reflektieren, das Nennen, überhaupt keine Ähnlichkeit zu den Seiten des Alls, die es ›reflektiert‹, hat. Es ist das – einzige – schlechthin Andersartige[446] (als die ›Natur‹, als das – nicht reflektierte – All). Das Nennen ist das Urbild des Todes (des Todes der ›Natur‹) und zugleich der Auferstehung. Tod und Auferstehung sind ein und dasselbe. Das *eine* Nennvermögen verhält sich zu den *vielen* Sprachen wie das *eine* Glaubensvermögen zu den *vielen* Religionen. Jeweils ist das Eine die Gewißheit des ES IST (beim Glaubensvermögen das Wissen um das ES IST als Gott, beim Nennvermögen das Wissen um Gott als das ES IST), die Vielen: deren Inkarnation. Jeweils ist das eine ohne das andere nicht möglich. Die Einheit äußert sich als die Vielfalt; die Vielfalt setzt die Einheit voraus. Zu behaupten, nur eine aus den vielen (Sprachen bzw. Religionen) sei das ›Wahre‹, wäre sinnlos. Dies ist kein ›Relativismus‹, sondern das Gegenteil: Das Wahre ist bei beiden – Glaubens- und Nennvermögen – die totale gegenseitige Verankerung des Einen und der jeweiligen Inkarnation des Vielen.

Zeuge

Das Wesen des Nennakts ist eingefangen im Nennakt ›Jetzt‹. ›Jetzt, gerade jetzt geschieht das‹, heißt soviel wie ›jetzt, so wahr ich bin, ich stehe dafür ein, es ist gewißlich wahr; ich bin Zeuge (S. 155), ich bezeuge, daß gerade jetzt das geschieht; es ist unzweifelhaft gewiß, denn gerade jetzt geschieht es‹ – was auch immer (s. a. S. 156). ›Jetzt‹ ist das Bezeugen des ES IST: Jetzt, da ich ›Vater‹ sage, bezeuge ich den Nennakt ›Vater‹ als gewißlich wahr, bezeuge ich das ES IST an diesem Nennakt. (Vgl. a. S. 145.)

Der Zeuge ist der Nous. Nur der Nous kann nennen. Nennakt, Sprache ist geradezu der Nous, der Nous in actu, der Nous eben als der Nenn*akt*: als das reale Bezeugen; der mit dem All vermählte (erfüllte) Nous; das, was das All als Jetzt spiegelt, neu hervorbringt, hervorspringen läßt, einsieht (doch nicht: ›versteht‹).

Daß der Nous ›Jetzt‹ sagt, sagen muß, ja daß das ›Jetzt‹-Sagen-Können eine notwendige Voraussetzung für die Existenz des Nous ist (S. 151 und Anm. 424), bedeutet nichts anderes als das Moment des Spontanen, das den Nous kennzeichnet, das Aktiv-Präsente des Nous, sein Bei-Sich-Sein. Damit – als Anwendung – verwandt ist das, was man ›Geistesgegenwart‹ nennt.

Das Tertium comparationis zwischen dem Jetzt als durch den Nous Entstehendes (reales Zählen) und dem staunenden Erblicken der Welt durch den Nous (Nennakt) ist der Zeuge; der Zeuge, der ›Jetzt‹ feststellt (reales Zählen) oder erfülltes Jetzt festnagelt (Nennakt). Logos in der doppelten Bedeutung ›Zahl‹ und ›Nennakt‹ enthält in sich das Moment des Jetzt, er setzt es voraus. Was er voraussetzt, ist nämlich der Zeuge, der ›Jetzt‹ sagt bzw. vollzieht, der ›Jetzt‹ signalisiert (Zahl) bzw. erfülltes Jetzt bezeugt (Nennakt).

Es findet eine Verknüpfung statt zwischen dem Immerwährenden der Zeit-Identität (S. 49f.) und dem ES IST. Das reale Jetzt ist gleichsam der Brennpunkt einer Linse, der die Strahlenbildung des Währens sammelt. Die Strahlenstreuung des Währens und der Punkt des realen Jetzt sind ein und dasselbe in zweierlei Gestalt[447]. Indem der Nennakt das ES IST – das Währen schlechthin – bändigt, währt er als Wort, bleibt er identisch in der Zeit, ›erkennt‹ er das Währen im erfüllten Augenblick des menschlich zugänglichen Monogramms des Immerwährenden, ›Bleibenden‹, Unvergänglichen: als Logos. Der Blitz, der beim Einschlagen des ES IST auf den Nous aufleuchtet, ist das ES IST als Reales, das Phänomen[448] ES IST, die Epiphanie[449] des ES IST als das Jetzt.[450]

IV. KÜNSTE

ES IST als Werk

Die drei Phänomene, die ich herangezogen habe, Ton, Diesda, Nennen, erscheinen als Fakten, daß heißt als etwas, worüber wir keine Macht haben, worin wir nicht eindringen können; es liegt nicht in unserer Macht, ob diese Fakten vorkommen oder nicht. Wir haben uns damit abzufinden, daß sie uns als etwas entgegentreten, das einfach da ist, als etwas für uns Reales, Unabänderliches, uns Bestimmendes, ich möchte sagen: über uns Stehendes. ›Verstehen‹ können wir sie nicht. Wir können nur sie – und zugleich uns, denn sie sind da, sofern wir da sind – beobachten, und zwar zergliedernd, was wir beobachten, und zugleich uns die Einheit vergegenwärtigend, innerhalb der einzelnen Phänomene und im Hinblick auf das sie Zusammenhaltende, den Menschen. Mit ›Zergliedern‹ meine ich also nicht den Vorgang, den die Naturwissenschaft anwendet, die beim Zergliedern vom Phänomen absehen will, ja muß – und das ist ihre Größe. Ich will das Phänomen als Phänomen zergliedern, indem ich stets beim Phänomen bleibe. Beim ›Phänomen‹: beim Erscheinenden, bei der Oberfläche, bei dem, was ich mit freiem Auge sehe, im eigentlichen, aber auch im übertragenen Sinn ›mit freiem Auge‹, bei freier Menschlichkeit, bei freiem Nous, also als freier Mensch, der – darin besteht seine Freiheit – dem Phänomen untertan ist, ihm gehorcht, sich danach richtet, in dem Wissen darum, daß er ihm gegenüber ohnmächtig ist. Diese Wechselwirkung, diese Verankerung im Phänomen gibt dem Menschen Bestand, Wesenheit. Und das ›Wissen um‹ diesen Bezug spiegelt sich als Werk. Werk ist etwas spezifisch Menschliches; Tiere vollziehen kein Werk. Werk ist die Spiegelung des Wissens um das Reale als Handeln.

Der ›Mechanismus‹ Zeuge-Bezeugen, Sehen-Nennakt, νοεῖν-λέγειν, der Nennakt als produktives Sehen, führt zum Zeugnis. Dieses ist das menschlich produktive Tun und das Werk. Das ES IST kann als Werk auf vielerlei Weise erscheinen, ›wirkt‹ sich verschiedentlich aus. Aber ›zuvor‹ muß es in uns ›geschehen‹. Dieses ›Geschehen‹ in uns ist das Nennen.

Zu dem Nennen verhalten sich sowohl philosophisches, dichterisches und jedes andere auf Sprache beruhende Verfahren als auch die bildenden Künste und die Musik wie das ›Sich-Auswirken‹ zu dem ›In-uns-Geschehen‹. Mit dem ›Zuvor‹ des Nennens ist kein zeitliches Zuvor, sondern der Ursprung, die Menschwerdung gemeint.

Kunst und die übrigen menschlichen Verwirklichungen und Betätigungen setzen das den Menschen konstituierende ›Sich-Vernehmen‹ voraus. Die Möglichkeit des Vernehmens hat ihren Ursprung im Nennakt. Der Mensch muß durch den Nennakt hindurchgegangen sein, um nun auch Vernommenes erfassen zu können, um Raum (Diesda) und Zeit (Tonphänomen, Rhythmus) unmittelbar – nicht als Genanntes – zu ›vernehmen‹.

Kunst beruht wie das Nennen auf der Überwindung der Nackensteifheit, der ›Umkehr‹ des Lebewesens (S. 156). Denken wir auch an Pindars 12. Pythische Ode (s. S. 103 f.). Athena war so beeindruckt von dem Wehklagen der Medusenschwestern, daß sie dieses Wehklagen dargestellt (μιμήσαιτο V. 21) und in Kunst (τέχνη V. 6) verwandelt hat: sie hat die Aulosweise gleichsam aus den Elementen der Wehklage geflochten (διαπλέξαισα V. 8) und etwas Kunstvolles daraus gemacht. Der Schmerz, das Wehgeschrei ist das Lebewesen. Die Technē, die Darstellung, das kunstvolle Geflochtensein jeweils ist göttlich; die Göttin gibt es den Menschen. Der Schmerz allein führt nicht zu Kunst; es muß diese Brechung stattfinden über den Gott und zurück zu den Menschen.

Kant hat herausgearbeitet, daß das ›Gefühl der Lust‹ (das ›Geschmacksurteil‹, das ›Schöne‹) an dem Besonderen als solchem entsteht, an dem, was keinen ›Begriff‹ mehr hergibt (keinen ›Umfang‹ hat, sondern eben das Besondere, Nicht-Begriffliche am ›Ding‹ ist). Nun, das ist es, was nur als genuine Benennung erfaßt werden kann. Das aber bedeutet nichts anderes, als daß das Erfassen des Einmaligen als Einmaliges, also das genuine Benennen, mit ›Kunst‹, dem ›Kunstschönen‹ verwandt ist, oder noch krasser gesagt: daß im genuinen Benennen, dem Akt des Nennens, das Spezifische der Kunst (der Kunstkomponente) vorgegeben, vor-geführt, ›vor-geaktet‹ wird. So ist der Nennakt nicht nur das Grundphänomen für Sprache und Dichtung, sondern auch das Vorbild der Struktur von Kunst überhaupt.

Ich beschäftige mich also mit dem Bereich, den man gemeinhin mit dem Wort ›Kunst‹ belegt. Dieses Phänomen, das Einmalige, das Besondere, das Reale, ist nicht auf Anderes – auf Allgemeines, auf Begriffe, auf Ideen, auf Logik – zurückführbar. Kunst als das Reale ist ›hart‹. ›Hart‹ in dem Sinn, daß wir darauf stoßen, und in dem Sinn, daß es uns hart macht, daß es uns kein Alibi gestattet, daß wir ihm nicht ausweichen können, es nicht in anderem aufgehen lassen können. Ich gehe vom ›Werk‹ als dem Merkmal des Menschen aus, weil sich nur dort das unbestimmte Wissen um das ES IST in Bestimmtes verwandeln kann.

Die Doppelung der Welt durch das Wort als ›schlechthin Andersartiges‹ kennen die Künste nicht (außer der Dichtung qua Sprache). Die Malerei arbeitet mit der Welt; sie selbst ist ihr Stoff. Sie macht aus der Welt, nicht aus dem schlechthin Andersartigen Struktur. Und das setzt das Wort voraus, lediglich voraus, weil Struktur die Sprache voraussetzt. Analog die anderen Künste. Doch ist das Übergeordnete der Sprache nicht so zu verstehen, daß etwa die Struktur in Architektur, Malerei, Plastik, Musik als ›Nachbild‹ der sprachlichen Struktur entstünde, sondern so, daß das Nennen, das schlechthin Andersartige als die Natur, das Ferment ist, wodurch erst das Spannungsfeld des menschlichen Bereichs entsteht, in dem sich die Sinnlichkeitskünste bewegen.

Das den bildenden Künsten zugrundeliegende einleuchtende Naturphänomen ist das Dinghafte, die Dinge als solche, als den Ort Bestimmendes, als im Raumzusammenhang Stehendes, Sichtbares. Eine besondere Stellung nimmt der Mensch als Dinghaftes ein, als Person (Plastik, Malerei) und als Gemeinschaft (Architektur).

Das Geräusch dagegen löst keine eigenständige menschliche Hervorbringung aus; dem Geräusch – für sich – fehlt offenbar das spezifisch menschliche Phänomen des Einleuchtens. Auch die Geruchs-, die Geschmacks- und die Tastempfindung führen nicht zu eigenständigen menschlichen Hervorbringungen; offenbar stellt sich auch bei ihnen jenes Einleuchten nicht ein. Und die Bewegung führt zu menschlicher Hervorbringung nur als Folge der Gegebenheit, daß sich der Mensch selbst bewegt: im Theater und im Tanz. Freilich spiegelt sich die Bewegung auch in der bildenden Kunst – doch nicht so, daß sich Dinge tatsächlich bewegten. Offenbar leuchtet auch die Bewegung nicht als Ursprüngliches, nicht als für sich faßbares Phänomen ein. Es sind Dinge im Raum, die sich bewegen; das Ding im Raum ist das ursprüngliche, nicht weiter zurückführbare Phänomen. Die Wortform ›Beweg-ung‹ ist ja ein Abstraktum. Die Vorstellung ›Bewegung‹ ist eine Abstraktion vom ursprünglichen Phänomen ›Ding, das sich bewegt‹. Dagegen bedeuten die Worte ›Nennen‹, ›Erklingen‹, ›Ding‹ ursprüngliche Phänomene. Bei der Bewegung nehme ich ›*etwas*, das sich bewegt‹ wahr; beim Erklingen (Tönen) aber nehme ich ›ein Erklingen (Tönen)‹ selbst wahr; und beim Nennen ›nenne und vernehme‹ *ich*.

Der Mechanismus Absolutes-Anzeigendes (bzw. -Hinweisendes) zeigt uns das ›Empirische‹, also das ›Natürliche‹ an: das *Nicht*-Ruhende, das *Nicht*-ES IST. Das In-Sich-Ruhende, das ES IST, bekundet sich *im Anzeigen* als solchem, *im Faktum des Anzeigens*. Besonders deutlich ist dies im Theater, in der Tragödie – oder auch Komödie: sie zeigen ja den Menschen als Unvollkommenes. Aber ähnlich verhält sich die Dichtung überhaupt: das Epos, aber auch, verborgener, die übrige Dichtung (›Lyrik‹ usw.); und so auch die Malerei und, verborgener, die Plastik.

Der Mechanismus der Relation dagegen, das Tonphänomen, zeigt nicht an, er erfaßt nicht das ›Empirische‹, ›Natürliche‹, somit auch nicht ›die Gebrechen‹, das ›Unvollkommene‹.

Beide Male haben wir mit Phänomen zu tun; beide Male haben wir nicht das ES IST in Händen: beim Absoluten das Phänomen der ›Natur‹, also des ›Unvollkommenen‹, beim Zeit-Etwas das Phänomen des Nicht-aus-der-Relation-Heraustreten-könnens (nämlich ins Absolute). Das ES IST meldet sich, wie ich oben sagte, im Faktum des Anzeigens (bzw. Hinweisens); beim Zeit-Etwas im Faktum des (Zusammen-) Stimmens, der (stimmenden) Relation an sich. In beiden Bereichen stellt sich also ein *Wissen um* das ES IST ein, nirgendswo das ES IST selber.

Leonardos Ginevra, Parmenides, ein dorisches Säulenkapitell, Kant lassen das ES IST als sich ursprünglich Auswirkendes erscheinen. Ein Wesen, in dem dieses ES IST geschieht, wird zum Menschen.

Die verschiedenen Realisierungs- oder Realitätsweisen des ES IST lassen sich so vergegenwärtigen:

Das Selbst bekundet sich
im Nennakt als das ES IST,
im Tonphänomen als das Tun,
in der Architektur als der Ort,
in der Malerei als Geben (Gegebenes),
in der Plastik als der Körper.

›Das Selbst‹ könnte man auch mit ›Die Epiphanie‹ wiedergeben: kein ›Ding‹, sondern νοεῖν und εἶναι in Einem.[451] Das Umfassende dieser verschiedenen Modi der Epiphanie wird eindrücklich, wenn man sich die im Credo ausgesprochene Epiphanie vergegenwärtigt:
Christus *ist* (›Logos‹);
er tut, wirkt (Heiliger Geist);
er gibt (›per quem omnia facta sunt‹, ›omnia‹: die Natur, ›facta‹: als ›Gegeben‹);
er ist ›allgegenwärtig‹ (ES IST als Ort);
er ist Mensch geworden (›incarnatus est‹, ES IST als Körper:
›und der Logos wurde Fleisch‹).

Der Logos der Künste

Kunst ist der Niederschlag des ES IST im Werk, Zeugnis dessen, was der Mensch als Mensch erfaßt, eingesehen und hingestellt hat: als Wissen um das ES IST, daß es ein Währen (ein Dasselbe) gibt, daß es ein Anderes gibt, daß es Nennakt gibt. Diese drei Daß werden als Reales im Zeugnis hingestellt. Sie gehören nicht in den Bereich des Erkennens, der Wissenschaft, des Beweisbaren. Daher schließt sie Kant in der Kritik der reinen Vernunft als nachforschbare Fragen aus.[452] Sie sind aber der Inhalt der ästhetischen Urteilskraft. Und dort ersteht der große Kant, der, obwohl er nicht künstlerisch war, und obwohl das in der Kritik der reinen Vernunft entwickelte Organ sich hier als inadäquat erwies, doch zum Erfassen des Niederschlags des Wissens um das ES IST kommt.

Wenn ich also von ›Kunst‹ und ›Künsten‹ spreche, meine ich nicht die spezifische Kunst seit etwa der Renaissance, auch nicht einen Begriff von ›Kunst‹, wie er sich an Hand der abendländischen und besonders der ästhetischen Vorstellungen der Neuzeit herausgebildet hat. (So haben meine Fragen auch weder mit ›Stil‹-Untersuchungen noch mit ›ästhetischer Würdigung‹ zu tun; sie versuchen auch nicht beides zu verbinden.) Ich möchte vielmehr sagen: Das nicht-diskursive Darstellen eines Diesda ist das Geschäft, das Reales – sub specie der verschiedenen Kunstbereiche – *macht*, und zugleich ausdrücklich macht; das Geschäft des Wissens um das Reale; das Geschäft, das latent Reales (›Anblicken‹) ausdrücklich macht (in ›aktuelles Anblicken‹ verwandelt).

Das Wissen um das ES IST zerfällt in zwei ursprüngliche Bereiche: Logos als Absolutes (Nennen, sc. von Diesda) und Logos als Zahlenrelation (gemeinsames Maß, Harmonia). Das sind zugleich die zwei Bedeutungen des griechischen Wortes Logos. Durch dieses eine Wort haben die Griechen das Wirkliche vollständig, gänzlich fest gefaßt: als Absolutes und als Relation. Doch sofern auch die Relation sich als Absolutes (zu Nennendes: ›λόγος‹[453]) bekundet, ist der Logos als Nennen das Übergeordnete: Logos als *das Einleuchtende*, nicht nur als der Sinn, der Inhalt des Worts, sondern als das Wesen der Sache.[454] Logos ist das Erfassen, das Einsehen des Alls, als Reales.

Der Logos der Dichtung bekundet sich im Logos des erschauten Alls, dem Nennakt. Die bildenden Künste sind der Logos des Diesda, das Mal. Die Musik beruht auf dem Logos des Währens, dem Tonphänomen.

Das Währen ist nicht das ES IST. Es bildet lediglich die Brücke zum Wissen um das ES IST. Es ist eine notwendige Voraussetzung für das Reale, für den Logos in seinen drei Erscheinungsweisen: als Nennakt,

Mal, reale Zahlenrelation. Die Zeit als das Währen ist gleichsam das Gehäuse, worin erst Reales entspringen kann. Aber das Währen wird durch den Nous erst als Wiederkehren, als das Jetzt, ›erkannt‹. Da aber das Währen konstituiv für das Zustandekommen von Realem ist, ist das Jetzt das vom Nous her Konstituive (als die Spiegelung des Währens im Nous). Doch das Jetzt, die Funktion des Nous als des Zeugen, würde nicht realisiert werden können ohne den Nennakt. Denn erst dieser realisiert es, stellt das Jetzt als Reales hin. Und so wird – nun reales – Währen auch sub specie der beiden anderen Logoi faßbar.

Im Einfangen des ES IST als Zeitlosem schaltet das Kunstwerk das Zeitliche als Vergängliches aus:
Musik durch Tilgen des Außen: Zeit als reales Zählen, einleuchtend als eigenständig Erfülltes;
Malerei als die Jetzt-Beleuchtung;
Plastik durch Darstellung von (potentiell) Beweglichem als sich nicht Bewegendes;
Architektur: das Ich in der Gemeinschaft als festgelegte Zeit-Konstellation.

Nennakt, Sprache, Dichtung

Aus dem Bedürfnis, sich den Menschen seiner Umgebung mitzuteilen, entzündet sich das Sprechen. Durch diesen Anlaß entdeckt aber der Mensch den Logos, den Logos als eigenständigen, nicht-natürlichen Bereich. Entdeckt, und nicht ›erfindet‹. An Hand des Sprechens entdeckt er dessen Ursprung, den Logos, das Nennen. Doch selbst der Anlaß muß nicht den Menschen lediglich als bloßes Lebewesen betreffen (›Gefahr!‹, ›Dort gibt es Wasser!‹). Beim Erblicken eines Bachs kann sich doch auch ein Nennen, ›Bach‹, einstellen – vielleicht auch (zugleich) als Mitteilung an einen anderen Menschen, aber nicht unbedingt im Verfolgen eines praktischen Lebewesen-Zwecks, sondern einfach aus dem Bedürfnis mitzuteilen, treffender: *gemeinsam* zu tragen. (Vgl. auch S. 143.) In solchem Fall wird mit dem Anlaß des Sprechens das Entdecken des Ursprungs verbunden; der Mensch wird davon übermannt, daß ein ›Etwas‹, ein ›Diesda‹ ›da ist‹: er nennt es.

Im Realisieren des X stellt sich die Gewißheit ES IST beim Nennakt *unmittelbar* als Eigenständiges, eben als Wort (-Akt) ein. Die zwei anderen Arten des Realen – ›Diesda‹ beim Raum-X, Tonphänomen beim Zeit-X – müssen erst ›gemacht‹ (›abgebildet‹) werden, um Eigenständiges zu sein; sie müssen als ›Kunst‹ hingestellt werden. Der

Anblick eines Baums setzt sich als Reales im Nennakt ›Baum‹ unmittelbar um. Sonst habe ich den realen Baum als Nennakt überhaupt nicht. Aber der Baum als räumliches Diesda stellt sich zunächst gewissermaßen nur als latent Reales ein. Wirklich Reales wird er, wenn ich ihn abbilde, wenn ich sein ›Bild‹ schaffe; anders gesagt, wenn ›Kunst‹ daraus entspringt. Man kann einwenden: Aber einen Baum (auf einer früheren Stufe) anzubeten, setzt voraus, daß er als eigenständiges Reales erfaßt wird, ohne daß man ihn gemacht (abgebildet) hätte. Wohl, sage ich; aber um das Nennen des angebeteten Baums (als solchen) kommt man doch nicht herum.

In den Künsten, d. h. im Raum- und Zeit-Realen, haben wir also, im Gegensatz zur Sprache, eine *Trennung* zwischen Auslösen (Anblick ›Diesda‹, Hören ›Quint‹) und Realisieren (Malerei, Plastik, Architektur, Musik). Nur die Sprache ›mache‹ ich nicht. Sie ist die einzige sich unmittelbar und von selbst einstellende Seinsweise des Realen.[455] Nun – sollte man wohl hinzufügen – nur die als reiner Nennakt entspringende Sprache (›Sonne‹) ist ein geläutertes eigenständiges Reales. Aber die Sprache als Verständigungsmittel, die übliche Sprache, verdeckt den realen Kern. Auch sie erscheint als ein nur latent Reales. Und hier springt die *Dichtung* (eine ›Kunst‹) ein, die die Sprache nun als eigenständiges Reales hinstellt. Die Dichtung hat wie die Sprache zum Thema das X schlechthin; das hat sie den anderen Künsten voraus. Sie hat nicht durch Abbilden eines X ein Reales hinzustellen, sondern es durch *Läuterung* eines Vorgegebenen, aber im Dienste des natürlichen Lebens Stehenden, als Eigenständiges hinzustellen. Sie hat das sich als Sprache zeigende X in eigenständig Reales ›abzubilden‹.

Tun: Musik, Sprache, Dichtung, Theater

Oft wird angenommen, die Sprache, das Sprechen, sei wie die Musik ein Tun. Dies trifft aber nicht zu. Die Musik beruht auf jenem Etwas sui generis, dessen Seinsweise als Sich-Hervorbringen bewirkt, daß die darauf beruhende Form von Realem, die Musik, gleichfalls ein Hervorbringen, ein Tun ist, das Hervorbringen eines Etwas, das nur während es hervorgeht, real ist, besteht. Das Wort hingegen ist ein Akt, ein Mal. Als solches besteht es. Die Musik kennt keine den Worten analogen Gebilde, die Bestand haben. Die Verwechslung, auch Sprache sei ein Tun, kommt daher, daß das Wort sein Leben in der Gesprochenheit gewinnt.[456] Doch man vergißt, daß das Wort auch ohne die Gesprochenheit Bestand hat, als Mal besteht. Man vergißt auch, daß die ›Gesprochenheit‹ sich nicht auf ein Etwas bezieht, sondern auf das Wort, den Nennakt, auf mich selbst als den Menschen, als das mit Sprache begabte Wesen. Die Sprache ist Bestand, der auch gesprochen werden kann, – aber die Musik besteht ausschließlich im Erklingen. Das musikalische Tun ist nicht lediglich ›das Leben eines Bestehenden‹ (Buber, s. Anm. 456), sondern eben ein Reales sui generis, ein Reales, das sich nur als Hervorbringen überhaupt manifestiert.

Das Sprechen, ›das Leben des Wortes, das besteht‹, geht *in* der Zeit vor sich. Das musikalische Tun *ist* aber die – reale – Zeit. Und so ist der Sprachrhythmus ein Rhythmus *in* der Zeit, der musikalische Rhythmus aber ist der Rhythmus der Zeit.[457]

Don Quixote ist ein Text zum Lesen oder Vorlesen, das ist sein Ziel; und soweit man aufnahmefähig ist, hat man damit seinen Don Quixote. Aber ein Theaterstück von Shakespeare, Hamlet z. B., erfüllt seinen Zweck nicht damit, gelesen oder vorgelesen zu werden; es fehlt das Theater. Ist also die Dichtung von Sprechtheater wie die Musik ein Tun? Nein. Das Wort von Shakespeare und das Wort von Cervantes sind beides Wort, das, um Wort zu werden, nicht des Tuns bedarf wie die Musik, um Musik zu werden. Aber das Wort von Shakespeare ist so geschrieben, daß es verbunden mit dem menschlichen Handeln gezeigt werden soll. Durch diese Verbindung mit dem menschlichen Handeln, mit dem Mimus, mit der Marionette, tritt als eine andere Schicht das Tun hinzu, das Shakespeares Wort dann auch zu Theater macht. Aber nicht das Wort selbst ist es, dem ein Tun sozusagen immanent wäre, und das ohne dieses Tun noch nicht als Wort bestünde. Das Wort ist das Wort, souverän, wie bei Don Quixote. Das Tun, das Darstellen, das Leibhaftige auf der Bühne, kommt als eigene Schicht dazu. Dieser Sachverhalt beim Sprechtheater wird noch klarer, wenn man das musikalische Theater heranzieht. Die Musik ist ein Tun. Ohne das wirkliche Tun, den realen Ton, ist sie gar nicht da. Das gilt für Bachs Musik wie für das musikalische Theater *als Musik*. Für das musikalische Theater *als Theater* gilt das Tun in ganz anderem Sinn. Den Figaro von Mozart muß ich, soweit er *Partitur* ist, als musikalisches Tun realisieren, in Musik verwandeln. Aber erst das Theater dazu integriert das Werk. Das Theater ist eine andere Schicht, eine Schicht, die nun ihrerseits nur als Tun darstellbar ist und die sich mit dem *musikalischen* Tun, diesem für eine Sonate von Beethoven ebenso wie für den Figaro von Mozart Wesensnotwendigen, verbindet. Soweit also die Figaro-Partitur mit Theater verbunden ist, muß ich sie nicht allein in Musik verwandeln, sondern mit Handeln, mit Theater, mit dem Mimus, der Marionette verbinden. Bei der Theater-Partitur sind also zwei Etappen zu unterscheiden: *Verwandeln*, nämlich der Partitur in musikalisches Tun, und *Verbinden*, nämlich der Partitur mit

Handeln, Bühne, Mimus, Requisit, und was sonst noch zum Theater gehört. Im Sprechtheater nun ist es das Wort, mit dem sich die Theaterschicht verbindet, das Wort, das, um als Gesprochenes, als Aktuelles, als Handeln dargestellt zu werden, das Tun einbezieht, ohne aber selbst Tun zu sein.

So wie die bildende Kunst nicht existiert, ohne Raum einzunehmen, ohne selbst ein Stück realer Raum zu sein, so existiert Musik nicht, ohne ein Stück reale Zeit zu sein. Man könnte geradezu als eine ›Definition‹ von Musik angeben: an Hand eines Stückes vorbeiziehender, natürlicher Zeit die Zeit als Reales – und das heißt als Bleibendes – aufweisen. Ein Bild, eine Architektur, eine Statue sind nur *da*, wenn sie als ein Stück Raum da sind. Musik ist nur ›da‹, wenn sie als ein Stück Zeit ›da‹ ist. Aber dieses ›Da‹ ist bei Musik oder Zeit eben ein Hervorbringen. Daher ist Musik ›da‹ nur als faktisches Hervorbringen, so wie Zeit nur als faktisches Hintereinander da ist.

Kann man aber nun behaupten, daß Sprache ohne Sprechen ebenso inexistent ist wie bildende Kunst ohne faktischen Raum oder Musik ohne faktische Zeit? Ist Sprache als Schrift faktisch Inexistierendes, nur Vorgestelltes, wie ein bloß vorgestelltes Bild oder Musikstück – dieses als Erinnerung oder an Hand der musikalischen Schrift? – Bei der bildenden Kunst bzw. Musik erfaßt der Mensch das Reale, das ES IST, *als* Räumliches bzw. *als* Zeit; Räumliches bzw. Zeit sind *konstitutiv*. Bei der Sprache aber ist der ›Stoff‹ weder das Räumliche noch die Zeit als die undurchdringlichen Fakten selbst. Ihr ›Stoff‹ ist der Akt.

Sprachschrift/Musikalische Schrift

Verweilen wir kurz bei der vorher berührten Frage nach der Funktion der Schrift in Sprache und Musik (vgl. auch S. 110 ff.).

Das Einleuchtende der Sprachschrift ist die Wortbedeutung. Eine Sprachschrift ist in erster Linie eine Wortschrift. Sie besteht aus Zeichen, die sich auf die Wörter entweder in ihrer Bedeutung (z. B. Ideogrammschriften) oder als Artikulation (z. B. Silben- oder Buchstabenschriften) beziehen. Diese Zeichen können die Sprache *ersetzen*. Daher kann ein Autor ›Schriftsteller‹ heißen.

Sprachschrift ist ein einleuchtender *Stellvertreter* für Sprache (sprachlichen Sinn); musikalische Schrift ist eine einleuchtende *Vorschrift* (S. 100) zur Verwirklichung bzw. Vergegenwärtigung von Musik (von musikalischem Sinn). Beide Schriften operieren mit *Sinn*-Elementen, nicht mit Naturhaft-Empirischem; sie setzen den Nous voraus; ihr Verfahren beruht also auf realen *Struktur*-Elementen und zeigt deren jeweils besondere Zusammensetzung zur Herstellung eines konkreten (sprachlichen oder musikalischen) Sinnganzen an.

Das Etwas dringt seinem Wesen nach bis zur Sichtbarkeit vor: Architektur (Raum- und Bewegungsverwirklichung, Grenzen ziehen: körperhaft und sichtbar); Plastik (Körper: sichtbar); Malerei (die Natur als das Sichtbare; Erscheinen und Leuchten). Da der Raum als das Lückenlose sich selbst mißt, fällt die ›graphische Darstellung‹ (der ›Plan‹) der Malerei mit dieser zusammen. Die Malerei selbst ist ja der ›Plan‹ (wörtlich: die ›Ebene‹, Fläche) des sichtbar-lückenlosen Raums, dessen Darstellung als Fläche.

Auch eine Tonrelation ist ein Etwas – doch nicht ein dinghaftes, sondern ein Sinn-Etwas; und ebenso sind die in einen Zusammenhang gestellten verschiedenen Tonrelationen *Sinn*-Elemente, d. h. sie werden durch den Nous geprägt, erfaßt (und nicht – wie die Geräusche – nur empirisch registriert). Hier ist grundsätzlich eine auf Analogien beruhende graphische Darstellung möglich – eine Darstellung, die a) dinghaft, und somit greifbar, bleibend ist (im Gegensatz zu den dargestellten Tonbeziehungen selbst), und b) das Tonrelations-Etwas *unmittelbar* als *Sinn*-Element evoziert.

Das Nennen, ein Akt, hat keine Etwas-Struktur. Es läßt sich daher nicht auf Grund von Etwas-Analogien einleuchtend darstellen; eine graphische Darstellung der jeweils konkreten Nennakte (somit der Worte und deren Zusammenfügung in Sätze) ist nicht möglich. Die Sprache ist weder Sichtbares noch Hörbares, sie verlangt weder nach Sichtbar- noch nach Hörbarmachung; sie verlangt lediglich vernommen zu werden. Die Schrift ist hier lediglich eine Gedächtnisstütze, eine Verbindung von Zeichen, die erlaubt, sich den sprachlichen Zusammenhang zu vergegenwärtigen. Sie ist für die Sprache nicht konstitutiv.

Die A B C - Reihe des Alphabets hat willkürlichen Charakter, d. h. die Reihenfolge könnte ohne weiteres eine andere sein, etwa A F D … oder F A D … Sobald dagegen A B C als Tonbuchstaben fungieren, ist die Reihe zwingend – genau so wie bei der Zahlenreihe, 1-2-3- und wie bei den Jetzten: auf das 1. *muß* das 2. folgen; es könnte nicht das 3. vor dem 2. Jetzt kommen. Dies beleuchtet blitzartig die Gemeinsamkeit der Struktur von Jetzt-Folge, Zählen, Tonreihe. Die Sprachlaute dagegen sind eine andere Welt. Es besteht ein fundamentaler Unterschied. Auf der einen Seite die Welt der Zahlen: Jetzt, Zeit, Zählen, Tonphänomen (Tonstufen und Tonrelationen); auf der anderen Seite die Welt der Sprache: Artikulieren – Bedeuten (Bedeuten: durch das *Bedeutete* bedingt; *das* bestimmt das Sprachsystem, und keine immanente Aufeinanderfolge im *Bedeutenden*). Das beleuchtet zugleich ebenso blitzartig den fundamentalen Unterschied zwischen musikalischer Schrift und Sprachschrift. Die erste beruht auf der Analogie zum Zählen; *dieses* wird graphisch dargestellt; die Reihe der graphischen Darstellung ist uns durch die Reihe des Stoffs selbst aufgezwungen. Die zweite dagegen beruht auf willkürlich gesetzten *Zeichen* für *Bedeutetes*. (Zeichen sind auch die Tonbuchstaben; sie sind keine *graphische* Darstellung; sie werden dazu aber durch den Stoff, durch die zwingende Aufeinanderfolge innerhalb der Tonreihe.)

Für ein Sonett von Shakespeare ist die Sprachschrift das Mittel, wodurch ich den Text erfahre. Eine Partiturseite der Missa Solemnis dagegen hat – abgesehen von dem Faszinierenden einer solchen Partitur als Bild – der Musik gegenüber etwas Eigenständiges. Aber wiederum nicht wie ein Bild in der Malerei, das ich nur um seiner selbst willen anschaue, sondern ich schaue etwas Eigenständiges an, das jedoch Bezug nimmt auf etwas anderes: auf die Musik als das Ganze, das Erklingen, das wiederum nichts Eigenständiges ist, sondern nur zusammen mit der Schrift die betreffende Musik ausmacht. Die musikalische Schrift also bietet den Zugang zur Musik, die Sprachschrift aber nicht den Zugang zur Dichtung. Die musikalische Schrift ist eine Komponente des Werks, die Sprachschrift nicht.

Die Sprachschrift ist unveränderlich (variabel ist lediglich die äußere Form der Buchstaben). Die musikalische Schrift dagegen war einem ständigen Wandel unterworfen. Der Musiker und Musikhistoriker muß bei der ihm jeweils vorliegenden älteren Notenschrift die Art des Komponierens, das jeweilige Verhältnis von Schreiben und daraus Musik machen beherrschen. Die Verbindung der Musik mit der Schrift hat etwas Unerbittliches: Ich muß auf die Schrift zurückgehen, um eine Musik richtig zu begreifen; ich kann nicht nur vom Hören ausgehen. Denn was ich beim Betrachten eines Gemäldes tue, entspricht dem Hören. In der Malerei *muß* ich vom Sehen ausgehen; aber bei der Musik *darf* ich nicht allein vom Hören ausgehen; das Hören kommt hinzu. Ich muß von den Noten ausgehen; ich muß die Partitur studieren. Die Musik setzt eine andere Art von Kennerschaft, von durchgemachter Schule voraus.

Bei der Sprache kann der Sinn nicht dem physischen Phänomen der einzelnen Artikuliervorgänge entnommen werden; jemand, der die Sprache nicht versteht, erfaßt den Sinn nicht – anders als bei der Musik, wo der Sinn – richtiges Hören vorausgesetzt – dem physischen Phänomen des Erklingens entnommen wird. Wenn ich die Sprache schreibe, bezieht sich das Geschriebene auf das physische Phänomen, das mit Sinn *verknüpft* ist. Das geschriebene Wort *erweckt* in mir den mit dem physischen Phänomen verknüpften Sinn; ich kann vom physischen Phänomen absehen, und ich habe den Sinn – allerdings nicht als das mit dem physischen Phänomen Verknüpfte. Ja, bei Ideogrammen schalte ich das physische Phänomen des Artikulierens aus; es bleibt aber der Sinn – nicht als Abstraktes, sondern als das ursprünglich durch Verknüpfung mit Artikulieren Entstandene. *Dieser* Sinn ist durch die Schrift, welcher Art sie auch sei, mitteilbar. Allerdings setzt dies voraus, daß das einmal als Sprache niedergelegt worden ist, als dieses Geheimnis der Verknüpfung von Artikulieren mit Sinn.

Durch Schrift kann ich also den sprachlichen Sinn erfassen. Dagegen den musikalischen Sinn kann ich nicht durch die musikalische Schrift erfassen, ohne das musikalische Tun, ohne das wirkliche oder auch vorgestellte Erfassen, Wahrnehmen des Tons, der Tonrelationen. Bei der Sprachschrift brauche ich das nicht, um den ursprünglich als Sprache entstandenen Sinn zu erfassen. Ich habe das *Gesagte*. Was fehlt, ist das Sprechen: im Deutschen das explosive Stigmatisieren und die Zusammenhänge der Nennakte, der bedeutungsbedingte Rhythmus (und die sogenannte Sprachmelodie), im Griechischen das Nennen als mir Entgegentretendes. Ohne das Sprechen fehlt der *Akt*, das Stiftende; aber nicht das *Gestiftete*. Was ich durch die Schrift erfahre, ist eine durch die Sprache hindurchgegangene, durch das Sprechen einmal realisierte, präformierte Wirklichkeit. Es wäre nicht möglich, daß eine *stumme* Sprache geschaffen worden wäre, die die Kraft des sprachlichen Sinngebens hätte. *Von der Sprache her* ist Schrift entstanden (vgl. auch Anm. 382). Die Schrift, die ich dann entziffere, ist die Schrift einer gewesenen *Sprache*, die das Stigma des Nennens in sich trägt. Und nun mag es sein, daß ich das Sprechen dieser Sprache nicht mehr kenne, somit die Art und Weise des Stiftens; aber ich habe das als Sprache seinerzeit Gestiftete – und als Sprache wirkt es auf mich. Das Gestiftete, den Mechanismus des *sprachlichen* Bezeugens, kann ich durch die Entzifferung der Schrift wieder herstellen.

Analogieverfahren

Bei der bildenden Kunst hat das als Einheit Vorgestellte Raumbeschaffenheit. Bei der Musik hat es (reale) Zeitbeschaffenheit. Und bei der Sprache? Es kann doch nichts anderes haben als – Denk-Beschaffenheit: die Einheit dessen, was ich *sagen will*.[458]

›Die Sonne glänzt‹ ist ein Gedanke, ist das, was ich sagen will. Das hat aber nichs zu tun mit dem Nacheinander der drei Worte, mit deren zeitlichem Hintereinander, 1. *Die*, 2. *Sonne*, 3. *glänzt*, und auch nichts mit der Zeitspanne, die das Sprechen (oder Lesen) dieses Satzes benötigt.[459]

> Full many a glorious morning have I seen
> Flatter the mountain-tops with sovereign eye,
> Kissing with golden face the meadow green,
> Gilding pale streams with heavenly alchemy.

Shakespeare will in diesen vier Versen (Anfang des Sonetts Nr. XXXIII) etwas sagen; das ist *ein* Gedanke, ein Eines. Um diesen einen Gedanken auszuführen, benützt er mehrere Worte, mehrere absolute Bedeutungseinheiten: ›full, many, glorious, morning, have, I, seen ...‹, die von Haus aus nichts miteinander zu tun haben. Durch die Verknüpfung bestimmter Wörter (als Satz) werden diese absoluten Bedeutungen, die Wörter, gegenseitig eingeschränkt und dadurch spezifiziert im Hinblick auf den *einen* Gedanken, der bedeutet werden soll: ›glorious‹ ist eine allgemeine Bedeutung, ›morning‹ ebenfalls. Aber in ›glorious morning‹ ist mit ›glorious‹ nicht alles gemeint, was ›glorious‹ ist, sondern nur der ›glorious *morning*‹, und nicht jeder ›morning‹, sondern nur der ›*glorious* morning‹. ›I‹, ›have‹, ›seen‹ sind absolute Bedeutungen; aber in ›have I seen‹ sind sie gegenseitig eingeschränkt und dadurch konkretisiert. Ebenso bedeutet in ›a glorious morning have I seen‹ jedes der beiden Glieder (⌣) etwas für sich; ihre Verknüpfung aber schränkt diese Bedeutung ein und konkretisiert sie dadurch. Und so weiter. Der eine Gedanke ist ebensowenig zeitlicher Natur, wie die einzelnen absoluten Bedeutungen, die Wörter. Sie beruhen ja auf Nennakten, und diese unterliegen nicht der Zeitbedingung (vgl. S. 146 f. u. 148 f.). Da aber *eine* Bedeutung (ein Wort, ein Nennakt) nicht zugleich mit einer anderen stattfinden kann (S. 149), läßt sich der eine Gedanke nur durch deren Nacheinander, *in der Zeit*, realisieren. Zeit ist also nicht konstituiv für das Realisieren eines Gedankens, d. h.: in dem einen Gedanken selber ist die Zeit nicht als Moment des Bedeutens enthalten. Die Zeit ist hier lediglich das ›nicht zugleich‹, d. h. das Hintereinander Ermöglichende, das, worin erst Sprache stattfinden kann. (Vgl. auch S. 42.)

Der eine Gedanke (das eine Erfassen von Bedeuten) hat also – wie auch der Nennakt – mit Hintereinander, mit Zeit nichts zu tun. Aber seine Realisierung, die Sprache, der Satz, geht in der Zeit vor sich. Gedanke und Sprache sind völlig heterogene Erscheinungen. Und doch ist die Sprache die Realisierung jenes völlig Heterogenen, des einen Gedankens. Wie aber kann sie das Heterogene realisieren? Was ist das Gemeinsame? Wohl dies: *So wie* der eine Gedanke in eine *Vielzahl* von Momenten zerfällt, so besteht der Satz aus einem Hintereinander von mehreren Wörtern, die in Beziehung zueinander gesetzt werden. Der Vielzahl entspricht das Hintereinander. Vermöge dieser *Analogie*, einer Analogie *in der Zeit*, kann die Sprache jenes Heterogene, den Gedanken, realisieren. Wesensmerkmal, konstitutives Merkmal der Sprache ist das *Analogieverfahren*.

Diesem übergeordneten Grundverfahren der Sprache, es voraussetzend, ist die Tatsache, daß Sprache fortwährend mit Analogien operiert, untergeordnet; sie ist eine Folge des Grundverfahrens. Denn dadurch, daß die Worte sich gegenseitig in dem Satz (d. h. als Hintereinander, kraft des Grundverfahrens) einschränken, findet zugleich eine Brechung ihrer Bedeutung statt. Z. B. findet in ›have I seen‹ eine Brechung der absoluten Bedeutung ›have‹ statt; d. h. dieses Wort wird in Analogie zu der absoluten Bedeutung des Wortes ›have‹ gebraucht; auch das Wort ›glorious‹ wird in der Zusammensetzung mit ›morning‹ nicht in eigentlicher, sondern in analogischer Bedeutung zu der absoluten Bedeutung des Wortes ›glorious‹ eingesetzt.

Der Nennakt ist das Absolute, ES IST. *Was* ES IST, kann der Mensch nicht sagen. Und so sagt er: ES IST *wie*. Es selber entfernt sich dabei immer mehr – und trotzdem läßt es sich dadurch näher fassen. Dieses Umkreisen, In-Beziehung-Setzen, In-Relation-Setzen des Nennaktes ist die Analogie: Logos, Verhältnis, wenn auch nicht Logos der Zahl, so doch Logos als Gefüge. Es wirken zusammen der Logos als das Absolute und der Logos als das In-Beziehung-Setzen – aber sprachlicher, nicht arithmetischer Natur. Von hier aus entsteht der Satz und der durchgängige Zusammenhang der Sprache. Auch die grammatikalische Form des Satzes (der ausgeführte Satz) bringt zwangsläufig das Walten der Analogie mit sich. Die Grammatik ist gleichsam das Analogien-System der Sprache.

Das Umkreisen des Nennaktes durch Analogien ist die Relationsseite des Wirklichen, die notwendige Ergänzung des Nennaktes innerhalb der Sprache. Der Nennakt ist das Primäre. Aber ganz abgeschlossen ist er erst, wenn er sich aus diesem absoluten Nennen hinausbegibt und die Analogie aufsucht, wenn das gegenseitige Beleuchten und Aufeinanderbeziehen vor sich geht. (Vgl. auch S. 151 f. u. 153.)

Daß die Sprache auf das Analogieverfahren angewiesen ist, ist ihre Stärke und zugleich ihre Schwäche: Sie kann ›alles‹ erfassen, aber nie direkt. In der bildenden Kunst hat die Einheit (das dem ›Gedanken‹ in der Sprache Entsprechende) Raumbeschaffenheit, in der Musik reale Zeitbeschaffenheit. Insofern realisieren sie das als Einheit Vorgestellte direkt.[460] Das ›nie direkt‹ der Sprache ist nicht einmal eine Schwäche; denn gerade das ermöglicht ihr, ›alles‹ als schlechthin Andersartiges zu verwirklichen. Sprache, Wort (Ergebnis des Nennakts) ist ohnehin das schlechthin Andersartige als das Genannte. Nun kommt hinzu, daß durch die Analogiestruktur die ›Bedeutung‹ des einen Gedankens und die eigentliche Bedeutung der einzelnen Wörter immerzu als ›schlechthin Andersartiges‹ dargestellt werden. Erst da-

durch erhält das menschliche All seinen ›Kitt‹, seinen Zusammenhalt, seinen Zusammenhang, seine Einheit. Das ›Wie wenn ..., so ...‹ der Dichter zeigt nicht nur ›treffende Bilder‹ auf; es schafft die Einheit zwischen äußerlich heterogenen Erscheinungen.
Direkt sagen, würde bedeuten, in Begriffen reden, aufgrund von Definitionen Zeichen für etwas Allgemeines verwenden.[461] Aber das ist nicht die Sprache, deren Spezifisches das Diesda-Erfassen ist. Von der Logik her sind die Analogien der Sprache bloße Bilder. Aber vom Sinn her ist das Bild das Bestimmende, nämlich das Konkrete. Das andere, wofür ich das Bild verwende, ist das Begriffliche; und eben weil es nicht konkret ist, springe ich auf das Bild über. Das Begriffliche ist nur das vermeintlich Eigentliche; es stellt sich als Surrogat ein für das nicht Sagbare. Aber was ich zu *sagen* habe, der unmittelbare Niederschlag des ES IST, ist das Bild.

Sprachrhythmus / Musikalischer Rhythmus

In der Musik habe ich mit Einzeltönen zu tun, die ich in einen Rhythmus zusammenstelle. Der musikalische Rhythmus muß als solcher konzipiert und *produziert* werden. In der Sprache dagegen sind die Wörter bereits präformierte kleine rhythmische Gebilde; diese zusammstellen, heißt: sie in einen Sinnzusammenhang (Satz-, Sprache-, Sprech-Zusammenhang) stellen, und so *ergibt* sich der Sprachrhythmus. Der Unterschied zum musikalischen Rhythmus hängt damit zusammen, daß der sprachliche Rhythmus nicht wie der musikalische eine arithmetische Relationsstruktur hat. Er ist ›frei‹ nicht allein, weil die mit der Absicht, einen Satz zu bilden, gewählten Wörter von sich aus keinen ›Rhythmus‹ – im Sinne des gebundenen Rhythmus, etwa des Verses – bilden, sondern weil die Sprache selbst das Moment des stets Weiterführenden im zusammenhaltenden (Satz-) Rhythmus nicht als das rhythmisch Konstitutive anerkennt. Wäre dies der Fall, so hätte sie auch den nächsten Schritt machen und die stets weiterführende *arithmetische* Relation anerkennen müssen. Bei der Musik liegt ein ›geregelter‹ Rhythmus vor. Das ›Geregelte‹ kommt zustande durch Zählen in gleichen Zeitabständen; dies ist die Voraussetzung für das Geregelte des Ablaufs. Und bei der Sprache? ›Ungeregelt‹? Durcheinander – willkürlich? Kein Halt, keine Ruhe, keine ›Einheit‹ im Ablauf? Kein Zeit-Zusammenhang?
Die ordnende Kraft bei der Sprache ist das *Zentripetale*. Der Sprachrhythmus ist im Hintereinander von – rhythmisch präformierten – Worten ein *Sagen*. Dieses, somit das Bedeuten, ist das Bestimmende

(S. 141 f.u.150). (Über die durch das Bedeuten bedingte *Betonung* bewirkt aber, wenn man so will, selbst das Zentripetale eine Art ›arithmetischer‹ Gliederung. Beim Sprechen kann ich nicht anders als in 2 oder 3 gliedern; mehr als drei Silben muß ich untergliedern. Das heißt: Ich treffe gleichsam stets die Entscheidung ›gerade oder ungerade‹, und zwar durch Verwendung der zwei ersten Zahlen, 2 und 3 – die Eins ist nach den Griechen keine ›Zahl‹ (Anm. 147) – , in die ich alle höheren zergliedere.)

Oben (S. 149) kamen wir zu der Feststellung, daß die Wortfolge des sprachlichen Satzes die reale Wiederkehr von realen Jetzten darstellt. Wir können an Aristoteles anknüpfend (S. 98) sagen: Ist der mit dem Tonphänomen verbundene musikalische Rhythmus das Schema der Zeit-Identität, so ist der sprachliche Rhythmus das von dem Akt des Bedeutens, dem Akt des Hinweisens, dem Akt des Bezeugens bestimmte freie Hintereinander der realen Jetzte.

Sobald nun das Moment der Wiederkehr (der realen Jetzte) *für sich* ins Auge gefaßt wird, melden sich Gruppierungen in Richtung rhythmischer Prosa und Vers. Das Moment der Wiederkehr ist hier noch sprachlich beschaffen; doch beim Vers schwingt latent auch das Moment der numerischen Wiederkehr mit. Da aber dieses Moment – also das arithmetische Messen, das Zählen – ein allgemeines Moment der *Zeit* ist (und nicht allein der *realen Zeit*, des Tonphänomens), stimmt nicht, was ich früher annahm, daß der Vers eine Einbeziehung des *musikalischen* Elements bedeutet. (Selbstverständlich ist dies nicht als geschichtliche Abfolge, sondern als theoretische Ableitung gemeint. Außerdem gilt es nur für die ›versprachlichte Sprache‹, vor allem das Deutsche. Die Musikē enthielt ja beides, den sprachlichen und den musikalischen Logos.)

Auch das *Perioden-Prinzip* setzt nicht Musik voraus; es kann aber dank seiner numerischen Ausdrücklichkeit, die ja kein spezifisch musikalisches Moment ist, in der Musik eingesetzt werden. (Es treffen das Prinzip des Zählens als das Wiederkehr-Moment der *Zeit* und das das Tonphänomen, die *reale Zeit* konstituierende Moment zusammen.) In der Wiener klassischen Musik erhält es eine dem *Gerüstbau* analoge Funktion: Es erscheint als die Anwendung des Meß-Prinzips der *Zeit* (›leerer Takt‹) auf den Stoff der *realen Zeit*; es übernimmt die Aufgabe, den Hintergrund für die als Form des Nennakts zu verwirklichende Musik zu stellen.[462]

Rhythmus ist in allen erwähnten Erscheinungen enthalten, 1) im sprachlichen Satz, 2) in rhythmischer Prosa und im (sprachlich beschaffenen) Vers, 3) im Perioden-Prinzip, 4) in der Musik. Ausdrücklich ist er schon in 2) und 3), wenn auch nicht notwendig streng arithmetisch beschaffen. Aber in der Musik erhält er ein starkes

Leuchten durch die Verbindung seines Zählens und des Zählens der Harmonia.

In rhythmischer Prosa, oder auch schon im üblichen Sprechen handelt es sich um *sprach*gezeugte rhythmische Entsprechungen. Erst im Vers – nicht schon in der Wiederkehr der Jetzte als Nennakte – kommt, zugleich mit dem Moment der Zähl-Wiederkehr, das Bild der Zeit-Identität zustande (besonders bei Hölderlin; dazu weiter unten). Erst hier stellt sich also eine genuin *zeit*gezeugte Wiederkehr, ein *zeit*gezeugter Rhythmus ein. Doch auch im Vers wird der Rhythmus zum Realen erst durch den sprachlichen Sinn. Er ist auch hier nicht ein eigenständiges reales Bild der Zeit-Identität, sondern nur eine Komponente, die erst in Verbindung mit dem Sprachgehalt Realität erlangt.

Und analog ist der Rhythmus in der Musik, wie wir sahen, nicht ein eigenständiges reales Bild der Zeit-Identität, sondern erlangt Realität erst in Verbindung mit dem Zeit-Realen, dem Tonphänomen. Nur daß hier, im Gegensatz zum Verhältnis Vers/Sprache, beide Momente: Rhythmus und reale Zeit, die Zählbeschaffenheit aufweisen. Damit hängt zusammen, daß hier das arithmetische Wiederkehr-Prinzip zur Entfaltung von unübersehbar vielerlei Rhythmen (Zählkombinationen) führt. Das Zählmoment kann sich hier, in Verbindung mit dem Zeit-Realen, frei entfalten, dagegen im Vers, in Verbindung mit dem Sprachgehalt, nicht.

Hölderlin

Die Doppelung Sprache/Dichtung (s. o. S. 161) hat in den Künsten, so in Malerei und Musik, kein Analogon. Das Analogon zur Sprache wäre für die Malerei die ›Natur‹, nichts vom Menschen Hervorgebrachtes, für die Musik die Zahlenrelationen, die einen eigenen Bereich bilden, weder ›Natur‹ noch menschlicher Akt.

Fassen wir das Verhältnis Sprache/Dichtung genauer ins Auge. Sprache wird im allgemeinen mit der Darstellung verschiedener Sachverhalte verbunden: Verständigung unter Menschen (Umgangssprache, Gespräch); Argumentieren, Überzeugen, Überreden (Rhetorik); Berichten, Erzählen, Erläutern von gewesenen Begebenheiten (Geschichte); über einen Sachverhalt abstrahierend reflektieren (Philosophie); Eingehen auf Kunstwerke oder Werke überhaupt und dergl. (Geisteswissenschaften). Allen diesen Anwendungsweisen, in welchen jeweils eine in der Sprache enthaltene Seite ausdrücklich wird, sind verbunden mit Nicht-Sprachlichem; sie hängen von diesem ab, können ohne dieses gar nicht zustandekommen. Die Dichtung ist die einzige sprachliche Erscheinung, die auf keine Hilfe, keine Stütze von woandersher angewiesen, die nicht unselbständig ist. Sie ist nur Sprache, als Sprache selbstherrlich: die bei sich belassene Sprache, als Selbstzweck, Sprache als Ursprüngliches. Dichtung ist, möchte ich sagen, das *Fabulieren*. Sie ist das Nennen als souverän eigenständiger Akt. Dichtung rückt nicht diese oder jene Seite der Sprache in den Vordergrund, sie verwendet die Sprache auch nicht zu außerhalb ihrer selbst liegenden Zwecken. Dichtung beruht auf der Sprache als das Totale. Alle Menschen sprechen; sie verfügen über den Akt. Der Dichter unterscheidet sich von den übrigen Menschen nicht dadurch, daß er spricht (wie der Maler dadurch, daß er malt), sondern dadurch, daß er ohne beabsichtigten Nutzen oder Zweck spricht, daß er die Sprache als Reales frei einsetzt, daß er auf sie horcht.

Die Dichtung hat aus der natürlichen (unreflektierten) Sprache ein Moment herausgelöst und zum eigenständigen ›Stoff‹ gemacht, mit dem sie arbeitet: den Rhythmus. Die *Sprache als Rhythmus* wird in der Dichtung eigenständig gehandhabt.

Dies gilt in besonderer Weise für die Dichtung Hölderlins. Hölderlins Werk war nur in einer Sprache wie der deutschen möglich.[463] Die ›harte Fügung‹[464] seiner späteren und späten Dichtung ist wie eine Ausführung der Nennakt-Struktur, somit diese geradezu das Thema der Dichtung Hölderlins.[465] Deshalb gehe ich von ihr aus, um Rhythmus als sprachliche Sinngebung, um den Nennakt als das die Sprache – und erst recht Dichtung – Ermöglichende zu erfahren.

Die Sprache beruht, wie wir sahen (S. 150 u. 173f.), auf der Antinomie Wort-Satz. Sie besteht einerseits aus Nennakten, Worten, Wortbildern, andererseits ist sie Satzzusammenhang. Dieser Widerspruch, der die Sprache kennzeichnet, ist am Verhältnis Sprache-Dichtung (Dichtung Hölderlins) aufzuweisen.

Vergegenwärtigen wir uns Beispiele zentripetaler Gebilde: getán (Betonung auf der zweiten Silbe); Ábend (umgekehrt, auf der ersten Silbe); oder: ›steigender‹ Beginn (unbetonte erste Silbe) und wieder Zurückkehren zu unbetonter Silbe, getrágen. Um den Akt des Bedeutunggebens, die Betonung, gruppieren sich weitere Silben – eine, zwei, drei – wie eine Traube, das, was ich ›zentripetale Gebilde‹, auch ›Wortbilder‹ nenne. Nehmen wir noch das Beispiel gewóllt: Ich weiß die Bedeutung des Wortes, wozu nicht nur das Dinghafte, Sachliche gehört (von Wille, wollen), sondern auch die zeitliche Bestimmung des Perfekts durch die Vorsilbe ge-; diese ist aber erst der Anlauf zu dem Ereignis des Bedeutunggebens auf der betonten Silbe.

Ich bringe einige Beispiele – jeweils zwei zusammengehörende Verse – von Hölderlin, die zugleich die beiden [466] bei ihm vorkommenden Odenstrophen repräsentieren.

Vór seinér Hút - te rú-hĭg ĭm Schát - tĕn sítzt
Der Pflüger, dem Ge-nügsa-men   raucht sein Herd.

(´=betont   °=unbetont)   (Abendphantasie)

Das ist der *alkäische Vers*; im Griechischen eine Einheit von Wort, Harmonia und Rhythmós: Musikḗ[467]. Hier etwas völlig anderes. Nicht nur Betonungen anstelle der Längen, sondern überhaupt nichts von Messen. Betont-Unbetont wird durch das Sprechen frei überbrückt.

Wollte man skandieren, so läge nah, die Betonungen in Anlehnung an das musikalische Takt-Prinzip in gleichen Abständen vorzutragen:

Vor séiner Hǘtte rúhig im Schátten sítzt
Der Pflǘger, dém Genǘgsamen ráucht sein Hérd.

Dieses Prinzip ist für den deutschen Vers wichtig. Weil den Akzenten die Würde der Bedeutung zukommt, haben sie die Kraft, sich die anderen Silben sozusagen unterzuordnen. Was zwischen den Pfählen der betonten Silben steht, wird in Bezug auf die Zahl der Silben nicht genau genommen; es kann eine Silbe, es können zwei Silben sein. Immer entsprechen sich die betonten Silben, und so bei allen Versarten.

Bei Hölderlin wird nun aber nicht nur das griechische Versschema in deutsches Versprinzip übertragen, sondern auch dieses wird verwandelt: in einen den Nennakt darstellenden dichterischen Bau.

⎣Vór   seinér⎦ ⎣Hút - te⎦ ⎣rú-hĭg⎦ ⎣ĭm Schát - tĕn⎦ ⎣sítzt⎦

⎣Der Pflü-ger⎦ ⎣dem Ge- nügsa-men⎦   ⎣raucht sein Herd.⎦

Ich habe versucht, durch eckige Klammern die Wortbilder, die Einheiten zu markieren. Eigentlich kommen solche Verse erst zur Geltung, wenn man das Versschema vergißt. Das ist nicht eine Aufforderung naturalistisch zu sprechen, sondern vielmehr dazu, das Zentripetale der Wortbilder als das Primäre zu empfinden und im übrigen die Verse als Verse, als sprachliche Wirklichkeiten zu *sagen*. Dann fangen diese gegebenen, fertigen Gebilde – Bedeutungsgebilde – an, als Wirklichkeiten zu erstehen.

Zwischen dem Sprechen dieser Einheiten, dort wo aus dem Bedeutungszusammenhang und sozusagen aus der Aura des Nennens Einschnitte entstehen, schalte ich Zäsuren, Pausen ein. Für ihre Dauer benötige ich keine Vorschrift, denn auch bei übertrieben vielen und langen Pausen versteht man den Sinnzusammenhang. Er entsteht durch die präformierten kleinen Gebilde, die Worte; *sie* bestimmen den sprachlich-dichterischen Rhythmus. – Der zweite Vers hat denselben zusammenhängenden ›musikalischen‹ Rhythmus wie der erste – aber was für eine andere Wirklichkeit! Wo ist das ›ruhig‹, das so ruhig dastand? Und: dort bei ›(im) Schatten sitzt‹ die Betonung auf dem das Glied abschließenden Verbum, hier die Betonung zwar ebenfalls auf dem Verbum, aber zu *Beginn* des Glieds, ›raucht sein Herd‹: eine völlig andere Struktur.

Die dem alkäischen Vers gegenüber umgekehrte Betonungsfolge, betont-unbetont, hat die *asklepiadeische* Strophe. Diese Strophenart ist bei Hölderlin die wichtigere; hier hat er ganz Großes hingestellt.

Álter Váter! Dú blíckst ímmer, wíe éh-máls, nóch,

Da du gerne ge- lebt un-ter den Sterb-li-chen
→   →

(Das Ahnenbild)

Zu Beginn zweimal ‚ ₒ :›Álter Váter!‹ und darauf das Umwerfen, ›Dú blickst ...‹: ein eröffnender und – durch seinen unsymmetrischen Bau – sich öffnender Anfangskontrapost, dem erst am Schluß der letzten (13.) Strophe, das Ganze abrundend und zur Einheit zusammenschließend, ein das Gleichgewicht herstellender – symmetrisch gebauter – Schluß-Kontrapost anwortet:

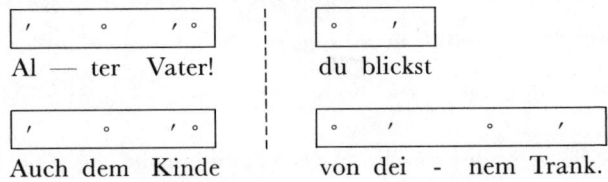

Vgl. die Sinnentsprechung: Vater (Großvater) – Kinde
→   ←
du blickst – dein Trank.
→   ←

Im Griechischen hat der asklepiadeische Vers etwas wunderbar Schwebendes. Im Deutschen: Was passiert da nicht alles! Die Analogie zum griechischen Vers ist eine rein optische. Es liegt eine völlig andere Haltung vor. Das Ereignis ist hier der Aufprall von zwei Betonungen in der Versmitte (von wo aus metrisch als Spiegelbild, wie der ›Krebskanon‹, zu lesen), im zweiten Vers: ›gelébt‹, Vergangenheit, ein Zurückwerfen auf ›du gér(ne)‹, zugleich ein Zielen – über die gleichsam ›wo?‹ fragende Zäsur hinweg – auf die abtaktig einsetzende Antwort ›unter den Sterblichen‹. – Ein weiteres Beispiel:

Trennen wollten wir uns? wähnten es gut und klug?
Da wirs ta -ten, wa-rum⁴⁶⁸ schröckte, wie Mord, die Tat?

(Der Abschied)

Nach der Zäsur explosiv das ›schröck-‹: Das ist der Betonungsaugenblick, das Wunder des Nennakts, die Epiphanie des Jetzt, des Alls als das Jetzt.

Nun noch ein Beispiel eines *elegischen Distichons*, des Epigramms, das aus einem Hexameter⁴⁶⁹ mit einem Pentameter besteht:

Ja! sie sagen mit Recht, er söhne den Tag mit der Nacht aus,

Führe des Himmels Gestirn ewig hinun- ter, hi- nauf,

(Brot und Wein, 9. Str., V. 1 f.)

Hölderlin zieht die letzte Konsequenz daraus, daß im Deutschen an die Stelle von Länge und Kürze betont und unbetont getreten ist. Und welche Freiheit des Sprechens bewirkt er durch Ausnützen der Möglichkeit, daß eine starke Hebung die folgende Senkung aufsaugen kann: Im ersten Vers wird so das ›Ja!‹ für sich gestellt und die Zäsur hinter ›Recht‹ gelegt, was zugleich eine kontrapostische Bildung, ›sagen mit Recht‹ hörbar macht, zumal sich schon die Struktur ›Trauern mit Recht‹ aus dem 4. Vers der 8. Strophe eingeprägt hatte. Und was macht Hölderlin daraus, daß ihm auch im deutschen Pentameter wieder das Nebeneinander zweier Hebungen in der Versmitte zur Verfügung steht: ›Gestirn \/ ewig‹. In der 3. Strophe, Vers 12:

Wenn er in heiliger Nacht \/ plötzlich die Sänger ergreift.
oder Vers 18:
Dorther kommt und zurück \/ deutet der kommende Gott.

Es entstehen verschiedenartige Bezüge, die jeweils eine andere Seite der Aussage hervorholen, und die sich zugleich gegenseitig beleuchten.

Man mache den Versuch, die ganze letzte Strophe aus ›Brot und Wein‹ zunächst so zu sprechen, daß man mehr den Vers heraushört. Man wird leicht erkennen, daß das nicht die Wirklichkeit dieser Strophe ist. Hat man nun den Vers im Ohr und spricht dann die Strophe so, daß man, ihn vergessend, die Worte für sich zur Geltung kommen läßt, so wird man entdecken, welche unfaßbare Vielfalt in diesen Drehrhythmus eingefügt ist. Wer kann die Größe, die Stärke der Phantasie fassen, die hier am Werk ist?

Die früheren Dichter des Abendlands – ich nenne etwa Dante, Shakespeare, Goethe – haben sich gleichsam noch nicht ganz getrennt von der Musikē, in dem Sinn, daß sie das Musikalische der Sprache noch nicht gänzlich abgestreift haben. Bei ihnen lebt der Vers – wir gehen vom Vers aus, das ist die Grundlage der Dichtung – noch von der Erinnerung an Musikalisches, und zwar in doppelter Hinsicht: 1. er vermittelt das Gefühl des Zusammenhangs, des Fortlaufens, was ja den musikalischen Rhythmus kennzeichnet, 2. wird das für das Zusammenhängende bezeichnende Moment des Finalen, Zielstrebigen, durch den Reim unterstrichen. Dort wäre es künstlich, das Zentripetale herauszuarbeiten. Die Worte werden noch gleichsam unreflektiert in den Dienst des Sinnzusammenhangs gestellt. Ich erinnere an Shakespeares Sonett ›Full many a glorious morning have I seen‹ (S. 171), auch an Prosa, Don Quixote, oder – bleiben wir in der deutschen Sprache, gleichzeitig mit Hölderlin – an Goethe:

> Niedergangen ist die Sonne,
> Doch im Westen glänzt es immer;
> Wissen möcht ich wohl, wie lange
> Dauert noch der goldne Schimmer?

Es wäre inadäquat, diese Verse mit Zäsuren, Pausen, Auf- und Abtakten zu sprechen. Hier liegt eine von Grund auf andere Haltung vor.[470] Der West-östliche Divan ist zwar der Entstehungszeit nach später als Hölderlin, doch ist Hölderlin die spätere, eine neue Reflexionsstufe. Hölderlin betrachtet die Sprache nur als Sprache; alle Bezüge sind sprachlicher Natur. Daher sollte Hölderlin unser Lehrmeister sein, wenn wir erfahren wollen, was Sprache ist. Nur Hölderlin; denn die Tragik der Geschichte wollte es, daß das Neue mit ihm auch zugleich zuende ging.

Liest man ein Hölderlin-Gedicht, so wirkt es dadurch, daß die Sätze frei stehen, daß sie die Würde der Sprache, ihre Verbindlichkeit haben, daß sie etwas Rundplastisches, harte Fügung sind und sich nicht dem rhythmischen Fluß eines Versschemas unterordnen, wie Prosa. Was bedeutet dies? Man vernimmt Sprache als Rhythmus, d.h. als Geistiges, Wirkliches. Hat man das erfahren, so vermutet man, daß Hölderlins Dichtung wesentlich von derjenigen Sprache herkommt, die wir im Gegensatz zum ›Gedicht‹ ›Prosa‹ nennen – doch *bedachte* Prosa, *bedachte* Sprache. Dies aber entspricht Hölderlins Werdegang. Er schreibt zuerst Gedichte in üblicher abendländischer glatter Fügung, dann kommt der erste echte Hölderlin, 1796 (–98), Hyperion: Prosa! Und darauf folgen erst die Dichtungen in harter Fügung. Der Hyperion ist ja so wie diese Dichtungen zu lesen (man hat schon gesagt, wie Hexameter), und diese Dichtungen (füge ich hinzu) sind wie der Hyperion zu lesen. Die Sprachrealität des Hyperion gibt den Anstoß, rhythmische Schemata nach der Art der Hyperion-Sprache als feste Folge hinzustellen und darüber Sprache als Wirkliches, wie den Hyperion, aber durch das feste Schema noch ausdrücklicher, zu schaffen.

Was aber ist der Aussage-Gehalt bei Hölderlin? Die Sprache selbst, was *sie* sagt.

$$\text{Únd } \underbrace{\text{dás Wérden}} \underset{\leftarrow}{\text{verstéh}} \dots \overbrace{\text{dás Wéchseln}}$$

ist verbindlich, weil *sie* es sagt. Hölderlin verstehen, bedeutet, seine Sprache als Wirkliches in sich tragen.

Die gegenseitige Befruchtung von Versschema und Sprachsinn erscheint mir ähnlich wie das Verhältnis von Takt und Ausfüllung durch den konkreten Rhythmus bei den Wiener Klassikern.[471] Diese Bemerkung ist nicht identisch mit der im ›Griechischen Rhythmus‹ (s. Anm. 1) über leere Zeit und die Konsequenzen, sondern nur damit verwandt. Denn dort spreche ich nicht über die *Verschiedenheit* von Sprachsinn und Betonungsschema, sondern vielmehr über das *Zusammenfallen* von Betonung und Bedeutung. In Wirklichkeit aber spielt sich dieses Zusammenfallen, sagen wir, in der primären Schicht ab. In einer strukturell wohl sekundären, aber, was den Sinn anlangt, nicht weniger wesentlichen Schicht entsteht nun diese merkwürdige milde Spannung zwischen Sprachsinn und Betonungsschema, zwischen konkreten rhythmischen Notenwerten und Takt, die das Gedicht oder die Musik belebt. Hölderlin versteht es, den Sprachsinn durch ein bedachtes Deklamieren der Sprache zu realisieren, das darin besteht, daß er mit Silbendauer und -betonung zugleich operiert, sie gleichsam gegeneinander ausspielt, und uns dadurch zwingt, ›besinnlich‹ zu deklamieren, auf dem Sinn zu verweilen, ihn erstehen zu lassen.

Heinrich Schütz

Die letzte Bemerkung über Hölderlin trifft noch für einen Anderen zu, ohne den Hölderlin nicht zu denken ist: für Heinrich Schütz.

Was ist Schütz? Musiker, heißt es; ein Musiker, der vokale Musik komponiert. Doch das haben seit der Gregorianik auch die Anderen gemacht. Er aber ist Musiker und schafft – Sprache. Nur er. Selbst Monteverdi tut das nicht; er *vertont* Sprache, wenn auch sehr anders als die früheren Musiker. Man kann nicht sagen, durch Monteverdi erst komme die italienische Sprache zu sich, oder auch nur, Monteverdi baue an dem Werden der italienischen Sprache. Aber die deutsche Sprache kommt erst durch Schütz zu sich; er schafft die deutsche Sprache als Geistiges, als Wirkliches. Und doch schreibt er keinen eigenen, neuen Text; er ist kein Schriftsteller, kein Dichter. Was also tut er? Legt er lediglich eine Vortragsweise der Texte fest?

Schütz vertont nicht einen fertigen Text, etwas Versteinertes, sondern das *Sagen*. Schütz *sagt*. Aber inwiefern sagt er nicht bloß nach, was die Texte sagen? Inwiefern ›vertont‹ er sie nicht bloß? Schütz, nur Schütz, ist anders als alle anderen Musiker. Nur er unter den ›Musikern‹ gehört ›konstitutiv‹ auch in die deutsche Literaturgeschichte. Was bedeutet Schütz für die deutsche Sprache? Dazu ein Bild: Die deutsche Sprache als noch Unreflektiertes (Luther) ist da; nun kommt Schütz und öffnet ihr mit Hilfe der Musik die Augen, und so wird von da an die deutsche Sprache etwas Bedachtes,[472] geistige Wirklichkeit, eigenständiger Sinnträger, ›Dichtung‹.

Was Schütz schafft, wurzelt unmittelbar im Logos als dem Ursprung, dem Logos im doppelten Sinn, als Wort und als Zahlen/Ton-Relation. Es ist unmittelbar Logos-Entsprungenes, ›Reinentsprungenes‹. Daher ist es nicht in der üblichen Weise ›Kunst‹. Es läßt sich überhaupt nicht rubrizieren. Schütz führt aus, was der Logos ›will‹. Er macht ausdrücklich, was im Logos eingeschlossen ist. Er gehorcht dem Logos – er horcht auf den Logos, den göttlichen Nomos[473]. Hölderlin und Schütz horchen in die Sprache hinein, Schütz als Musiker, Hölderlin als Dichter. Wir erfahren die sprachliche Struktur der deutschen Sprache (Luther) als musikalische (Schütz) und als dichterische (Hölderlin) Struktur.

Heinrich Schütz ist der erste, der die durch Luther emanzipierte deutsche Sprache ›durchschaut‹ hat. Er, der Musiker, hat als Erster Sprache als Struktur geschaffen. Luther hat die deutsche Sprache *hingestellt*. Er hat durch ›naive‹ Sprache umschrieben, was ihn – und mit ihm die Menschen (seiner Zeit, und auch – wenn auch auf andere Weise – die Menschen schlechthin) – total bestimmte. Aber ›Sprache durchschauen‹ ist etwas anderes. Es *beruht* auf Sprache, setzt Sprache voraus: Es ist ›Dichtung‹. Sprache ist Menschwerdung schlechthin. Dichtung ist Durchschauen der Menschwerdung.

Schütz ist nicht von der Musikgeschichte her, auch nicht vom Kontinuierlichen her zu sehen. Er läßt sich nur in der Geschichte als einer Folge von Sich-Ereignendem, d.h. als Diskontinuierlichem einordnen.

Schütz ist ein Abschluß in dem Sinn, daß er noch sprachgebundene Musik schafft. Das ist die Basis, wie bei Monteverdi, bei dem er möglicherweise während seines zweiten Venedig-Aufenthalts studiert hat. Nach Schütz kommt die große Zeit der instrumental konzipierten Musik; selbst die vokale Musik ist dann – bei Bach oder bei den Wiener Klassikern – instrumental konzipiert. Vorher war die sprachgebundene Musik die führende; eine ständige Auseinandersetzung zwischen (lateinischer) Sprache und Musik war bestimmend.

Schütz ist aber auch ein Anfang, weil mit ihm die Ära der Vorherrschaft der *deutschen* Musik beginnt. Als deutscher Musiker eröffnet er die große Reihe Bach-Wiener Klassiker.

So ist Schütz auch in dieser Hinsicht die Zwischenstufe, das nötige Zwischenglied zwischen naiver deutscher Sprache einerseits, deutscher (Hölderlins) Dichtung und deutscher (Wiener klassischer) Musik andererseits. Er schafft eine Wirklichkeit, die Sprache und Musik zugleich ist und das Vorbild abgibt für musikalische Wirklichkeit einerseits (gegenseitige Befruchtung von Takt und konkreter rhythmischer Ausfüllung: Wiener Klassiker) und Dichtungs-Wirklichkeit (gegenseitige Befruchtung von Versschema und konkreter Sprache: Hölderlin) andererseits.

Überblicken wir die musikgeschichtliche Geographie vor Schütz. Im ersten Jahrtausend ist der Süden führend, auch England und Südfrankreich (einstimmiger Choral). Dann – mit dem Aufkommen des Zusammenklangs, des instrumentalen Moments in der karolingischen Zeit (Musica Enchiriadis) – kommt der Norden hinzu mit wohl mehreren Zellen: Flandern, Bodensee, England (Irland), ab 1100 Südfrankreich und Nordspanien. Ab 1200 liegt das Gewicht plötzlich auf Frankreich, zuerst mehr im Süden, dann mit dem Zentrum Paris, bis ins 14. Jahrhundert. Daneben, 1300-1430, kommt England hinzu sowie Italien (Trecento), beide als eigene Richtungen. (Die gleichzeitig in Deutschland blühende Organum-Musizierweise ist mehr als ungeschliffene musikalische Praxis zu verstehen.) Dann folgt die Zeit der sogenannten Niederländer (Franco-Flamen und auch Holländer): das kleine Land wirkt wie ein Springbrunnen; es befruchtet Europa bis nach Italien. Der Letzte und Größte ist Orlando di Lasso, der über Sizilien, Mailand, Neapel, Rom dann nach München kam. Die Führung übernimmt nun – wieder plötzlich – Italien: Palestrina in Rom (Papst) und – etwas ganz anderes – Gabrieli und Monteverdi in Venedig (Höfe). Die italienischen Komponisten sind teils streuend, nämlich nach Deutschland, teils seßhaft; die Größten bleiben, von der Gesellschaft getragen.

Bis dahin ist Deutschland nie zentral gewesen; es stand im Hintergrund.

Und nun: Heinrich Schütz. Er bedeutet eine Wendung dadurch, daß er einerseits noch mit dem Alten verbunden ist – er schafft sprachgebundene Musik – und daß er andererseits die *deutsche* Musik eröffnet. Er legt in erster Linie nicht Dichtung, Verse – wie Monteverdi – zugrunde, sondern die Heilige Schrift in Luthers Übersetzung, also Prosa.

Schütz entdeckt die deutsche Sprache als ›Gebasteltes‹, Gegliedertes – aber mit Hilfe der Musik. Von der Sprache her war dies in jener Zeit noch nicht möglich. Doch die Musik hatte die hierzu nötige Reflexionsstufe erreicht. Eine 800-jährige Geschichte, ein Palestrina lag hinter ihr. Die deutsche Sprache aber hatte als Öffentliches, allgemein Verbindendes und Verbindliches, als ein das Volk umfangendes Phänomen – nicht zu verwechseln mit heutiger ›Umgangssprache‹ – eine erst 100-jährige Geschichte.

Für den deutschen Sprachmann ist nicht selbstverständlich, Dante, Shakespeare, Molière in sich zu tragen (wie es auch heute die getrennten Fächer Germanistik, Anglistik, Romanistik usw. gibt). Der deutsche Musiker aber trägt die Musikgeschichte als Ganzes – die der anderen Länder eingeschlossen – in sich. Ein deutscher Dichter oder Sprachmann geht nicht nach Florenz zum Studium der Sprache, weil es dort einen Dante oder Ariost oder Tasso gegeben hat, um dann zurückzukommen und weiterzumachen. Aber der deutsche Musiker geht nach Venedig – weil es dort einen Gabrieli oder Monteverdi gibt. Und er übernimmt die gesamte Musikgeschichte durch deren Hand und führt sie weiter.

Das ist das epochale Ereignis bei Schütz: Weil er ein großer Musiker ist, trägt er, übernommen durch seine Lehrer, die Einheit der gesamten bisherigen Musikgeschichte in sich, diese reife, ja überreife, sehr kunstvolle Musik; und er wird durch die gesamte geschichtliche Konstellation und durch seine Person als desjenigen, der ›in der Sprache wohnt‹, mit einer Sprache konfrontiert, die als die Sprache des Volkes keine Geschichte hat, die aber dadurch die Verkündigung, den Glauben, frisch wie am ersten Tag hinstellt (Luther). Die Begegnung, das Aufeinanderprallen dieser zwei Wirklichkeiten, das ist Schütz. Als Mann der Sprache ist er wie Pindar ein σοφός, ein Weiser; aber er hat zugleich das Ethos des reinen Musikers, dem die Aufgabe zufällt, eine noch völlig undurchfurchte Sprache, die ganz und gar Neues vom Menschen, somit auch vom Musiker verlangt, musikalisch zu erfassen. Diese Sprache ist aber etwas Mächtiges, ein erratischer Block. Und so wird der musikalische Satz zertrümmert. Was ist das Ergebnis? Das Zerfallen der spezifisch musikalischen Einheit (das Fließen von Palestrina, aber auch die Verseinheit von Monteverdi). Es wird nicht nur jeder Sprachsatz für sich, jeweils mit eigenem Notenbild, sondern auch in sich uneinheitlich vertont; die einzelnen Abschnitte zerfallen in kleine ›Fetzen‹, ›Splitter‹, durch das Erfassen des Wortes als Zentripetales, als Wurzelsilbe und Flexion. Es entsteht ein dynamisches Spannungsfeld von freien, verschiedenen Bewegungen in einem Tonraum. Die Einheit wird durch das Zusammenfügen und In-Beziehung-Setzen der einzelnen Glieder, deren jedes für sich Eigengewicht hat, hergestellt. Der Sinnzusammenhang entsteht in dem durch den Akt des Sprechens sich Ereignenden. Die Natur der Musik, ein Kontinuum, Strömen, Weiterfließen, wird durch ein ihr fremdes Verfahren gleichsam vergewaltigt.

Das ist der Beginn der Matthäuspassion, die Schütz 81-jährig schrieb. Schütz beschränkt sich hier auf das mögliche Minimum an Musik. Es handelt sich um einstimmige Vertonung ohne Begleitung. Ein musikalischer Rhythmus ist nicht notiert. Der Rhythmus wird durch die Sprache bewirkt, *sie* herrscht über die Ordnung der Zeit. Schütz sagt als Musiker, was die Sprache sagt durch ein Sprechen, das mit musikalischen Tonhöhen verwirklicht wird. Die Musik zwingt uns zu hören, was gesagt wird, weil sie davon besessen ist, musikalisch zu sagen. Dieser Musik ist etwas widerfahren: der Schock der Begegnung mit der Sprache.

Die Melodie verläuft von *b* zu dem auf die letzte Silbe, die zweite Silbe von ›Jüngern‹ fallenden *g*, das musikalisch gesehen den Sinn des Satzes abrundet. Sprachlich gesehen aber etwas ganz anderes: Auch hier realisiert sich der Sinn in dem Wort ›Jüngern‹; doch die Vorstellung ›Jünger‹ stellt sich bei der die Bedeutung tragenden ersten Silbe des Wortes, somit bei der vorletzten Silbe des Satzes ein: Jüngern. Wie kann die dem Prinzip des Finalen gehorchende Musik überhaupt die Sprache ernstnehmen? Das Austragen dieser Antinomie ist ein wesentliches Moment der neuen Musik. Sie eignet sich etwas an, das ihr von Natur aus fremd ist: das zentripetale sprachliche Prinzip, die Möglichkeit sich zurückzuverankern. Um das Ganze richtig zu hören, muß man sowohl musikalisch als auch zugleich sprachlich hören und spüren, daß beide Prinzipe zusammenwirken.

Das ist der musikgeschichtliche Augenblick, dem sich die Möglichkeit eröffnet, daß sich das, was wir später ›Motiv‹ nennen, gestaltet: etwas Zentripetales, das als Ganzes etwas ›sagt‹, das etwas von der Sprachstruktur angenommen hat. Noch eindringlicher wirkt sich dies in den mehrstimmigen Prosa-Vertonungen aus:

Geistliche Chormusik VI (Römer 14, 7-8)

Es ist hier nicht so wie etwa in ›So fahr ich hin‹, Geistliche Chormusik XI, wo – dort wesentlich vers- und reimbedingt – ein wiederkehrendes rhythmisches Glied als charakteristische Wendung (♩ ♩ ♩ ♩) die ganze Motette durchzieht; jeder Abschnitt wird neu erfaßt, und auch innerhalb der Abschnitte ist jedes Kleinglied zentriert, daher auch nicht nur rhythmisch, sondern auch melodisch-klanglich geprägt. Es wird innerhalb des Abschnitts wiederholt und prägt sich daher (als Zentriertes) ein. Gerade der Wechsel mit jedem neuen Abschnitt unterstützt, daß die in jedem Abschnitt bestimmenden Wendungen zu einmaligen, ›bedeutenden‹ Zellen werden.

Was Schütz und Hölderlin verbindet, ist, daß beide die Sprache zugrundelegen und sie ›deuten‹, sie als Konstruktion, als Gebautes, die naturalistische Wirklichkeit als Struktur darstellen; daß sie ›Gottes Werke‹ als ›Menschenwerke‹ begreiflich machen; als ›Werke des menschlichen Geistes‹, der des Göttlichen teilhaftig ist, darstellen; das ›unwissende‹ Anschauen der Wirklichkeit als Natur in ›wissendes Anschauen‹ der Wirklichkeit als Geist verwandeln.

Was aber Schütz und Hölderlin unterscheidet, ist, daß bei Hölderlin gegebene (als Geistiges umzudeutende) ›Natur‹ und Kunststoff zusammenfallen (beides: die Sprache), während sie bei Schütz verschieden sind (gegebene ›Natur‹: die Sprache; Kunststoff: der Ton und sein Zusammenhang). Daher rührt die irrige Anschauung von geistigem Tun aus dem Nichts (Hölderlin) und bloßer Anwendung auf Primäres (Schütz).

Davon bleibt freilich die Tatsache unberührt, daß der Dichter, indem er die Sprache im eben erwähnten Doppelsinn anwendet, in die Lage versetzt wird, auch den jeweiligen Sprachzusammenhang zu schaffen. Darin ist er ›freier‹ als der Musiker, aber zugleich darin unfreier. Denn er ist auf seinen Kunststoff als ›Präformiertes‹ (Eigenständiges: als Sprache) angewiesen, während es der Musiker nicht ist.

Solange die Musik als sprachgebundene Musik zu Wirklichem wurde, reflektierte sie die Sprache. Auch Schützens Musik reflektiert die Sprache; aber als letztes Stadium ist sie zugleich ein Reflektieren *über* die Sprache. Sie ist das erste Reflektieren über die Sprache. Ein Reflektieren über die Sprache – freilich nicht ein denkerisches Reflektieren darüber – findet also zuerst (ursprünglich) *als Musik* (von der Musik her) statt. Und es entsteht die Dichtung Hölderlins, eine Dichtung, die, wie die Musik von Schütz, über die Sprache – nicht denkerisch – reflektiert. Und mit ihr zugleich entsteht die Wiener klassische Musik, die als nun *eigenständige Musik* über die Sprache reflektiert (ja durch Haydn und Mozart früher als durch Hölderlin; zugleich mit Herder und den anderen, die nun denkerisch über die Sprache reflektieren).

Doch der Ausdruck ›Reflektieren *über* die Sprache‹ ist für Schütz, die Wiener Klassiker, auch für Hölderlin irreführend. Denn ›Reflektieren *über*‹ wird als denkerischer Vorgang begriffen. Besser ist also auch hier zu sagen: ›Reflektieren *der* Sprache‹. Aber nur dieses

Stadium des Reflektierens *der* Sprache (Schütz, Wiener Klassiker, Hölderlin) macht die Sprache, als das, was sie *ist*, ausdrücklich, und zwar an Hand (auf der Basis) der deutschen Sprache. Das denkerische Begreifen der Sprache konnte erst nach dem Begreifen des Reflektierens der Sprache bei Schütz, den Wiener Klassikern und Hölderlin einsetzen.

Die Musik ist das reale (das ursprüngliche) *Relations*phänomen. Aber als Eigenständiges findet sie sich erst, indem sie die Sprache reflektiert. Die Sprache ist das ursprüngliche *Reflexions*phänomen.[474] Indem der Mensch das X reflektiert, entsteht Sprache. Und indem nun die Musik (der Mensch als Musiker) die Sprache reflektiert, entsteht eigenständige Musik. Pythagoras entdeckt das Tonphänomen. Aber erst Schütz ermöglicht eigenständig musikalisches Werk, und die Wiener Klassiker führen es aus.

Griechisch/Deutsch

Beeindruckt von dem Emportauchen der souverän zentripetalen Wesenheiten bei Hölderlin, die sich dem fortlaufenden Versrhythmus gegenüber eigenständig verhalten, fragte ich mich oft, ob denn nicht auch altgriechische Verse analog zu erfassen sind. Ich probierte dies vielfach aus: es gelang mir nicht. Das griechische Wort(-bild) hat nicht die zwingende zentripetale Kraft des deutschen Wortes, ganz besonders nicht die Anlage, den Akt des Nennens aufzuzeigen wie bei Hölderlin. Und doch handelt es sich auch hier um Worte, also dem Sinne nach um zentripetale (d.h. bedeutungstragende) Gebilde. Aber der Musikē-Vers ist ungemein bestimmend; die Worte werden ihm untergeordnet. Geht also die griechische Sprache primär vom Musikē-Sprach*satz* aus? Und wären demnach die Worte als souverän bedeutende zentripetale Gebilde blasser als im Deutschen, besonders als bei Hölderlin?

Zwar vermute ich, daß der – ›melodische‹ – Wortakzent konstitutiv für die Worteinheit (das Wortbild) war. Ein wichtiger Hinweis darauf sind die Enklitika und die unbetonten Partikel. Durch sie wird das Wortbild (also das Verknüpfen eines betonten Wortes mit einem unbetonten Partikel oder den Akzent verlierenden Nebenworts zur Wortbild-Einheit) wesentlich bestimmt. Demnach wäre das Realisieren des Akzents (wie auch immer) innerhalb des zusammenhängenden Musikē-Vortrags wesentlich für das Zustandekommen der Wort(-bild)einheit gewesen. Aber der zusammenhängende Musikē-Vortrag blieb – meine ich – trotzdem das vordergründig in Erscheinung Tretende.

Man lese die Parmenides-Verse laut: es sind Hexameter, Musikē! Diese Wirklichkeit hat man ernst zu nehmen, wenn man sich dem Text nähern will. Und man versuche, Pindars Oden vom Sprachrhythmus her zu studieren, d. h. den Fragen nach Vers, Kolon, Periode, Wortbild – auch mit Hilfe von Aristoteles (s. S. 97 ff.) – nachzugehen und dies beim Vortragen einzubeziehen.[475] Auch dies wird man dabei wohl wie von selbst gewahrwerden: wie wenig für die Griechen unsere ›Schubladen‹ – ›Kunst‹, ›Philosophie‹, ›Dichtung‹ usw. – taugen.

Das Wesentliche ist wohl die hier vorliegende Doppelung von Sinn: die *sprachliche* Seite des Griechischen in den Worten, Wortbildern und deren sprachlicher Zusammenfügung im Satz, und – davon unabhängig – die *musikalische* Seite in dem als Musikē-Satz verwirklichten Satzgebilde: zwei ›wirkliche‹ Phänomene, die nebeneinander bestehen und eine überaus merkwürdige, wohl echt griechische Sinngebung schaffen. Es scheint sich hierin geradezu die Eigenart der griechischen Wirklichkeit, des griechischen Nous zu spiegeln: das ungemein Helle, Klare, bewundernswert Verstandesmäßig-Exakte einerseits, das ›Träumen‹ andererseits.[476] Das ›Träumen‹: die Unbefangenheit, mit der das Nicht-Verstandesmäßige im Verstandesmäßigen enthalten ist; die stellvertretende Kraft, die Gegenwart der Götterwelt, die Dinge, die sich klingend substantiell bekunden; nichts vom Menschen Geschaffenes als Sprache im engeren Sinn, kein logisches, auf dem konkreten Bedeuten beruhendes Substrat, sondern die Spiegelung der nichts bedeutenden musikalischen Komponente, der Musikē als Sinn, der nicht im Bedeuten aufgeht.

Solche Sprache ist dem Abendland fremd. Die Götter sind nicht unter uns (keine Standbilder mit stellvertretender Kraft), sondern ›jenseits‹. Unsere von der musikalischen Komponente entblößte Sprache kann sie nur als ›schlechthin Andersartiges‹ hinstellen. – Und wenn auch dies erlischt, bleibt ein ausschließliches Verstandeswesen, der Naturwissenschaft und Technik verpflichtet (allenfalls mit Gefühls-Überbau): der Mensch ist tot. Das Wirkliche, das ES IST, bei den Griechen *gegenwärtig*, im Abendland *vorstellbar*, hat sich in Nichts verflüchtigt.

Das deutsche Wort ist reines, nur gegenwärtiges Wort, nichts Hypostasiertes; aber deswegen zugleich nicht das Ganze. Die Musikē dagegen ist zwar das Ganze, Hypostasiertes, dafür aber nicht das Ausdrückliche des Nennakts.[477] So ist die Rechtfertigung des ›geschichtlichen Schauens‹: In der Unvereinbarkeit die Totalität erblicken.

Natur/Kunst

Das vielbesprochene Verhältnis zwischen ›Naturschönem‹ und ›Kunstschönem‹ möchte ich so umschreiben:
Die Blume setzt das Nennen nicht voraus. Aber die Blume van Eycks ja.
Die Blume ist kein Wissen um das ES IST. Aber die Blume van Eycks ja.
Die Blume ist kein Akt. Aber die Blume van Eycks ja.
Der Akt, der sich in Akt erschöpft, ist der Nennakt. Aber jeder Hervorbringung von Kunst liegt ein Akt (eine menschliche Bekundung) zugrunde, nur daß sich hier der Akt in ›Etwas‹ niederschlägt. Das Einschlagen des Blitzes durch den Nennakt, dieses völlige Umschlagen ins schlechthin Andersartige, ermöglicht erst die ›Rückkehr zur Natur‹: nun menschliches Sehen der Natur, menschliches Tun, das die Sinnlichkeit als real-konstitutive Seite beibehält. Erst diese Seite ermöglicht hypostasiertes, primär als Sinnliches mitteilbares Werk: ein ausdrücklich gemachtes aktives ›Sehen‹ – im eigentlichen und übertragenen Sinn, ein Sehen in *Analogien*, ähnlich wie bei der Sprache (s. S. 170 ff.).

Der Akt ist, im Gegensatz zur ununterscheidbaren ›Natur‹ des Lebewesens, als ein ›Diesda-Hinweisen‹ ein *Konkretes*. Er ist aber nicht ein Isoliertes. In ihm ist der durchgängige Zusammenhang der Sprache als Ganzes wirksam. Er ist jeweils hen kai pan. Und so auch die Hervorbringung der Kunst. Jedes Hinweisen auf das ES IST ist ein hen kai pan.[478]

Die Haare der Ginevra di Benci von Leonardo sind Geistiges, Struktur, das ES IST, *weil* sie zugleich Haare des Mädchenkopfes sind. Solche Malerei fängt die Antinomie Natur-Struktur ein. Dieses Schillern, dieses Hinüber- und Herüberspringen, diese Vexierbild-Beschaffenheit ist das ›Geistige‹. *Das* meint Parmenides mit dem Satz: »Einsichtig werden und ES IST ist ein und dasselbe«.[479] Ich füge hinzu: sie begegnen sich als Einheit in diesem Akt des ›Schillerns‹. Es ist ein Irrtum, daß die Natur für sich eine Struktur *hat* (im Sinne des Vorhandenen). Und es ist ebenfalls ein Irrtum, daß Struktur für sich bestehen kann. Struktur, Sinn, existiert lediglich als die (für sich nicht fixierbare, weil zwischen beiden schillernde) *Kontaktfläche* zwischen beiden.

Struktur ist gleichsam das ›Erkennende‹, Natur das ›Erkannte‹. Das aber, ›Erkennendes‹ und ›Erkanntes‹, sind Korrelatbegriffe; das eine existiert nicht ohne das andere. Das Geschehen, der Sinn (als Sich-Ereignendes; er ist nicht hypostasierbar) besteht im ›Erkennen‹, im Akt, in dem beschriebenen ›Schillern‹. Das Kunstwerk (bleiben wir zunächst bei der Malerei) verhält sich zum Naturgegenstand wie Bedeutendes zu Bedeutetem. So verschieden und unvergleichbar Wort und Sache sind, so verschieden, so unvergleichbar sind Kunst- und Naturschönes; und so wie Wort und Sache zusammenfallen (das Wort der Sache adäquat ist), so fallen Kunst und Naturschönes zusammen. Gegenstandslose Kunst ist ›nicht nennende‹, ›nicht bedeutende‹ Kunst, wie eine Sprache, die formal zwar als Sprache verwendet wird (mit grammatikalisch richtigen Formen der Wörter und Sätze), aber ohne Bedeutungskorrelation: Der Surrealismus ist eine die Sprache verneinende Kunst, sei es, daß sie nicht bedeuten *will*, sei es daß sie das ›Unnennbare‹, das Anonyme zu fassen sucht; man denkt an die neue Physik, die Physik des Unanschaulichen, d. h. zugleich des Unnennbaren, des Un-Logischen (Logos im Sinn zunächst von Wort). Demnach fallen ›Nennbar‹ und ›Anschaulich‹, ›Phänomen‹ zusammen. Vgl. auch S. 131 f.

Die ›Rückkehr zur Natur‹ bringt nun den Menschen auch zum Tonphänomen: eine ›Natur‹ sui generis, eine unsichtbare ›Natur‹, die in der Natur ortlos schwebt, gleichsam eine Emanation der Natur, eine Emanation, deren man nicht habhaft werden, die man nicht fangen kann; denn sie ›ist‹ nirgendwo; sie kennt den Raum, oder gar das Dinghafte nicht. Trotzdem ist das Tonphänomen – ich meine das es konstituierende Substrat – insofern ›Natur‹, als es außer uns (doch nicht ›*da*-draußen‹) ist. Es ist nicht, wie das Wort, eine Emanation unseres Selbst.

Bei ›Zeitding‹ wird man – im Gegensatz zu ›Ding‹ – verleitet, von ›Zeit*realem*‹ zu sprechen, weil das Tonphänomen tatsächlich etwas zum Verwechseln ähnliches mit eigenständiger Hervorbringung – allerdings der Natur – hat, einer Hervorbringung, die gleichsam – aber eben doch von der Natur, und nicht durch ›Anblicken‹ – wie ›Reales‹ (also Musik) herauspräpariert ist.[480] Ein Tönen (meines elektrischen Ofens) fasziniert, wie wenn es ein schon durch Anblicken und Hervorbringen hingestelltes Reales wäre; es ist zum Verwechseln ähnlich mit ›Musik‹. – Freilich kann auch ein Antlitz, ein Mensch, eine Blume, ein Rot ›zum Verwechseln ähnlich‹ mit ›Kunst‹ scheinen. Doch begegnet uns solches fortwährend; wir empfinden es nicht als ›herauspräpariert‹. Aber das Tönen läßt, wenn es in der Natur vorkommt, *aufhorchen*! Es ist so, wie wenn beim Tonphänomen die Natur uns – oder dem ›Realen‹ – sozusagen auf halbem Weg entgegenkäme.

Dies hängt mit der Eigenschaft des Tönens zusammen, daß es kein ›Vorfindliches‹, sondern ein auf uns *Zukommendes* ist. So *kommt* es uns auf halbem Weg entgegen. Das scheint zunächst wie ein nicht viel sagendes Wortspiel zu sein. Aber weist es nicht zugleich auch auf Wesentliches hin? Wenn das Tonphänomen nicht ein Vorfindliches ist, sondern, qua Zeit, auf *uns* zukommt, so ›dringt‹ es in uns ›ein‹. Wir erfassen es zwar als ein ›Etwas‹, aber als ein Etwas, das eben nicht vorfindlich ist, sondern sich stets in statu nascendi befindet und, indem es in uns eindringt, wie wenn es zugleich sich ›in uns‹ einnistete. (Vgl. dazu Kant: die Zeit ist der *innere* Sinn.) Wir haben es nicht ›nachzuahmen‹, wir brauchen es nur aufzugreifen und auszuführen, zuende zu führen, es als Reales (d. h. als freies menschliches Machen) hinzustellen.

Die Musik ist die einzige Kunst ohne Inhalt, ohne Diesda, ohne ›Aussage‹, ohne ›Sujet‹, die einzige Kunst, die nicht ›anzeigt‹, die nichts ›abbildet‹ (s. a. S. 124 f.). Sofern die Musik die Zeit, die Voraussetzung auch für den Raum, verwirklicht, ist sie ›höher gestellt‹, als die anderen Künste. Das ist sie auch insofern, als sie ursprünglich (als Musikē) mit der den Künsten übergeordneten Sprache eine Einheit bildete. Dort übernahmen sie beide zusammen das Geschäft, die Zeit zu ›bedeuten‹. Die Musik ging in der Sprache auf, sie war noch nicht als gesonderte Komponente erfaßt. Dadurch aber ist sie auch zugleich ›tiefer gestellt‹ als die anderen Künste, die doch von Anfang an sich selbständig betätigten, gesondert, für sich, ›erkannten‹.

Weil das der Musik zugrundeliegende Tonphänomen nicht Raum-Diesda-Empfindung impliziert, nichts ›Empirisches‹, sondern ein Zählen ist, weist es schon als Natur so etwas wie Spontaneität auf, die ihm eine Ähnlichkeit mit menschlicher Hervorbringung, etwas von ›Machen‹, d. h. von Realem verleiht. (Ähnlichkeit mit Spontaneität weist das Tonphänomen schon darin auf, daß es stets als entstehend – in statu nascendi – auf uns zukommt.)

Der ›natur‹-gegebene Inhalt ist es, auf dem bei der ›Kunst‹-wiedergabe der Unterschied zwischen ›Natur‹-Gegebenheit und Realem (›Gemachtem‹) beruht. Da nun Tonphänomen und Musik beide inhaltslos sind, beide kein empirisch Erfülltes, keine Erfüllung *in* der Zeit, sondern die erfüllte Zeit selbst sind, fällt dieser Unterschied weg.

So wie die Quint nicht anzeigt, abbildet, ›nennt‹, so ist sie auch nicht ›nennbar‹, sie weist weder eine aktive noch eine passive Verbumstruktur auf: sie ›*nennt* nicht‹ (Aktiv) und ›*wird* nicht *genannt*‹ (Passiv), sondern ›nennt *sich*‹ (Medium!). Das Erklingen der Quint ist ihr ›Nennen‹. Das Wort ›Quint‹ ist sekundär, Zutat. Die Sonne ›vernehme‹ ich erst durch das Nennen; die Quint aber wird direkt restlos vernommen als Erklingen. (Von hier aus wird die Musikē neu beleuchtet: Sie ist eine ›Sprache‹, bei der die Dinge nicht nur genannt *werden*, sondern sich selbst ›nennen‹; vgl. S. 75f.)

Die ›Natur‹ ›wird genannt‹ (Sprache, Dichtung) oder als (bildende) Kunst ›vernommen‹. Das Paar ›Natur-Nennen‹, bzw. ›Natur-Kunst‹ hat in der Musik keinen Platz, denn das ›wird‹ (genannt, vernommen) existiert hier nicht. Statt ›Natur-Kunst‹ haben wir hier das *eine*, die Harmonia, die ›sich nennt‹, die erklingt. Und so wie mit dem Nennen (das aber die Doppelung Passiv-Aktiv, Natur-Kunst in sich enthält) Dichtung geschaffen wird, so mit dem Erklingen (Medium) Musik.

Die Musik bekundet sich als ›Spiel‹, als ein spontanes, auf sich selbst bezogenes Tun. *Das* ist die genuine ›Musik‹: die Harmonia des Pythagoras, die in einem den musikalischen Rhythmus enthält, die Musik Byrds, Palestrinas, Bachs (s. auch S. 86). Das Wissen um das ES IST, das Wissen, *daß* ES IST, stellt sich hier nicht als ein dingliches, als ein absolutes ›Diesda‹ ein, sondern als ein reales Tun, Spielen, als – erfüllte, erklingende – Zeit.

Architektur

Die übliche Anschauung, Architektur entspräche der Musik, da beide kein Sujet, nichts empirisch Vorgegebenes darstellen, ist zu korrigieren: Musik hat kein Sujet schlechthin; sie tritt nicht aus dem Relationskreis heraus. Architektur dagegen beruht auf dem Diesda-Mechanismus. Daß sie kein Sujet hat, ist also ein ›noch nicht‹ innerhalb der bildenden Künste, innerhalb des Räumlichen. Architektur ist in einem engeren Sinn als die Malerei und die Plastik ›Sichtbares‹, weil sie nichts darstellt. (Das ist es, was zu dem Vergleich mit der Musik, z. B. ›gefrorene Musik‹ – Goethe, von Schopenhauer aufgegriffen – geführt hat.) Sie stellt nichts dar, weil sie beherbergt. Das Dargestellte wird wie der Mensch von der Architektur beherbergt. So sehr ist sie Beherbergendes, daß leere Architektur (die man, sich selbst sozusagen ausschaltend, als ›Kunstgegenstand‹ beobachtet) wie das Skelett eines toten Menschen ist.

Die Architektur beherbergt den Menschen; die Musik wird vom Menschen beherbergt; denn die reale Zeit, das Zählen der Zeit ist *in* ihm. Die Architektur ist der Ordo des Menschen als menschlicher Raum; die Musik ist das menschlich Geordnete als reale Zeit. – Für die Architektur als Bau ist die ›Natur‹ konstitutiv: das Baumaterial[481]; sie beherbergt den Menschen als Stellvertreterin der Natur. Das Analogon zum Baumaterial wäre in der Musik der Ton als Geräusch (Klangfarbe, Wucht und dergl.); aber diese Momente sind für die Musik nicht konstitutiv (vgl. S. 124 f.).

Architektur ist nicht in erster Linie zum Anschauen (wie Plastik, Malerei), oder zum Anhören (wie Musik), oder zum Vernehmen (wie Dichtung). Nur sofern Architektur auch zum ›Anschauen‹ (für sich wahrzunehmen) ist, ist sie ›Kunst‹.

Echte Architektur (Kirche) schauen nicht *wir* an, sondern *sie* ›schaut‹ uns an.

Architektur ist die Verwirklichung des Aufenthalts und daher auch der gerichteten Bewegung, des gerichteten Gangs des Menschen. Freilich primär als Sakrales: als geweihte Stätte; so z. B. auch negativ, als Tabu: als Kein-Aufenthalt des Menschen; oder bei den Griechen als Aufenthalt Gottes als des zu Gott überhöhten Menschen; als geweihter Bereich (τέμενος). Dieser aber bestimmt zugleich (durch Ausschließung) den Aufenthaltsbereich des Menschen und seines gerichteten Gangs.

Architektur (nicht als spezifische ›Kunst‹) ist also a) primär *Grundriß* (Wesensunterschied zu Plastik); b) an menschliches Maß gebunden: Miniatur-Architektur gibt es nicht; wohl aber gibt es Miniatur-Plastik und -Malerei; c) Architektur ist verwurzelt, sie ist nicht transportabel; sie ist ein Bereich des unverrückbaren Bodens. Dieses c) ergänzt a): Architektur ist Grundriß auch im Sinne des unverrückbaren Boden-Ausschnitts.

Architektur verwirklicht boden-ständige Beziehung, und zwar menschlich (menschlich-göttlich) geprägte Beziehung. Solche Beziehung ist nichts Starres; sie impliziert menschliche Bewegung. Gegeben ist z. B. ein Punkt als Zentrum (ein Mal, Grabmal, Gottesmal, Altar, Podium des Königs); durch eine Bewegungsrichtung dahin entsteht ein Gang, die Gerade; durch eine Abgrenzungslinie um den Punkt, die durch den Aufenthalt der Gemeinschaft bei der sakralen Handlung oder der Rede des Königs bestimmt ist, in gleichem Abstand von dem Punkt entsteht der Kreis, oder ein Ausschnitt davon. Architektur – an den Boden, die Erde gebunden – schafft also durch Verwirklichung von Standort-, Aufenthalts- und Bewegungsbeziehungen *Geometrie* (Geo-metrie). Sie ist ›Konstruktion‹; sie ist – von der Geometrie her, nicht vom sichtbaren Empfindungsraum her – konstruierbar und insofern ›meßbar‹.

Die Vorraussetzung der Architektur ist der vom Selbst her erstehende, im Selbst zentrierte Raum, den sich das Selbst nach dem Prinzip der Symmetrie schafft (S. 127 ff.).

Architektur ist der *Logos des Selbst zu dem Anderen*; das Zeugnis des ES IST sub specie dieser Einheit Selbst-Anderes. Darin geht die Architektur den übrigen Künsten voraus, daß sie Selbst und Anderes als Ganzes erfaßt hinstellt – das ist das Thema der Architektur.

Die Sprache hängt im Erfassen Selbst-Anderes sowohl mit den bildenden Künsten als auch mit der Architektur zusammen. Das Verbindende zwischen Architektur und Sprache ist das Moment des Menschlichen, des Zwischenmenschlichen, der *Gemeinschaft*. Die Architektur verdichtet die Gemeinschaft in Raumbeziehungen. Sie bildet damit zugleich eine Voraussetzung für die bildenden Künste. Sprache und Architektur sind von hier aus gesehen die Eckpfeiler des Menschseins.

Nun aber hat auch die Musik in einem ganz spezifischen Sinn gemeinschaftsbildende Macht, dadurch daß sie selbst geradezu Gemeinschaftsstruktur aufweist: kraft ihrer Relationsstruktur – die Töne sind ›gesellig‹, man benötigt jeweils mindestens zwei Töne[482] – , auf Grund der Harmonia-Struktur im besonderen, und außerdem auf Grund ihrer Nomos-Seite, der Komponente des Tuns[483]. Im Moment der Gemeinschaft sind also auch Architektur und Musik verbunden.

Die Sprache – das übergeordnete Phänomen – gründet Person und Gemeinschaft in einem.[484] Sie führt im Sprechtheater zur Tragödie, die von den Personen her konzipiert ist, und zur Komödie, in der die Gemeinschaft triumphiert.[485] Doch ausdrücklich wird das Moment der Gemeinschaft in der von Ton getragenen Sprache, in der Musikē und im Gesang.

Im Bereich der Musikē läßt sich nicht auseinanderhalten, was subjektive Überzeugung, Aussage eines Einzelnen, was die Realisierung einer Gemeinschaft ist.[486] Es ist nicht zufällig, nicht äußerlich, daß Nomos als ›das zu Tuende‹ auf Musik und auf das Staatswesen angewandt wird. Der erweiterte Grund ist darin zu suchen, daß über diesen strukturellen Sinn hinaus eine ›ethische‹ Gemeinsamkeit vorliegt: das Gemeinschaft Stiftende. Die Verse 65-67 in Pindars 5. Pyth. Ode haben grundlegende Bedeutung für das Erfassen dieses Sinnzusammenhangs:

πόρεν τε κίθαριν, δίδωσί τε Μοῖσαν οἷς ἄν ἐθέλῃ,
ἀπόλεμον ἀγαγών
ἐς πραπίδας εὐνομίαν.

»[Apollon] bringt das Saitenspiel und gibt die Musikē, denen er will, streitlose Eunomia in ihr Herz leitend.«[487] Es kann kein Zweifel darüber bestehen, daß Pindar, wenn er in diesem Zusammenhang von εὐνομία spricht, in dieses Wort die musikalische Bedeutung von νόμος einschließt. Die Musikē (der musikalische Nomos) verwirklicht εὐνομίαν (im Sinn der menschlichen Gemeinschaft). Zum Begriff des musikalischen Nomos hat also nicht allein das innere Wesen der Musik geführt, sondern *zugleich* ihre Verknüpfung mit »der menschlichen, staatlichen Gemeinschaft«, mit der »geheiligten Ordnung des Gemeinwesens«, mit dem »friedevollen Gefügtsein«[488]. Von dieser Überlegung aus wird auch Platons Mahnung, Staat 424 c, gemäßer erfaßt: »Denn eine neue Art von Musikē einzuführen, muß man sich hüten, weil es das Ganze gefährdet. Denn niemals werden die Arten der Musikē verändert, ohne die wichtigsten staatlichen Nomoi«[489].

Im christlichen Abendland entstand als tönende Verkörperung der Gemeinschaft der einstimmige gregorianische Gesang (lateinische liturgische Texte) und später das evangelische (deutschsprachige) Kirchenlied. Diese Gesänge waren keine Kunstwerke, sie waren nur im Tun innerhalb einer dieses Tun tragenden Gemeinschaft lebendig. Solcher Art ist auch, was sich beim Rosenkranzbeten einstellt – noch heute einstellen kann: Die Menschen werden durch gemeinsames Beten zur Gemeinschaft, indem sie sich als Einheit in dem Einen Zusammenklang, den sie hervorbringen (richtiger: der sich von selbst einstellt), verkörpern. Was liegt hier vor? ›Sprache und Musik‹? Eher: Sprache in einen Zusammenklang ›gebettet‹; Zusammenklang, *Tönen* als Träger der Sprache – Sprache, die nicht ›denkt‹, sondern nur den ganzheitlichen menschlichen Sinn, das Beten, verwirklicht. Das Rosenkranzbeten ist nicht ›Ausdruck‹, nicht Darstellung des ›Inhalts‹, der ›Bedeutung‹, des ›Sinns‹ – sondern geradezu die Gemeinschaft *als* Sinn, als Wirkliches, und zwar ein Wirkliches, das ein *Tun* ist: dieses Gebettet-Sein, dieses ›Übereinstimmen‹ – in dem Zusammenklang. Nach den ›absoluten‹ Tönen zu fragen, ist sinnlos. Der ›Wohlklang‹, das ›Übereinstimmen‹, hängt einzig und allein von den *Verhältnissen* der Töne ab. Der eine Ton erhält seine Wesenheit vom anderen. Es geschieht ein Beten von Gemeinschaft, und dadurch kommt Gemeinschaft zustande: durch das Tönen, den Klang, die ›Musik‹.[490]

Außen/Innen

Architektur ist die einzige ›Kunst‹ im Raum, die ein Außen und ein Innen aufweist. Von außen zeigt sie sich als Masse, Kubus, Halbkugel und dergl., als ›Körper‹, wie die Plastik (etwa moderne Plastik; ohne menschlichen Körper darzustellen). Betritt man aber die Türschwelle: Weg mit einem Schlag dieses Außen! Verwandlung im Nu! Ein Innen, ein *Raum*, dunkel, Kerzen, Ikonostase, und vor allem der architektonische Innenraum selbst! Dieses ›Doppelgesichtige‹ der Architektur – Körper *und* Raum – ist ein Wunder.

Das Diesda der Architektur könnte man als dasjenige Reale ansehen, das den Raum als Umschließendes (Außen, Körper) und Umschlossenes (Innenraum) in einem erfaßt. Architektur wäre, so gesehen, die Synthese von ›Ding‹ und ›Raum‹ (Innenraum); oder sie wäre zu betrachten als Raumding mit Innerem – wozu freilich das menschliche Maß (betretbar), somit auch das Ordnen der Gemeinschaft gehört.

Beim griechischen Tempel ist alles Körper, der von außen erfaßt wird. Die Säulen fungieren wie das Gitter, das die Menschen von der Wohnung des Gottes fernhält. Der Tempel, dieser Körper, nimmt seinen Platz in der Landschaft ein, er ist im Freien, nimmt einen Raum-›Ausschnitt‹ (›τέμενος‹) den Menschen weg und für den Gott in Anspruch. Er verhält sich wie die griechische Plastik. Sie befindet sich im Freien, in unserem Raum. Die Statue und ihre ›Aura‹ nimmt einen Teil unseres Raums für sich in Anspruch, und von uns weg. Wir müssen die Statue umgehen. Der Gott ist bei uns, gehört in unseren (Lebens-) Raum; er begegnet uns, und wir ihm, in unserem Raum, auf unserem Weg. Weil der Gott bei uns ist, können wir ihn, die Statue, auch ›von hinten‹ sehen.

Der christliche Gott, das Christlich-Heilige, ist nicht in diesem Sinn bei uns. Wenn ich in eine christliche Kirche eintrete, so ›begegnet‹ mir Gott nicht, sondern er erscheint: als Bild; als Fresko, Mosaik, Ikone, Malerei, aus einem ›anderen‹ Raum. Und dieser sein Raum wird nicht durch unsere Gegenwart – in ›unserem‹ Raum – tangiert. Nur das Allerheiligste ist ›gegenwärtig‹, doch hinter dem Lettner bzw. im Tabernakel. Im griechisch-othodoxen Bereich fehlen Statuen, sowohl im Innenraum als auch im Freien. Die Plastik und die Landschaft waren zu stark vom Heidnischen in Beschlag genommen. Der christliche Grieche flüchtete vom Freien in den Innenraum. Die Kirche war wie ein Trichter, der durchs Tor die Christen einsog. Die Außenseite zeigte lediglich Wände aus Ziegelsteinen. So auch die frühchristliche Basilika, der maßgebliche Kirchenbau rund von der Zeit an, da die christliche Religion allgemeingültig wird, bis ungefähr um 700. In der Basilika wird zum erstenmal als Geschichtliches ausdrücklich Architektur hingestellt, Architektur, die den Menschen beherbergt und ihn zugleich räumlich sichtbar auch zur Gemeinschaft, zur Ecclesia konstituiert, wie sie sich damals in ihrer wesentlichen Funktion verstand, nämlich im Dienste Gottes, im Gottesdienst, in der Liturgie.[491]

Malerei

Bei den bildenden Künsten steht der Mensch plötzlich einem Diesda, einem Anderen gegenüber. Wird dieses fest gefaßt, als Bild oder als

Plastik, so nenne ich dieses Werk *Mal*. Daß der Mensch erfüllten Ort, Diesda merkt[492], vor allem durch das Auge, und daß er es als ›Mal‹ – als nicht vergehendes Seiendes[493] – hinstellen kann, das ist der *Logos des ›Anderen‹*, das sich einstellende Faktum des realen Anderen, das Wissen um das ES IST in Form des *außer* ihm, von ihm bezeugten realen Anderen.

Oben (S. 162) ordnete ich der Malerei das ›Geben‹ zu. Dies ist im Sinn von Empfindung als des ›Gegebenen‹ (des absolut Anzeigenden) gemeint. Denn das spezifische Moment des Gegebenen der Empfindung tritt besonders, ja allein in der Malerei zutage. Sie ist die Welt als Gegebenes, als der durchgängige Zusammenhang des Naturraums, als der ›total gegebene‹ Naturraum, somit als ein ›anderer Naturraum‹. Die Malerei erfaßt den Diesda-Bereich der Empfindung als Einleuchtendes, den λόγος αἰσθήσεως[494], so wie die Musik den λόγος χρόνου, die Harmonia, erfaßt (s. S. 77). Wir können auch sagen: sie ist der Logos des Lückenlosen (s. a. S. 120 f.); dieser beruht auf dem Widerstreit zwischen Einzelding und Raum, entsprechend dem Verhältnis von Nennakt und durchgängigem Zusammenhang im Satz.

Der Blick

Die der Malerei zugrundeliegende Empfindung ist das Sehen. Wie sieht das Auge? Es sieht nicht alles, was in seinem Blickfeld liegt, auf einmal, sondern es fixiert je einen Punkt, und es wandert von Punkt zu Punkt; es ist beweglich (und wenn die Augendrehung nicht ausreicht, hilft die Kopfdrehung mit). Zwar sehe ich zugleich mit dem fixierten Punkt auch dessen Umgebung – aber nur beiläufig; ich sehe sie und sehe sie nicht; das ins Blickfeld Fallende ist wie die ›Aura‹ des fixierten Punktes, es trägt lediglich dazu bei, ihn besser zu fassen, ihn ›einzurahmen‹, ihn zu lokalisieren; es selbst wird aber kaum eigentlich gesehen; es ist eben das bloße Feld des einen, echt gesehenen Punktes. Mein ›Auge spielt‹ ständig, kennt nicht den Stillstand; es fixiert immerzu und immer wieder andere auch weit auseinanderliegende Punkte, und so schafft es sich das Bild (das Gesehene). (Daher läßt sich beim Sehen kein fester Sehwinkel feststellen; beim starren Fixieren eines Punktes müßte er winzig klein sein – aber das ist eine Fiktion. Außerdem selbst dann könnten wir den Winkel vergrößern, indem wir immer größere Ausschnitte aus dem Sehfeld einbeziehen und somit auf das eigentliche *Gesehene* verzichten würden.) Das Auge sieht bei dieser Betätigung nicht perspektivisch; denn es fixiert ja jeweils nur *einen* Punkt. Die Perspektive ist überhaupt nicht eine Eigenschaft des Auges, sondern eine ›Gegebenheit‹ von ›außen‹ her, eine Eigenschaft des (im Raum) Sichtbaren, eine geometrisch-physikalische Voraussetzung des Sehens. Wenn mein 1 m entfernter Stock einen 40 m entfernten Baumstamm (der viel dicker ist als mein Stock) verdeckt, so ist nicht mein Auge dafür verantwortlich. So wenig ist mein Auge dafür verantwortlich, daß es sich darüber ärgert; denn es will ja den Baumstamm sehen, es ist neugierig; und es findet den Ort, von wo aus der Baumstamm zu sehen ist und es auf seine Rechnung kommt. Das Auge (und der Mensch) ist ja beweglich.

Anders die Foto-Linse. Sie registriert alles, was in ihrem Winkel liegt, auf einmal, gleichmäßig; sie ›sieht‹ alles zugleich, statisch, starr, ohne daß sie sich bewegt; das heißt: sie sieht nicht, sondern die Lichtgeraden gehen durch sie hindurch und bewirken die sichtbaren Punkte auf der Foto-Platte. Sie registriert, den sogenannten optischen Gesetzen der Geometrie gehorchend, also perspektivisch, das im Raum Beleuchtete auf der Ebene der Foto-Platte. So funktioniert zwar auch die Augenlinse – aber das Sehen beginnt erst gleichsam danach. Es beginnt erst mit dem Fixieren der einzelnen Punkte, mit dem quicklebendigen Augenspiel, mit dem Wandern des Blicks: mit dem Blicken (das Sehen besteht aus lauter Augen-Blicken, Augenblicken – also im doppelten Sinn des Wortes –, ist die Synthese aller dieser Augenblicke!).[495] Das hat viele erstaunliche Folgen. Zunächst eine Anwendung: Wenn ich ein Foto betrachte, so habe ich nicht etwas Gesehenes vor mir, aber auch nicht ›Natur‹, nicht die beleuchteten Dinge im Raum, sondern ihre Projektion – nach den optisch-geometrischen Gesetzen – auf der Fläche: Ich betrachte das Foto wie ein zu Sehendes (nämlich nicht wie ein Gesehenes), also wie ›Natur‹. ›Wie ein zu Sehendes‹ bedeutet, daß ich das Sehen erst betätigen, erst in Anwendung bringen muß, um aus dem Foto etwas Gesehenes zu machen: ich betrachte es durch Fixierung von Punkten und durch Wandern des Blicks (was alles die Foto–Linse zu tun unterlassen hat). Aber beim besten Willen kann ich weder die – fotografierte – Natur sehen, noch erfahren, wie ein Mensch – im Augenblick des Fotografierens und von jenem Standort aus – sie gesehen hat (ge*sehen*! durch Fixieren von Punkten und: durch Blickwanderung): Das Substrat ›Natur‹ (oder der Niederschlag seines Erfassens durch Menschen-Auge) ist abwesend.

Sichtbarkeit, meint man, ist etwas im Raum Stattfindendes, die Zeit nicht Enthaltendes, also etwas rein ›Statisches‹ (ich denke jetzt nicht an Bewegung des Sichtbaren). Doch ist das Sehen etwas denkbar Unstetes, immerzu quick spielend, nicht festzuhalten, der Inbegriff des Unstatischen. Ein sich nicht bewegender Blick ist ein starrer Blick, ist kein Blick (z. B. wenn man ›geistesabwesend‹, oder bewußtlos ist, oder erstaunt – ›nicht sehend‹). Und doch fixieren wir stets je einen Punkt; wir ›fassen ins Auge‹, aber dies jeweils in Blitzesschnelle. Was tun wir dabei? Bildlich: Wir tragen einen Sack voll Nägel und einen Hammer bei uns, wir sind im Hämmern überaus gewandt und schnell, wir haben ein Brett vor uns (das ›Gehirn‹), und wir nageln mit Blitzesschnelle jeden durch das Auge erfaßten Punkt fest: Die Ganzheit dieser festgenagelten Blickgehalte ergibt, nun als Ganzheit (d. h. als Zusammenhang, als Wechselbeziehungen aller Art, z. B. des Orts, der Farben, der Lichtverteilung, der ›haptischen‹ Eindrücke, der Tiefe, des Raums, somit *auch* der ›Perspektive‹), nicht, wie ich wähne, das ›Gesehene‹, sondern das *Sehen.*

Und nun beginnen wir einen festen Standort zu gewinnen, um dieser unbegreiflichsten aller Künste näher zu kommen: der Malerei. Sie verwandelt dieses Allerquickeste, Allerunsteteste in Statisches, in ›Bild‹, in ein Gemälde, das ich in Händen halte! Und diesen Umweg über das Allerbeweglichste verwendet sie, um das im Raum Stehende, das Zeitlose, in – ebenfalls statisches – Werk zu verwandeln!

Malerei ist etwas völlig Widernatürliches: eine gestaltete Fläche. Wo gibt es so etwas in der Natur? Als Fläche kann sie auch keine Perspektive kennen. Sie kann nur das Phänomen der Perspektive, das sich beim Sehen notwendigerweise einstellt (dadurch, daß Sehen nur geradlinig möglich ist) bei der Flächengestaltung als eines der Mittel, die ihr zur Verfügung stehen, verwenden. Die Malerei ist die unnaturalistischste aller Künste. Und die am wenigsten naturalistische innerhalb der Malerei ist die perspektivische Malerei (die perspektivische *Malerei*, nicht die Perspektive, nicht die Fotografie). Sie ist ein Sehen (im obigen Sinn), das mit dem perspektivischen Registrieren (dem Nicht-Sehen) ein Bündnis eingeht: Leonardo, van Eyck. Sie *sieht*, sie nagelt den einzelnen Punkt fest, sie *faßt* ihn ins Auge, und zugleich ordnet sie alle diese Punkte im Gemälde, als ob sie sie nicht sähe, sondern nur durch die Linse registrierte. Dieses Paradoxon gründet die Größe der perspektivischen Malerei. In ihr leidet etwa die ›Evidenz‹ der einzelnen erblickten Punkte und deren Ganzheit nicht. Im Gegenteil: Durch die Polarität des Blickens und der Perspektivität, durch deren Unvereinbarkeit (Antinomie: das Merkmal großer Kunst) wird die Wirklichkeit des echten Sehens erst evident.

Was aber ist das ›Sehen‹ vom ›ins Auge fassen‹ her? Die Antwort lautet: Es ist kein Sehen um des Sehens willen. Ich will durch das Sehen das *Ding* erfassen: was es ist, was ES *IST*. Das ist alles. Das Auge (der Mensch als Auge) ist neugierig; es begnügt sich nicht mit dem ›Sehen‹ (auf den Schein des Dings beschränkt): durch van Eycks Nelke erfahre ich das IST der Nelke, über das Wie-sie-›aussieht‹ hinaus; dieses ist die bloße ›Begleiterscheinung‹. Sehen ist Begreifen, ›Greifen‹,

Erfassen (nicht mit ›Verstehen‹ zu verwechseln; nicht ›Sich aneignen‹, sondern das Gegenteil: wissen darum, daß ich etwas Festes – nicht Anzueignendes – *fasse*).

Van Eyck, Leonardo blicken scharf, geradezu ›durchbohrend‹: den Schein, das Aussehen durchbohrend bis zum ES IST. Dagegen wird das naturalistische ›Sehen‹ (Registrieren) vom Sichtbaren lediglich affiziert. Und das impressionistische Sehen ist ein *ästhetisches* Sehen: mit zwinkernden Augenschlitzen, ohne daß das Auge spielt: es wird unbeweglich, und es erfaßt die ›Atmosphäre‹ als Ganzes, den ›Eindruck‹. Das Auge ist nicht mehr das aktive menschliche Organ des ES IST, sondern nur ein den Lichtschimmer wahrnehmendes Organ, und *dieses* ›Sehen‹ wird als (nun ästhetische) Kunst zum Gemälde. Beiden, dem naturalistischen und dem impressionistischen Sehen, ist gemeinsam, daß sie das ›Durchbohren‹ (den Augen-Blick) nicht kennen.

Das ständige Zugleich von zentrierendem Ins-Auge-Fassen des Punkts und Im-Auge-Behalten des durchgängigen (Raum-)Zusammenhangs ist analog dem Verhältnis zwischen Nennakt und Satz in der Sprache (vgl. auch S. 198 und Anm. 495): Worte und Satz verhalten sich analog wie Augen-Blicke und Sehzusammenhang (beim perspektivischen Sehen: Perspektive). So wie Satz ohne Worte, ohne Nennakt, ohne Festnageln von Bedeutungen, ohne ES IST nicht Sprache ist, so ist Sehen ohne ›Durchbohren‹ von Punkten, ohne ES IST, kein echtes Sehen. Und umgekehrt: So wie ›Sehen‹ ohne Augen-Blicke kein Sehen, so ist Satz ohne Nennakt keine Sprache.

Der klassische Sprachsatz lebt wie die klassische perspektivische Malerei aus der Antinomie der beiden Pole, so bei Shakespeare, Kant, van Eyck, Leonardo. Und so die Wiener klassische Struktur aus der Antinomie harmonische Kadenz – feste Körper. Sie ist erhaben über die ängstliche Befolgung glatter harmonischer Verknüpfungen; der Zusammenhang ist zwar Harmonie, aber zugleich durch Klänge, die nun als Konstruktion zu erfassen sind, die sich nicht ›schlürfen‹ lassen (wie bei den Romantikern: glatter Satz, nur-harmonisch; keine ›Augen-*Blicke*‹, daher ›blind‹). Wie arm sind die ›Kunstkenner‹, die diese Antinomie in einem Bild Leonardos, einem Quartett Haydns nicht ahnen! – Von hier aus die Geschichte des sprachlichen Satzes (der ›Grammatik‹ und ›Syntax‹), und überhaupt der menschlichen Sinnträger zu betreiben: was für eine – herrliche – Aufgabe!

Das Sehen als Synthese von Augen-Blicken (der Blick gleitet nicht kontinuierlich, sondern er springt stets diskontinuierlich von Punkt zu Punkt) und der Satz als Synthese von Nennakten (diskreten realen Jetzten) sind Urbilder für das *Diskontinuierliche*[496] des menschlichen Erfassens-Mechanismus.[497]

Aber auch unabhängig vom Moment des Diskontinuierlichen, sind das Sehen und das Nennen die Urbilder des menschlichen Mechanismus. Wird ein Mensch nicht nach seinem Blick und nach dem, was er sagt, beurteilt?

Das Sehen aber stiftet nicht die Zeit: das Ins-Auge-Fassen des Punkts läßt sich nicht zentripetal realisieren. Diese letzte Konkretion, dieses Festnageln des Jetzt geschieht allein durch das Zentripetale des Nennakts.

Die Komponente des Tuns in der Malerei

Wir haben oben (S. 165 ff.) den Gesichtspunkt des Tuns bezüglich Sprache und Dichtung, Sprechtheater und musikalischem Theater erörtert. Welche Rolle nun spielt das Tun in der bildenden Kunst? Auch sie ist freilich ein ›Tun‹, Verantwortung (bei der Verfertigung). Doch darin geht die bildende Kunst nicht auf. Sie ist als Bleibendes verfer*tigt*, ein abgeschlossenes Tun. Im Unterschied zur Musik, in der das Tun (nämlich die Aufführung) dem ›Sein‹ (der Komposition, der ›*Vor*-Schrift‹) erst folgt – Musik *besteht* in der Ausführung der Weisung, sie *ist* ›Praktisches‹ schlechthin –, geht in der Malerei die ›Aufführung‹, das Malen, als Tun dem Werk voraus. Dieses Tun verewigt sich als Werk. (Das Tun während des Komponierens ist damit nicht vergleichbar. Es ist kein ›materielles‹ Tun wie das der Malerei: es schafft ja ›bloß Vorschrift‹.) Somit geht die Malerei als Tun vom Innen hinaus (im doppelten Sinn: als Hingestelltes und als dargestellte Natur), die Musik aber als Tun vom Außen (der mir begegnenden Komposition) hinein (in mich, als *mein* Musizieren).

Für die Bildbetrachtung besteht die – durchaus realisierbare – Möglichkeit, Gemäldestruktur als Tun, also als Ma*len* darzustellen, die Bild*struktur* als *Herkunft* zu erfassen, als Tun, das dem Werk vorausgeht, als das *Ergebnis* (die Folge) eines Tuns, nämlich des Malvorgangs.[498] Diesen müßte man als Struktur ausdrücklich machen, in ›Verfahren‹ heben. Es wäre eine Hilfe auf dem Weg, Malerei nicht nur von der ›Wirkung‹ her zu begreifen.[499]

In Bruegels Zeichnung ›Maler und Käufer‹ (Wien, Albertina, Inv. Nr. 7500) werden das Reale als solches und das Schattenhafte als solches durch die Zeichnung erfaßt: der Maler als vollgültiger, der Käufer als dummer, dilettantischer Mensch. Dies wird dadurch verwirklicht, daß der Maler *realer* gezeichnet ist, der Käufer dagegen flüchtig, schattenhaft, als ›Gespenst‹, eine Seifenblase *als Zeichnung* – unabhängig von dummer, heraushängender Nase, Brille usw. Er ist gar nicht. Die Hand dieses Blasenwesens, dieses Weichtiers, rutscht in den Geldbeutel; sie zerfließt. Vgl. dagegen die Ecken der Hand des Malers, die den Pinsel hält: man stößt auf Widerstand, auf Festkörperliches. Das Handgelenk kräftig und knapp; festgebaut in den Ärmel gestellt, wie große Architektur: Zeugnis von ES IST, schlechthin Andersartiges. Der Mensch schafft Zeugnis, indem er bezeugt – und wir sind Zeugen. Bruegel ist kein Porträtmaler[500]. In ›Maler und Käufer‹ ist zwar der Maler wunderbar erfaßt, doch Ziel ist nicht das Porträt. Die Bild-Integration ist die Gegenüberstellung Reales-Gespenstisches. Bruegel malt nicht Personen, sondern Begebenheiten unter Menschen, intermenschliche Beziehungen, Gemeinschaftliches. Er malt die Menschen von außen her, gleichsam als ›Ding‹, von den Anderen her gesehen, und daher ›komisch‹.[501] Bruegel gehört gleichsam der Gattung der Komödie (Gemeinschaft), und nicht der Tragödie (Person, einzelne große Menschen) an.[502]

Das Ernstnehmen der Komponente des Tuns macht auch den Unterschied deutlich, der zwischen Original und Kopie besteht. Der wesenhafte Unterschied läßt sich nicht mittels ästhetischer oder sonstiger auf Kennerschaft beruhender Kriterien erfassen. (Die heutigen technischen Möglichkeiten – Chemie, Röntgen und dergl. – liegen auf einer anderen Ebene.) Entscheidend ist die Identität, das Werk als Identisches. Das Original ist das Identische; Werk und Meister sind in ihm *dasselbe*. In der Kopie fehlt die Identität von Werk und Meister; es ist dem Original gegenüber nur ein *gleiches*. Es fehlt die Kategorie des Tuns, in der bildenden Kunst: des Getanen, im Sinne der Verantwortlichkeit des Meisters selbst.

In ›konservierter‹ Musik – Schallplatte, Tonband etc. – tritt dieser Unterschied besonders kraß hervor, weil die Musik nur als Tun überhaupt gegenwärtig ist. Abgesehen von dem Mißlichen, Faden, Uninteressanten, das mit dem öfteren Abspielen einer Schallplattenaufnahme verbunden ist, weil man schon im voraus jede schablonenhaft unfehlbar eintretende Aufführungsnuance kennt, fehlt das Wesentliche: das Moment des Wagens, des Riskierens, es fehlt der Nomos, diese der Musik immanente ethische Kategorie. Es fehlt die Begegnung mit dem Meister, die in der Musik über seinen Stellvertreter, den Ausführenden – der aber wirklich ein hier und jetzt Ausführender ist – erfolgt. Das isolierte Betrachten des Werks beleidigt den Menschen, ist etwas Sündhaftes. Geradezu konstituierend für das Werk ist, daß man in ihm und zugleich mit ihm den Meister, die Personen erfaßt, die sich an diesem Werk spontan betätigten, in der Musik: betätigen. Ohne die *Begegnung* mit dem Totalen von Werk und Mensch fehlt die *Achtung*. Und die Achtung ist ein Spezifikum des Geistes, der menschlichen Betätigung. Das Geheimnis der Begegnung mit dem Werk der Vergangenheit, das *Gedächtnis*, das dadurch wachgerufen wird, und das *Gespräch*, das dadurch entsteht, ist eine Bewährung für beide, für den Betrachter und für das Werk zusammen mit dem Meister.

Der ›Andere Raum‹

Die Malerei erfaßt das Raumganze als ein leuchtendes Erscheinen; als Leuchten: die Farben, als Erscheinen: die Formen der Dinge – doch ohne daß Leuchten und Erscheinen (durch die Zeichnung etwa) im Werk streng auseinandergehalten werden müßten.

Da nun der Naturraum als ein *Ganzes* vorgestellt wird, und da er uns *erscheint*, fungiert er im Bild nicht als der ›unsere‹, sondern als ein ›anderer‹. Denn in ›unserem‹ Raum sind wir selbst eingeschlossen, wir können ihn daher weder als Ganzes noch als Erscheinen erfassen. Wunderbar am Gemälde ist, daß wir wie durch ein Fenster in einen ›anderen Raum‹ schauen. Am deutlichsten in der frühen Malerei, wo weder das Licht das unsere ist, noch der ›Raum‹ als dreidimensional, wie der unsere, erfaßt wird. Sie gründet im Leuchten selbst: im Goldgrund, und sie enthält nichts von Beleuchtung, etwa durch unser Licht. Und die Dinge *erscheinen* uns lediglich, sie täuschen nicht (durch Perspektive) unsere Räumlichkeit vor. Damit deckt sich auch der Inhalt dieser frühen Malerei; er wird nicht unserem Lebensraum entnommen, sondern auch er ist das leuchtende Erscheinen einer ›anderen Welt‹: Darstellungen aus der Heiligen Schrift; Paradies, Engel, Wunder, Heiligengeschichten.

Zwischen dem Bild und mir besteht in jeglicher Hinsicht eine Distanz; es tangiert mich nicht – wie etwa die Plastik – in meinem Raum; und ich meinerseits kann es nicht greifen, betasten, es ist ja nur eine Fläche. Ich kann auch nicht *hinter* das Bild sehen; welchen Standort ich auch in meinem Raum einnehme: ich bekomme nur die ›Vorderseite‹ zu sehen. Es handelt sich ja um einen ›anderen‹ Naturraum, der mir eben nur durch die mir zugewandte Seite erscheint; ich kann nicht in diesen Raum eintreten und die Dinge auch von hinten anschauen. Ich sehe auch nicht, wie diese Vorderseite ›getragen‹ wird, ›woher sie kommt‹, wo sie *verwurzelt* ist. Malerei weiß darum, daß sie, wenn sie den durchgängigen Zusammenhang des Naturraums erfassen will, nur das Erscheinen, den ›anderen Raum‹, erfassen kann. Dieser ›andere Raum‹ (samt allem, was er beinhaltet) ist nämlich nicht ›umkehrbar‹. Die Dinge ›tauchen aus seiner Oberfläche empor‹, und nur insofern sind sie sichtbar. Ihre Wurzeln aber sind hinter der

›Raumfläche‹ verborgen, wie die Wurzeln der Bäume unter der Bodenoberfläche.

In der Münchner Alten Pinakothek kann man durch die Türe des Kabinetts, worin eine Maria mit Kind Masolinos (Anfang 15. Jh.) ausgestellt ist, den Blick von diesem Bild zu Tizians großer Mutter Gottes mit Kind (gegen 1560) wandern lassen. Eindrucksvoller als der durch den zeitlichen Abstand bedingte Wandel ist die durch die Malerei bedingte Konstante. Bei Masolino ein unverwechselbar ›anderer‹ Raum. Bei Tizian als ob der unsere; aber nur als ob.[503] Denn gerade dadurch wird um so mehr die Wirklichkeit des Bilds als einer anderen denn die unsere hervorgehoben. Mutter und Kind treten als leuchtende Erscheinungen körperhaft aus ihrem Hintergrund hervor; wir vermeinen, wir könnten danach greifen, und doch entschweben sie uns, denn sie gehören einer anderen Welt an, sie sind Erscheinungen. Auch beim goldroten Abendhimmel – nur als ob dem unseren – werden wir des Gemeinsamen mit dem Goldgrund Masolinos gewahr. Und wie bei jedem Bild können wir auch hier nicht ›dahinter‹ schauen.

Die Entzückung der Hl. Cäcilie in Bologna ist ein Spätwerk Raffaels. Die Hl. Cäcilie horcht auf die himmlische Musik, die Sphärenharmonie also, die ihr geoffenbart wird; die Instrumente der Musica humana liegen wie in Trümmern auf dem Boden, weggeworfen. Auch die Pfeifen des Portativs, das sie noch hält, sind nicht mehr in Ordnung. Sie schaut zur Region des Himmels auf, in der die singenden Engel (mit Noten) die himmlische Musik hervorbringen; sie schaut also auf zu dem ›anderen Raum‹. Und wie ist dieser ›andere Raum‹, dieser Himmel gemalt? Nicht blau, wie die Hauptfläche des Himmels, sondern in goldenem Schimmer, als ›Erscheinung‹: der Goldgrund der alten Malerei. Hier, bei Raffael, die Synthese, das große Gedächtnis: Innerhalb des inzwischen blau gewordenen (›vermenschlichten‹) Himmels der Malerei erscheint der ›andere‹ Raum (Himmel): der goldene.[504] *Wirklich* ist die Sphärenharmonie in diesem ›anderen‹ Raum: sie offenbart sich aber der in unserem Raum lebenden Hl. Cäcilie.

ES IST als Leuchten

Das Licht ist es, das den Naturraum als einen durchgängigen Zusammenhang dem Auge erscheinen läßt. Die Farbe zeigt Sichtbares an, als Licht und durch Licht. Die Malerei führt das Licht auf Farbe zurück. Daher zeigt das Bild einen lückenlosen Farbzusammenhang, so wie sich dem Auge die ›Dinge‹ – wozu freilich ›Himmel‹, ›Atmosphäre‹ zu rechnen sind – lückenlos fügen. Das Auge kennt kein

Vakuum, und das Bild keine Lücken. Der Maler muß die gesamte Malfläche mit seinem Pinsel berühren. (Im Aquarell wirken die blanken Stellen als Farbe mit: man könnte sie nicht etwa ausschneiden.) Das gemalte Bild ist nichts anderes als die evidente Flächendarstellung des Wirklichen als des lückenlosen Zusammenhangs, des Wirklichen sub specie der Sichtbarkeit. Diese notwendige Bedingung kann erfüllt werden, auch ohne daß das Bild einen – wiederzuerkennenden – Naturraum mit Naturkörpern zugrundelegt.

Malerei ist sublimierte, in Geistiges, in Struktur verwandelte Goldschmiedekunst: In dieser sind die verwendeten Stoffe selbst leuchtend (Edelsteine, Halbedelsteine, Metalle, Email etc.); das Leuchten in der Malerei wird gemacht.[505] Die Malerei im engeren Sinn ist nicht bloß sublimierte Goldschmiedekunst, denn sie wendet das Leuchten (der ›Edelsteine‹) auf den durch Menschen geprägten Raum an: sie malt Menschen, Szenen mit Menschen. Sie vollzieht also eine Synthese von Leuchten – der anorganischen (leblosen) Gegenstände – und Mensch. Von dieser Seite her kann man die Malerei so bestimmen: ›der Mensch als Edelstein (d. h. als Leuchten) gesehen‹.[506]

Es liegt etwas unvergleichbares vor zwischen dem Farbeindruck, den ich durch die Natur – etwa weidendes Vieh auf der Wiese – erhalte, und dem, der mir aus den italienischen Bildern (1300-1530) entgegentritt. Hier leuchtende, ausdrückliche, ›künstliche‹ Farben, dort die gleichmäßige, unausgesprochene irden-pflanzlich-atmosphärische, bescheidene, ›natürliche Einheitsfarbe‹. Wo ist das vielgerühmte Malen der Italiener ›nach der Natur‹? Sie malen Menschen, Gruppen ›nach der Natur‹. Aber was ist ›Natur‹ an diesen Bildern? Es liegen frei winzige Gesichts- und Handflächen; alles andere ist mit üppigen Gewändern verdeckt, in leuchtender, ›künstlicher‹ Farbigkeit. Wo kommt sie her? Freilich nicht von der ›Natur‹, der Natur-Ansicht, sondern eindeutig vom ›künstlichen‹ farbigen Glanz der Mosaiken, der Glasfenster- und Emailmalerei, des Goldschmiedegeräts: von der führenden Kunst des ›Sichtbaren‹ im Mittelalter.

Etwa um 500 begann diese Freude an farbigen leuchtenden Edelsteinen und an ihrem Einfassen: es ist die Zeit des Boethius, der Anfang des Abendlandes. Es folgten die großen Verwirklichungen der karolingischen und ottonischen Zeit, 9. bis 11. Jahrhundert: die Zeit der Entstehung auch der Musica Enchiriadis, des Diagramms in der Musik (vgl. S. 112 ff.); die Zeit, in der auch die Sprachschrift als Kalligraphie für sich ins Auge gefaßt wird und das Wort darstellt: in Gebetsbüchern und in Evangeliaren.[507] Das Abendland wacht auf. Die Menschen waren wie trunken von Anschauen, Anschauen, Anschauen, sie konnten nicht davon ablassen anzuschauen, hundert Jahre, zweihundert Jahre, bis sie das Angeschaute – malten. So wie wenn man lange die Sonne oder die Sterne angeschaut hat, und es immer noch funkelt, nachdem man sich weggewendet hat. Die Malerei ist geboren. Es ist einer der ganz großen schöpferischen Impulse der Geschichte, der die Malerei ermöglicht hat. Und mit einem Schlag ist auch vorbei jene reale Erfüllung der alten Goldschmiedekunst, jenes Sein als Wirkliches. Es kommt Cimabue, es kommt Giotto, es kommt – kommt – kommt – bis Tizian.

Aber die Maler sind davon besessen, Menschen darzustellen. Wie haben wir das zu verstehen? Als Synthese jener mittelalterlichen Kunst und der neuen Absicht. Die italienischen Maler wollen Menschen darstellen, aber sie können sie nicht anders sehen als im ›Gewand‹ (im wörtlichen und im übertragenen Sinn) der mittelalterlichen *leuchtenden Farbigkeit des Kostbaren*: sie ziehen die Menschen damit an. Was bedeutet aber dies? Der kostbare, farbig leuchtende Stoff – Gold, Edelsteine, farbige Glassteine, Bergkristall, Email und dergl. – war im Mittelalter Selbstzweck. Die Kunst bestand darin, ihn so zu ›fassen‹, daß er zur Geltung kommt (vgl. z. B. die Edelsteine in der Pala d'oro von San Marco, Venedig, oder in den Kirchengeräten der karolingischen Zeit in der Münchner Schatzkammer). Was kam damit zur Geltung? Das Kostbare des Stoffs als Sichtbares, als ›Farbe‹, in der aber die Stoffsubstanz ›durchschien‹, gegenwärtig war. Dadurch hatten diese Dinge so etwas wie stellvertretende Kraft. Anders gesagt: In diesen leuchtenden, farbiges Licht enthaltenden Dingen bekundete sich das ES IST. Es galt nicht, lediglich die Farbenwirkungen und -zusammenstellungen zur Kenntnis zu nehmen, sondern sich bei dem oder jenem Edelstein zu sammeln, sich in ihn zu vertiefen. Er sprach den Betrachter dann als Wesenheit an, d. h. als das ES IST, das Absolute und auf sich selbst Hinweisende. Das nun erbten die italienischen Maler. Daher die ›Eigenbedeutung‹ der Farben, trotz der jetzt aufkommenden ›Natur‹ (Mensch) als Vorwurf. Von dorther kommt das ES IST der Farbe in der italienischen Malerei. Ein Bellini (aber auch ein Giotto; also auch das Fresko und die florentinische Malerei) ist von dem ES IST der leuchtenden Farbigkeit des Kostbaren erfüllt. Dies will er – nunmehr als Maler – fassen. Aber das Ding selbst – der Edelstein – sammelte uns als Ding, obwohl es winzig war. Jetzt ist der Maler vom Erscheinen des ES IST als ›leuchtende‹ (Wesen, Substanz bekundende) Farbe erfüllt, wörtlich er-füllt: er muß es daher auf eine große, die Malfläche ›erfüllende‹ Farbe ergießen. Das aufleuchtende ES IST des farbigen Edelsteins wird vom Auge aufgesaugt und dann über die Wand, die Tafel oder die Leinwand ›ausgegossen‹ – d. h. der kleine Edelstein in große Fläche übersetzt. So entsteht ein Blau des Gewands, ein Gold des Himmels, und zusätzlich noch der ›Schmuck‹, der die kostbaren Stoffe als solche darstellt. All dies fängt das ES IST der Substanz als Sichtbares ein, und somit auch den Menschen als ES IST. Daher sagt so oft das Gesicht relativ wenig aus – selbst bei den Madonnen des Raffael, und trotzdem ist die ›Menschendarstellung‹ als Ganzes das ES IST. (Wenn schon ›Farbe nach der Natur‹, so eher z. B. das farbige Leuchten des Meeres bei einer Felsenküste, dies die Lichtbrechung farbig fassende Zauberding – aber nie die matte, ›tote‹ Oberflächenfarbe des Gegenstands.)

Das ›Absolute und Anzeigende‹[508] der Farbe erweist sich hier nicht nur als die bloß äußere Oberflächenfarbe einer Sache, etwa das Ziegelrot, das einen Ziegel, das Blattgrün, das ein Blatt anzeigt, sondern als das sichtbar werdende Wesen, als die auf- (ein-) leuchtende Substanz. Freilich bleibt auch die andere Beziehung zur Sache, das äußerlich Anzeigende, bestehen. Aber dieses wird hier zum ›Sich-Selbst-Anzeigen‹, zum ES IST, zur ›Farbe‹ (ist das aber ›Farbe‹ im landläufigen Sinn?) des ›leuchtenden ES IST‹, besser: das ES IST selbst als Leuchtendes. Das macht die Größe der italienischen Malerei bis 1530 (aber auch van Eycks und Rogiers) aus.

Was ›Farbe‹ in dieser Malerei ist, begreift man nicht allein, wenn man die bescheidene, irdene Farbigkeit der Natur (weidendes Vieh auf der Wiese) dagegenstellt (etwa die der niederländischen Malerei des 17. Jahrhunderts, Ruisdael usw.), sondern besonders auch, wenn man etwa Rubens oder Poussin heranzieht: auch hier nicht die matten Naturfarben, sondern starke, knallige Farbigkeit; nicht mehr die ›leuchtende Farbigkeit des Kostbaren‹, sondern die bunte Farbigkeit der Natur: Blut, dionysische nackte Menschengestalten, fleischig, blonde Haare, rote Gesichter, auch farbige Stoffe (jetzt im Sinn von Tuch) u. ä. Aber nichts mehr von dem ES IST als Leuchten.

Dem ES IST als Leuchten der italienischen Maler entspricht das von selbst klingende Zauberkästchen in der Musik, das mit Robert Schumann verschwindet.[509]

Erfassen des Kunst-Realen

Das Bild stellt sich mir erst dann als Reales ein, wenn ich das Gewohnheitsanschauen, es sei als etwas von ›unsereinem‹, als etwas ›Natürlich-Materielles‹ zu sehen, überwinde und nun das Bild als ›Erscheinung‹, als ›Immaterielles‹, als ›schlechthin Andersartiges‹, eben als ›Epiphanie‹ erfasse. Ich erfasse es als Reales, wenn *nicht* in meiner Macht steht, es zu *vernichten*. Die Scheidewand, das Unüberbrückbare der Kluft, die mich als ›Natur‹ von dem Bild, der Erscheinung trennt, muß sich einstellen, damit ich das Reale des Bilds erfasse. Dazu gehört auch das ›Wissen‹, nicht ›dahinter‹ schauen zu können.

An bestimmten zentralen Erscheinungen der Malerei läßt sich dies erfahren, ja, sie machen die Malerei aus, sie schaffen das *Mal*, aus dem die wahre Malerei lebt. An erster Stelle – auch chronologisch – steht Jan van Eyck, besonders seine Porträts. Ich denke z. B. an den Mann mit der Nelke, dieses ganz große Werk (obwohl die Kunsthistoriker zweifeln, ob van Eyck oder Werkstatt). Die Nelke, das Halsband, die zwei Hände *sind da*, schaffen Raum, sind nicht Ich, sie hängen nicht von mir ab, sie sind auch nicht ›von jemand‹, sondern ein ES IST so wahr ICH BIN. Als zweites Werk nenne ich – etwas später als van Eyck – die Mutter Gottes mit Kind (auf Holz mit dem Apfel, umringt von Cherubinen-Köpfchen, Venedig Accademia) von Jacopo Bellini (dem Vater des großen Bellini). Dieser Apfel hat nichts zu tun mit der ›Darstellung‹ eines Apfels. Jacopo Bellini hat dieses Sehen, wovon ich sprach. Plötzlich taucht der Apfel auf als der ›andere Raum‹. Das ist kein ›Schein‹ (Hegel), sondern ein Erscheinen, Epiphanie, das Wirkliche schlechthin. Als drittes Werk, an dem ich ES IST ebenso ursprünglich, wenn auch auf ganz andere Weise erfahre: Leonardos Ginevra di Benci. Diese Haare sind nicht dargestellte, gemalte Haare des Mädchens Ginevra; diese Haare SIND. Sie erscheinen, als das Andere nun ein für allemal festgelegt, als *Mal* hingestellt. – Mit diesen drei Werken habe ich zugleich je einen Vertreter der drei Grundpfeiler der Malerei genannt, der niederländischen, der venezianischen und der florentinischen Malerei.

Wie steht es aber mit den Griechen? Sie konnten doch wahrhaftig sehen! Was für ein Unterschied ist zwischen diesem Sehen und dem Sehen van Eycks? Hier scheint mir etwas Analoges zum Unterschied Musikē-Musik vorzuliegen. Wenn ein Volk wußte, was Tonphänomen ist, so die Griechen; das haben sie schon in ihrer Theorie bewiesen. Aber sie konnten es nicht eigenständig hinstellen (es war in der Musikē enthalten). Diese Abstraktionsstufe, diese neuere, weitere, höhere Stufe war dem Abendland vorbehalten. Möglicherweise verhält es sich analog mit dem Gesichtssinn. Die Griechen konnten nicht weniger sehen als van Eyck, aber sie konnten das Sehen nicht für sich als etwas Eigenes, Wirklichkeit Stiftendes erfassen. Sie haben – trotz vorhandener ›Kleinkunst‹, Goldschmuck und prunkvollen Gewändern – nicht die Voraussetzung für die Entstehung der Malerei, das Leuchten der in Goldfiligran gefaßten vielfarbigen Edelsteine entdeckt. Sie merkten nicht die Faszination, das Reale daran; denn ihr Geist war woanders: bei dem Kuros, den sie allerdings in der Freude an frischen Farben *auch* bemalten. Das Sehen war ein Moment des Diesda, des

Stiftens von ES IST als das Räumliche, das Andere. Erst das Abendland, van Eyck, hat nun das Sehen zu souveräner geistiger Kraft, zu einem eigenständigen Sinn, das Diesda als Mal Stiftendes erhoben.

Das Sich-Einstellen des Bildes als Reales durch Überwinden des Gewohnheitsanschauens erinnert an das Sich-Einstellen des Wortes als Reales, als Nennakt: erst, wenn es gelingt, das Wort im Artikulationsakt – also vom ›natürlichen‹ Gewohnheitsgebrauch seiner ›Bedeutungs‹-Anwendungen befreit – vorzustellen. Der Nennakt (als der Akt des Nennens beim Artikulieren selbst) ist das Licht und die unüberwindbare Sperre in einem (s. o. S. 152). Auch hinter *diese* sich durch den Nennakt aufrichtende hermetische Sperre können wir nicht ›schauen‹. Und gerade *das* (nämlich das Faktum von Licht – Einleuchten – und Sperre in einem) ist das ›Reale‹. Der Nennakt (und analog das Bild) bringt mich nicht ›hin*über*‹ zum ›Anderen‹; im Gegenteil: durch das Aufrichten der Sperre macht er mich dessen (des ›Anderen‹) gewiß, indem sich bei mir das schlechthin Unerreichbare dieses ›Anderen‹ einstellt und zugleich sich dadurch dieses ›Andere‹ bekundet.

Hat diese Beobachtung an Bild und Nennakt in der Musik (oder allgemeiner: im Tonphänomen, in der Harmonia) eine Analogie? Daß etwa auf Grund eines ›Gewohnheitshörens‹ ich es als ›Abbilden‹ oder als ›empirisches Bedeuten‹ von ›Natürlich-Materiellem‹ auffasse, von dem ich erst mich befreien müßte, um eine unübersteigbare Wand, eine Kluft, eine Grenze und somit ein Musikalisch-Reales, ein ›Musikalisch-Anderes‹ zu erfahren? Die auch hier sich meldende Analogie: das ›Gewohnheitshören‹ beim Tonphänomen ist das ungeschiedene Wahrnehmen von Tonrelation und Empfindungsträger. Somit stellt sich das Erfahren von Musikalisch-Realem, d. h. aber: die Befreiung vom ›natürlich-materiellen‹ Gewohnheitsgebrauch, beim Erfassen des Tonphänomens als des von Empfindung befreiten Etwas als des Zeitdings ein: es ›erklingt‹ ›etwas‹, es fasziniert, es ›ist da‹, ist real, und doch nicht ›mit Händen greifbar‹; es stellt sich wie eine ›Erscheinung‹ ein[510]; immateriell, und doch gegenwärtig; nicht zu tilgen.

Um zum Realen vorzustoßen, muß man das ›Natürliche‹, Materielle, ›*Berührbare*‹ – wörtlich zu nehmen, im Sinne des ›noli me tangere‹: ›Erscheinung‹, Epiphanie – , das Affiziert-Werden durch Empfindung, und das damit verknüpfte Begehren: die Macht, das ›Natürliche‹ zu vernichten (s. S. 208) abstreifen, tilgen, inexistent machen: das ist der ›geistige‹ Akt.

Kunst/Ritus

Mit den vorausgehenden Ausführungen wird auch die Frage beleuchtet, warum nur die Raum und Zeit als eigene Komponenten klar enthaltenden ›edleren‹ Sinne, Sehen und Hören, zum ›Geschmacksurteil‹ führen, nicht aber auch Geschmack, Geruch, Getast.[511] Diese Empfindungen ermöglichen kein Vor-Sich-Hinstellen, kein Sondern, das erst die Voraussetzung des Werkschaffens wäre. Schmecken, Riechen, Tasten[512] erfolgen durch Kontakt an Zunge, Nase, Haut, direkt an meinem Körper.

Tragen aber nicht in der *Kirche* Geruch – Weihrauch z. B. – und Geschmack – Kommunion: Brot und Wein – zum Zeugnis von ES IST, zur Bildung von ›Werk‹ bei? Warum sind Geruch und Geschmack im Kunstwerk nicht[513], wohl aber im Ritus möglich? Hier sind Geschmack und Geruch legitim, weil hier der *ganze* Mensch *Ausführender* ist, weil hier der Mensch als Totales Teil des ›Werks‹, des Gottesdienstes, der Religionsausübung ist. Hier wird kein Werk *hingestellt*, zu dem ich mich, wie auch immer, als Zuschauer – wenn auch innerlich beteiligt – verhalte; sondern ich *selbst* als totaler Mensch werde hingestellt; somit auch als ein Wesen, das über Geruch und Geschmack verfügt. Auch meine eigene Bewegung ist beteiligt; wenn ich z. B. knie, ist das nicht ›Tanz‹, nichts Hingestelltes.

Die Religionsausübung unterscheidet sich vom Kunstwerk also wesentlich darin, daß sie auf der Einheit, auf dem Zugleich von Zeugnis und Zeugen beruht. Im Theater, auf der Bühne, ist der Mensch eine mir gegenübergestellte Wirklichkeit; in der Religionsausübung aber ist er *meine* Wirklichkeit: der ganze Mensch. Und doch – merkwürdige Art von Integration – ist dieser totale Mensch nicht der ›natürliche‹; er wird ›verwandelt‹.

Von hier aus gesehen ist Religionsausübung mehr und zugleich weniger als Kunst. Mehr, insofern der totale Mensch ›am Werk‹ ist, erfaßt, umhüllt wird, dabei ist und wirkt; weniger, insofern dadurch nicht die Möglichkeit besteht, Werk von sich wegzustellen, Werk zu schaffen.

Man könnte vielleicht sagen: Bei der Religionsausübung erfasse ich mich als das *Geschöpf* ›Gottes‹; als das zeugende Geschöpf des ES IST. Somit bin ich ausdrücklich dem ES IST zugewandt. Im Kunstwerk dagegen – selbst im Theater – erfasse ich mich als ›Gottes Ebenbild‹: als *Schöpfer*; als das geschaffene Wesen, das nun seinerseits schöpferisch ist, das schaffen, Werk hinstellen kann.

Plastik

Wenn ich mich in der Landschaft befinde, habe ich wohl das Bedürfnis, sie zu malen, aber nicht ihre Einzelheiten, etwa einen Baum oder eine Pflanze oder einen Felsen zu schnitzen oder in Stein zu hauen. Womit hängt das zusammen? Was allein ist der Vorwurf des Bildhauers? Tier und Mensch. Was aber ist das Gemeinsame zwischen beiden, das, worin sie sich von allem Vorgenannten unterscheiden? Sie sind Sich-Bewegendes, nichts Statisches, nichts im Boden Verankertes, Verwurzeltes. Nur und erst das Sich-Bewegende verlockt den Bildhauer, es in Stein oder Holz usw. festzubannen. Die Plastik setzt also durch ihren Vorwurf die Bewegung im Raum voraus, d.h. die Zeit.

Die griechische Plastik steht in unserem Raum, ihr Raum ist unser Raum, ihr Licht ist unser Licht, der Gott ist bei den Menschen, in ihrem Raum zu Gast. Die griechische Plastik hat stellvertretende Kraft.(Vgl. S.197.)

Dies bleibt auch für das Wesen der Plastik bestimmend; sie tritt uns entgegen: der steinerne Gast im Don Giovanni, das Standbild der Hermione im Wintermärchen. Es wäre sinnlos, träte uns die Statue einer Pflanze entgegen.[514] Plastik erfaßt Wirklichkeit als ›Lebewesen‹, d.h. als durch eigenen Antrieb Bewegliches[515], ein nach allen Seiten Abschließendes, das über die Fähigkeit verfügt, den Standort zu wechseln. Erst diese Fähigkeit verleiht ihm dem durchgängigen Zusammenhang des Naturraums gegenüber Eigenständigkeit, macht ihn zu etwas anderem als ›bloß‹ sichtbarem Raum.

Plastik katexochen ist das Selbst in seiner körperlichen Seinsweise: der Kopf, der Mensch. Ihr Vorwurf ist nicht irgendein Diesda. Plastik stellt das seinen Körper schaffende Selbst dar.[516]

Die Bildhauerei – ›Plastik‹ ist falsch; ›Glyptik‹ sollte es heißen – ist ›zentripetal‹. Ich haue – bildhauere – aus dem festen Brocken Holz oder Stein alles ›Überflüssige‹ weg, bis das – ›von selbst‹ – Zusammenhaltende übrig bleibt: das ›Bild‹, das durch *zentripetale* Kraft zusammenhält.

Die Glyptik (auch die Plastik) schafft sich von selbst Grenzen, hat ihrem *Wesen* nach Grenzen. Anders die Malerei. Sie ist ›grenzenlos‹; *zentrifugal*. Sie ist undenkbar ohne ›Rahmen‹ – wie auch immer. Der Rahmen setzt ihr – willkürliche – Grenzen. Er bestimmt den Ausschnitt des durchgehenden Raumzusammenhangs. Der Fensterrahmen bestimmt den Ausschnitt der an sich ›grenzenlosen Natur‹ – und das ›Bild‹, das ich sehe, das Einmalige, ist eben dieser Ausschnitt. Er wird durch den Rahmen zusammengehalten, um nicht ›auseinanderzufallen‹, so wie die gesetzte Druckseite (der Satzspiegel) durch den Rahmen festgehalten, festgebunden werden muß, um nicht auseinanderzufallen.[517] Der Rahmen ist der einzige ›messende‹ Bestandteil eines Bildes. Er bildet den Übergang zur Architektur, die Grenze zwischen Bild und Architektur. Der Rahmen läßt das Bild gleichsam wie ein ›Fenster‹ an der Wand erscheinen, wodurch man das Abgebildete – als den ›anderen sichtbaren Raum‹ – erblickt.

Die Plastik bekundet sich standortfrei[518] als Körper, als das konkrete Widerstand Bietende, die Materie als Konkretes. Die Plastik stellt zwar Körper, somit ›Raumdinge‹ dar, kennt aber den Raum, somit den Standort, das Erscheinen, nicht. Aber sie kennt auch den zwangsmäßigen Standort des Zeitdings, das Jetzt, nicht. Man könnte fast sagen: Die Plastik zeigt uns das ›So wie es ist‹ unabhängig sowohl von Raum (d. h. von Standort, ›Erscheinen‹) als auch von Zeit (d. h. von ›Jetzt‹) – mit dem negativen Zusatz: aber als ›bloße‹ Körper. Sie kennt weder den durchgängigen Zusammenhang, den Raum (denn dieser bekundet sich genuin nur als Erscheinen), noch die Relation[519] (denn diese bekundet sich genuin nur als das Zeit-Etwas).

Die christliche Plastik tritt wesentlich mit der Architektur verbunden auf, sie hat insofern eine der Malerei ähnliche Funktion, nämlich zu ›erscheinen‹: von der Wand, der Nische, der Portalseite, der Säule, dem Altar aus. Sie nimmt nicht einen Teil unseres Raumes weg, sie ist nicht auch von hinten anzuschauen, sie steht uns nicht ›im Wege‹, wie die griechische. Deswegen ist die christliche Statue nicht so zentral, nicht reine ›Struktur‹ wie die christliche Malerei (ich meine, selbst die Statuen Michelangelos, David oder Moses); sie ist der Funktion nach eine ins Handwerkliche umgedeutete Malerei, eine ›geschnitzte‹ Malerei: Erscheinen, das aber nicht so rein wie in der Malerei realisiert ist. Sie geht sozusagen über das Relief aus der Malerei hervor, sie ist keine genuine Plastik. Auch Donatellos Statuen, auch die barocken Heiligen gehören in die Nischen, um die Altäre, an die Säulen usw.; sie nehmen nicht einen Raum von uns weg; sie sind auch nicht von hinten anzuschauen; sie ›erscheinen‹ uns.

Gang der Musikgeschichte

Die Position, von welcher aus ein Betrachter Werke der Vergangenheit anschaut, kann keine andere als die Gegenwart sein, die Gegenwart, der wir alle angehören, die wir bestimmen, und die uns bestimmt. Diese Gegenwart zwingt uns heute, bei einer Beschäftigung mit Musik der Vergangenheit die Frage zu stellen: Was ist eigentlich Musik? Denn – das merken wir alle – was wir an heutigen Hervorbringungen z. B. im Konzertsaal oder im Rundfunk[520] hören, unterscheidet sich wesenhaft von der gesamten Musik unserer europäischen Geschichte. Das Andersartige der neuen Musik hängt vor allem damit zusammen, daß in ihr der Begriff des Tons, des musikalischen Intervalls, der Konsonanz und Dissonanz, vielfach auch ein streng gemessener Rhythmus, weitgehend aufgegeben wurde. Wir haben Schwierigkeiten, solche Hervorbringungen als Musik, in dem Sinn, wie dieses Wort bis vor kurzem verstanden war, zu bezeichnen. Die Fortschrittlichen sehen darin eine Erweiterung des Begriffs von Musik, eine Befreiung von alten Zwängen; die Konservativen weigern sich, solche Erscheinungen als Musik anzuerkennen. Sie sehen darin einen Verfall, eine Auflösung, das Ende der Musik.

Nun will ich darüber nicht entscheiden – ich glaube auch nicht, daß eine Entscheidung über zeitgenössische Phänomene möglich ist –, sondern die Erscheinungen unserer Zeit zum Anlaß nehmen, um das, was wir *europäische* Musikgeschichte nennen, klarer zu fassen. Die Erscheinungen zwingen uns dazu.

Werfen wir einen Blick auf sehr frühe, vorgeschichtliche Zeiten, oder auf heute noch existierende, sogenannte Naturvölker. Was wir in ihnen an Kunsterzeugnissen finden, unterscheidet sich nicht grundsätzlich von analogen Dingen unserer europäischen Geschichte. Ein Gefäß, ein Gerät, eine kleine Plastik, eine Maske, Wandmalerei aus neolithischer Zeit erkennen wir an. Und die Musik? Was wir an ihrer Stelle bei Naturvölkern finden, steht nach unseren Vorstellungen meist dem Geräusch näher als dem, was wir unter ›Musik‹ verstehen: etwa das Steine-Schlagen, das Hervorbringen von schrillen Geräuschen oder Schreien, ungeregelte Rhythmen – aber *Töne*, reine Intervalle, z.B. eine Quint, müssen nicht vorkommen. Und doch sind solche Erscheinungen für die Menschen, die sie hervorbringen, ihre ›Musik‹. Auch die prähistorischen Zeiten haben ihre ›Musik‹ gehabt; wäre sie uns zugänglich, würden wir sie aber ebensowenig als ›Musik‹ anerkennen.

Wann, wo und wie sich das spezifisch musikalische, das heißt auf den rein musikalischen Intervallen, auf Konsonanzen und Dissonanzen, sowie auch auf musikalischen Rhythmen beruhende Phänomen eingestellt hat, können wir natürlich nicht erkunden. Aber etwas können wir wohl feststellen: Dieses Phänomen wurde zu einem die Musik allumfassenden, vielfältig ausgebauten System erst innerhalb der geschichtlichen europäischen Zeit, der Zeit, da die Geschichte Europas bestimmend war, vom griechischen Altertum bis zum 19. Jahrhundert. Und dann hat die Auflösung begonnen – nicht erst in der Gegenwart; in der Gegenwart ist die Auflösung nur kraß sichtbar geworden. *Vor* der geschichtlichen europäischen Zeit, *außerhalb* ihres Bereiches, und jetzt *wieder* ist das System nicht bestimmend.

Wollen wir also unter ›Musik‹ allein die geschichtliche europäische Musik verstehen, so sind wir berechtigt zu sagen, daß heutige aktuelle Hervorbringungen nicht als ›Musik‹ – wohlgemerkt in diesem besonderen Sinn – zu bezeichnen sind – ebensowenig allerdings wie vorgeschichtliche oder nicht-europäische Erscheinungen. Wollen wir aber ›Musik‹ im weiteren Sinn ins Auge fassen, so dürfen wir nicht einseitig und verurteilend die heutige, neue ›Musik‹ ausschließen. Die Musik außerhalb der europäischen Musikgeschichte war *noch* nicht ›Musik‹ in dem besonderen Sinn des ausgeführten Systems der tonlichen und rhythmisch-musikalischen Beziehungen – und die heutigen Erscheinungen sind es nicht *mehr*. Die heutige Zeit bietet uns also die Möglichkeit, die geschichtliche europäische Musik als ein abgeschlossenes Ganzes ins Auge zu fassen – eine Möglichkeit, die früher noch nicht bestand.

Eine Gegenüberstellung der Geschichte der Künste zeigt uns, daß die Musikgeschichte – innerhalb des soeben abgegrenzten Bereichs der geschichtlichen europäischen Musik – einen ihr eigenen Gang aufweist.

Die Griechen haben die Musik in der Entsprechung zwischen den Tonverhältnissen und den Zahlenverhältnissen verankert; sie haben den Grund für ein System der Töne und der Rhythmen gelegt. Trotzdem war die Musik bei den Griechen nicht so sehr eine selbständige Erscheinung. Sie ging ursprünglich in der Musikē auf, einer unlöslichen Einheit von Sprache und Musik. Im christlich-abendländischen Bereich wurden dann die Voraussetzungen zur Entstehung von eigenständigen, vokalen und instrumentalen Werken geschaffen: ein System der Mehrstimmigkeit und, Hand in Hand damit, eine der Musik adäquate Notenschrift, das Liniensystem mit den Schlüsseln. Die Dichtung und die bildende Kunst dagegen haben sich im griechischen Altertum in überragenden eigenständigen Werken manifestiert. Das Abendland brachte eine zweite Blüte. Das Vorausgegangene, ob bekannt oder noch nicht entdeckt, war nun einmal hervorgebracht worden. Abendländische Dichtung und bildende Kunst haben jene Ära hinter sich. Aber die Musik sollte gleichsam die Geschichte nachholen. Sie mußte sich erst selbst entdecken. Dies hat seinen Grund darin, daß die Musik nichts Greifbares darstellt, nicht, wie die bildende Kunst, Gegenstände schafft, die als solche erkennbar sind, und auch nicht, wie die Sprache, Worte schafft, Gebilde die *bedeuten*. Die Musik gehorcht ihren eigenen, von innen her entstehenden Bedingungen. Die Musik findet zu sich selbst, sie entwickelt sich zu einem System der Töne erst durch einen langwierigen, andauernden Prozeß der Klärung. Anders als die bildenden Künste und die Dichtung muß die Musik durch immer wieder neue Anläufe ihre verborgenen Möglichkeiten erst aktualisieren, um dann in die Lage versetzt zu werden, große musikalische Werke entstehen zu lassen. Die Musik hat also einen *zielstrebigen* Gang. Erst am Ende dieses Gangs stehen die großen Werke, steht die Zeit der deutschen Musik, stehen Heinrich Schütz, Bach und die Wiener Klassiker.

Am Anfang der europäischen Geschichte stehen die Homerischen Epen. Für die Musik wäre undenkbar, daß am Anfang ihrer Geschichte große eigenständige Werke stünden, wie Bachs h-moll-Messe oder Beethovens Sinfonien. Dann: der Parthenon, die Werke des Phidias, des Aischylos und Sophokles. Und im christlich-abendländischen Bereich die Basilika, die großen Dome. Dann Dante, Giotto im 14. Jahrhundert. Unser Gefühl sagt uns untrüglich, daß analog große und eigenständige musikalische Werke in jenen Zeiten nicht entstehen *konnten* (nicht nur das Wissen sagt uns, daß sie nicht entstanden sind). Und selbst ein Palestrina oder ein Lasso sind nicht so zentral wie z. B. ein Leonardo, ein Tizian oder ein Shakespeare. – Im Bereich der Dichtung und der bildenden Kunst hat es von Anfang an und immer wieder große, eigenständige Werke gegeben; dagegen entstehen in der Musik die großen, eigenständigen, zentralen Werke erst gegen Ende ihrer Geschichte, und auch innerhalb dieser letzten Stufe gewinnen sie nochmals an Gewicht, Aussagekraft, Weite. – Weshalb es so ist, habe ich versucht anzudeuten: Die Musik hat einen ihr eigenen Gang, weil sie sich erst finden, erst ihre Möglichkeiten schaffen mußte. Damit hängt zusammen, daß die Musik der Wiener Klassiker, die Krönung am Ende des Gangs der Musikgeschichte, eine mit Höhepunkten in den anderen Kunstbereichen unvergleichbare Funktion hat.

Das Zielgerichtete verleiht der Musikgeschichte einen dramatischen Zug: Die Zäsur, die durch das Ende der Wiener klassischen Musik entstand, entspricht zugleich dem tiefen Einschnitt innerhalb der allgemeinen Geschichte. Sie fällt zusammen mit den abgrundtiefen Umwälzungen der Französischen Revolution und Napoleons, mit dem Ende der alten, spezifisch europäischen Welt, worauf die Entstehung der modernen Staaten und der modernen Gesellschaft folgte. Kaum hatte die Musik den Gipfel erreicht, dessen Höhe wir kaum ermessen können, als die alte, den Menschen bis dahin bestimmende geistige, politische und gesellschaftliche Wirklichkeit versagte. Das Dramatische liegt aber auch in dem Gegensatz zwischen den allgemein-geschichtlichen Gegebenheiten und den innermusikalischen Bedingungen. Die großen Werke der Wiener Klassiker fallen zwar mit der politischen Gärung zeitlich zusammen; sie blieben zwar von den neuen Tendenzen nicht unberührt – denken wir etwa an den Figaro oder die Eroica. Aber auf der anderen Seite bildet die Wiener klassische Musik eine Einheit mit der Musik der Vergangenheit, sie ist mit ihr durch den zielstrebigen Gang der Musikgeschichte verbunden. Trotz der politischen, den Menschen in seinem Innersten tangierenden Umwälzungen ist die Wiener klassische Musik den alten Zeiten – überspitzt gesagt: noch dem Mittelalter verpflichtet. Das gilt für andere Erscheinungen nicht; z. B. nicht für die gleichzeitige deutsche Dichtung: Sie verstand sich, etwa seit Herder, als etwas Neues, und sie war es; sie steht nicht im Gegensatz zum Beginn der Neuzeit. Und das Gewicht der bildenden Kunst um 1800 war gering; sie war nicht mehr zentral; die Höhepunkte lagen weit zurück.

Es ist eine merkwürdige Tatsache, daß die Dichtung nicht wie die Musik oder die Malerei eine zusammenhängende ›Geschichte‹ aufweist, sondern in einzelnen großen Dichtern sich verkörpert. Wie blaß ist eine ›Geschichte der englischen oder der spanischen Literatur (Dichtung)‹ einem Shakespeare oder einem Cervantes gegenüber! Malerei und Musik dagegen sind für sich etwas und lassen sich als Werden und zugleich als ›Humus‹, worin die einzelnen großen Maler oder Musiker wurzeln, fassen. Aber Dichtung, für sich, als Werden, als ›Humus‹ jenseits der großen Dichter? Wachsen also die Dichter nicht, wie die Maler oder Musiker, auf einem konsistenten, zusammenhängendes Werden aufweisenden ›Humus‹? Fallen sie vom Himmel, ohne in einer zusammenhängenden Überlieferung zu wurzeln? Meine Antwort ist die: Was dem großen Maler die Maler*ei*, dem großen Musiker die Mus*ik*, das ist dem großen Dichter – nicht die Dichtung, sondern: die *Sprache*! Die Sprache ist hier der Humus, das tragende Etwas. ›Literaturgeschichte‹ ist entbehrlich, wenn ein Cervantes oder ein Shakespeare dasteht! Der Literarhistoriker ist ernst zu nehmen nur, wenn er sich (und den anderen) eingesteht, daß er zwar etwas Nützliches, aber doch nur Peripheres beiträgt (etwa Kulturgeschichtliches, Dichtungsgepflogenheiten und Dichtungsarten der Zeit, und dergl.). Sprachkunde aber *ist* etwas: für sich und für Cervantes oder Shakespeare. Das ist auch begreiflich: Unter den Künsten läßt sich nur von der Dichtung sagen, daß sie etwas aufgreift, aus etwas besteht, das für sich Sinn hinstellt: die Sprache (s. S. 175 f.). Was also der Malerei oder der Musik die Malereigeschichte oder die Musikgeschichte (man kann auch sagen: die Werkstatt) ist, ist der Dichtung (eigentlich: den großen Dichtern) die Sprachkunde (bzw. *Sprach*›geschichte‹). Die Sprache ist der Ozean, in dem die großen Dichter schwimmen.

In der Geschichte der Malerei sehe ich in *Giotto* eine gewisse Analogie zu *Schütz*. Bei Giotto ist der Augenblick, da sich die Erzählung von Sprache in Bild – wie bei Schütz von Sprache in Musik – verwandelt. Früher – etwa bei den Mosaiken –: ein ›ES IST‹ des Bildes, verwandt mit der stellvertretenden Kraft der Antike. Dies finden wir wieder in gereifter Malerei (vor der Klassik), besonders bei Bellini; vielleicht auch bei Piero della Francesca. Aber bei Giotto tritt das ES IST des Bildes zurück gegenüber einem ES IST der Mitteilung, der Begebenheit; ähnlich wie das einzelne Nennen gegenüber dem sprachlichen Zusammenhang zurücktritt. Insofern ist Giottos Malerei (ich denke an die Fresken in der Cappella degli Scrovegni all'Arena in Padua) am ähnlichsten mit Sprache. Ein genuin malerisches Verfahren, das aber Sprache darstellt. Er ist davon besessen, ohne zu sprechen, die Begebenheit, den Sinn ›sprechend‹ klar darzustellen. Die Bilder sind wie mit Sprache gesättigt.

Giotto und Schütz stehen beide unmittelbar zum Nennen, indem sie Geschehen in Anlehnung an das Sprachverfahren darstellen. Zwar ist das *Werden* der Musik bis 1600 großartig. Aber die *Musik* als Zentrales beginnt erst mit Monteverdi und Schütz, mit dieser Besessenheit, sprechen zu wollen. Dies ist das (einzige) dem Giotto analoge Phänomen innerhalb der Musikgeschichte – *nach* Giotto, Bellini und Leonardo, *nach* Dante und Shakespeare.

Bei der Architektur scheint es, daß in erster Linie stets ›die‹ Architektur – und nicht große Architektur, trotz Brunelleschi – bestimmend ist. Sie selbst – scheint es – ist stets die ›schaffende‹, sie wird kaum durch Persönlichkeiten abgelöst. Beim Parthenon bewundere ich in erster Linie den *Parthenon*, oder gar allgemein den dorischen Tempel, die Architektur, und kaum den Architekten (Iktinos, der Nicht-Fachmann kennt kaum den Namen). Aber bei der Antigone (etwa gleichzeitig mit dem Parthenon) steht doch *Sophokles* im Vordergrund. Wer redet von ›dem Parthenon des Iktinos‹? Aber wer kann anders als von ›der Antigone des Sophokles‹ reden? Und so durchwegs für die Architektur: ›die‹ Basilika; ›die‹ romanischen oder gotischen Dome; ›die‹ Architektur der Renaissance (trotz bekannter Namen). Aber: Leonardo, und Schluß; Tizian, und Schluß. Oder, als Bildhauer oder Maler: Michelangelo, und Schluß; aber bei einem architektonischen Bau desselben Michelangelo: ›die‹ Laurenziana – und beiläufig hinzufügend: ›von Michelangelo erbaut‹. Die Architektur scheint im Gegensatz zu der Dichtung und den anderen Künsten den Personen gegenüber stets etwas Übermächtiges zu sein. Sie ist das Substantielle; die Architekten treten der Architektur gegenüber in allen Zeiten zurück. Architektur ist offenbar ihrem Wesen nach etwas ›Urhaftes‹, etwas dem Menschen *als Person* Übergeordnetes: Sie ist die Verkörperung der *Gemeinschaft*. Es gibt lediglich Baumeister. Die Gemeinschaft aber, nicht die Person bringt die Architektur, einen Bau hervor. Dies auch in materieller Hinsicht: Nicht der Architekt selbst und allein baut ein Bauwerk, sondern eine Vielzahl von Menschen in

Zusammenarbeit (vgl. auch ›Bauhütte‹). Der Architekt entwirft, plant, aber die Vielzahl von Menschen führt aus.

Vielleicht besteht auch in dieser Hinsicht eine gewisse Entsprechung zwischen Architektur und Sprache (vgl. auch S. 195): Auch die Sprache (nicht die Dichtung) ist (nur in erster Linie?) Werkstatt der Gemeinschaft. (Vgl. auch S. 195 und Anm. 484.) Beiden gemeinsam ist auch, daß sie nicht ›Kunst‹ sind. Bei der Architektur ist stets ein Zweck vordergründig. Selbst der Parthenon ist in erster Linie ein Tempel, und nicht Architektur im Sinne einer Kunstgattung wie Plastik oder Malerei.

Nur zwei Mal in unserer Geschichte wurde Prosa einstimmig vertont: im 1. Jahrtausend (lateinisch) und durch Schütz (deutsch, ›bedeutend‹). Wer kann das fassen! Und wer kann das begreifen, daß Musik, zuerst als einstimmiger liturgischer Gesang, dann, ab Musica Enchiriadis[521], als Mehrstimmigkeit bis zu Palestrina kommt, dann abbricht und sich ein *Keil* einschiebt: Monteverdi und Schütz, beide der Sprache ausgeliefert, in ihrem Wesen und der soziologischen Struktur nach mehr ›Dichter‹ als ›Musiker‹; und daß dann wieder mehrstimmige *Musik* folgt, den von der Musica Enchiriadis zu Palestrina führenden Faden aufnehmend (Bach – Wiener Klassiker).

Ich möchte das so verstehen: Monteverdi und Schütz übernehmen gleichsam im Auftrag der Welterschaffung das Geschäft, die Dichtung durch die Musik abzulösen. Nachdem sich in der Dichtung die Länder einander abgelöst hatten: Italien (Dante) – England (Shakespeare) – Spanien (Cervantes) – Frankreich (Molière), nun Deutschland: Luthers Sprache – sie ist noch nicht das Entsprechende – wird durch Heinrich Schütz – nicht Dichtung, sondern Musik. Und weil die Musik ein Handwerk ist, geht es weiter, wird Deutschland das Land der großen Musik. Dem je einen Großen der anderen Länder entspricht eine große Epoche: von Schütz bis Schubert.[522]

Die deutsche Sprache ermöglicht zuerst eine sprachgebundene Musik, die die Nenn-Struktur verwirklicht (Schütz); dann eine eigenständig instrumentale Musik, geradezu das Gegenteil des Nennprinzips: das genuine Vorgehen der musikalischen ›Natur‹, das ableitende Prinzip (Bach); und erst die nächste Stufe integriert diese zwei vorausgegangenen: eine genuin musikalische (nämlich instrumental konzipierte) Musik, die aber das Abbild[523] des Nennens ist. Man kann wohl sagen: Die größte Schöpfung der deutschen Sprache ist – nicht die deutsche Dichtung, sondern die deutsche *Musik*.

Sollte ich unserer Geschichte eine Überschrift geben, so lautet sie: die *Ära der Harmonia*, der ausdrücklich werdenden, ausdrücklich gewordenen Harmonia: (Homer-) Pythagoras – 1828: Musikē – reine Musik – Keil (Monteverdi, Schütz) – ›bedeutende‹ Musik. Die Harmonia bestimmt die Grenzen der Ära innerhalb der Welterschaffung, da der Mensch ›ausgeführt‹ wurde, so sehr, daß man fragen muß: Kann der Mensch ohne das Wissen um die Harmonia noch existieren? Erst von hier aus ist die Tragweite der Worte Shakespeares „... Horch auf die Musik!" (Mark the music)[524] zu ermessen. „Trau keinem solchen – den nicht *die Eintracht süßer Töne*" – nicht das Nebeneinander von Geräuschen – „rührt". Dieser ist kein Mensch, er ist außerhalb des Geschichtlichen, das heißt: des eigentlichen Menschen.

Die Wiener Klassiker: Musik als Nennen

Dichtung weist auf Konkretes hin, *sagt* etwas. Dieses bezieht sich auf Empirie; sie geht von den einzelnen Dingen, Begebenheiten aus: von ›Diesda‹ (Ding, Sachverhalt, Begebenheit, Gefühl, Eigenschaften usw.).

Analog die bildenden Künste: sie zeigen Sichtbares an: sie bilden es ab, oder sie sind eben sichtbar (Architektur; oder moderne abstrakte Kunst). Sichtbar oder nennbar: nichts als das; ein letztes Faktum, ein ›Diesda‹.

Das ›Diesda‹ katexochen ist der Mensch – der Mensch und seine Beziehungen zu den anderen Menschen und allgemein zur Umwelt. Daher ist das zentrale Thema der bildenden Künste, die Architektur inbegriffen, und der Dichtung *der Mensch*, und allgemein die Wirklichkeit als ›Diesda‹; selbst das Ornament ist ein Diesda.

Die Menschendarstellung durchzieht die Geschichte der bildenden Künste und der Dichtung – in verschiedenen Phasen, unter verschiedenen Aspekten – seit den Statuetten vorgeschichtlicher Zeit und seit Homer.

Bei der Musik aber fehlt dieser empirische Ausgang, fehlt das Bleibende, Sichtbare, das Diesda. Das Tonphänomen läßt sich nicht fassen, nicht bannen, es läßt sich nicht greifbar (›sichtbar‹) machen. Es zeigt nichts an. Und so auch nicht den Menschen. Von Haus aus kann die Musik daher auch nicht den Menschen ›darstellen‹. Sie stellt sich *selbst* dar. Die Töne verkehren ausschließlich unter sich. Musik stellt von Haus aus, primär, die verschiedenen Möglichkeiten dieses Verkehrs, dieser Verknüpfungen der Töne unter sich, als eines Phänomens der Zeit dar.

Und doch strebt auch die Musik im Verlauf der Geschichte die Menschendarstellung an; erst durch Erreichen dieses Ziels wird sie integriert.

Das aber ist eine von Grund auf andere Aufgabe als die der Künste sonst: nicht die Menschendarstellung immer wieder neu in Angriff zu nehmen, sondern: das musikalische Phänomen (als Selbstdarstellung) zu beackern, zu durchfurchen, fruchtbar zu machen – und damit zugleich es der Menschendarstellung zuzuführen. Das Ganze dieses Werdens weist diesen notwendigen, zielgerichteten Gang auf.

Wenden wir uns noch einmal Bachs letztem Choralvorspiel zu (vgl. S. 92). Es ist rein instrumental, und doch von der Sprache her konzipiert.

> Vor deinen Thron tret' ich hiermit,
> Oh Gott und dich demütlich bitt:
> Wend dein genädig Angesicht
> Von mir betrübtem Sünder nicht.

Die einzelnen Zeilen des Chorals geben die Motive her, die als instrumentales Gewebe unablässig eindringlich artikuliert werden, auch so, daß sie kombiniert und gleichzeitig erklingen, während darüber die Choralzeile in langen Notenwerten alles zusammenhält. Durch diese Art der Instrumentalisierung hat sich die Musik frei gemacht von den Bedingungen der Sprache. Sie kann auf sich selbst horchen. Wir befinden uns bei dem Inbegriff der Musik, bei der Zeit allein. Zeitbezüge melden sich als Reales, als Tun. ›Gegenstand‹ dieser Komposition ist zwar die Choralmelodie, die hier instrumental verwendet wird; aber fachlich, innermusikalisch gesehen, ist der ›Gegenstand‹, das was die Komposition ›beim Wort nimmt‹, das Regelwesen der Musik, die Musik als autonomes Tun. Diese Musik ist so sehr das Hineinhorchen in die erklingende Zeit, daß die Komposition sich, nachdem sie einmal in Bewegung geraten ist, so weiter vollzieht, ›wie wir es erwarten‹ – freilich unter der milde führenden Hand eines Mannes namens Bach –: immer sich öffnend, immer sich weiter beziehend, fließend, ableitend, kontinuierlich. Erfülltes Zeit-Zählen geht konform mit der rhythmisch-metrischen Fortschreitung. Große, bedeutende Musik als ein *Musizieren*, Komposition als Tun, als Spiel. Aber diese sogenannte Polyphonie erhält ihr Leben erst aus der Wechselwirkung mit dem Zusammenklang, dem zentrierten Bass (Generalbaß). Auch hier Kontinuum – Basso continuo – wie im Zusammenwirken der einzelnen Stimmen. Es liegt eine *epische* Haltung vor.

Der Wiener klassische musikalische Satz hat die Fähigkeit, uns einer Gegenwart gegenüberzustellen, die sagt ES IST. Er hat die Haltung des *Theaters*.[525] Das Theater ist dadurch gekennzeichnet, daß zwei Präsentia aufeinanderprallen: das Präsens auf der Bühne und das Präsens des Zuschauers; denkbar Unwirkliches und denkbar Wirkliches werden konfrontiert. Und doch existieren beide zusammen. Diese Haltung des ES IST birgt Überraschungen, anders als bei der Haltung des ES WAR, bei Homer oder den Passionen, wo etwas Vergangenes als Abgeschlossenes dargestellt wird und wir den Ausgang wissen. Der Wiener klassische musikalische Satz ist so beschaffen, daß es stets anders kommt als wir erwarten, daß er ständig dieses plötzliche Anderskommen, dieses Einsetzen von Kräften, die nicht vorgesehen sind, verwirklicht.

Theater ist die Darstellung des Menschen. Sprechtheater wurzelt durch die Sprache – sie ist die Unmittelbarkeit, der Mensch selbst – in der Person. Das trifft insbesondere für die Tragödie zu. Die Komödie aber geht primär von der Gemeinschaft aus. In der Gemeinschaft erscheint der Mensch nicht primär als Person, gleichsam als ›Absolutes‹, sondern in seinen ›Relationen‹ zu den anderen Menschen.[526] Die Gemeinschaft ist ein Relationsgefüge. Das aber – so stellten wir früher fest – ist auch die Musik. Das Gemeinsame von Musik und Komödie[527] ist es, was in Mozarts komischer Oper zum genuin musikalischen Theater führt. Dies gilt im besonderen für das Ensemble, einer musikalischen Nummer, die aus echter Handlung besteht, wobei mehrere Menschen handelnd singen, und zwar verschiedene Texte zugleich. Mozarts Ensemble verkörpert die menschliche Gemeinschaft dadurch, daß es genuines Theater und zugleich von der Musik her konzipiertes Theater ist.

Es gibt zwei Arten, die Zeit zu realisieren: die kontinuierliche und die diskontinuierliche. Die kontinuierliche läßt die Zeit als ›Vorhandenes‹, die diskontinuierliche[528] als ein ›Sich-Ereignendes‹ erscheinen. Diese Art liegt dem Nennakt und der Wiener klassischen Musik zugrunde. Und diese Haltung ist zugleich die des Theaters.

Stellen wir neben Bachs Choralvorspiel einen Satz von Haydn, etwa die Adagio-Eröffnung der Sinfonie Nr. 97, C-dur. Auch hier vom ersten bis zum letzten Ton pochende Achtel. Doch hier hat sich dieses Messen der Zeit verselbständigt zur ›leeren Zeit‹ des Taktprinzips. Und dieses wird nun völlig disparat ausgefüllt. Schon der erste *C*-Unisono-Schlag, tutti, forte, ist ein reales Gegenüber; durch ihn wird, was darauf folgt (T. 2 ff.), wie auf die Bretter gestellt.[529]

Oder nehmen wir den Anfang von Haydns Streichquartett op. 33, Nr. 3.[530] Auch hier wie bei Bach das Bild des Instrumentalen (Achtel, Sechzehntel), auch hier zu Beginn pochende Achtel. Doch nichts von Kontinuum, weder im Baß noch in den Stimmen. Kein einheitliches, sondern ein buntes Bild. In der 2. Violine und Viola drei Takte Tonrepetitionen, im 2. Takt das scharfe Einsetzen der 1. Violine mit einer den Takt ausfüllenden ganzen Note; im nächsten Takt ›Beschleunigung‹: er wird vom selben Ton *g'* durch zwei akzentuierte (mit Vorschlägen versehene) Halbenoten unterteilt, die im crescendo zur 4. Wiederholung des *g'*, forte, auf ›1‹ des 4. Taktes führen; zugleich ein Abbrechen der pochenden Achtel, es beginnt etwas Neues, eine Art Tutti, mit mächtig (forte) einsetzenden Baßschritten in Vierteln, zwei Oktaven aufsteigend; und darüber Sechzehntelfiguren der 1. Violine, wie Blitze, man weiß nicht, woher sie kommen und wohin sie führen. Und nun bleibt das Ganze in der Leere auf dem 2. Taktteil des 6. Taktes hängen, ohne jegliche Stütze – Generalpause:

Das Motiv ist zentriert, es ist ›bedeutend‹. Doch das plötzliche Abbrechen ist musikalisch geradezu unverständlich; wir sollen Ärgernis daran nehmen. Die zentripetalen Wortgebilde, ⌒⌒⌒, die sich bei Schütz dem Prinzip der Musik, ⌒ ⌒ ⌒, aufzwingen (s. S. 185) und die sich bei Bach instrumentalisiert in das Satzkontinuum einfügen (S. 221), erheben sich bei Haydn neu als zentripetale, doch rein musikalische Gebilde. – Und im 7. Takt plötzlich wieder – auf einer eine Stufe höher gelegenen Ebene – die pochenden Achtel und die wörtliche Wiederholung der ersten ›Prämisse‹, und wieder Pause, Zäsur. Wo ist das Messen der Zeit? Wo die Folgerichtigkeit der einzelnen Stimmen? Wo sind die immer weiterführenden Relationen?

Bei Bach ist die Musik in erster Linie als Musizieren, als Tun zu verstehen. Sie hat ihre Erfüllung in den Instrumentalisten und Sängern, die musizieren. Die Zuhörer befinden sich auf einer nur mittelbar zum Werk stehenden Stufe; es besteht nicht dasselbe Verhältnis wie zwischen dem Bild und seinem Betrachter. Gegenwärtig ist die Musik bei den Ausführenden. Die Stimmen bei Bach sind stets etwas Sinnvolles, und die Erfüllung ist das entstehende Stimmengeflecht. Der eine hört die Stimme des anderen, und jeder hat seine Freude daran. Das gilt auch für die frühere Musik. (Beim Gottesdienst – und analog beim Theater, bei Festen, bei Tafelmusik usw. – steht das Geschehen im Vordergrund, dem die Musik untergeordnet ist; die Kirchengemeinde ist, soweit sie Kirchengemeinde ist, nicht ›Zuhörer‹, weil sie am Gottesdienst, der auch Musik verwendet, beteiligt ist.)

Von einer Wiener klassischen Partitur aber läßt sich unmöglich sagen, sie sei ›Musik‹ zum ›Musizieren‹ wie bei Bach, und erst die Ausführung sei die Erfüllung. Wo ist hier ›die Musik‹? Hier ist sie doch das Hören, freilich ein aktives Hören – stellvertretend durch den Dirigenten. Der Hörer als Dirigent: das ist eine neue Situation. Nicht das Musizieren an sich ist hier das, was als Wirkliches uns entgegentritt, sondern das *Werk*. Hat man dies einmal an Hand dieser kaum zu begreifenden schöpferischen Leistung der Wiener klassischen Partitur erfaßt, so sieht man ein, daß dasselbe auch für kleinere Besetzungen gilt: auch sie sind als ›Werk‹ zu hören und zu fassen.

Auch bei Haydn Zeit als Musik – soweit echte Musik vorliegt, ist das ihr Verfahren – doch auf eine sehr merkwürdige Weise. Hier ist die Zeit gegeben als das völlig Leere, als die gänzlich leere Zeit, die aber doch ein Prinzip darstellt: der leere Takt; und diese leere Zeit wird nun mit tonlichem Stoff völlig frei ausgefüllt. Haben wir bei den Griechen die ›erfüllte Zeit‹ als Prinzip, so finden wir am Ende dieses geschichtlichen Ganzen das Gegenteil: die gänzlich leere Zeit, die vom autonom Instrumentalen her frei ausgefüllt wird. Alle die kleinen Splitter werden zu einem Partiturgewebe zusammengestellt, und sie bilden zusammen ein ausdrücklich dastehendes Ganzes, das wir eigentlich erst mit dem letzten Takt des Satzes erfassen können. In dieser Musik findet mit jedem Ton eine Konfrontation, ein Zusammenstoß mit etwas Andersartigem statt. Es ist die analoge Antinomie, von der auch die große Malerei und die große Dichtung lebt. Die Musik kennt das von Haus aus nicht; sie hat mit sich, mit der Zeit zu tun. Nur in der Wiener klassischen Musik liegt etwas Analoges vor: so etwas wie die Konfrontation der Musik mit sich selber.

Diese Konfrontation bewirkt noch eine andere Komponente: die Konfrontation mit dem All als musikalisch Realem; das All wird eingefangen. So wie in der großen Malerei tut sich ein ›Anderer Raum‹ auf. Wir haben diese *Begegnung*, die – wie in der Malerei – das Spezifikum des Werks ausmacht. Die zwei ersten Schläge der Eroica drücken nicht uns aus, und wir drücken uns in diesen Schlägen nicht aus, wir werden nicht von ihnen assimiliert, sondern das Gegenteil: wir werden völlig Andersartigem konfrontiert. Und was sind wir? Wir sind Zeugen von diesem Anderen, das durch diese zwei Schläge gebieterisch aufgestellt wird, Zeugen eines Begebnisses, eines Akts, der jeden Augenblick mit jedem Ton als neuer Akt zustandekommt und das Ganze bildet, das dasteht um seiner selbst willen, und das von uns etwas verlangt. Wir sind Zeugen eines musikalischen Werks. Die Musik ist über sich hinausgewachsen: Sie bleibt Musik, nimmt es aber auf sich, durch den Komponisten mit dem All konfrontiert zu werden. Und durch diese Konfrontation – man kann sich das nicht real genug vorstellen – entstehen feste Körper, Wirken, Werk.

Diskontinuität ist das Merkmal des Geistes. Das Vorbild (›Natur‹, ›Welt‹) ist kontinuierlich; das von Menschen Geschaffene (›Kunst‹, ›Werk‹) ist diskontinuierlich. Dies bestimmt auch den Unterschied zwischen Kunstschönem und Naturschönem.[531] Menschlich-geistige Tat ist, in das Natur-Kontinuum Diskontinuität hineinzutragen, Grenzenziehen, Sichtbarmachen, Zergliedern – ›künstlich‹, ›unnatürlich‹ – und wiederum mit Hilfe der künstlich gebauten getrennten Glieder die ›Natur‹ neu zusammenzustellen, mit ›als ob‹-natürlichem Aussehen.

Geradezu das Urbild dieser Antinomie von Kontinuierlichem und Diskretem, von Natur und Logos, haben wir in der *Zeit*: sie ist kontinuierlich, zugleich aber, von der Seele, vom Nous her (Aristoteles) Diskretes.[532] Und so ist die Musik das Kontinuum (Zeit) als Logos (Zahlenrelation). In der Malerei befinden sich Einzelding und Raum-Kontinuum gleichsam in einem (die Einbildungskraft belebenden) *Widerstreit*. Aber die konkrete Ausfüllung der Zeit durch das Tonphänomen und das Zeit-Kontinuum befinden sich in einer *Harmonie*. Dies wird erst – und nur – bei den Wiener Klassikern anders.

In Bachs Musik stimmt es schlechthin: Das ist der Inbegriff von Musik: Übereinstimmung. Nicht *das* ist aber das Merkmal der Wiener Klassiker, sondern das Schließen, die Herbeiführung des Schlusses, die ›Geschlossenheit‹. Dazwischen (bis der Schluß kommt) gibt es allerhand Vorgänge, die ›nicht stimmen‹, anders gesagt: es wird das ›Ganze der Wirklichkeit‹ erfaßt und als Musik hingestellt. – Will man studieren, was Musik *ist*, muß man die Bach-Stufe zugrundelegen; will man studieren, was Musik *vermag*, muß man von den Wiener Klassikern ausgehen. Wir staunen vor dieser Möglichkeit des Unvereinbaren in der Geschichte.

Die Wiener klassische Musik, die Musik Haydns, Mozarts und Beethovens verwirklicht die ›Musik als Werk‹: sie zeigt in der hörbaren Zeit, dem Musizieren, plötzlich das – Zeigen.

Sie nimmt – in Analogie zum Physischen: Körperlichen, Sichtbaren, Räumlichen, zur Bewegung – das Blicken auf Reales an. Sie ist die Synthese von Zeit und ›Sichtbarem‹, sie ist das ›Sichtbare als Zeit‹.

Ich will dies erläutern an Hand der langsamen Einleitung (Adagio) der Militär-Sinfonie (Nr. 100) von Haydn. (Der Leser möge die Partitur in einer der leicht zugänglichen Ausgaben heranziehen.) Die ersten 12 Takte, Tonika-Bereich, in sich genügsam, zufrieden, lieblich, lassen noch nicht eine mächtige Sinfonie-Einleitung erahnen. Doch das Prämissenhaft-Eigenständige der nebeneinandergestellten zweitaktigen – nicht Gebilde, sondern – Geschehnisse ist der Keim der großen Anlage, die im zweiten Teil (ab T. 13) erfolgt. Die zwei ersten Viertel von T. 1, | ♩ ♪ , sind die Bau-Zelle. Sie kehrt wieder in T. 5, 9, 10, 11, im zweiten Teil in T. 14, 15, 17; in T. 11 und 12, im zweiten Teil in T. 14 und 15 auch auf der 3. und 4. Taktzeit; in T. 2/3 und 6/7 als metrische Umkehrung; in T. 2 und 6 (sowie 9 und 10 nur im Fagott) als Replik in Vergrößerung (vgl. Fagott T. 12 wieder | ♩ ♪); in T. 14 ff. verschärft durch den ♪-Auftakt, in milder Form schon in T. 11, diskontinuierlich zu T. 10,

Das kontrapostische Geschehnis in T. 7

 und ♪♪♪♪ ♪♪ (vgl. T. 3 ♪♪♪)

bewirkt den Beginn des Strömens mit den Achtel-Tonwiederholungen der 2. Violinen T. 8 und den für sich aufgestellten weiteren ›Prämissen‹ T. 9f. und 11f. Und nun das Ereignis: *Vier* Takte als Einheit zusammengeschweißt, nachsatzartig, zugleich bedeutungsvoll Moll, der Baß vollgestrichen artikulierend. Eine Zange öffnet sich. Zum erstenmal treten Pauke, Trompeten und Hörner hinzu, ein crescendo führt zu den zwei die Moll-Subdominante aufstellenden Fortissimo-Schlägen in T. 16, danach die riesig erscheinende Pause (die einzige der Einleitung): eine gähnende Kluft. T. 18 ein abtastendes Sich-Zurechtfinden der Töne auf $es^{\#6}_{\flat5}$ (wechseldominantisch): ein weiteres Sich-Öffnen der Zange, und dann in T. 19 ihr Einrasten auf der bis zum Ende beibehaltenen Dominante.

Vgl. auch T. 19f. ♩→♩ ♩→♩ ♪ zu T. 15→16.

Über den beiden jeweils für sich aufgestellten Pfeilern der Moll-Subdominante und Dominante wölbt sich die gewaltige Kuppel T. (13) 14-23 ⌢.

Der tonale Vorgang in Verbindung mit der Takte-Gliederung:

$$\underbrace{\underbrace{\underbrace{2+2}_{4}\ \underbrace{2+2}_{4}\ \underbrace{2+2}_{4}}_{8}\ \overset{\leftarrow}{4}\ 2\ \underbrace{2+2+2}_{6}}\ (=1⌢)$$

$$G - G\ G \to D \to G\ \to g \to c \to D\underline{}$$
$$(g\mathrm{IV} \to G\mathrm{V})$$

$$\underbrace{\underbrace{}_{12}\ \vee\ \underbrace{}_{12}}_{\underbrace{}_{16}\quad\text{›Generalpause‹}\quad \underbrace{}_{8}}$$

Der Viertakter T. 13-16 macht die Zweitakt-Geschehnisse ausdrücklich, die ab T. 17 f. wieder aufgenommen werden, in T. 19-23 ⌢ (= 2 Takte) aber zugleich zusammengehalten als ein großer 6-Takter. T. 13 ist der einzige Takt der Einleitung der ›1‹ und ›3‹ setzt,

Was für eine Sicherheit des Anlegens: Zusammenfassen der Takte 1–12, und zugleich Eröffnen des 2. Abschnitts (T. 13-23 ⌢). Außerdem Entsprechung zu T. 16. Diese Viertel von T. 16 finden eine Entsprechung in T. 19 (1. und 2. Viol.) und T. 20 (2. Viol. und Viola): die Bauzelle des 1. Takts hat die Verwandlung vom 16. Takt hinter sich. Und mit T. 21 verschwindet sie, denn das Ziel ist mit dem 1. Viertel dieses Taktes erreicht.

Das [notation] repliziert kontrapostisch das [notation].

Wie alle die ♩♩ aufleuchten und in Beziehung zueinander treten! Da, und da, und da, und da, und so das Wieder-Aufgreifen, und so der kontrapostische Gegenwurf, und so der Bau, die Geschlossenheit, das Werk, Musik als Werk – was ist das? *Das Diesda als Musik*, das Einbrechen des Alls der Wirklichkeit in die Musik! Ein Diesda-Erfassen sub specie von *Akt*, somit auch des Nennakts. Das ist das Erscheinen (die Epiphanie) der Wiener klassischen Musik.

Lapidar, groß ist diese Einleitung. Zunächst ein Chaos; darin ein Pünktchen; in ihm regt sich etwas, es ertappt sich als Auge des Chaos, schaut, und das Chaos ist, durch den Akt des Anblickens, in helle Wirklichkeit verwandelt. Der Mensch unmittelbar vor dem ES IST, Konkretion, gänzliche Konkretion. Diese Partitur kann neben Kleobis und Biton im Delphischen Museum stehen. Die zweitaktigen Geschehnisse sind Akte, dem Nennakt analog. Sie entstehen durch Spontaneität als Aufprallen im musikalischen Chaos, selbsttätig, zentripetal. Jeder Akt ist eine Stellungnahme des ganzen Menschen, ein Festnageln des Jetzt. Dieser Aufprall hat zunächst keine musikalische Beschaffenheit; seine Natur ist allgemein geistig, d. h. menschlich. Er taucht aber in das musikalische Element hinein und taucht musikalisch vollgesaugt und festkörperlich ausgeformt wieder herauf. Das ist das Moment, welches bewirkt, daß die Wiener klassische Musik in der Gemeinschaft der zentralen Erscheinungsweisen der Wirklichkeit steht (Shakespeare, Leonardo, Kuroi, dorische Säule).

Die Musik eignet sich bei den Wiener Klassikern – erst bei ihnen – das Verfahren des Nennakts an. Sie bleibt zwar Ton, aber sie folgt nicht bloß der Zeit, sondern sie fängt, Nennakt-ähnlich, die Zeit ein.

Musik und Sprache sind stets in Verbindung gewesen. Aber bis zu den Wiener Klassikern lernte die Musik nur vom Ergebnis des Nennakts: von der Sprache. Erst bei den Wiener Klassikern erreicht sie die Stufe, die dem Ursprung selbst analog ist, dem Nennakt. Die Tonwahrnehmung hat sich in Akt verwandelt. Die Musik hat etwas von der Nenn-Struktur angenommen: Die Wiener klassische Musik ist, als ob sie die Zeit stiftete, den Menschen entstehen ließe; sie impliziert die unmittelbare Gewißheit des ES IST durch einen dem Vorgang des Nennens analogen Akt.

Das Tertium comparationis zwischen Sprechvollzug, wie er in der deutschen Sprache, bei Schütz und in Hölderlins Dichtung vorliegt, und Wiener klassischer Musik ist das Verfahren der Diskontinuität. Nennen ist Absolutes, Musik ist Relation. Bei den Wiener Klassikern schafft sich die Musik ein Verfahren, eine Struktur, die dem Absoluten des Nennakts entspricht. Dieses Absolute, ›Explosive‹, Diskontinuierliche verwandelt die Musik in Geschehen, in Vollzug. Der Nennakt bildet sich in die Wiener klassische Musik ein. Und so erreicht die Musik ihr Ziel.

Was ist das Zusammenhaltende in der von Diskontinuität bestimmten Wiener klassischen Partitur? 1. der leere Takt, 2. die Tonalität. Beides: die Zeit als das Währen.

1. Der leere Takt ist das Messen der allgemeinen ›Zeit‹ (nicht der realen Zeit). Es ist die Errungenschaft der Wiener Klassiker, daß sie die *allgemeine* ›Zeit‹ in ihr Werk einfangen, sie zugrundelegen, von ihr

ausgehen. Dadurch versetzt sich die Wiener klassische Musik in die Lage, sich mit dem allgemein Geistigen zu treffen (im Gegensatz zu Bach, der ›in die Musik eintaucht und wieder dort auftaucht‹). Diese von der Musik losgelöste allgemeine ›Zeit‹, der leere Takt, ermöglicht erst, Musik als ›Form des Nennakts‹ zu verwirklichen: tonliche Ausfüllung eigenständig gegenüber dem leeren Takt, sich mit ihm frei verbindend, ein ursprüngliches Totales schaffend. Dieses Totale entsteht aus der freien Verknüpfung von allgemeiner ›Zeit‹ und Tonphänomen: die ›Form des Nennakts‹ verhält sich direkt zur allgemeinen ›Zeit‹, aber seine Substanz ist Musik.

Was aber die allgemeine ›Zeit‹ (den leeren Takt) mit der sich als Musik verwirklichenden Form des Nennakts zusammenhält, ist der *Gerüstbau* (s. Anm. 462): Er ist die Anwendung des Meß-Prinzips (Wiederkehr) der allgemeinen ›Zeit‹ auf den Stoff der realen Zeit. Die reale Zeit, das Tonphänomen, wird der allgemeinen Zeit untergeordnet (ausdrücklich dies; nicht wie bei Bach, wo das Tonphänomen irreflektiert zugleich der ›Wiederkehr‹ gehorcht). Und diese nun als *reale* Zeit gemessene *allgemeine* Zeit übernimmt die Aufgabe, den Hintergrund für die als Form des Nennakts zu verwirklichende Musik zu stellen.

Und wie geschieht das Einsetzen des Gerüstbaus als des Stellvertreters des Messens der allgemeinen ›Zeit‹ (des leeren Takts)? Durch das Prinzip Setzen ($\downarrow$) – Fortführen ($\rightarrow$), ein schon in den Organa der frühen Mehrstimmigkeit anzutreffendes Prinzip, das sich wiederum direkt auf die allgemeine Zeit beruft, also nicht spezifisch musikalisch ist; vgl. auch S. 174.

Doch der spezifisch Wiener klassische Gerüstbau – also der konstitutive, ausdrückliche Gerüstbau – steht in Wechselwirkung mit dem Wiener klassischen Ton, d. h. zugleich mit dem ›Diskontinuitäts-Verfahren‹. Darin unterscheidet sich der echte, der Wiener klassische Gerüstbau von der Aufteilung eines harmonischen (›kontinuierlichen‹) Ablaufs – sei er Generalbaß[533] oder romantische Musik des 19. Jahrhunderts, wohl auch Verdi – in Glieder, die mit I einsetzen und offen enden. Wichtig ist, daß der Einsatz eines neuen Gerüstbaugliedes als diskontinuierlich empfunden werden kann. Auch werden in der Regel die einzelnen Wiener klassischen Gerüstbauglieder durch je ein eigenes ›Partiturbild‹ gekennzeichnet, sie treten also – in der Regel – *blockhaft* auf.

2. Die Tonalität ist der Bezug auf die ›Tonika‹ durch Kadenzvorgänge. Wenn der Ton, die währende Identität, die Voraussetzung der Tonrelationen, sich durch Kadenzvorgänge zwingend als der Bezugspunkt konsolidiert, ist er ›Tonika‹.

Das Auftreten der Tonika (und ihr analoger Ruhe- bzw. Zielklänge) ist mit dem Taktablauf koordiniert, und zwar so, daß sich im Zusammenwirken mit dem Vordergrundsablauf deutliche Taktgruppen bilden (in Perioden- oder Gerüstbaustruktur). Die Unabhängigkeit der Parte (ausgenommen ihre Bindung an die allen gemeinsamen Taktgruppen) ist so stark, daß zwischen den Tonika-Säulen nicht ein einheitlicher, als Kadenzvorgang zu verstehender harmonischer Ablauf stattfinden muß, sondern ein Abstecken des Tonartfeldes gleichzeitig auf verschiedene Weise in den einzelnen Parten möglich ist (vgl. die Funktion der Trommel und Pauke innerhalb der Wiener klassischen Partituren.)

Durch das Zusammenstoßen der eigenständigen Parte können diese nicht, wie frühere Musik, als naive, fertige Gebilde erfaßt werden. Wir erfassen sie als durch Spontaneität entstehende und sich durch Freiheit zusammenfügende Akte; und wir müssen fortan damit rechnen, ja wir erwarten es (denn dieser neue ›Stoff‹ erlaubt keine andere Vorstellung), daß wir mit sich stets frei zusammenfügenden Akten zu tun haben werden. Die Zusammenfügung der einzelnen Töne findet gleichsam nicht durch Lötung statt, wodurch etwas Kompaktes entstünde (das ist nicht möglich, weil die Einzeltöne selbst nicht etwas ›Vorhandenes‹ sind[534]), sondern durch eine dem Akt-Charakter angemessene Verknüpfung, die jedem Ton seine Spontaneität beläßt.

Die neue strukturschaffende Funktion, die im Wiener klassischen Satzbau das Gegenüberstellen von scharf einsetzenden abtaktigen und hinüberführenden auftaktigen Gebilden – Geschehnissen – einnimmt, ist epigrammatisch eingefangen im Motto des Schlußsatzes von Beethovens letztem Streichquartett op. 135, F-dur:

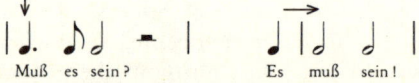

Auf der getrennten Aufstellung und folgenden Verbindung dieser beiden – freilich dann nicht mehr textierten – Gedanken beruht der ganze Satz. – Dieses Motto erscheint wie eine Reminiszenz an Kants Gegenüberstellung von ›moralischem Gesetz‹ und ›bestirntem Himmel‹, die Beethoven übrigens sehr gut kannte und die ihm wichtig war.[535] Am meisten zu bewundern ist, daß Kant vor dieser Zweiheit staunend stehen bleibt, ohne darüber hinaus die vermeintliche Einheit zu suchen – der Sündenfall der Philosophie. Von der Musik her erschließt sich uns diese Zweiheit als die Struktur Soll-Tun. An Hand des musikalischen Phänomens tritt sie uns als für dieses Phänomen wesensnotwendig, als konstitutives Moment entgegen. Die Musik –

und die der Wiener Klassiker in einem besonderen Sinn – sagt: ›du sollst‹, ›du mußt es wagen‹, ›du mußt den nächsten Augenblick entscheiden‹.

Daß der Mensch ›soll‹ (Kategorischer Imperativ) und daß er stirbt (und er es weiß), bedingen sich gegenseitig. Er würde nicht sollen, wenn er nicht sterben würde. Er ›soll‹ als sterblich-geistiges Wesen; d. h. als nicht identisch mit dem ES IST. Sein ›Leben‹ ist ein ›Soll‹: eine Tendenz zur Annäherung an das ES IST. – So bedingen sich auch die letzten zwei Bitten des Vaterunser gegenseitig: Und führe uns nicht in Versuchung – sondern erlöse uns von dem Übel. Sie verhalten sich wie die Struktur ͜ ͜.⁵³⁶ Beethoven setzt die durch das Wesen der Musik notwendig gegebene Verknüpfung Nomos-Ethos in Werk um.

Beethovens Fidelio lebt vom Zeigen mit dem Finger auf den *Augenblick*. Pizarro hat den Brief erhalten, der ihm den Besuch des Ministers ankündigt. Nun verschickt er die Wachen, die spähen sollen und das Herannahen des Ministers durch *ein Signal* unverzüglich (im Nu) zu melden haben. Auf die Arie mit Chor Nr. 7 (I. 5, Pizarro: *Ha, welch ein Augenblick!*) folgt gesprochene Prosa:

Pizarro: Ich darf keinen Augenblick säumen, alle Anstalten zu meinem Vorhaben zu treffen! Heute soll der Minister ankommen! Nur die größte Vorsicht und Schnelle können mich retten! – (Zu dem Offizier:) Hauptmann, hören Sie! (Er führt ihn auf die Vorderbühne und spricht leise mit ihm.) Besteigen Sie mit einem Trompeter sogleich den Turm. – Sehen Sie unablässig und mit der größten Achtsamkeit auf die Straße von Sevilla. – Sobald Sie einen Wagen, von Reitern begleitet, diesem Schloß sich nähern sehen, lassen Sie augenblicklich durch den Trompeter *ein Signal* geben! – Ich erwarte die größte Pünktlichkeit, Sie haften mir mit Ihrem Kopf dafür.

Mit dem Wort ›Signal‹ beginnt erst der Fidelio; das Vorausgehende ist lediglich Introduktion. *Das* ist der Fidelio: dieser Augenblick, das ›Signal‹, das hier zunächst als ein in uns eindringendes Notabene erscheint, das dann im 2. Akt, mitten im Quartett Nr. 14, das Ereignis, die Wendung bewirkt als das den Minister ankündigende Trompetensignal, das leibhaftig gegenwärtige *Signal für die Freiheit*, als der Augenblick der sich ereignenden Freiheit.⁵³⁷ Das von Pizarro gesprochene Wörtchen ›Signal‹ ist wirklich das Signal, das das Werk Fidelio erstehen läßt. Um dieses Wort herum kristallisiert sich das Werk, wie eine ›zentripetale Traube‹, wie der Wortkörper, die Artikulationstraube um den Nennakt.⁵³⁸

Ein Festhalten des Augenblicks als Werk ist auch der Kanon ›Mir ist so wunderbar‹ (1. Akt, Quartett Nr. 3), ebenso wie auch das ›Die Stunde schlägt‹ im Terzett ›Soll ich dich, Teurer, nicht mehr sehn‹ aus der Zauberflöte (2. Aufzug, Nr. 19; vgl. dazu Georgiades, Mozart und das Theater, in: Kleine Schriften (Anm. 2), S. 55 ff.). Aber wie verschieden zugleich. Bei Beethoven ein stagnierender, *als Zeit* auskomponierter Augenblick; bei Mozart ein Augenblick *als Handeln* auskomponiert. Bei Beethoven wird der Augenblick ausdrücklich, indem er in seinem Wesen, für sich, gezeigt wird, als Augenblick, ›während‹ dessen eben nichts geschehen kann, weil er zeitlos ist; er wird sozusagen als Zeit projiziert. Bei Mozart dagegen wird er als ein Hier-und-Jetzt, sozusagen mitten in seiner genuinen Betätigungsweise erfaßt. Doch gibt es auch bei Mozart dem ›Mir ist so wunderbar‹ analoge Sätze, wenn z. B. in einem Finale bei einer Überraschung der Augenblick ›stehen bleibt‹ – und auskomponiert wird (z. B. im Quartett aus der Entführung).

Die Freiheit des Fidelio weiß um den Menschen als das Wesen, das in der ›Freiheit‹ wurzelt, das aus dem Zusammenprall von Lebewesen und ›Widerstand‹ entsteht. (Vgl. S. 148.) Die Freiheit des Fidelio ist mit dem Wissen um das schlechthin Andersartige identisch: Der Minister bringt die Freiheit im Namen des ›besten‹ *Königs*: Herkunft (Adel) – ›von Gottes Gnaden‹ (Glaube). – Im Hintergrund steht freilich das Unbedingte des durch die Französische Revolution gegründeten ›moralischen Gesetzes‹, die damals (1805) *noch* begeisternde Idee der Befreiung des ›Volkes‹ von der Unterdrückung durch die ›Bösen‹.

Die Musik Beethovens, das *Werk* Fidelio ist eine Verkörperung dieser so verstandenen Freiheit als leibhaftiges Volk – freilich eine bloße ›Idee‹. Aber ermöglicht werden konnte diese ›Idee‹ nur während dieser *einen* geschichtlichen Konstellation, jenes sehr kurzen Zeitabschnitts, da man – im Zuge der Begeisterung – die echte und die politische Freiheit noch nicht auseinanderhalten konnte, in einer Zeit, in der trotz allem die ›Ideale‹ der Französischen Revolution – jedenfalls für Beethoven – noch nicht von der Vorstellung des Königs von Gottes Gnaden isoliert werden konnten, noch nicht verbürgerlicht waren. Im *Fidelio* bekunden sich von Grund aus andersartige Kräfte, als dem Menschen nach 1828 zur Verfügung stehen.

Beethovens Musik hat die Sprache absorbiert wie keine andere Musik, auch nicht die Haydns und Mozarts. Beethovens Musik bleibt Musik, strenge, souveräne, eigenständige Musik, die sich nicht in ein fremdes Feld begibt, die aber zugleich die Seinsweise der Sprache in sich enthält. Hier, erst hier, und nur hier, finden wir das Analogon zur Musikē, die eine Sprache ist, die die Seinsweise der Musik in sich enthält. Welche Verantwortung, Verbindlichkeit, geschichtliche Synthese, Integration, kurz: was für eine Persönlichkeit setzt dieses endgültige Hinstellen des Gegenpols zum Griechentum voraus. Und zwar nicht allein innerhalb der Musik, sondern schlechthin innerhalb des Gesamten der Geschichte.

Bei Beethoven ist der Ton (die Ton-Struktur) so eigenständig, ja eigenmächtig, agressiv geworden, daß er auch eine ›Abstoßkraft‹ entfaltet, daß er die Sprache nicht nur absorbiert, sondern sie auch geradezu abstößt – rein physisch abstößt. Das bedeutet nicht allein, daß die Sprache – wie man oft sagt – ›vergewaltigt‹ wird, sondern zugleich, daß der Ton, in sein Geschäft des ›Sprache-Abstoßens‹ verwickelt, durch dieses in Anspruch genommen, durcheinandergebracht, gehemmt, auch seinerseits keine echt eigenständige Tonstruktur (Reales, Wiener Klassiker-Reales) zeitigen kann. *Daher* bleibt der Fidelio auf der ›unfertigen Stufe‹ der 2. Leonoren-Ouvertüre. Doch genau besehen, ist diese Stufe nicht ›unfertig‹ in dem Sinn, daß sie keine Vervollkommnung ertrüge, sondern in dem Sinn, daß sie keine Vervollkommnung *zuläßt*: weil der Fidelio den Widerspruch in sich enthält, sprachgebunden zu sein an Hand eines Tons, der die Sprache abstößt. *Daher* wurde die 2. Leonoren-Ouvertüre in die 3. Leonoren-Ouvertüre *vervollkommnet,* aber der Fidelio von 1805 nicht in den Fidelio von 1814.

Die Missa Solemnis ›rettet‹ der *lateinische* Text und die *liturgische* Realität, das *Sakrale*. Sie ist kein ›Drama‹, kein ›Theater‹; die Solisten sind keine Helden, die, weil ›die Hauptpersonen‹, das musikalische Reale – eben als Gesang – zu verwirklichen hätten. Hier ist ja der Chor, d. h. *liturgisch*-sprachliche Wirklichkeit, der Träger, und zwar, da kein ›Held‹, nicht als eigenständiger Träger, sondern aufgehend in der Realität der *einen* Partitur. Hier entsteht nicht der Widerspruch zwischen eigenständigem Ton und Sprachvertonung.

Das Finale der 9. Sinfonie nimmt wohl eine Mittelstellung zwischen Fidelio und Missa Solemnis ein: weder ›Personen-Helden‹ noch sakrale Realität, sondern schon das problematische Verwechseln von echtem ES IST, schlechthin Andersartigem, und messianischem Hoffen auf eine ›bessere Welt‹.

Beethoven erfüllt das Zeit-Etwas mit Inhalt ›der Zeit‹. *Vom Zeit-Etwas her* kommt er dazu; er fügt nicht von außen her ›Inhalt in die Zeit‹ hinzu. Daß er vom Zeit-Etwas her es mit Inhalt ›der Zeit‹ erfüllt, ist die letzte mögliche Folgerung der Musik als der Kunst des Zeit-Etwas. Darauf konnte nur ein Umkippen folgen: ein Hinzufügen (von außen her) von Inhalt in die Zeit: die Programm-Musik und ihr – nur scheinbarer – Gegensatz: die ›absolute Musik‹.[539]

*

Pindar nannte sein Werk Sophia. Sophia ist auch das Werk von Heinrich Schütz und Hölderlin, aber auch das der Wiener Klassiker. Bei ihnen erfahren wir, daß der Bereich der Kunst nicht in der Kategorie des Ästhetischen aufgeht. Sie wissen um das ES IST – das ist ihre Sophia. Sie erfüllen den Satz des Aristoteles »Die Sophia ist die Aretē der Technē«[540]. Aretē, sagt ebenfalls Aristoteles [541], ist ein Vollenden. Sophia ist also ein Vollenden der Technē. Für die Wiener Klassiker gilt dieser Satz im Doppelsinn des Vollendeten: Sie beherrschen ihr

Handwerk, sie sind Herr der Technē bis zur Vollkommenheit und zugleich bis zur Vollendung der Errichtung dieses geschichtlichen Musik-Gebäudes: der geschichtlichen Musik von den Griechen bis 1827. Die Bauhütte, die seit der karolingischen Zeit bestanden hatte, löst sich nun auf, da sie keine Aufgabe mehr zu erfüllen hat.

Der letzte Bauabschnitt fällt zusammen mit der mathematischen Naturwissenschaft und der mathematisch (-naturwissenschaftlich) orientierten Philosophie: Galilei, Kepler, Newton, Leibniz; Descartes, Spinoza, Leibniz, Kant. Die Kritik der Urteilskraft: 1790; aber die Musik währt noch etwas länger: die Missa Solemnis und Die Schöne Müllerin 1823; Beethovens und Schuberts Tod 1827 bzw. 1828.

Diese Epoche schafft zugleich die Voraussetzung für die Entstehung unserer Reflexionsstufe (s. S. 17 und 187 f.). Was diese Stufe als Gewinn, nicht als Verlust, für uns heute bedeuten kann, ist ebenfalls in dem zitierten Aristoteles-Satz, »Die Sophia ist die Aretē der Technē«, enthalten. Der heutige Mensch kann sich an diesem Satz aufrichten. Sophia und Technē werden einander zugeordnet. Das Wissen um die Wirklichkeit – Sophia – setzt Technē, eine Fertigkeit, Können, Erfahrung, Sachkenntnis, allgemein das Beherrschen eines Fachs voraus. Das gilt besonders für den Musiker und Musikhistoriker, aber auch für den gesamten geistigen Bereich. Es gilt auch für die Philosophie, die, gerade weil sie selbst kein Handwerk ist, um so mehr der Stütze des Handwerks bedarf. Und das Handwerk des Philosophen, heute desjenigen, der das Reale zum Thema hat, ist die Mathematik. Die Philosophie ab Hegel – und auch schon Schelling – hat vergessen, daß am Anfang im Phänomen des Menschlichen, nämlich im Phänomen der Sprache der Zahlen-Logos mit-enthalten ist.

Früher war das Geistige eine Einheit, einer Kugel vergleichbar, die Natur- und Geisteswissenschaften in einem enthielt und in eine Richtung rollte. Heute haben sich nach entgegengesetzten Seiten gleichsam zwei Kegel aus der Kugel herausgelöst: die nach vorwärts gerichtete Forschung von Naturwissenschaft und Technik und die den notwendigen Gegenpol darstellende, auf Besinnung ausgerichtete, sich auf die Herkunft, das Gedächtnis berufende, rückgewandte Betätigung an Hand des Werks als dem Merkmal des Menschen. Eine solche Betätigung des Gedächtnisses als des Realen (kein philosophisches System) *setzt* Kunst, Kunstgeschichte, Theologie, Philosophie, Wissenschaft *voraus*, ohne mit einer von ihnen zusammenzufallen. Sie ist wie das Nennen zentripetal geartet, im Unterschied zu der zentrifugal gearteten Naturwissenschaft, dem vom Menschen unabhängigen, nicht nennbaren Bereich, aber auch als Gegenschlag zur zentrifugal veranlagten ›Natur‹ des Menschen (Triebe, Selbsterhaltung, Macht – auch als Freiheit verbrämt).

Das Wissen um das ES IST spiegelt sich in der Einheit von Werk und Bauen, im Bauen durch Bausteine; im philosophischen Werk im bauenden Denken, im denkenden Bauen. Es bekundet sich uns als Epiphanie, d. h. aber: nicht als Beweisbares, sondern – als Herkunft. Woher? Das wissen wir nicht: gerade das macht das Unbeweisbare aus. Die geschichtliche Reflexion und Besinnung über das Wesenhafte appelliert an das Einsehen. Daher kann sich das Mitteilen in diesem Bereich nur an Partner mit der entsprechenden Anlage wenden. Und daher kann dieser Bereich schwer (oder gar nicht) in Erscheinung treten in Zeiten, da Gemeinschaft und somit der durch sie verkörperte eine Geist nicht konsolidiert ist. Doch im Wissen um das Reale liegt das einzig den Menschen *real* Gemeinsame, und so wäre seine Auswirkung: Gemeinschaft im Namen des Realen.

Die Betätigung am Hingestellten ist nur möglich eben an Hand des Hin*ge*stellten, also des zeitlich vor uns Hingestellten: dessen, was die Menschen im Verlauf der Zeiten hingestellt *haben*. An uns können wir nur beobachten, *wie wir* tun, also psychologisch (-soziologisch), doch wir können nicht das, was wir hinstellen, als Werk erfassen. Das zeitgenössische Schaffen präsentiert sich als Produkt seiner empirischen Bedingtheiten; es läßt sich aus dem ›Strom der Zeit‹ nicht herauslösen. Erst wenn dieser Strom vorübergeströmt ist, bleibt im trockenen Beet etwas nun Konsolidiertes, das man fassen kann: das Werk (soweit es eines war). Erfassen läßt sich – dies ist paradox – eben nur das, was nicht ›wir‹ ist. Außerdem: Wie dünn ist diese Schicht des ›wir‹, der Gegenwart! Wie weit, tief – im wörtlichen Sinn: die ›Tiefen‹-Dimension der übereinanderliegenden Schichten – das Ganze des Hingestellten! Und erst das ›ist‹ der Mensch.

Wann beginnt das Heute? Beim Einsetzen der Wandlung der Situation, eines Einschnitts. Für uns etwa mit dem ersten Weltkrieg. Insofern hätte ich die Musik zwischen 1828 und 1914 einzubeziehen. Ich tue dies nicht, weil sich nach 1828 ›Werk‹, das Wissen um das schlechthin Andersartige als die Natur, Zeugnis des ES IST, nicht mehr einstellt, obwohl unerhört Gekonntes (Wagner) oder Reines (Verdi, Mussorgskij) hervorgebracht wurde. Durch Schütz ist der Musiker zentral geworden; in ihm ist Verantwortung aufgekommen, die bei den Wiener Klassikern das Gesamt-Menschliche umfaßt. Aber wer könnte behaupten, daß die zentrale oder gar totale menschliche Verantwortung vom Musiker nach 1828 oder gar vom heutigen Musiker getragen wird. Das ist freilich *meine* Überzeugung, der nur derjenige folgen kann (und soll), der die Anlage in sich trägt, sie zu teilen.

Kennzeichen für den plötzlichen Verlust des Wissens um das ES IST nach 1828 sind außerhalb von Naturwissenschaft (inbegriffen Biologie, Psychologie, Soziologie) und Industrie-Technik das Aufkommen eines utopischen Fortschrittsglaubens, die Auffassung von Kunst als Anbetung des Individuums und als ästhetische Betätigung, auch als ›Demokratie‹. Gleichzeitig entstehen, mit dem Sammeln und Deuten des Gewesenen, die ›Geisteswissenschaften‹. Soweit sie aus der Sehnsucht nach Gewesenem hervorgingen (Romantik), sind sie verwandt mit dem utopischen Fortschrittsglauben, d. h. an eine ›bessere Zukunft‹ durch ›Zurück‹. Doch gab es auch ein von zentraler Verantwortung getragenes Sammeln und Deuten des Gewesenen, ohne jegliche Spur irgendeiner Sehnsucht. Der Größte darin: Leopold von Ranke. Sein Beruf war die Geschichtsschreibung, und zwar eine Geschichtsschreibung, die um das ES IST wußte; ja sie war das Wissen um das ES IST als Geschichtsschreibung. Und sie hat keine Nachfolge gefunden. Die Geisteswissenschaften (im engeren Sinn: Sprach-, Literatur-, Kunstwissenschaften) haben nichts Analoges aufzuweisen. Doch haben sie Großes geleistet: sie haben in uns den Sinn für das Geschichtliche im Bereich des *Geschaffenen* (nicht des Geschehenen, der Geschichte im engeren Sinn) ausdrücklich gemacht. Später ist dies als Soziologie (bzw. ›Kulturgeschichte‹) ausdrücklich geworden.

Die heutige Art von Wirklichkeit ist nicht Werk hinstellen – unsere Konstellation erlaubt dies nicht – , sondern Betätigung an Hand der alten echten Zeugnisse des ES IST. Dies empfinde ich als vollgültigen Einsatz meines Daseins. Die Beschäftigung an Hand des Werks ist natürlich weniger als das Werk. Aber in gewisser Weise ist auch sie etwas Schöpferisches, und so bringt dieses ›an Hand‹ auch ein Mehr mit sich: die über das Konkret-Reale hinausgehende Möglichkeit, in eine Offenheit, Freiheit des Geistes vorzustoßen, wie es dem Werk selbst, als es entstand, noch nicht gegeben war.

Mein Verfahren als Musikhistoriker ist ›Musik als Tun‹ und, davon ausgehend, ›Sprache als Tun‹, d. h. beschreibendes Darstellen des ›Bastelns‹, ›Werkelns‹ an Hand der geschichtlichen Werke; die Wirklichkeit als Betätigung an Hand des Werks. Diese heute allgemein aktuelle neue Haltung ist exemplarisch aufweisbar an Hand der Musik und von der Musik her. Sie läßt sich verbinden mit einer Sprache, die nicht denkmalhaft ›Werk‹ hinstellen will, sondern Sprache als Hinweisen ist. Das Hinweisen auf das ES IST kann nicht diskursiv ausgeführt werden; denn das Hinweisen auf das ES IST ist das Faktum, der Nennakt selbst, ist im Nennakt enthalten. Aus dieser Einsicht leite ich meine Tätigkeit ab. Diese ist keine Philosophie, weil ich nicht die Wahrheit suche, sondern vom Faktum[542] ausgehe und es in seiner sinnlichen Seite erfasse und verfolge. Sie ist weder Philosophie noch Kunst, weil meine Sprache nicht ein vollgültiger Stellvertreter des Realen ist, sondern die Mitwirkung des Realen selbst (Religion, Philosophie, Kunst) voraussetzt, weil sie also nur im Zusammenhang mit dem, was sie behandelt, eine Rechtfertigung hat: Sprache als Hinweisen, Wort als Betätigung, tätiges Aufzeigen der Wirklichkeit als das ›War‹.

Die Wirklichkeit der geschichtlichen Musik als Erklingen existiert nur in der Gegenwart, bedarf der Ver-gegenwärtigung. Dessen bedarf sie aber auch als Schrift, die zwar denkmalhaft, bleibend überliefert ist, doch in ihrem Wandel eminent historischen Charakter hat. Nirgends so wie bei der Musik bedingen sich Geschichte und Gegenwart, ist die Geschichte Vergegenwärtigung, Gegenwart.

Der Nennakt ist das Hinweisende. Unsere Aufgabe besteht nicht darin, unser *Denken* als darüber oder dahinter stehend, als weiter, tiefer vordringend zu erweisen. Vielmehr besteht unser tätiger Dank als uns besinnende Geschöpfe – besinnend über uns selbst, denn worüber sonst? – einzig darin, daß wir nun unsererseits auf den uns schaffenden Nennakt hinweisen; daß wir darum wissen. Für dieses tätige Aufzeigen aber ist die Musik prädestiniert. Von der Musik als Tun, als Vergegenwärtigung, läßt sich das Verfahren ableiten, die Geschichte als Tun, die Wirklichkeit als die Struktur des menschlichen – d. h. auf dem Logos, dem Nennakt, dem Wissen um das ES IST beruhenden – Tuns zu erfassen: das Verfahren des Nomos.

ANMERKUNGEN

Vorwort

1 Der griechische Rhythmus. Musik, Reigen, Vers und Sprache, Hamburg 1949, 2. Aufl. Tutzing 1977.
2 Musik und Sprache. Das Werden der abendländischen Musik, dargestellt an der Vertonung der Messe, Berlin/Göttingen/Heidelberg (Verständliche Wissenschaft Bd. 50) 1954, 2. Aufl. 1974. Das danach erschienene Buch, Musik und Rhythmus bei den Griechen. Zum Ursprung der abendländischen Musik (Rowohlts deutsche Enzyklopädie 61), Hamburg 1958, kann als der 1. Teil zu ›Musik und Sprache‹ angesehen werden. Da ›Musik und Rhythmus bei den Griechen‹ vergriffen ist, verweise ich noch auf meinen Vortrag ›Sprache als Rhythmus‹ (1959) in: Sprache und Wirklichkeit. Essays. dtv 432, München 1967, S. 224–244 (Nachdruck in: Thr. G. Georgiades, Kleine Schriften, Münchner Veröffentlichungen zur Musikgeschichte, begründet 1959 von Thr. G. Georgiades, hrsg. seit 1977 von Th. Göllner, Bd. 26, Tutzing 1977).
3 Vgl. Musik und Sprache (s. Anm. 2), Kap. 8, Die deutsche Sprache und die Musik, sowie Kap. 9, Schütz; Sprache als Rhythmus (s. Anm. 2); Heinrich Schütz zum 300. Todestag, in: Sagittarius 4, 1973 (auch in: Kleine Schriften, s. Anm. 2, S. 177–192).
4 Schubert. Musik und Lyrik, Göttingen 1967, 2. Aufl. 1979. Dort: A II 5 b Schubert und Schütz (S. 183–193), wo auch Hölderlin einbezogen wird.
5 Aus der Musiksprache des Mozarttheaters, Mozart-Jahrbuch 1950, Salzburg 1951, S. 76–98; und: Zur Musiksprache der Wiener Klassiker, Mozart-Jahrbuch 1951, Salzburg 1953 (beide Aufsätze auch in: Kleine Schriften, s. Anm. 2). – Den bildlichen Ausdruck ›Musiksprache‹ würde ich heute vermeiden.
6 An dem Fragenkomplex ›Nennen und Erklingen‹ arbeitete ich in mehreren Etappen: Im Februar 61 berichtete ich in einem kleinen Kreis über meinen ersten Ansatz. An der anschließenden lebhaften Diskussion beteiligten sich u. a. die Philosophen Martin Heidegger, kritisch, Hans Georg Gadamer, vermittelnd, der Theologe Hans v. Campenhausen, fragend, der Physiker Hans Jensen, zustimmend. Dieses Gespräch, besonders die vorgebrachten Einwände, spornte mich an. Mit den Genannten hatte ich in den folgenden Jahren oft Gelegenheit, eigene Gespräche zu führen. Ich empfinde eine tiefe Verbundenheit. – Im Januar 64 sprach ich unter Verwendung inzwischen erarbeiteter neuer Gesichtspunkte am Dozententag der Heidelberger Theologischen Fakultät, ebenfalls mit anschließender, z. T. fruchtbarer Diskussion. Auf einen Zusammenhang zwischen der Struktur des Nennens und der Wiener klassischen Musik machte ich in der Vorlesung des Wintersemesters 1963/64 (›Einführung in die Wiener klassische Musik‹) und zuvor, 1962/63 (zu Beet-

Anmerkungen zu S. 14−23

hovens Missa Solemnis) aufmerksam. Im Frühjahr 1965 fertigte ich ein vorläufiges Manuskript ›Nennen und Erklingen‹ an, das ich in der Vorlesung ›Die Sprache, die Musik und die Künste‹ im Sommersemester 1965 verwendete. Im Winter 1967/68 verfolgte ich den mathematischen Aspekt des Themas ›Erklingen‹. Diese Beschäftigung förderte meine Arbeit an ›Nennen und Erklingen‹ entscheidend. Dasselbe gilt auch von der Vorbereitung meiner Vorlesung im Wintersemester 1969/70, ›Harmonía, Rhythmós, Nómos, Musikē‹. Mit der Abfassung des vorliegenden Textes begann ich im Frühjahr 1974.

7 Confessiones, X. Buch, 33.

Einleitung

8 Hier und im Folgenden lege ich die deutsche Sprache zugrunde. Dies nicht allein, weil ich mich an deutsche Leser wende, sondern vor allem, weil in der deutschen Sprache in besonderem Maße Sprache reiner Prägung, d. h. von der musikalischen Komponente befreite, gänzlich ›versprachlichte‹ Sprache vorliegt. Vgl. dazu die Anm. 1−4 angeführten Titel.

9 ‑ = betont, ∘ = unbetont.

10 Freilich vorausgesetzt, daß ich den Ton in seiner Eigenschaft als Ton benütze, und nicht als verabredetes bloßes Zeichen, das beliebig durch ein anderes − z. B. durch Klatschen − ersetzt werden könnte: ›Wenn ich *ein*mal pfeife − klatsche − erscheinst du am Fenster; wenn zweimal, kommst du herunter.‹ Analoges gälte, wenn ich einen sich wiederholenden Ton als Träger eines Rhythmus verwendete: das Zeichen wäre nicht ein bestimmter Ton, sondern ein bestimmter Rhythmus.

11 Um einem groben Mißverständnis vorzubeugen, sei vermerkt, daß hier Sprachlaut und Ton als Phänomene, d. h. als vom Menschen unmittelbar Erfaßtes angesehen werden. Daß sich sowohl der Sprachlaut als auch der Ton in der physikalischen Analyse als zusammengesetzt erweisen, daß somit der Mensch weder bei dem einen Sprachlaut noch bei dem einen Ton etwas *physikalisch* Einfaches wahrnimmt: diese einem andersartigen Bereich entstammende Feststellung berührt nicht unsere Beobachtungen und darf nicht damit vermengt werden.

12 ›Empfindung‹ freilich nicht im Sinne der Gebrauchssprache als gleichbedeutend mit ›Gefühl‹, sondern: ›Sinneswahrnehmung‹.

13 Der Einwand, daß man auch die Farben − und ebenso die anderen Empfindungen − im Geiste vergleicht, also in Beziehung zueinander setzt, und sie erst dadurch unterscheidet, ausdrücklich als Unterschiedenes bezeichnet, z. B. ›rot‹ und ›blau‹, ›sauer‹ und ›süß‹, trifft nicht: es ist selbstverständlich, daß mit dem Unterscheiden das In-Beziehung-Setzen gekoppelt ist: auch die Relationen (die Ton-Intervalle) setzt man in Beziehung zueinander, und erst dadurch unterscheidet man sie, z. B. ›Quint‹ und ›Sekunde‹. Aber entscheidend bleibt, daß im einen Fall Phänomene, die sich als *Absolutes* bekunden, im anderen aber *Relationen* unterschieden werden.

14 Würden wir die Farben nicht als Absolutes, sondern erst aufgrund ihrer Binnenverhältnisse erfassen, so wären sie auch nicht verwendbar als Lichter −

Anmerkungen zu S. 23–30

Rot und Grün – zur Regelung des Verkehrs. Und um das Rot als Rot, das Grün als Grün zu identifizieren, benötigen wir nicht die Aufeinanderfolge. Der Verkehrsteilnehmer weiß, was er bei Rot, was bei Grün zu tun hat.

15 In jedem Fall wird *Raum*ding, Räumliches angezeigt, wiewohl ›Ding‹ nicht allein als Gegenstand, sondern im weiteren Sinn, und die Farbe nicht allein als gegenstandsgebundene Körperfarbe gemeint ist. Auch die ungegenständliche Empfindung ›Bläue‹ ›zeigt an‹, zeigt Räumliches an, kann nicht anders denn als ein Räumliches – Sichtbares – vorgestellt werden.
16 Siehe Anm. 15.
17 Der Bestandteil ›-farbe‹ in dem Wort ›Klangfarbe‹ impliziert die Analogie zur Farbe, einer Empfindung.
18 Unabhängig vom ›Steigern‹, Gleiten, ›Komparativen‹ stellt sich innerhalb der Farbskala von Strecke zu Strecke an jeder Stelle etwas jeweils *für sich* Einleuchtendes, etwas ›Absolutes‹ ein, nicht nur bei ›Rot‹ oder ›Gelb‹, sondern auch bei den ›Zwischenfarben‹. Es ist mehr Sache der Sprache, wie viele – und welche – Farben sie benennt, und welche als ›Zwischenfarben‹ angesehen werden (z. B. gibt es in außereuropäischen Sprachen viel mehr Farbbezeichnungen). Aber jede Zwischenfarbe bekundet sich, ebenso wie die Hauptfarben, als solche absolut.
19 Selbst bei absolutem Gehör kann das *Ton*-Spezifische des Tons sich nicht als absolute Tonhöhe konstituieren. Absolute Tonhöhe ist für das Tonphänomen als das, worauf Musik beruht, kein konstitutives Moment. Erst mittelbar, durch äußere Gegebenheiten (Stimmambitus, Instrumentenstimmung) wird Musik im Verlauf der Geschichte im Hinblick auf absolute Tonhöhe – und auch dann schwankend – lokalisiert.

I. Zeit

20 Physik Δ 11, 219b1 f.: τοῦτο γάρ ἐστιν ὁ χρόνος, ἀριθμὸς κινήσεως κατὰ τὸ πρότερον καὶ ὕστερον. – Es wird zitiert nach der kommentierten Textausgabe von Ross: Aristotle's Physics. A Revised Text with Introduction and Commentary by. W. D. Ross, Oxford 1936 (Repr. 1955, 1960).
21 R. Eisler, Wörterbuch der Philosophischen Begriffe, 4. Aufl. (1927–30), Bd. III, S. 647.
22 Z. B. W. Wieland, Die aristotelische Physik, Göttingen 1962, S. 317ff., 322, 328 f.; I. Düring, Aristoteles. Darstellung und Interpretation seines Denkens, Heidelberg 1965, S. 322, Anm. 211; ders., Art. ›Aristoteles‹, Paulysche Realenzyclopädie, Suppl. XI, 1968, Sp. 321. Vgl. auch Lexikon der Alten Welt (1965), Art. ›Zeit‹ von S. Mansion: »sie [sc. die Zeit nach Aristoteles] ist die Zahl (d. h. das Maß) der Bewegung in der Folge des Vorher und Nachher«.
23 87a36.
24 Z. B. 1016b25 u. 30; 1083b14f.; 1084b26.
25 Met. 1069a12–14 (H. Bonitz:) »Also sind Punkt und Einheit (μονάς) nicht identisch; denn für die einen findet Berührung statt, für die anderen nicht, sondern nur unmittelbare Aufeinanderfolge; auch gibt es bei den einen ein Mittleres, bei den anderen nicht.« Vgl. die dieser entsprechende Stelle Physik 227a28–32 (O. Becker:) »... nicht möglich, daß Punkt und Eins (μονάς) das

Anmerkungen zu S. 30–32

nämliche sei; denn den Punkten kommt das Sichberühren zu, den Einsen aber nur das Nächstfolgend-Sein, und bei den ersteren muß es ein Dazwischenliegendes geben können, denn jede Linie ist zwischen Punkten, bei den letzteren aber ist dies nicht notwendig, denn zwischen der Zwei und der Eins ist Nichts.« Vgl. auch De Anima 409a6. – Anal. Post. 87a36: »Die Eins ist ein Wesen ohne Ort, der Punkt aber ist ein Wesen mit Ort«, οἷον μονὰς οὐσία ἄθετος, στιγμὴ δὲ οὐσία θετός. Vgl. dazu Aristotle's Prior and Posterior Analytics. A Revised Text with Introduction and Commentary by W. D. Ross, Oxford 1949 (Repr. 1957), Commentary S. 596: »The definition of the point is taken from the Pythagoreans; cf. Procl. in Euc. El. 95.21 οἱ Πυθαγόρειοι τὸ σημεῖον ἀφορίζονται μονάδα προσλαβοῦσαν θέσιν [›Die Pythagoreer definierten den Punkt als Eins, die einen Ort angenommen hat‹]«. Daß mit θέσις nicht die Setzung (im Sinne einer erst zu Realem führenden Konkretisierung) eines abstrakten Zahlbegriffs gemeint ist, geht aus der Bezeichnung beider, der μονάς (Eins) und der στιγμή (Punkt) als οὐσίαι (Wesen) hervor. μονὰς οὐσία ἄθετος heißt: die Eins ist Reales, aber ohne – räumliche – Position, d. h. aber sie ist Reales als Zeit, als reine Zeit. Gleichgültig, ob θέσις, θετός (Position, gesetzt) abstrakt-logisch-theoretisch oder eben spezifisch räumlich gemeint, erlangt dadurch die räumlich-›abstrakte‹ Zahl räumliche ›Realität‹ (θέσις, Position), erlangt die Zeit ›Dinghaftigkeit‹, geht die Zeit in Raum, die ›Relation‹ in ›Absolutes‹ über.

26 Met. 1016b24–31. Für den griechischen Text der Metaphysik wurde benützt: Aristotle's Metaphysics. A Revised Text with Introduction and Commentary by W. D. Ross, 1.2., Oxford 1924 (Repr. 1966).

27 Met. 1080b19–21. Vgl. auch 1080b33: »sie (sc. die Pythagoreer) behaupten, dieselben (sc. die Zahlen) verfügten über Größe.« Vgl. auch W. D. Ross zu Anal. Post. 87a36 (s. Anm. 25).

28 Met. 1021a12f.: τὸ δ᾽ἓν τοῦ ἀριθμοῦ ἀρχὴ καὶ μέτρον. Vgl. auch Met. 1088a7f.

29 Das sogenannte psychologische Jetzt, dem eine – freilich nur kurze – Dauer zugeschrieben wird, ist mit dem Lichthof des augenblicklichen Jetzt-Blitzes vergleichbar. Vgl. dazu auch 222a21 f. und 222b7–11, sowie die diesbezügliche Analysis von Ross, a. a. O. (Anm. 20), S. 390.

30 Vgl. 220b5: »Denn die Zeit ist dieselbe überall zugleich«; und 219b10: »alle gleichzeitige Zeit ist dieselbe«.

31 »durch Analogien zu ersetzen« (Kant, Kritik der reinen Vernunft A 33 = B 50). Kants Kritik der reinen Vernunft (KrV) wird – unabhängig von einer bestimmten Ausgabe – wie üblich jeweils nach beiden Auflagen zitiert: nach der 1. Auflage von 1781 (= A) und der 2. Auflage von 1787 (= B).

32 Nous (νοῦς) ist für die Griechen der dem νοεῖν (s. o. S. 11) entsprechende Seelenteil. – Zur Beziehung Zeit-Nous/Seele (φυχή) – Zählen vgl. 223a21–26. Doch darüber später.

33 Vgl. 220a4: τὸ νῦν... οἷον μονὰς ἀριθμοῦ, »Das Jetzt ist... gleichsam die Eins (Einheit) der (dieser) Zahl.«

34 Vgl. 218a6f.: »Das Jetzt ist kein Teil, denn der Teil mißt.« Zusammenfassend eine Gegenüberstellung Zählen – Messen, Zeit – Raum:
– Beim Zählen wird die Eins (ohne Ort und Ausdehnung) zugrundegelegt, und daher die Ganzzahlenrelation; beim Messen ein willkürliches, und daher ad libitum unterteilbares Maß.

Anmerkungen zu S. 32–34

- Man zählt Diskretes; man mißt Stetiges (Kontinuierliches).
- Wenn man zählt, sieht man etwas sub specie des Diskreten an; wenn man mißt, sub specie des Stetigen.
- Zeit wird sub specie des Diskreten erfaßt; Raum sub specie des Stetigen.
- Der Zeit wird Zählen zugeordnet; dem Raum Messen.

35 219b12–33; auch 222a14–20. (Vgl. auch unten S. 34 und Anm. 44.)
36 219a27–29: καὶ δύο εἴπῃ ἡ ψυχὴ τὰ νῦν, τὸ μὲν πρότερον τὸ δ' ὕστερον, τότε καὶ τοῦτό φαμεν εἶναι χρόνον (»und wenn die Seele zwei Jetzte auseinanderhält (unterscheidet), ein vorhergehendes und ein nachfolgendes, dann sagen wir dies ist Zeit«): δύο, ›zwei‹, Zahl. (Doch ›ἀριθμός‹ (ἀριθμ-) kommt hier und überhaupt bis dahin im Zeit-Kapitel nicht vor; es erscheint erstmals in der Definition, 219b2.) Die Seele sagt: *die* νῦν *sind Zahl*, und zwar *Zählen* (τὸ μὲν πρότερον τὸ δ' ὕστερον; ›πρότερον – ὕστερον‹ vgl. schon 218a14ff., b25, 219a15ff. bis zur Definition 219b2; danach öfter), und dieses *Zählen (der Jetzte) ist Zeit* (τότε καὶ τοῦτό φαμεν εἶναι χρόνον).
37 Deutlich in 220b8–10. Vgl. auch 221a13–15. Die Fortsetzung, 221a16–18, beleuchtet den Unterschied jeglichen Maßes, jegliches Meßbaren (πράγματα), also auch der Zeit als Meßbarem, als Dauer, zur Zeit als Zählen. Vgl. unten den Abschnitt ›Zum Messen der Zeit‹, S. 36 bis 39, sowie Kap. II b. Diesda.
38 Siehe S. 30.
39 219b5–8. (So auch 220b8–10.)
40 So in 223a24.
41 Vgl. 220b8–10.
42 Vgl. auch über ›Messen‹ oben S. 28, sowie unten S. 34, 36ff. (›Zum Messen der Zeit‹), sowie S. 39ff. (›Beharren‹), S. 47ff. (›Kontinuum‹).
43 Vgl. die schon oben (S. 30) angeführte Stelle Aristoteles, Kategorien 5a23–37, aus welcher der Zusammenhang Zeit-Zählen herausleuchtet. Nur die Aufmerksamkeitsrichtung ist verschieden; beim Zählen liegt sie auf dem Zählen, bei der Zeit auf dem Jetzt.
44 Vgl. auch W. D. Ross, a. a. O. (Anm. 20), S. 601: »›thus (as the point remains the same, but by entering into different relations traces out the line, and as the moving body remains the same, but by entering into different relations traces out the movement) in the case of nows too the now remains the same in respect of that, being which it is a now (viz. that which comes before and after in movement), yet its being is different; it is in so far as the before and after is numerable that we get the now‹. The sentence is improved by reading νῦν ἐστι, τό instead of νῦν. ἐστι τό.Cf.b14–15«.
45 Siehe auch S. 32 und Anm. 35.
46 219b28 (= 25) konstruiere ich mit Ross, a. a. O. (Anm. 20): τὸ νῦν ἔστιν ᾗ ἀριθμητὸν τὸ πρότερον καὶ ὕστερον (vgl. Anm. 44). χρόνος ist τὸ ἀριθμούμενον (oder ὁ ἀριθμούμενος), zweimal: 219b7f. und 220b9; *nie* ἀριθμητόν. Dagegen ἀριθμητόν (ἀριθμητά) sind τὸ πρότερον καὶ ὕστερον: 219b25 (= b28) und 223a29. Das heißt: Indem das Vorher und Nachher präzis bemerkbar, präzis auseinanderzuhalten sind, sind sie zählbar; und so werden sie zu vorherigem und nachherigem *Jetzt*. Und das, was ich je und je zähle, also das je und je gezählte Jetzt (τὸ ἀριθμούμενον), ist die Zeit. So haben wir: τὸ νῦν ἔστιν ᾗ ἀριθμητὸν τὸ πρότερον καὶ ὕστερον (219b28), und χρόνος δὲ ταῦτ' ἐστὶν ᾗ ἀριθμητά ἐστιν (223a29). – ἀριθμητόν kommt außerdem im Zusammenhang mit κίνησις vor: 220b18f., καὶ λέ-

γομεν πολὺν καὶ ὀλίγον χρόνον τῇ κινήσει μετροῦντες, καθάπερ καὶ τῷ ἀριθμητῷ τὸν ἀριθμόν (sc. μετροῦμεν): wir messen durch die Bewegung die Zeit wie durch das Zählbare die Zahl. (Wir ›messen‹ die Zahl durch die Diesda als Einse, z. B. die Zahl der Pferde durch das eine Pferd, durch die zählbaren Pferde die Zahl der Pferde.)

47 Siehe auch S. 33 und Anm. 42. Vgl. dazu auch 218a22–24: »Nichts teilbares Begrenztes hat nur eine Grenze...«; hier – 218a8–30 – freilich auf die in 219b12–33 aufgelöste Aporie bezogen, ob denn das Jetzt immer dasselbe bleibt oder stets ein anderes ist. Vgl. auch S. 32 und Anm. 35, sowie S. 34 und Anm. 44 u. 45.

48 Vgl. S. 32 und Anm. 32.

49 Vgl. 218b18: »Daß sie (sc. die Zeit) demnach nicht Bewegung ist, ist augenfällig«; und 219a9 f.: »und da sie (sc. die Zeit) nun nicht Bewegung ist, muß sie *etwas an der Bewegung* sein«: nämlich – s. die Definition 219b1 f. – die Zahl.

50 Vgl. Kant, KrV (Anm. 31), A 186/87 = B 230.

51 Vgl. 218b19 f.: »Es möge aber für die gegenwärtige Untersuchung uns keinen Unterschied machen, ob wir sagen ›Bewegung‹ (κίνησις) oder ›Veränderung‹ (μεταβολή).« – Ähnliches scheint hier für κίνησις und φορά zu gelten; vielleicht stellt φορά mehr das Moment ›Bahn‹ in den Vordergrund; es wäre dann eher mit ›*Fort*bewegung‹ wiederzugeben, entspräche also der *Orts*veränderung (s. oben) als einer Veränderung im engeren Sinn. (Darüber, wie sich Jetzte als Zählbares beim Wechsel von Ton zu Ton innerhalb einer Tonfolge und wie in der Silbenfolge beim Sprechen bemerken lassen, s. II a. Ton, S. 83 ff. und III. Nennen, S. 149.)

52 Vgl. S. 34 und Anm. 47. – ὁριζόμενον τῷ νῦν (219a29) bedeutet »*bestimmt* durch das Jetzt« und nicht »begrenzt durch das Jetzt«, wie in der Regel verstanden (z. B. bei Ross, a. a. O. (Anm. 20), Commentary S. 598). Wenn es sich um Abgrenzung handelte, müßte es heißen »... durch *die* Jetzte«, τοῖς νῦν. – Die Stelle im Zusammenhang (29 f.): τὸ γὰρ ὁριζόμενον τῷ νῦν χρόνος εἶναι δοκεῖ· καὶ ὑποκείσθω; »Denn es scheint, daß die Zeit bestimmt ist durch das Jetzt, und dies wollen wir festhalten«.

53 Außerdem legt Aristoteles seiner Bestimmung die Unterscheidung von nur zwei Jetzten zugrunde, woraus ebenfalls deutlich wird, daß lediglich das Unterscheiden von diskreten Jetzten bestimmend ist, und nicht die Bildung einer Folge gleicher Zeitintervalle – um eine Folge gleicher Intervalle einzuführen, wären mindestens zwei Intervalle, also drei Jetzte notwendig gewesen –, mithin nicht die Bildung eines Zeitintervalls, das so etwas wie ein Zeitmaß abgeben würde.

Daß Zeit als Zählen nicht mit Bestimmung einer Geschwindigkeit des Zählens, somit nicht mit Messen von Dauer zusammenhängt, erhellt auch aus 220b4 f.: οὐδὲ γὰρ ἀριθμὸς ᾧ ἀριθμοῦμεν ταχὺς καὶ βραδὺς οὐδείς. (Gohlke:) »Ist doch eine Zahl, durch die wir zählen, nicht schnell und langsam.« Vgl. auch 218b14 f.: μεταβολὴ μέν ἐστι θάττων καὶ βραδυτέρα, χρόνος δ' οὐκ ἔστιν: »die *Veränderung* ist schneller und langsamer; nicht die Zeit«. Vgl. auch weiter, b15–18.

54 Und durch eben dieses Bewegungsmaß (das der Uhr) messe ich auch die Bewegung (des Läufers vom Start bis zum Ziel). Dazu Aristoteles: ... ὁ χρόνος μέτρον κινήσεως καὶ τοῦ κινεῖσθαι, μετρεῖ δ' οὗτος τὴν κίνησιν (z. B. des Läufers) τῷ ὁρίσαι τινὰ κίνησιν (z. B. der Uhr) ἢ καταμετρήσει τὴν ὅλην, 220b32–221a2.

Anmerkungen zu S. 37–39

55 Weil an Hand eines – stetig wiederkehrenden – Kreisumlaufs um das ihm gegenüber unbewegliche Zentrum, und nicht etwa an Hand einer geradlinigen Fortbewegung gemessen wird, drückt sich das Maß nicht als Längenmaß (z. B. Zentimeter) aus, sondern als Winkelmaß, als der eine Umlauf, bzw. als Relation zu ihm (Grad bzw. Minute). Gleichgültig also, ob der Kreis einen kleineren oder größeren Radius hat, bleibt das Maß der Bewegung das gleiche, und mit ihm auch das Maß der Dauer. Der Gesichtspunkt von zurückgelegter absoluter Streckengröße wird am Maß durch das Zugrundelegen einer Umlaufseinheit eliminiert. – (Das ist auch der Fall beim Messen einer gleichförmigen Umdrehungsgeschwindigkeit bzw. der Geschwindigkeit einer an Ort und Stelle vor sich gehenden Bewegung, z. B. der Pendelbewegung: Umdrehungen bzw. Wiederholungen pro Zeiteinheit. Darin ist absolute Streckengröße nicht enthalten.)

56 Vgl. auch Aristoteles, Met. 1053a25.

57 Der – etwas irreführende – Zusatz zu 220b32–221a2 (vgl. Anm. 54), ὥσπερ καὶ τὸ μῆκος ὁ πῆχυς τῷ ὁρίσαι τι μέγεθος ὃ ἀναμετρήσει τὸ ὅλον (221a2–4), soll nicht auf das Messen von Bewegung durch Zeit bezogen werden, sondern auf das Messen von Bewegung durch ein Bewegungsmaß (μετρεῖ τὴν κίνησιν τῷ ὁρίσαι τινὰ κίνησιν). – Vgl. dazu auch S. 29.

58 Heidegger lehnt diesen (physikalisierten, objektivierten) Begriff von Zeit mit Recht ab, aber damit zugleich die Aristotelische Zeitdefinition, Zeit sei Zahl. Auch Heidegger unterliegt also dem Irrtum, der durch das Vermengen von Zählen und Messen verursacht wird.

59 Und, 220b32–221a2 (vgl. Anm. 54) und 220b15f. zusammennehmend: 223b15–18. Zeit und Bewegung werden gegenseitig gemessen: Durch eine (vor-)bestimmte Bewegung wird die Quantität sowohl der Bewegung als auch der Zeit gemessen.

60 220a27–31f. die klare Gegenüberstellung von Zahl als Relationsphänomen (Zählen) und Zahl als Absolutes (Messen): »Von der *Zahl* (ἀριθμός) gibt es eine kleinste (ἐλάχιστος) der Menge nach (πλήθει), nicht aber der Größe nach (μεγέθει δ'οὔ). Ebenso ist bei der *Zeit* (χρόνος) der Zahl nach (κατὰ μὲν ἀριθμόν) die kleinste die Eins oder die Zwei (ὁ εἷς ἢ οἱ δύο), aber nicht der Größe nach« (κατὰ μέγεθος δ'οὐκ ἔστιν [sc. ἐλάχιστος]). Zunächst scheint das eine Banalität zu sein; aber es ist sehr wesentlich. Es wird nämlich damit gesagt, daß das *Wesen der Zahl die Relation* ist: die 2 ist kleiner im Hinblick auf die 3 (2 : 3), und nicht als Absolutes (nicht als Größe des Dings, worauf sich die Zahl bezieht). Zu dieser Unterscheidung vgl. schon Platon, Philebos 56d4–e4. – 220b1–5: Die Adjektive μακρός – βραχύς (lang-kurz) implizieren im Unterschied zu πολύς – ὀλίγος (viel-wenig) den Gesichtspunkt der Dauer. (Vgl. auch Anm. 53.) – 220b10–14: Entsprechend ein und derselben Anzahl bei verschiedenen Objekten (Pferde, Menschen) führt die ›Anzahl der Zeit‹ zu einander entsprechenden, wiederkehrenden, *gleich langen* (Bereich des Messens) Zeiten: z. B. Jahr, Frühling, Herbst.

61 ἀλλ' ἢ τοῦτο ὅ ποτε ὂν ἔστιν ὁ χρόνος (223a27) »denn dieses, was auch immer sei die Zeit«. Vgl. dazu I. Düring, Art. ›Aristoteles‹, a. a. O. (Anm. 22), Sp. 239, und W. D. Ross, a. a. O. (Anm. 20), Commentary S. 611 (der aber darunter »substratum of time = movement« versteht; vgl. S. 68). Vgl. auch P. F. Conen, Die Zeittheorie des Aristoteles, Zetemata, Monographien zur klassischen Altertumswissenschaft, Heft 35, München 1964, S. 156–169, sowie 171, Anm. 32. – Die ganze Stelle im Zusammenhang

Anmerkungen zu S. 39–42

(223a25–28): εἰ δὲ μηδὲν ἄλλο πέφυκεν ἀριθμεῖν ἢ ψυχὴ καὶ ψυχῆς νοῦς, ἀδύνατον εἶναι χρόνον ψυχῆς μὴ οὔσης, ἀλλ' ἢ τοῦτο ὅ ποτε ὂν ἔστιν ὁ χρόνος, οἷον εἰ ἐνδέχεται κίνησιν εἶναι ἄνευ ψυχῆς. »Wenn nichts anderes vermag zu zählen außer der Seele und dem Nous der Seele, so ist es unmöglich, daß es Zeit gibt, wenn es keine Seele gibt, es sei denn dieses: das was auch immer die Zeit sei (ist; sein mag), etwa so, wenn wir annehmen, daß es Veränderung (Bewegung) gibt ohne Seele.«

62 Vgl. auch Kant, KrV (s. o. Anm. 31), B 155, Anmerkung: »Bewegung eines *Objekts* im Raume gehört nicht in eine reine Wissenschaft, folglich auch nicht in die Geometrie, weil, daß Etwas beweglich sei, nicht a priori, sondern nur durch Erfahrung erkannt werden kann. Aber Bewegung als *Beschreibung* eines Raumes ist ein reiner Aktus der sukzessiven Synthesis des Mannigfaltigen in der äußeren Anschauung überhaupt durch produktive Einbildungskraft und gehört nicht allein zur Geometrie, sondern sogar zur Transzendentalphilosophie.«

63 Bei Musik (diskrete Tonstufen; vgl. Einleitung S. 27) und bei Sprache (diskrete Silben: vgl. Aristoteles, Kategorien 4b32–37 und 5a33–36, s. a. Anm. 43) betätigt sich das Ohr ebenfalls diskontinuierlich, also analog dem Ruckweisen der Augenbewegung. (Vgl. Kap. II a. Ton, S. 83 und III. Nennen, S. 148 f.)

64 220a3 f.; s. S. 35.

65 Dies setzt freilich die durchgängige Identität meines Selbst voraus. Vgl. auch S. 31 f. und unten S. 51.

66 E. Husserl berührt etwas ähnliches: »Blicken wir auf ein Stück Kreide hin; wir schließen und öffnen die Augen. Dann haben wir zwei Wahrnehmungen. Wir sagen dabei: wir sehen dieselbe Kreide zweimal. Wir haben dabei zeitlich getrennte Inhalte, wir erschauen auch ein phänomenologisches zeitliches Auseinander, eine Trennung, aber am Gegenstand ist keine Trennung, er ist derselbe: im Gegenstand Dauer, im Phänomen Wechsel. So können wir auch subjektiv ein zeitliches Nacheinander empfinden, wo objektiv eine Koexistenz festzustellen ist.« (Zur Phänomenologie des inneren Zeitbewußtseins (1893–1917), hrsg. von R. Boehm, Husserliana, Edmund Husserl, Gesammelte Werke, Bd. X, Haag 1966, Neudruck 1969, S. 8, aus: Die Vorlesungen aus dem Jahre 1905.)

67 Vgl. Kant, An Seckendorf.

68 Zum Bemerken der Sukzession der Jetzte im Bereich des Erklingens vgl. Kap. II a. Ton, S. 83, im Bereich des Sprechens vgl. Kap. III. Nennen, S. 148 f. Vgl. auch Anm. 63.

69 Vgl. 222b3 f.: »die Zeit befindet sich stets zugleich am Anfang und am Ende«.

70 Vgl. oben S. 41; s. a. Anm. 55.

71 So auch in Augustins XI. Kapitel der Confessiones. Dies, obwohl er die Zeit allein vom Präsens her und daher die drei Zeiten Vergangenheit – Gegenwart – Zukunft als praesens de praeteritis – praesens de praesentibus – praesens de futuris, ihnen memoria – contuitus – expecto zuordnend, auffaßt, und obwohl er bei der Behandlung der Bewegung zwischen ›in tempore‹ und ›tempus ipsum‹ unterscheidet. – Was E. Husserl zu Beginn seiner Einleitung ›Zur Phänomenologie des inneren Zeitbewußtseins‹, a. a. O. (Anm. 66), über Augustinus sagt, ist gut; nur dies nicht, daß Augustinus »*der erste*« sei, »der die gewaltigen Schwierigkeiten [sc. des Zeitproblems]... tief empfunden und sich daran fast bis zur Verzweiflung abgemüht hat.« Ist es möglich, daß für

Anmerkungen zu S. 43–47

Husserl Aristoteles nicht existiert, oder daß er meint, Aristoteles habe die Schwierigkeiten nicht gesehen?

72 Vgl. dazu die Aporie 218a8–30; s.a. hier S. 32 und Anm. 35, S. 34 mit Anm. 44 und 45, sowie Anm. 47.

73 Damit wird nicht behauptet, daß auch jenseits des Wahrnehmens das Rot rot, daß allgemein das räumliche Diesda Diesda *ist*; es wird also nicht ein sogenannter naiver Realismus vertreten. Es steht nichts im Wege, das uns Affizierende als ein X anzusehen (wie Kant es tut), das erst als Wahrgenommenes zum Rot, zum Diesda wird. Aber das Entscheidende ist, daß der Mensch vor diesem Faktum, dem wahrgenommenen Diesda, die Waffen streckt; er kann es nur anstaunen. Er kann es nur *nennen*: rot, Baum. Dagegen wird beim Bemerken von Zeit der Nous in eine eigentümliche Tätigkeit versetzt: Indem er *Zeit* bemerkt, somit sie nennt, *zählt* er. Die Zeit kippt in Zählen um. (Über Nous – Zeit unten S. 50.). – Dieses hier, um den oft der Aristotelischen Anschauung gegenüber vorgebrachten Einwand zu entkräften, man müsse, wenn man schon annimmt, daß die Zeit erst durch den Nous zu Zeit wird, auch für das Räumliche Entsprechendes annehmen. Vgl. dazu z.B. bei P.F. Conen, a.a.O. (Anm. 61), S. 158 ff.

74 So Kant, KrV, (Anm. 31), A 32 = B 48: »einer einigen... Zeit«. Vgl. auch A 188 f. = B 232: »Denn es ist *nur Eine* Zeit«. Vgl. auch Platon, Timaios 37d7 f.: μένοντος αἰῶνος ἐν ἑνὶ κατ' ἀριθμὸν ἰοῦσαν αἰώνιον εἰκόνα, »ein in Zahlen fortschreitendes ewiges Abbild der *in dem Einen* verharrenden Ewigkeit«, τοῦτον ὃν δὴ χρόνον ὠνομάκαμεν, »und zwar dasjenige, dem wir den Namen Zeit beigelegt haben«.

75 Vgl. 222b3 f., hier Anm. 69.

76 Vgl. S. 42 f. und Anm. 72.

77 Zur Bewegung der Himmelssphäre als dem Urbild des Zählens vgl. Platon, Timaios 34b–39d; vgl. auch 47a–d. Aristoteles bringt die Bewegung der Himmelssphäre nicht mehr mit Erklingen in Verbindung, wie noch Platon (vgl. auch Staat 617a–c: die Sirenen auf den Kreisen). Vgl. dazu auch unten S. 96 f. und S. 117 sowie Anm. 250.

78 Vgl. auch S. 42.

79 Vgl. S. 30.

80 Vgl. S. 28 und S. 42 sowie Anm. 25.

81 Sprachgeschichtlich gemeinsamer Ursprung von Wort und Zahl findet sich nicht nur im Griechischen (λόγος), sondern auch im germanischen Sprachbereich: zählen – erzählen; lesen – auflesen, zusammenlesen.

82 So die auf Zeit*ausfüllung* beruhende, ›Lebens‹- oder ›Natur‹-Erfahrung voraussetzende, sogenannte ›Erlebniszeit‹.
Ein Ereignis, z.B. der Tod meiner Mutter, ist etwas *in* der Zeit; solche Zeit hat etwas von Räumlich-Absolutem. Die Erinnerung daran ist eine Erinnerung *an* etwas. (Sie hat nichts zu tun mit dem Mechanismus Gedächtnis ↔ Erwartung im Sinne der autarken Zeit.) Vgl. auch S. 42 und Anm. 71.

83 Ganzzahlen und das gemeinsame Maß implizierend: die ›arithmetische‹ Zeit (s. S. 46 und Anm. 79).

84 Vgl. S. 28, 36 und 46.

85 Kurz vorher, 220a21 f.: »Das Jetzt ist Zeit, sofern es zählt.« Vgl. dazu S. 42 f. Die Identität des Jetzt bekundet sich als Wiederkehr. – Vgl. zu »sofern es zählt« auch Ross, a.a.O. (Anm. 20), S. 603: »in so far as nowness is a characteristic the repetition of which pluralizes time«.

Anmerkungen zu S. 47–50

86 Zu 220b1: (ὁ χρόνος) ταχὺς μὲν καὶ βραδὺς οὐ λέγεται, »von der Zeit *wird* nicht als von schnell und langsam *gesprochen*«. Vgl. auch Anm. 53 und Anm. 60.
87 Auch eine intensive Größe wird als kontinuierlich gedacht. Sie haftet einem Dinghaften an. (Vgl. auch Anm. 92.)
88 Vgl. auch Anm. 34, Gegenüberstellung Zählen-Messen, Zeit-Raum.
89 Griechisch: ἄπειρος = *grenzen*-los. – Vgl. auch S. 41: Zeit ist nicht ›unendlich‹, sondern unaufhörlich, unaufhörlich wiederkehrend.
90 Diese kommt nur der Bewegung (allgemein der Veränderung) zu; s. a. S. 36 mit Anm. 52 u. 53.
Vgl. auch Aristoteles 218b14f. und weiter, b15–18; dazu 220b3–5: (χρόνος) ταχὺς δὲ καὶ βραδὺς οὐκ ἔστιν· οὐδὲ γὰρ ἀριθμὸς ᾧ ἀριθμοῦμεν ταχὺς καὶ βραδὺς οὐδείς, »Schnell und langsam ist sie (sc. die Zeit) nicht; *denn auch die Zahl, womit wir zählen, ist nicht schnell und langsam.*« (Woraus zugleich erhellt, daß Zeit als Zählen – der Jetzte – nichts mit ›Zählen‹ von Dauer, mit Messen, zu tun hat.) – Vgl. auch Kant, KrV (Anm. 31), A 143 = B 183: »Die Zeit verläuft sich nicht, sondern in ihr verläuft sich das Dasein des Wandelbaren.«
91 KrV (Anm. 31), A 182 = B 225, in »Grundsatz der Beharrlichkeit der Substanz« (›der Substanz‹ ist ein Zusatz in B). Darin heißt es auch: »Das Beharrliche ist das *Substratum* der empirischen Vorstellung der Zeit selbst, an welchem alle Zeitbestimmung allein möglich ist« (A 183 = B 226), was aber wiederum nicht impliziert, daß etwa dieses Beharrliche die Zeit selbst sei; das geht deutlicher aus einer weiteren Stelle, ebenfalls A 183 = B 226, hervor: »Nun kann die Zeit an sich selbst nicht wahrgenommen werden; mithin ist dieses Beharrliche *an den Erscheinungen* (Hervorhebung von mir) das Substratum aller Zeitbestimmung…« Diese Stellen zielen nicht auf eine Erörterung der Zeit, sondern gehören in den durch den erwähnten Titel angegebenen Zusammenhang. (Ich komme später darauf zurück.)
92 Kant, KrV (Anm. 31), A 163 = B 203, sieht die Zeit als extensive Größe an: »Ebenso ist es auch mit jeder auch der kleinsten Zeit bewandt. Ich denke mir darin nur den sukzessiven Fortgang von einem Augenblick zum anderen, wo durch alle Zeitteile und deren Hinzutun endlich eine bestimmte Zeitgröße erzeugt wird.« Dazu ist zu bemerken a) daß vom »*sukzessiven* Fortgang« die Rede ist (vgl. Arist., Kat. 5a23–33: τάξις, und nicht θέσις; s. S. 30 und Anm. 43), was die Vorstellung von realer, vorliegender Größe aufhebt; b) daß nicht die Zeit, sondern eine Dauer, »eine bestimmte Zeitgröße«, sei sie auch eine »kleinste Zeit«, ins Auge gefaßt wird. – Diese beiden Einschränkungen gelten auch für den Abschnitt über die Zeit als »fließende Größe«, »deren (sc. der Zeit) Kontinuität man besonders durch den Ausdruck des Fließens (Verfließens) zu bezeichnen pflegt« (A 169f. = B 211f.). Mit ›Augenblick‹ erfaßt hier Kant nicht das Wesen des Jetzt als des konstitutiven Momentes der Zeit; er stellt ihn dem ›Punkt‹ gleich, und beide nennt er ›Stellen‹, ›Größen‹, ›Grenzen‹ (vgl. oben S. 34: Die Zeit kennt nur *eine* wirkliche ›Grenze‹, die Grenze zwischen dem Vorher und Nachher: das Jetzt).
93 Kant, vgl. oben Anm. 90.
94 Vgl. S. 33 und Anm. 42.
95 Vgl. S. 33, S. 34 und S. 36–39.
96 Vgl. dazu die analoge Formulierung über Zeit-Zahl S. 34.
97 Vgl. S. 40; auch S. 48f.

Anmerkungen zu S. 50–53

98 Zu dem Faktum d : s als ἀεὶ ἔστι, »unabhängig von der Zeit«, vgl. Aristoteles 222a5.
99 M. a. W.: keine Identität als ›Absolutes‹, somit auch ohne ›Anfang‹ und ›Ende‹. Vgl. auch Anm. 69.
100 Vgl. Platon, Timaios 37d5–8: κατ' ἀριθμὸν ἰοῦσα αἰώνιος εἰκών μένοντος αἰῶνος ἐν ἑνί: Zeit als Identität, die als Zählen dargestellte Eins. μένων αἰών ἐν ἑνί als die gleichförmige κατ' ἀριθμὸν ἰοῦσα Wiederkehr. Vgl. auch Anm. 74.
101 Kant, s. S. 43 und Anm. 74.
102 Vgl. S. 34; S. 43 und Anm. 73.
103 Zu Nous – Zeit vgl. auch Arist. 223a16–29, sowie auch oben S. 32 und Anm. 32, S. 34, S. 38f. und Anm. 61 (dort auch zu 223a25–28), S. 43 und Anm. 73.
104 Vgl. Aristoteles 219a27f.: »und wenn die Seele zwei Jetzte auseinanderhält (unterscheidet)«; dazu oben S. 32 und Anm. 36, S. 33f. und S. 36.
105 Auf der Ebene des Lebewesens kann Jetzt ›passieren‹. Die Katze schießt im rechten Augenblick auf die Maus los – aber *wir* sind es, die dazu ›jetzt‹ sagen.
106 Parmenides 28 B 3. (Stellenangabe nach H. Diels/W. Kranz, Die Fragmente der Vorsokratiker, griech. u. deutsch 1–3, 6. Aufl. 1951–52 [= VS].) – Währen als Wiederkehren (der Jetzte), als Kreisen (S. 43ff.), als ›rund‹ (nicht als Fortschreiten) läßt sich mit der Vorstellung des Parmenides vom εἶναι als einer Kugel (B 8, 42–45) verbinden.
107 Siehe S. 46f.
108 Dieses Gefühl – daß das Jetzt mit mir wandelt, und daß ich, der wandelt, stets beim Jetzt bin – ist es in erster Linie, was den Effekt hervorbringt, daß ›die Zeit‹ – mit mir – fließt, verläuft. (Vgl. auch ab S. 47 die Abschnitte über die Frage nach der Zeit als Kontinuum, als Fließen (Verlaufen) oder Beharren, sowie S. 49.)
109 Siehe S. 50 und Anm. 103.
110 Platon, Timaios 47a7: χρόνου ἔννοια: ›das In-dem-Nous-Sein der Zeit‹, der Nous eignet sich die Zeit an. Zu Nous-Zeit bei Aristoteles s. außer S. 50f. die Verweise in Anm. 103; vgl. insbes. S. 38f. und Anm. 61.

II a. Ton

111 Johannes de Muris, Ars novae musicae, Gerbert III, 292, sagt: Vox (= ›Ton‹, ›Tönen‹) quando fit, est, sed cum facta est, non est.
112 Vgl. S. 49 zu ›es regnet‹. Oder bei ›es riecht‹ frage ich ›was riecht?‹. ›Es tönt‹ impliziert eigenständig Sinnhaftes, das Tönen; ich suche nicht nach einer Ergänzung.
113 Siehe S. 40, 42, 50.
114 Vgl. S. 49f.
115 Vgl. S. 50.
116 Vgl. S. 30 und Anm. 23 u. 24, sowie Anm. 25.
117 Der logische Satz der Identität, ›A bleibt A‹, ›das einmal gesetzte (definierte) A wird auch weiterhin als dieses selbe A verstanden‹, also das Bestehenbleiben des Begriffs A, setzt die Vorstellung des Momentes ›Bestehenbleiben‹

Anmerkungen zu S. 53–57

selbst voraus. Diese Vorstellung entspringt aber dem Währen. Und in der real währenden Eins, dem Tönen, tritt sie uns als Reales entgegen.
118 Siehe S. 31 f., S. 32 f. und 34.
119 Siehe S. 34.
120 Siehe S. 34 und 48.
121 Vgl. S. 23. Das gilt auch für den Ton als Empfindung, vgl. S. 23 f.
122 Vgl. S. 22.
123 Vgl. auch S. 22.
124 Vgl. S. 26 f.
125 Vgl. S. 40.
126 Die Vorstellung ›Eins‹ muß in mir existieren, gleichsam als Substantiv präexistieren, bevor ich ›Eins‹ adjektivisch, prädizierend, oder als mathematische oder begriffliche Abstraktion verwenden kann. Vgl. auch Anm. 117.
127 Vgl. auch S. 27.
128 Vgl. S. 49.
129 Vgl. S. 42.
130 Selbst bei unserem Empfinden, daß wir gleichsam im Währen wandeln (S. 51 u. Anm. 108) *sind* wir nicht ein Währen, sondern wir bleiben *im Währen*.
131 Die griechische *Harmonía* hat freilich nichts zu tun mit dem in der sogenannten Harmonielehre behandelten neuzeitlichen Harmonie-Begriff.
132 Die *Zeit*beschaffenheit (und das heißt: Relationsbeschaffenheit) ist auch der Grund, weshalb in beiden Fällen mindestens 2 Zählelemente (2 Jetzte, 2 Töne) benötigt werden: Mit einem Jetzt für sich erfasse ich noch nicht die Zeit (vgl. 219a27f., δύο εἴπῃ ἡ ψυχὴ τὰ νῦν; vgl. Anm. 36 und 104. Daher »ist die Zeit die *Zahl*…«, und es heißt nicht: »Die Zeit ist die Eins…«. Und um reale Zeit, das Tonphänomen, nämlich die Tonrelation, das Intervall zu fassen, benötige ich, analog den mindestens *zwei Jetzten*, mindestens *zwei Töne* (vgl. auch S. 21).
133 Vgl. S. 15. – Es handelt sich nicht nur darum, daß das Werkzeug, das Instrument (organon) – wir können sagen die ›Natur‹ im weiteren Sinn – auch allein tönt, ohne menschliches Zutun Töne hervorbringt, sondern darum, daß Tonrelationen, Intervalle, Übereinstimmen von Tönen auch als ›Natur‹ ›da sind‹, daß sie schon als Natur etwas Geprägtes, wie ein Geschaffenes sind – aber eben als *von* der Natur *für* den Menschen, für den Nous Zubereitetes, etwas dem Nous Adäquates: die ›Welt als Erklingen‹, die sich aus der Beimischung mit der ›Welt als Geräusch‹ als *eigenständig* ›Instrumentales‹ herausdestilliert, völlig unabhängig vom Menschen, von jeglichem Diesda.
134 Vgl. S. 55.
135 Kardinalzahl: Abstraktion von Mengengröße (von Größe als Gezähltem, z. B. auch von Linie oder Winkel). Ordinalzahl: Abstraktion von Ordnungsprinzip, von Aufeinanderfolge: Zählen. Und die Zahl als Jetzt-Folge ist Ordinalzahl ohne Abstraktion. (*Ordinalzahl = Ordnungs*zahl; vgl. τάξις, s. S. 30, S. 34 und Anm. 43, sowie Anm. 92.)
Beispiel: Die Kardinalzahl 5 *enthält* die 4, so wie eine größere Strecke eine kleinere *enthält* (nur nicht mit der Bedingung des gemeinsamen Maßes). Aber die 5. Ordinalzahl *folgt* auf die 4.: ›laufende Nummer‹, Zählen (nicht ›Abzählen‹ oder ›Anzahl‹). So ›enthält‹ auch nicht das 5. Jetzt das 4., sondern *folgt* auf dieses. Vgl. auch die Gegenüberstellung Zählen-Messen, Zeit-Raum: Anm. 34.

Anmerkungen zu S. 57–61

136 Vgl. S. 55 und Anm. 130.
137 Aristoteles, Met. 1021a12f.; s.a. S. 30 und Anm. 28.
138 Vgl. auch S. 30.
139 Vgl. S. 26. – Selbstverständlich schließt dies nicht aus, daß der Mensch auch empirisch das Tönen aus dem Geräusch und, in einem damit, die ›von selbst einhakenden‹ Töne aus der unbegrenzten Vielfalt möglicher Töne herausschält. Da aber im Tönen schon als Naturphänomen die real währende Eins, das Prinzip der Zahl, steckt, verwirklicht sie sich schon als Naturphänomen, ohne Zutun des Menschen.
140 Vgl. S. 53 und 54.
141 Vgl. auch S. 27.
142 Hier wird nur auf die mathematische Seite eingegangen, nicht auf das Begreifen der Oktav von der Psychologie her als Konsonanz höheren Grades (vgl. auch S. 24f.).
143 Wir können es auch Relationsmaß nennen. Hegel nennt es ›reales Maß‹ (Wissenschaft der Logik, 2. Kap. d. 1. Teils).
144 Das Hervorgehen der Zahl aus der Einheit (ἕν) und dem Verhältnis (πρός τι) beschreibt Aristoteles, Met. 1020b26–1021a13:
1021a12f.: τὸ δ'ἓν τοῦ ἀριθμοῦ ἀρχὴ καὶ μέτρον »Die Eins ist Ursprung und Maß der Zahl«. Und zwar ἀρχή bei den πολλαπλάσια (n : 1), μέτρον bei den ἐπιμόρια (n + 1): n; 1020b33: πρός τι κατ' ἀριθμόν: ἢ πρὸς αὐτοὺς (= das ἐπιμόριον) ἢ πρὸς ἕν (= das πολλαπλάσιον).
Nämlich (1020b34f.): πολλαπλάσιον πρὸς ἕν (zu: ἀρχή der Zahl); (1021a2f.:) κατ' ἀριθμὸν πρὸς ἀριθμόν: τὸ δ'ἐπιμόριον πρὸς τὸ ὑπεπιμόριον (zu: die Einheit = außerdem μέτρον der Zahl). Also Voraussetzung für Zahl (-begriff) ist das Verhältnis: a) der Zahl zur Einheit (ἀρχή, πολλαπλάσιον), b) der nächsthöheren zur nächstniederen Zahl (μέτρον: die Einheit = die Differenz von n + 1 und n, das ἐπιμόριον-Verhältnis).
Vgl. nun als Ergänzung und Zusammenfassung 1088a7f., wo Aristoteles den Satz 1021a12f. gleichsam umkehrt und ihn dadurch nochmals verdeutlicht: [οὐκ ἔστι τὸ ἓν ἀριθμός·] οὐδὲ γὰρ τὸ μέτρον μέτρα, ἀλλ' ἀρχὴ καὶ τὸ μέτρον καὶ τὸ ἕν, »[Eins ist nicht Zahl,] sowenig wie das Maß eine Mehrheit von Maßen ist, sondern *das Maß und das Eins ist Prinzip*«, beides sind Prinzipe für die Entstehung des Zahlbegriffs.
145 Es handelt sich nicht um ›Brüche‹, um absolute Zahlenangaben, sondern um *Relationen*. So ist es gleichgültig, ob ich z.B. 5:6 oder 6:5 schreibe; 5:6 = das Intervall *g:e*, 6:5 = das Intervall *e:g*, *dieselbe* Relation, die Relation der zwei Töne *g* und *e* (bzw. *e* und *g*). Dagegen ist $\frac{5}{6}$ *der Ton g*, und $\frac{6}{5}$ *der Ton e*. Bei 5:6 oder 6:5 ist ›:‹ kein ›Divisions‹-Zeichen, sondern eben das *Relationszeichen*, das Zeichen für das gemeinsame Maß.
146 Einige der im Folgenden öfter zitierten Titel:
O. Becker:
[1] Frühgriechische Mathematik und Musiklehre, in: Archiv für Musikwissenschaft 14 (1957), S. 156–164.
[2] Grundlagen der Mathematik in geschichtlicher Entwicklung (ORBIS ACADEMICUS II/6), 2., erw. Aufl. 1964.
[3] Das mathematische Denken in der Antike, 2., durchges. Aufl. mit einem Nachtrag von G. Patzig, Göttingen 1966.
[4] Hrsg.: Zur Geschichte der griechischen Mathematik, Wege der Forschung XXXIII, Darmstadt 1965.

Anmerkungen zu S. 61—63

K. von Fritz:
[1] Philosophie und sprachlicher Ausdruck bei Demokrit, Plato und Aristoteles, Darmstadt 1966 (Nachdruck von 1938).
[2] Die Entdeckung der Inkommensurabilität durch Hippasos von Metapont, Annals of Mathematics 46, 1945. Neudruck in: O. Becker (Hrsg.) [4], S. 271–307.
[3] Die Ἀρχαί in der griechischen Mathematik, in: Archiv für Begriffsgeschichte I (1955), S. 13–103.
[4] Mathematiker und Akusmatiker bei den alten Pythagoreern. Sitzungsberichte der Bayerischen Akademie der Wissenschaften, Philos.-histor. Klasse, Jg. 1960, H. 11, München 1960.

B. L. van der Waerden:
[1] Die Harmonielehre der Pythagoreer, Hermes 78 (1943), S. 163–199.
[2] Die Arithmetik der Pythagoreer, Mathematische Annalen 120 (1947/49). Neudruck in: O. Becker (Hrsg.) [4], S. 203–254.
[3] Erwachende Wissenschaft. Ägyptische, babylonische und griechische Mathematik. 2., erg. Aufl., Basel/Stuttgart 1966.

Es ist lehrreich, daß diese Autoren keine Musik-, sondern Mathematik-Historiker sind. – K. v. Fritz, dem Gräzisten an der Universität München und zugleich *dem* Fachmann für griechische Mathematik von der Philologie her, verdanke ich neben den Aufsätzen aufschlußgebende Gespräche.

147 Die Griechen sagten, die Eins sei keine Zahl. (Vgl. auch Anm. 144.). Das wird deutlich durch die Reihe der Überteiligen (n + 1): n. Diese Reihe beginnt ja mit 2 : 1, also mit der ›Entstehung der ersten Zahl‹ durch die 1, die somit *keine* Zahl ist.

148 Das harmonische Mittel wird gefunden auf Grund des Prinzips des gemeinsamen Maßes, des Überteiligkeitsprinzips, des genuinen Verfahrens der Harmonia. Daher heißt dieses Mittel (das ja für die Musik das bestimmende ist) das *harmonische*. Das arithmetische Mittel ist für das Phänomen der Harmonia (für das Tonphänomen) kein ursprüngliches Mittel. Es ist lediglich die Umkehrung des harmonischen Mittels (oder dessen simplifizierte – nachträgliche – Darstellung).

149 Arithmetisches Mittel: $\dfrac{\dfrac{n}{n} + \dfrac{n+1}{n}}{2}$

Harmonisches Mittel: $\dfrac{2\left(\dfrac{n}{n} \cdot \dfrac{n+1}{n}\right)}{\dfrac{n}{n} + \dfrac{n+1}{n}}$

(n + 1):a = h:n (›vollkommenste Proportion‹) = Symbol der *Zahlen*beziehung
(n + 1):g = g:n = Symbol der *geometrischen* Beziehung
(g = geometrisches Mittel = ›keine Zahl‹)
Auch die stetige Teilung (ἄκρος καὶ μέσος λόγος: Eukl. VI, Def. 3) einer Strecke (›Goldener Schnitt‹) ist Symbol der *geometrischen* Beziehung. $x^2 = ((a + x)a \; (a + x):x = x:a)$. Auch hier ist x = ›keine Zahl‹.

Anmerkungen zu S. 63–64

150 Diapason (διὰ πασῶν), das in der griechischen Musiktheorie – neben Harmonia (s. o. S. 61) – für die Oktav verwendete Wort, bedeutet ›durch alle‹, bezogen auf συμφωνία, wobei als Substantiv χορδῶν zu ergänzen ist: eine Symphonia (›Zusammentönen‹), die durch alle Saiten (der Lyra) durchgeht; oder (›Saite‹ ist hier synonym mit ›Ton‹): das Zusammentönen der zwei Töne, die alle Stufen der Tonleiter enthalten. Entsprechend nannten die Griechen die Quint Diapente (διὰ πέντε, das Intervall, das 5 Stufen enthält) und die Quart Diatessaron (διὰ τεσσάρων, das Intervall, das 4 Stufen enthält).

151 Auch das Quadrivium der artes liberales im Mittelalter (Arithmetik, Geometrie, Musik, Astronomie), das ja auf die Griechen zurückgeht, enthält nur mathematische Gebiete – bis auf die Musik, könnte man sagen. Aber an deren Stelle stand eben in der ἐγκύκλιος παιδεία die Harmonia.

152 Das leuchtet auch ein: Nicht etwa die absolute Zahl von Trillionen Sternen ist das Relevante, Konstitutive, Ursprüngliche, Primäre, sondern deren Zahlen*relationen*.

153 Des Aristoteles Erklärung der Monás (+ Zahl) als οὐσία ἄθετος (s. S. 30 u. Anm. 25) besagt auf Tonphänomen angewandt: das Nicht-Bedeutende, Nicht-Sichtbare, Nicht-Greifbare, Nicht-im-Raum-Lokalisierbare des Tonphänomens: daß die Töne *unter sich* auf Verhältnissen beruhen, und nicht, wie das Sichtbare Verhältnisse von Empfindung (Anzeigendem) und Dinghaftem (Angezeigtem) aufweisen. Dieses Erfassen der Zahlenrelation als eines Sich-selbst-Genügenden ist zu unterscheiden von Kepler und allgemein von der ›Weltharmonik‹-Vorstellung: nicht ›*Dinge*‹, die in harmonischen Relationen zueinander stehen‹, sind das Primäre, sondern die *Relationen selbst*. Diese Frage ist identisch mit der an die Pythagoreer gerichteten Frage des Aristoteles: Wie erhält denn die Eins auch Ausdehnung? (Met. 1080b18–22; s. S. 30). Der Einwand des Aristoteles ist richtig: Die Pythagoreer begehen diesen Fehler, weil sie noch nicht zu der strengen Unterscheidung von Arithmetik und Geometrie vorgedrungen sind: sie meinen Arithmetik, operieren aber mit ›Anschaulichem‹, so mit Strecken. Und sie suchen ›Zahlen‹, wo sie nicht zu finden sind, so in geometrischen Verhältnissen. Daher der Schock bei der Entdeckung des ›Irrationalen‹: er ist nichts anderes als der Schock bei der Entdeckung der Geometrie (als eigenständiger Disziplin).

154 Vgl. K. v. Fritz, a. a. O. (Anm. 146 [2]), S. 284 f. Vgl. ders., Art. ›Logos‹ [2] im Lexikon der Alten Welt (1965).

155 ὅροι (= Terme) heißen im Neugriechischen bis heute die zwei Zahlen, die in einer Proportion zusammengenommen werden.

156 K. v. Fritz, a. a. O. (Anm. 146 [1]), S. 69 f., Anm. 2. Vgl. ders., a. a. O. [3], S. 13–103, bes. S. 18.

157 Der Aufbau des Werks: Einer kurzen Präambel folgen 4 Abschnitte von insgesamt 20 kurzen Lehrsätzen. 1. Abschnitt, Lehrsätze 1–9, reine Zahlentheorie; 2. Abschnitt, Lehrsätze 10–16, Übertragung auf das Tonphänomen; 3. Abschnitt, Lehrsätze 17 und 18, aufgrund des Vorausgegangenen Festsetzung der Stimmung der Saiten, etwa an der Leier; 4. (letzter) Abschnitt, 2 Lehrsätze, 19 und 20, die Anwendung auf dem Monochord, das Kanon (κανών) heißt, zugleich ›Regel‹, bezogen auf die am Monochord praktisch durchgeführte Regel des Tonsystems. Von daher wurde ›Kanon‹ auch für das Instrument, das später Monochord heißt, verwendet, und zwar

Anmerkungen zu S. 64–66

bis zum heutigen Tag nicht allein im griechischen Sprachbereich, sondern auch im Arabischen für ein ein- oder mehrsaitiges Instrument, das nach dem Prinzip des Monochords, also durch Kürzung der Saiten funktioniert. Die Sectio canonis ist veröffentlicht in: Musici Scriptores Graeci. Aristoteles, Euclides, Nicomachus, Bacchius, Gaudentius, Alypius... Recognovit prooemiis et indice instruxit Carolus Janus, Lipsiae 1895, Neudruck Hildesheim 1962, S. 148–166 (= Jan, MSG).

158 Und diese sollen ein späterer Zusatz sein (vgl. B.L. van der Waerden, a.a.O. (Anm. 146 [1]), S. 163–199, insbes. S. 164 u. 177.
159 Vom Titel ist sicher, daß er erst aus späterer Zeit stammt.
160 Eine vollständige deutsche Übersetzung der Sectio canonis liegt bis jetzt nicht vor.
(Anm. d. Hrsg.:) Der folgenden Darstellung der Sectio canonis wie auch den Übersetzungen liegt die Tonband-Nachschrift der Vorlesung aus dem Wintersemester 1969/70 zugrunde (vgl. Anm. 6, Schluß). Der gesprochene Charakter wurde beibehalten.
161 Die Saite klingt nicht von selbst; sie muß erst – durch Anschlagen, Anreißen – zum Klingen gebracht werden. Aber es steht nichts da von Saite; es bleibt bei der allgemeinen Feststellung.
162 Also schneller; in engeren Abständen aufeinanderfolgende Bewegungen.
163 Also langsamer; in größeren Abständen aufeinanderfolgende Bewegungen.
164 Euklid stellt hier sozusagen das Prinzip der Frequenz auf, doch ohne physikalische Bestimmung (etwa pro Sekunde), und vor allem, ohne zu messen.
165 Ich würde lieber übersetzen ›einsehen‹; für den Griechen ist ›sagen‹ soviel wie ›einsehen‹.
166 D.h. aus diskreten Teilen, implicite: gleichen Teilen, also Einheiten.
167 Ein Zählvorgang: es wird gezählt, wieviele Teilchen an Bewegung dem einen, wieviele Teilchen dem anderen Ton entsprechen – noch ohne daß Empirisches einbezogen wurde.
168 Zum vielfachen und überteiligen Verhältnis s.o. S. 59 ff.
169 D.h. sie sind für sich etwas Einleuchtendes. Bei dem Griechen ist der Name, das Wort etwas Reales, der Logos. Dagegen das dritte Verhältnis (z.B. 17:14) hat keinen Namen, der in *einem* Namen (ἑνὶ ὀνόματι) das Ganze erfaßt.
170 ›auseinandertönend‹: ›nicht in Beziehung zueinander zu bringen‹. διάφωνος ist nicht mit ›dissonant‹ zu übersetzen (ebensowenig wie σύμφωνος mit ›konsonant‹).
171 *Ein* Verbundenes entsteht, die Oktav, die Quint, κρᾶσις, wie die innige Mischung von zwei Elementen in der Chemie.
172 Vgl. Anm. 169.
173 Vgl. S. 64.
174 B.L. van der Waerden, a.a.O. (Anm. 146 [2]), S. 681.
175 Zum Beispiel 2:1 × 2:1 = 4:1; das ist klar, aber das wird hier *bewiesen*.
176 Ich möchte dies mit Hilfe der Algebra verdeutlichen. Auf Grund des obigen Satzes ist also nicht möglich, daß a:b = c:d. Wenn ich nun, um zwei gleiche Intervalle zu haben, statt c:d auch a:b setze, so daß die Formel lautet a:b = a:b, und ich diese beiden gleichen Intervalle zusammensetze, so ist das Ergebnis $\frac{a^2}{b^2}$. Gesetzt, $\frac{a}{b}$ wäre ein überteiliges Intervall, so hätte $\frac{a^2}{b^2}$ die

253

Anmerkungen zu S. 66–68

Formel $\frac{n+1}{n}$, und $\frac{a}{b}$ wäre $\sqrt{\frac{n+1}{n}}$. Das aber ist nicht möglich, denn eine Wurzel ist eine irrationale Zahl. In der Praxis angewandt: Die Teilung der Quint in zwei gleiche Teile würde ergeben $\sqrt{\frac{3}{2}} \times \sqrt{\frac{3}{2}}$, das wären irrationale Intervalle. Das läßt sich auch rein empirisch verifizieren. Die Quadrate von zwei aufeinanderfolgenden Zahlen unterscheiden sich immer durch mehr als durch eins. Das Quadrat von 2:1 = 4:1, ihre Differenz ist 3. Oder: Das Quadrat von 3:4 = 9:4, ihre Differenz ist 5. Daher kann es nie stimmen, daß zwei auf Wurzeln zurückgeführte Zahlen zusammengesetzt ganze Zahlen ergeben.

177 Boetii De Institutione Musica, Libri Quinque, edidit G. Friedlein, Lipsiae (Teubneri) 1857, Lib. III, 11, S. 285 f. Vgl. auch: Boetius. Fünf Bücher über die Musik, Aus der lateinischen in die deutsche Sprache übertragen von O. Paul, Leipzig 1872, Neudruck Hildesheim/New York 1973, S. 88 f.

178 Die *Zahl* der entstehenden überteiligen Verhältnisse wird progressiv *größer*, das *Intervall* kleiner. Vgl. dazu auch S. 60.

179 Die Pythagoreer ersetzten für ihre Berechnungen meist die 4 ersten Zahlen durch die Zahlen 6 8 9 12 und kamen so mittels der harmonischen Teilung auf die Intervalle Oktav, Quint, Quart, wobei die 12 dem höchsten, die 6 dem tiefsten Ton zugeordnet wurde: 12:9 = 4:3
12:8 = 3:2
9:6 = 3:2
8:6 = 4:3
12:6 = 2:1

180 Vgl. auch Aristoteles, s. oben Anm. 144, sowie Ps.-Arist. Probl. 35 a. – Auch Quellenberichte wie die über die Saitenteilung oder die Verkürzung einer Flöte in den Verhältnissen 2:1, 3:2 und 4:3 setzen die Teilung der *Einheit* (der einen Saite oder Flöte) voraus; sie wird ›gemessen‹, sofern es sich um eine Größe handelt, ›gezählt‹, sofern es sich um eine gemeinsames Maß, d. h. um ganzzahliges Relationsmessen, um *Zahlen*relation als Ergebnis handelt.

181 Satz 13: »Es ist (noch) zu bestimmen, daß das Rest-Intervall des Ganztons im Verhältnis 9:8 steht.« Beweis: »Wir haben aber gelernt [nämlich in Satz 8], daß, wenn man von dem Verhältnis 3:2 das Verhältnis 4:3 abzieht, der Rest 9:8 übrig bleibt. Wenn man also von der Quint die Quart abzieht, bleibt der Rest des Ganztons. Folglich hat der Ganzton das Verhältnis 9:8.«

182 Bis zu Quint und Quart gingen die Griechen nach der Methode der harmonischen Teilung, der sogenannten pythagoreischen Teilung vor (vgl. auch S. 62 f.), für die nächstkleineren Intervalle, zur Bestimmung von Ganz- und Halbton, durch Abziehen des kleineren Intervalls vom größeren. Dieses Prinzip der sogenannten Wechselwegnahme, des wechselseitigen Abziehens des Kleineren vom Größeren, das auf der Verschiedenheit der Intervalle beruht, ein Prinzip, das die Mathematik und die Physik bis heute bestimmt, ist *von der Musik her* bei den Griechen (mit der Entdeckung der Infinitesimalrechnung durch den Mathematiker Eudoxos, einen Schüler des Archytas) entdeckt worden. Rechnerisch bedeutet das: ›Dividieren‹ in Form von Multiplizieren des größeren Intervalls mit dem umgekehrten kleineren: 3/2 × 3/4 = 9/8 (Ganzton). (Zur – inadäquaten – Schreibweise in ›Brüchen‹ s. Anm. 145.) Aber Euklid kommt zu diesem Ergebnis ohne Formel.

Anmerkungen zu S. 68—70

Den Griechen waren mathematische Formeln, wie wir sie kennen, unbekannt. Wenn die Griechen Mathematik betrieben, so war das für sie eine anschauliche Überlegung an Hand von arithmetischen oder geometrischen Sachverhalten, die Bemühung einzusehen (und somit zu sagen), was im Bereich der Zahlen oder im Bereich der Figuren vorliegt. Für uns ist schwer nachzuvollziehen, daß sie in der Lage waren, so weit zu kommen ohne Formeln. (Sie kannten ja nicht einmal die arabischen Ziffern, die auch eine Art von Formeln sind.) Doch gehe ich so weit, das umzukehren: *deswegen* sind sie so weit gekommen, weil sie darauf angewiesen waren, ohne Formeln den jeweils vorliegenden Zusammenhang einzusehen.

183 Vgl. auch S. 64 und Anm. 158.

184 Hans Jensen † danke ich für die die einschlägigen Fragen fördernden Gespräche.

185 Die Formulierung ›pro Zeiteinheit‹ ist nicht zweckmäßig. Es handelt sich um die Schwingungszahlen*verhältnisse*; es ist also kein Zusatz nötig. 3:2 besagt, daß der eine Ton 3 Schwingungen hervorbringt, in der Zeit, in der der andere 2 hervorbringt.
Aber gleichgültig, ob man das Verhältnis des höheren zum tieferen Ton mit 3:2 oder 2:3 angibt, soll man auf keinen Fall diese Zahlen auf Längen beziehen. Denn Länge hat nichts direkt mit Ton zu tun. Die Proportion 3:2 oder 2:3 hat als Ton *direkt nur mit Zeit zu tun*. 3:2 = die Relation der Schwingungen in der gleichen Zeit, 2:3 = die Relation der Dauer der je einen Schwingung. Und nun: die kürzere Dauer entspricht der kürzeren Saitenlänge (je kürzer die Saite, desto schneller schwingt sie).

186 So ist das Phänomen der Oktav-Entsprechung, daß mit dem *c* die ›*C*-Qualität‹ wiederkehrt, in der Zahlenbeschaffenheit eingeschlossen: darin, daß die *C*-Saite (= ›1‹) in zwei unter sich *gleiche* Teile (= 1/2 + 1/2) geteilt werden kann, wogegen alle anderen Teilungen ungleiche Teile ergeben (2/3 + 1/3, 3/4 + 1/4, 3/5 + 2/5 usw.).

187 Das ergänzt die Tatsache, daß bei Proportionen, anders als bei Brüchen, durch Umkehrung sich nichts ändert (vgl. Anm. 145): z. B. 3:4 ist dasselbe wie 4:3 (wogegen 3/4 nicht dasselbe ist wie 4/3). (Vgl. auch Aristoteles, Physik 202a18: »so wie 2:1 und 1:2 dasselbe Intervall (bzw. Zahlenverhältnis) ist«. Daß hier διάστημα zugleich ›Intervall‹ impliziert, läßt sich vermuten aus den vorausgehenden Stellen 194b26—29 und 195a31, wo die Oktav als Verkörperung des Verhältnisses 2:1 genannt war.) Es liegt also dieselbe Proportion vor, ob ich die Geschwindigkeit (z. B. 4:3) oder die Saitenlänge (z. B. 3:4) zugrundelege. Bezeichnenderweise schwankt in den griechischen Quellen die Zuordnung, doch meist wird dem höheren Ton die größere Zahl zugeordnet, z. B. bei Archytas (VS (Anm. 106), 47 B 1): »Daß nun also die hohen Töne sich schneller bewegen, die tiefen langsamer, ist uns aus vielen Beispielen deutlich geworden«; vgl. auch B. L. van der Waerden, a. a. O. (Anm. 146 [1]), S. 173, sowie 192 ff. (Zusammenstellung der diesbezüglichen Quellentexte). — Wie also beim Tonphänomen nicht der Empfindungsträger das konstitutive Element bildet, so auch beim Tonphänomen als Zahlenrelation nicht die Wahrnehmungsweise (Geschwindigkeit der Bewegung oder Saitenlänge), sondern das *Verhältnis der Zahlen als solcher*.

188 Hierauf beruht auch das sogenannte ›innere Hören‹: Ich trage die Zahlenrelation Quint in mir, und durch meine innere Sicherheit, daß ›es stimmt‹, ohne die Hilfe von Werkzeugen wie Zirkel und Lineal bei den geometrischen

Figuren, bringe ich sie ›treff‹-sicher hervor. Durch das ›Treffen‹ fixiere ich sie, mache ich sie ausdrücklich, hörbar und dadurch auch mitteilbar. Was ›stimmt‹, ist die Übereinstimmung des außer mir stattfindenden Phänomens und des ›in mir‹ Enthaltenen. Offenkundig ist das Gemeinsame nicht die ›Empfindung‹, durch die ich es wahrnehme, denn diese ist ja nicht auch ›in mir‹.

189 B. L. van der Waerden, a. a. O. (Anm. 146 [3]), S. 204.
190 B. L. van der Waerden, a. a. O. (Anm. 146 [1]) S. 165: »Erst nach 300 haben die ›Kanoniker‹ [sc. der Pythagoreer] durch Messungen am Monochord die Grundlagen der pythagoreischen Musiktheorie experimentell bestätigt.«
191 Siehe S. 26 und 57 sowie S. 58.
192 Man denke nur an den Primat des ›Gemeinten‹ vor den empirisch tatsächlichen Intervallen (vgl. S. 25 f.; s. a. Anm. 139).
193 Anschaulich ist der im Enchiridion des Nikomachos berichtete Pythagoras-Mythos (Jan, MSG (Anm. 157), S. 245 ff.): Im Bereich des Gesichts: Kompaß und Lineal (die Geometrie). Im Bereich des Haptischen: die Maße (die die Kongruenz, das Lückenlose voraussetzen). Und nun auch im Bereich des Hörbaren das Äquivalent suchen: das beschäftigte Pythagoras, als er an einer Schmiede vorbeikam und die verschiedenen Klänge hörte. Er experimentierte, und er staunte darüber, daß er bei allen Versuchen, sei es an hängenden Fäden mit Gewichten, sei es an Monochord, Aulos, Syrinx etc., »überall unverwechselbar dasselbe fand: die Zahl«. Zahlen wie auch immer: nicht etwa *entweder* Längen, *oder* Gewichte, *oder* Durchmesser, *oder* Schwingungen, sondern Zahlen, die allen diesen physikalischen Bestimmungsweisen zugrundeliegen. (Wobei sich Pythagoras – bzw. Nikomachos – bei den Gewichten irrt: es verhält sich natürlich nicht t (Tonhöhe) wie g (Gewicht), sondern wie g^2; aber gerade das ist bezeichnend. Nikomachos bzw. Pythagoras kam es nicht auf das physikalische Phänomen an, sondern auf die Entsprechung von Tonrelationen und *Zahlen*relationen; so auch van der Waerden, a. a. O. (Anm. 146 [1]), S. 173 und 175; das. S. 170 ff. eine Zusammenstellung der verschiedenen Überlieferungen für ›Erfahrung, Theorie und Experiment‹ bei den Pythagoreern.
194 Vgl. S. 27.
195 Vgl. S. 28, Anm. 25, S. 42, 46 und Anm. 80.
196 ἐφαρμόζειν. Vgl. Euklid, Elemente I, 4. Axiom: »Was sich deckt ist gleich.«
197 Vgl. Euklid, Elemente I, 3. Axiom: »Wenn Gleiches von Gleichem abgezogen wird, sind die Reste gleich.«
198 Es handelt sich um die sogenannte ›Figur des Seiles‹, wie sie – für den speziellen Fall des Dreiecks mit den Seiten 3, 4, 5 – in einem alten chinesischen Kalenderwerk beschrieben wird; »aber die Betrachtung gilt offenbar ganz allgemein sowohl für rationale als auch für irrationale rechtwinklige Dreiecke, sie stellt einen ganz allgemeinen ›Zerlegungsbeweis‹ für den pythagoreischen Lehrsatz dar.« (O. Becker, a. a. O. (Anm. 146 [3], S. 56; ders., a. a. O. (Anm. 146 [2], S. 20.) Ein ›Zerlegungsbeweis‹ ist auch Euklid, Elemente I, 47.
199 Vgl. S. 34, S. 37 f., S. 48 und 53, sowie Anm. 34.
200 Zur Beweisführung mittels der geometrischen Anschauung als adäquat und zulässig auch in der späteren – nicht-euklidischen – Geometrie vgl. etwa R. Courant und H. Robbins, Was ist Mathematik? 2. Aufl. Berlin/Heidelberg/New York 1967, S. 180 f.

Anmerkungen zu S. 73–74

201 Damit ist nicht zu vermengen, daß, wenn der Eins und somit der Zahl Raumgröße zugeordnet wird, Zahlenbeziehungen als Größenbeziehungen (Räumliches) darstellbar werden, und auch daß gewisse Raum-Gegebenheiten in Zahlenverhältnisse übersetzbar sind, z. B.

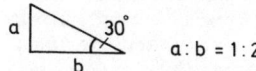

In einem solchen Fall besteht der Sachverhalt nicht in der *Zahlen*relation für sich, sondern darin, daß die Raumgröße b – wenn der Winkel zwischen b und der Hypotenuse = 30° – doppelt so groß wie die Raumgröße a ist, daß sie sie sich also *wie* 1:2 verhalten. (Daß diese Gegebenheit keine Zahlennatur aufweist – sondern gleichsam zufällig Ganzzahlenverhältnissen zugeordnet werden kann –, wird deutlich bei Winkeln, die die Möglichkeit einer Übersetzung in Zahlenverhältnisse ausschließen.) Oder: Beim gleichschenkligen, rechtwinkligen Dreieck ist das Quadrat der Hypothenuse zweimal so groß wie das der einen Kathete (weil in diesem Fall die 2 Kathetenquadrate gleichgroß sind; jedes hat also die Hälfte des Hypotenusenquadrats als Umfang). Oder: Der Durchmesser des Kreises ist zweimal so groß wie der Radius.

202 Dieser Anhang ist in der Übersetzung der Elemente von T. L. Heath (engl.; 1908, 2. Aufl. 1962) sowie auch in der deutschen Übersetzung von Th. Peters (1936) nicht enthalten. Vorhanden hingegen ist er in der deutschen Ausgabe der Elemente von C. Thaer.

203 K. v. Fritz, a. a. O. (Anm. 146 [2]), S. 291 f., Anm. 60. Vgl. auch die zusammengefaßte Wiedergabe des Beweises durch B. L. van der Waerden, a. a. O. (Anm. 146 [3]), in der aber sozusagen die Pointe fehlt, weil am Anfang das großartige τὸν αὐτὸν ἀριθμὸν ἄρτιον εἶναι καὶ περισσόν weggelassen ist, die am Schluß sich als unmöglich erweisende Prämisse, daß bei Annahme der Kommensurabilität dieselbe Zahl gleichzeitig gerade und ungerade sein müßte; van der Waerden kommt es hier nur auf das Ergebnis ›inkommensurabel‹ an. Vgl. auch die freien Wiedergaben dieses Beweises durch O. Becker, a. a. O. (Anm. 146 [2]), S. 41 und ders., a. a. O. (Anm. 146 [3], S. 51. Der griechische Text ist entnommen Evclidis Elementa, Vol. III, Liber X cvm Appendice post I. L. Heiberg, ed. E. S. Stamatis, Leipzig (Teubner) 1972, S. 231 ff.

(Anm. d. Hrsg.) Georgiades hatte im Manuskript an dieser Stelle vorgemerkt, den Beweis in eigener Übersetzung folgen zu lassen. Er hat diese aber nicht mehr schriftlich niedergelegt.

204 Außerdem scheint mit diesem Beweis die Quadratwurzel aus 2 die erste Wurzel zu sein, deren Irrationalität arithmetisch bewiesen wurde (s. O. Becker, a. a. O. (Anm. 146 [3]), S. 51). Man könnte sagen, das ist die Geburtsstunde der Geometrie als einer von der Mathematik als Umfassendem gesonderten Wissenschaft (des Irrationalen). – Zur Datierung vgl. auch B. L. van der Waerden, a. a. O. (Anm. 146 [2]), S. 203–54, speziell S. 228 f.: »Um 450, jedenfalls aber vor 420 ist der Irrationalitätsbeweis für die Wurzel aus 2 auf Grund der pythagoreischen Lehre vom Geraden und Ungeraden geführt worden.«

Anmerkungen zu S. 74–75

205 »Auf einen derartigen Beweis spielt auch Aristoteles an (Analytica prior. I, 23 p. 41 a, 26–27)« (O. Becker, a. a. O. (Anm. 146 [3]), S. 51); s. a. B. L. van der Waerden, Die Arithmetik der Pythagoreer, a. a. O. (Anm. 146 [2]), S. 228: »Auf diesen Beweis spielt Aristoteles mehrfach an« mit Anm. 39: »Heiberg, Mathematisches zu Aristoteles, S. 24«.

206 Unter ›Zahlen‹ und ›Zahlenrelationen‹ sind stets die *ganzen* Zahlen und deren Relationen zu verstehen. (Vgl. auch S. 30 und 46.) Für die Griechen wäre die Formulierung ›ἀριθμὸς ἀσύμμετρος‹ eine contradictio in adjecto. Denn ἀριθμός impliziert das gemeinsame Maß. – Zu ›irrationalen Zahlen‹ vgl. auch S. 30 f. (Dedekindscher Schnitt); sie sind keine genuinen, ursprünglichen, aus dem Zählen hervorgehenden Zahlen.

207 Vgl. S. 30. Der λόγος μεγεθῶν scheint kein echter, ursprünglicher Logos, wie der Harmonia-Logos, zu sein. Er ist nicht der Ursprung der Geometrie in dem Sinn, wie der Harmonia-Logos der Ursprung der Arithmetik ist. Er ist vielmehr eine *Folge* des ursprünglichen Merkmals des Lückenlosen. Er ist kein ›Postulat‹, sondern eine beweisbare, in geometrischen Figuren vorkommende Möglichkeit. Der Harmonia-Logos und der ἀσύμμετρος ›λόγος‹ μεγεθῶν sind nicht als gleichrangige Prinzipe anzusehen.

208 Daß αἰεὶ ἔστι = ›unabhängig von der Zeit‹ wird 221b3 f. gesagt: τὰ αἰεὶ ὄντα, ἢ αἰεὶ ὄντα, οὐκ ἔστιν ἐν χρόνῳ. Der Gegensatz dazu: 221b23–25 οὐδὲ τὸ μὴ ὂν ἔσται πᾶν ἐν χρόνῳ, οἷον ὅσα μὴ ἐνδέχεται ἄλλως, ὥσπερ τὸ τὴν διάμετρον εἶναι τῇ πλευρᾷ σύμμετρον: d. h., was schlechthin nicht existiert, ist ebenfalls nicht in der Zeit (d. h. ist unabhängig von der Zeit). Und 222a4–7 beides einander gegenübergestellt + Zusammenfassung: ... ὅσων τἀντικείμενα αἰεὶ ἔστιν ... – also weder das ἀσύμμετρον d:s noch das σύμμετρον d:s sind in der Zeit. ... διὸ αἰεὶ οὐκ ἔστιν, ὅτι ἐναντίον τῷ αἰεὶ ὄντι. Das erinnert auch an die ἐξ ἀνάγκης (die geometrischen Gegebenheiten) in Platons Timaios: sie sind nicht abhängig vom Nous, nicht διὰ νοῦ. Sie sind ein dem Nous Gemäßes (s. u. S. 127). Zwar ist auch beim Zählen die Aufeinanderfolge zwingend, also, wenn man so will, der ἀνάγκη gehorchend; aber dieses Zwingende erscheint *innerhalb der Tätigkeit* des Nous. Das Zwingende des Geometrischen dagegen, des Lückenlosen, der Kongruenz, erscheint *in der Sache selbst*; es subsistiert ihr.

Von hier aus scheint mir auch die in der Literatur (W. D. Ross, a. a. O. (Anm. 26), 2., S. 283) mit einem Fragezeichen versehene Stelle Met. 1053a15–18 klar zu sein: Der Aussage, daß Diagonale und Seite, weil sie inkommensurabel sind, also kein *gemeinsames* Maß haben, mit zweierlei Maß (mit verschiedenen Maßeinheiten) gemessen werden müssen, folgt eine Verallgemeinerung auf alle Raumgrößen. Aristoteles will damit sagen, daß eben Größen nicht ›gezählt‹ werden können, nicht kommensurabel – mit einem gegebenen Maß bzw. zueinander – sein *müssen*; daß also der Bereich der Größe (hier der Geometrie) etwas im Wesen anderes ist als der der Zahlen, des Zählens, des Diskreten.

209 Vgl. Sectio canonis, Praeambel s. S. 65, Anm. 169 u. 172.

210 Vgl. Euklid, El. X, Theorem 7: »Inkommensurable Größen haben zueinander kein Verhältnis wie eine Zahl zu einer Zahl« Τὰ ἀσύμμετρα μεγέθη πρὸς ἄλληλα λόγον οὐκ ἔχει, ὃν ἀριθμὸς πρὸς ἀριθμόν. – Vgl. dazu Euklids Unterscheidung eines Zahlen- und Größen-λόγος (λόγος ἀριθμῶν – λόγος μεγεθῶν) S. 30, 75 und Anm. 207.

211 Zur terminologisch-historischen Einordnung des Begriffspaares ῥητός –

Anmerkungen zu S. 75–78

ἄρρητος (ausdrückbar – unausdrückbar in der Anwendung ›rational – irrational‹ bei Zahlen) vgl. K. v. Fritz, a. a. O. (Anm. 146 [2]), S. 302.
212 Joh. Kepler benützt den Ausdruck ›ineffabilis‹ an Stelle von ›irrational‹, das er ausdrücklich als die lateinische Wiedergabe von ἄλογος ablehnt. Vgl. Johannes Kepler, Weltharmonik, übersetzt und eingeleitet von Max Caspar, München/Berlin 1939, S. 21 f. (1. Buch, XIII. – XV. Definition) sowie in der Einleitung von Caspar S. 38* f.
213 Euklid, El. X, Theorem 36: Ἐὰν δύο ῥηταὶ δυνάμει μόνον σύμμετροι συντεθῶσιν ἡ ὅλη ἄλογός ἐστιν, καλείσθω δὲ ἐκ δύο ὀνομάτων.
214 Hier zeigt sich, daß in ›ἄλογος‹ auch die Bedeutung ›ἀνώνυμος‹, genauer: ›ἀνωνόμαστος‹ (= ineffabilis; vgl. Anm. 212), und daher ›anonym‹, mitschwingt: Das Ganze der beiden zusammengesetzten Strecken ((AB) + (BC)) = (AC) ist ἄλογος und zugleich nicht (mit *einem* Namen) nennbar; es zerfällt in zwei ›Namen‹: AB und BC.
215 Siehe S. 28 und 33.
216 Auf diesen Irrtum (vgl. die Kritik des Aristoteles an den Pythagoreern, s. S. 30 und Anm. 27 sowie Anm. 153) gehen die sogenannten harmonikalen Theorien zurück: Man will die die Harmonia bestimmenden Zahlengesetze wiederfinden in der Natur (in Kristallen, Pflanzen, Lebewesen) und in der Kunst, besonders der Architektur. Geometrisches (wie z. B. der Goldene Schnitt, der irrationale Zahlenverhältnisse ergibt und nichts mit der Harmonia zu tun hat, s. Anm. 149) wird mit Arithmetischem vermengt. Außer auf die Pythagoreer beruft sich diese Richtung auch auf Kepler, der ebenfalls die beiden Bereiche Zeit und Raum nicht streng auseinanderhält. Das tut Keplers Größe, die woanders liegt, keinen Abbruch.
217 Für Aristoteles ist die Eins (+ Zahl) als »Wesen ohne Position« (s. Anm. 25) nicht der Tonphänomen-, der Harmonia-Bereich; denn für ihn ist die Harmonia eine *Anwendung* der ἀριθμητικὴ μουσική; vgl. Anal. post. 87a34: »Die Arithmetik (sc. als die genauere Wissenschaft, weil sie einen nichtmateriellen Gegenstand hat) verdient den Vorzug gegenüber der Harmonia (sc. die einen materiellen Gegenstand hat, sc. das Tonphänomen).«
Der einzige längere erhaltene Text von Aristoteles, in dem er auf die Harmonia eingeht, ist das bei Plutarch, De musica cap. 23 überlieferte Fragment 47, das sich in der Darstellung der harmonischen Teilung der Oktav pythagoreischer Tradition anschließt. Die übrigen Stellen nennen die Harmonia ein Verhältnis (λόγος) von Zahlen, auch im Vergleich oder als Beispiel. So, zur Veranschaulichung, wird in Physik 194b27 f. die Oktav (διὰ πασῶν) als das Verhältnis 2:1 (τὰ δύο πρὸς ἕν) bei der zweiten der vier Ursachen gebracht (vgl. zu dieser Stelle auch Anm. 187).
Im übrigen wird die Harmonia von Aristoteles in erster Linie als eine – der Arithmetik zuzuordnende – Disziplin (ἁρμονική) erwähnt (vgl. auch die Stellenangaben bei L. Richter, Zur Wissenschaftslehre von der Musik bei Platon und Aristoteles, Berlin 1961, S. 149). – Die Ps.-Aristotelischen Problemata sind nach-aristotelisch.
218 Physik 223a25–28, s. Anm. 61.
219 Vgl. S. 67 und Anm. 179.
220 Die angebliche Teilung des Archytas (3/2 = 5/4 × 6/5, 4/3 = 7/6 × 8/7) halte ich für ein Produkt der Spekulation, ohne Einsicht in den Ursprung (die Tetraktys), für lediglich einen Versuch, irrationale Tonreihen unterzubringen. Überliefert werden diese Berechnungen des Archytas in einem

Anmerkungen zu S. 78

Fragment (VS (Anm. 106), 47 B 2), sowie durch Ptolemaios, und außerdem vermutet man Archytas hinter der mathematischen Stelle in Platons Epinomis (990b5–991b4); dies einmal, weil er ein Freund Platons war, zum andern, weil eine mögliche Interpretation der – umstrittenen – Stelle mit dem bei Ptolemaios überlieferten Tonsystem des Archytas übereinstimmt. Archytas und Platon lassen sich von der Systematik der Überteiligkeits-Teilung durch das harmonische Mittel verführen; sie merken nicht, daß die 7 aus *arithmetischen* Gründen nicht eingeführt werden kann, daß die 7 keine ›musikalische‹ Zahl ist, weil sie das Überteiligkeits-Prinzip durchbricht. Vgl. zu dieser Frage etwa O. Becker, a. a. O. (Anm. 146 [1]), S. 162, ders. a. a. O. [2], S. 79, und B. L. van der Waerden, a. a. O. (Anm. 146 [1]), S. 181 ff., 185–87, 190 u. 191 mit Anm. 1, sowie ders., a. a. O. (Anm. 146 [3]), S. 259.

221 Im Pythagoreischen System entsteht der Ganzton als ›Differenz‹ zwischen Quint und Quart = 9:8 (vgl. Sectio canonis Satz 8 u. 13; s. o. S. 68 und Anm. 181); und der ›Halbton‹ ebenfalls als ›Differenz‹, nämlich zwischen vier und zwei Ganztönen = $\frac{256}{243}$ (durch gegenseitige Subtraktion, sogenannte ›Wechselwegnahme‹ (s. a. S. 68 und Anm. 182). Doch diese zwei ›Differenzen‹ sind nicht von derselben Natur. Vgl. dagegen B. L. van der Waerden, a. a. O. (Anm. 146 [1]), S. 176. Die ›Differenz‹ zwischen Quint und Quart ergibt ein zugleich für sich ›legitimes‹, d. h. rationales, einleuchtendes Intervall. Denn es kommt auch durch Addition von zwei Quinten minus Oktav ($3/2 \cdot 3/2 = 9/4$, $9/4 : 2 = 9/8$) bzw. von zwei Quarten, die von der Oktav abgezogen werden ($4/3 \cdot 4/3 = 16/9$; $2 : 16/9 = 8/9$) zustande; d. h. wir erhalten den Ganzton in der Mitte (das διεζευγμένον) und den Ganzton am Ende (das συνημμένον). Außerdem ist 9/8 ebenfalls überteilig. Und: die zwei Intervalle 4/3 und 3/2 ergeben sich direkt durch die Teilung der Oktav, d. h. jedes tritt nur einmal auf: $4/3 \cdot 3/2 = 2$. Der ›Halbton‹ dagegen ist eine bloß zufällige ›Differenz‹. Hier tritt das 9/8-Intervall *zwei*mal auf: $9/8 \cdot 9/8 : 4/3 = \frac{243}{256}$; und das Ergebnis ist kein Überteiliges, nichts ›Einleuchtendes‹. Man sollte also sagen: Das Pythagoreische System arbeitet mit drei einleuchtenden Intervallen (die Oktav, 2:1, die Voraussetzung des Tonphänomens, nicht mitgerechnet): 3:2, 4:3, 9:8. Und bei der praktischen Musik ergibt sich noch ein ›zufälliger‹ Schritt, eine Art musikalischer Hiatus, ein ›totes Intervall‹: $\frac{256}{243}$. Während also das 9:8 positiv musikalisch, als einleuchtendes Intervall, erfaßt wird, wird das $\frac{256}{243}$ gleichsam negativ musikalisch, eben als zufälliger, die Quart ergänzender Schritt erfaßt. – Was beim Übergang in eine andere ἁρμονία (›Tonleiter‹, s. S. 61) oder in ein anderes Tongeschlecht (Chromatik, Enharmonik) in der *praktischen* Musik geschah – diese Frage stelle ich nicht, da uns jegliche Empirie fehlt. Als Grundlage dürften stets die ›einleuchtenden‹ Intervalle 3/2, 4/3 (+ je nach dem Fall 9/8) gegolten haben.

222 ›Vollkommene Konsonanzen‹ sind die Quint und die Quart.

223 Als ›Konsonanzen‹ pflegt man diejenigen überteiligen Verhältnisse anzusprechen, die keine größere Zahl als die 6 einbeziehen (6:5 = kleine Terz).

Anmerkungen zu S. 79

Im Pythagoreischen System handelt es sich um 2-Ton-Konsonanzen (Quart und Quint), im abendländischen um 3-Ton-Konsonanz (Dreiklang), bzw. um das Hinzuanerkennen der Terz als Konsonanz. ›Unvollkommen‹ sind die Konsonanzen der großen und kleinen Terz auch in dem Sinn, daß sie *zusammen* eine vollkommene Konsonanz – die Quint – ergeben. Erst dadurch werden sie als Konsonanzen legitimiert. Die Terzen bürgern sich also *in einem* mit dem Dreiklang ein. Das Erfassen der Terzen impliziert zugleich das Organ für das Erfassen des Dreiklangs.
Die Einbürgerung der Terz bringt eine ›Mobilität‹ der Intervalle mit sich.

Z.B. $C \vee F \vee A$, aber $C \vee D \vee A$

$$\frac{4}{3} \cdot \frac{5}{4} = \frac{5}{3} \qquad \frac{9}{8} \cdot \frac{3}{2} = \frac{27}{16}$$

Durch die Mobilität, und zwar besonders der Dreiklangseinheit, findet eine Verankerung nach allen Seiten statt: Weil diese drei Töne, wo sie auch auftreten, einleuchten müssen, müssen sie je nach dem Zusammenhang sich um eine Kleinigkeit ändern; sie müssen eben ›mobil‹ sein. (Diese Mobilität hat nichts gemein mit den κινούμενοι bzw. φερόμενοι des griechischen Systems, den sich je nach dem Tongeschlecht verändernden, ›beweglichen‹ zwei Zwischentönen im Tetrachord; vgl. etwa Sectio canonis Satz 20.) Mit der Mobilität taucht das Temperierungsproblem auf. Doch ist dies kein wirklich musikalisches (musikalisch-arithmetisches) Problem. Das Feststellen der Mobilität genügt. *Sie* ist das Musikalische daran. Sie widerspricht nicht dem Ganzzahlprinzip der Musik, vielmehr ist sie die Folge davon. Und so auch das Temperierungsproblem, das vor allem dadurch zum Vorschein kommt, daß auch Instrumente mit ›immobilen‹ Tonhöhen verwendet werden (Tasteninstrumente). Das Ausgleichen durch die Temperierung beruht zwar auf einem dem Wesen des Tonphänomens völlig fremden Prinzip, der Teilung in gleiche Teile. Doch gegenüber diesen tatsächlich zu hörenden Tönen ist die Macht des Gemeinten, nämlich der arithmetischen Verhältnisse, so groß, daß ihr diese andere ihr fremde Ebene des Geometrischen und der rechnerischen Formel nichts anhaben kann. (Vgl. auch S.25f.). Anders verhält es sich erst, wenn der Ursprung, die Herkunft vergessen wird, wenn dieses System von Tonbezügen sozusagen keinen Stammbaum mehr aufweist, wenn es verselbständigt und zur Grundlage von Musik gemacht wird. Ganztonleitern (wie die Debussys) oder die 12-Tonreihe (Dodekaphonie) oder serielle Musik setzen die Temperierung voraus.

24 Der Musik*historiker*, der zunächst die Zahlen und damit zusammenhängende Überlegungen nicht einbezieht, ist immer vor diese Frage gestellt: Ist die Quart Umkehrung der Quint oder ein ursprüngliches Intervall? Er steht vor Musikkulturen, die die Quart als ursprüngliches Intervall zugrundelegen, nicht nur in außereuropäischen Kulturen, sondern auch bei den Griechen – sie arbeiten mit den Tetrachorden (vgl. S. 70f.) – und innerhalb der abendländischen Musik in der frühen Einstimmigkeit, der Gregorianik, sowie am Beginn der Mehrstimmigkeit im 9.Jahrhundert bis rund 1100. Dann fängt der Sachverhalt an, ein anderer zu werden, was hier nicht der Ort ist zu verfolgen. In unserer Musik, sagen wir des 18. und 19.Jahrhunderts, ist die Quart Umkehrung der Quint; der Quartsextakkord ist eine Umkehrung des Dreiklangs. Nur die Quart hat diese Möglichkeit, daß sie je

Anmerkungen zu S. 80–83

nach den historischen, soziologischen, gesamt-kulturellen Voraussetzungen als primäres oder abgeleitetes Intervall verstanden werden kann. Dies beruht darauf, daß die Quart als einziges von allen Umkehrungsintervallen ein überteiliges Intervall ist: sie ist überteilig in sich und zugleich die Umkehrung der Quint. Von hier aus läßt sich auch erklären, warum Quint und Quart noch in der mittelalterlichen Theorie als Hauptkonsonanzen, als vollkommene Konsonanzen gelten: weil sie – so können wir jetzt auf Grund unserer zahlenmäßigen Einsichten sagen – unmittelbar zur ἀρχή, wie die Griechen sagten, zum Prinzip stehen, zur Oktav; sie ergeben sich von der Oktav direkt her. Die Terzen sind auch insofern ›unvollkommene‹ Konsonanzen, als sie ein Zwischenglied brauchen, um zur Oktav zu kommen. Bilden Quint und Quart die Oktav, so bilden große und kleine Terz die Quint. Das besagt aber nichts anderes, als daß die Einbürgerung von großer und kleiner Terz die Einbürgerung des *Dreiklangs* mit sich bringen muß. Erst in ihm erhalten sie ihren Sinn: $3/2 = 5/4 \times 6/5$. – Im griechischen System (Tetraktys: Oktav, Quint, Quart, Sekund) einerseits und im abendländischen (1 – 6, Hinzukommen der Terzen) andererseits spiegelt sich das Statische bzw. Zielstrebige der zwei Kulturen.

225 Der Tritonus ist als Intervall ein Unicum, er läßt sich nicht recht einordnen. Er ist nicht konsonant, aber er ist auch nicht dissonant wie die Sekunde dissonant ist. Man hat das Gefühl, daß die zwei Töne in verschiedene Richtungen gehen, disparat sind. Berechnen wir den Tritonus (es gibt mehrere Möglichkeiten, z.B. die:) als Quint minus Halbton: $3/2 \times 15/16 = 45/32$ (Umkehrung: $45/64$). Oder berechnen wir ihn auf Grund des kleinen Halbtons: $3/2 \times 24/25 = 36/25$ (Umkehrung: $18/25$). Als einziges von den für die Musik wesentlichen Intervallen ist der Tritonus in keiner Form, weder er selbst noch seine Umkehrung, überteilig. Allerdings ist er – anders als jene Intervalle, die bei Einbeziehung der 7 entstünden – musikalisch brauchbar, denn er entsteht durch *Zusammensetzung* überteiliger Intervalle (vgl. S. 60 und Anm. 176); insofern läßt er sich auf überteilige Intervalle zurückführen.

226 Sie ›sind da‹ kraft der Zahlenverhältnisse: Das Naturphänomen, das *physikalische* Phänomen spiegelt *sich* in Zahlenverhältnissen; aber das musikalische Tonphänomen *spiegelt* ein einleuchtendes Prinzip von Zahlenverhältnissen – die aus der Oktav-Identität entstehende Überteiligkeit –, es ist dessen wahrnehmbare Seite. – Daß der Durdreiklang auch durch die ersten 6 Partialtöne gebildet wird (allerdings in sogenannter weiter Lage), mag ihm das ihn kennzeichnende ›Natürliche‹ verleihen. Vielleicht ist das zugleich eine Voraussetzung für die neuzeitliche auf dem Dreiklang beruhende Musik (bis Anfang des 20. Jahrhunderts), sofern sie nicht allein auf dem spezifischen, in den Zahlenverhältnissen gründenden Tonphänomen beruht, sondern Momente wie ›Schwerkraft‹, Klangfarbe als mitkonstitutiv aufnimmt, sofern sie auch als Inhalt den Bereich des ›Naturalistischen‹, so des ›Ausdrucks‹ einbezogen hat.

227 Vgl. auch oben S. 77 und Anm. 217.
228 Siehe Anm. 132; vgl. auch 219b16 – 18.
229 Siehe S. 35 und Anm. 51, sowie S. 39f.
230 Oder: Da drüben bei den Bäumen auf der Wiese bewegt sich etwas: eine Katze. Die Katze *ist* eine Diesda, und *das* bewegt sich; sie ist einmal vor dem Baumstamm, einmal auf der grünen Wiese, und ich verfolge sie mit dem Blick. Das *ist* ein Etwas, *das* sich bewegt. Aber beim Ton kann ich nicht sagen

›er bewegt sich‹, ich kann nicht sagen: derselbe Ton ist zuerst tiefer, dann höher. Der nachfolgende Ton ist je ein anderer Ton! Das Nacheinander ist entscheidend. Dieses läßt sich nicht anders erfassen denn als Relation; das Nacheinander *ist* Relation. Was ›dasselbe‹ ist, ist das Tonphänomen, *der Bezug auf die Eins*. Das Ganze der Tonrelationen, die wir gewahr werden in einem Zusammenhang, ist ›*der* Ton‹. Weil er Relation ist, erhält er seine Bestimmtheit, indem er sich aus der ihn konstituierenden Eigenschaft der Relation heraus verändert, d. h. nicht in der Art der Veränderung, der Bewegung eines Diesda, sondern indem er sich als Relation entfaltet: die Einheit der Relationen zu der Eins, das System des gemeinsamen Maßes zu der Eins.

231 Freilich nicht beim Gleiten oder Ziehen, wie es die Stimme oder manche Instrumente möglich machen; deutlich dagegen z. B. beim Tasteninstrument.
232 Das (geistige) Ohr, das Organ für Zahl und Ton, erfaßt Diskontinuierliches; es kann Musik nur als Folge von Diskreten hören. Das Ohr betätigt sich dabei – gleichsam analog der Augenbewegung – ›ruckweise‹ (vgl. S. 39).
233 Beim Sirenenton (vgl. S. 57) ist noch klarer als bei der Folge diskreter, rationaler Tonstufen, daß ich nicht zwischen φορά und φερόμενον unterscheiden kann. Denn hier stellt sich ein konsolidierter Ton oder Tonort überhaupt nicht ein. Der Sirenenton enthält in sich die Tonhöhe als sich *unbestimmt* Veränderndes. Ihm fehlt a) das ausdrückliche Identitätstönen, b) die sich als *Zahlenrelationen* konstituierenden *diskreten* Töne, richtiger: Ton*stufen*, sowie das Phänomen der Oktav. – Das Moment der sich unbestimmt (kontinuierlich) verändernden Tonhöhe ist das beim Sirenenton die Bewegungsvorstellung Bewirkende. Er erinnert an das Kontinuierliche der Linie,

steht also noch der räumlichen Erscheinungsweise nah.
234 Mein Ohr – anders als das Auge (s. S. 53 f.) – bewegt sich nicht. Es nimmt lediglich Tonhöhenveränderung wahr. Diese verursacht die Veränderung seines Fixierens. Das Ohr also empfindet sich als ruhend beim Fixieren *einer* Tonhöhe. Verändert sich die Tonhöhe, so empfindet sich auch das Gehör als ›sich verändernd‹, d. h. als wandernd, indem es ständig den Fixierungsort (die Tonhöhe) wechselt. Das Gehör also empfindet als Ruhe, somit zugleich als Bezugsgegebenheit, den liegenbleibenden Ton, die währende Einheit.
235 Auch nicht, wie man zunächst meinen möchte, die Sphärenharmonie. Auch hier ist der Sachverhalt: Harmonia → Sichtbares, Sternen (-Abstände)-bewegung; nicht umgekehrt.
236 Vgl. 219b16–18 + 29–32; vgl. auch 220a7: »denn die Bewegung ist eine durch das Bewegte«; vgl. auch 220a1–4: »Denn auf die gleiche Weise wie Bewegtes und Bewegung verhält sich die Zahl des Bewegten und der Bewegung; die Zeit ist die Zahl der Bewegung, das Jetzt ist dem Bewegten zu vergleichen« (s. a. S. 35).
237 KrV (s. Anm. 31), A 211 = B 257 f.; vgl. auch S. 48 und Anm. 91.
238 Gewissermaßen ›naturgegeben‹ schon im Einzelton: ›zugleich‹ mit ihm erklingen seine Obertöne, die in Verhältnissen diskreter Zahlen zueinander stehen. Vgl. auch S. 68 und S. 69 sowie Anm. 185, 187 u. 226.)
239 S. 60 f., 62 f., 77 ff.

Anmerkungen zu S. 86–92

240 S. 61 f.
241 S. 62 f. und 77 ff.
242 Vgl. dazu auch S. 86.
243 Habe ich im Raum die freie Wahl des Standorts, so ist die Zeit in Bezug auf meinen ›Standort‹ ein Diktator. Vgl. auch S. 31 f.
244 Unser Hörorgan betätigt sich als Gleichgewichtsorgan. Vgl. auch S. 46.
245 πράττω (betreiben, ausführen, *tun, handeln*, wirken) bedeutet auch ›wagen‹. Es ist bemerkenswert, daß bei Pindar πράττω zweimal in dem Ausdruck ›an die Pflicht mahnen‹ (πράσσει χρέος) in musikalischem Zusammenhang vorkommt (3. Olymp. Ode, V. 7 sowie 9. Pyth. Ode, V. 104). Demgegenüber bedeutet ποιέω ›schaffen, machen‹, Hinstellen von Werk, von fertigem Werk, wobei das Schaffen katexochen eben die Poesie, die Dichtung wurde – nicht die Musik. Zwar kommt ποιέω auch in musikalischem Zusammenhang vor, so daß es wie synonym zu πράττω erscheint, doch wohl erst später, bei den Theoretikern. Es wäre eine Forschungsaufgabe, diese zwei Grundworte, in den Zusammenhang Dichtung und Musik gestellt, unter besonderer Beachtung der Zeit ihres Vorkommens genauer zu untersuchen und von dieser Seite her zu beleuchten.
246 Und zwar der ›Bewegung‹ im engeren Sinn als Kreisbewegung, Rotation (vgl. S. 43 ff.).
247 Vgl. Georgiades, Schubert, (Anm. 4), S. 37 und 177 ff.
248 ἀριθμός und ῥυθμός haben die gemeinsame Endung -θμός, womit sie zu den von der Sprachwissenschaft als nomina actionis bezeichneten, eine Handlung, ein Tun implizierenden Substantiven gehören. – Und zwischen ἀριθμός und ἁρμονία wurde von einigen Sprachwissenschaftlern eine etymologische Verwandtschaft angenommen (trotz des Unterschieds ἁρ- mit spiritus asper, und ἀρ- mit spiritus lenis, wofür man eine Erklärung hat): ἀραρίσκω = ich füge zusammen, und ἀρ-θμός = die Verbindung, zu ἁρμονία (Wurzel *ar-: fügen, ἁρμός = das Fügen; vgl. ἁρμόζω = zusammenfügen bei Homer, s. o. S. 61). Es wäre schön, wenn es so wäre; aber die Linguisten sind sich nicht einig; es gibt auch andere Ableitungen. – Bei den griechischen Autoren kommt das Wort ἀριθμοί (Zahlen) oft synonym mit dem Wort ῥυθμοί vor, und zwar im Zusammenhang mit den Versmaßen, oder auch im Zusammenhang mit der Kunstprosa.
249 Vgl. S. 52 f.
250 Nicht erst bei Aristoteles – seiner ›verstummten‹ Bewegung (s. a. Anm. 246) – sondern schon bei Platon (etwa Timaios 37 d, 38 a, c, 39 d).
251 Vgl. dazu S. 65, sowie S. 69 und Anm. 187.
252 ›Freier Rhythmus‹ ist – soweit er wirklich frei ist, was wohl sehr selten vorkommt; meist steckt irgendwo ein latentes Zählen, oder ein rubato-Zählen – eine Ausnahme, die – wie man so sagt – die Regel bestätigt. Er hängt meist mit Sprechen oder mit Affekt – Stimme, Schrei (›Vitalgegebenheiten‹) – zusammen. Und oft erscheint er nur während einer kurzen Strecke, wodurch das Zählen beim Wiedereinfädeln ausdrücklich wird.
253 Aristoxenos, ein Schüler des Aristoteles, war der erste Musiktheoretiker der Antike.
254 219b1 f.; auch 219a27 f.; vgl. S. 32 und Anm. 36.
255 R. Westphal, Rhythmik und Harmonik, Leipzig 1867. Supplement: Die Fragmente der Rhythmiker und die Musik-Reste der Griechen, S. 3: Psell. 4, Fragment IV; und S. 4.

Anmerkungen zu S. 92–93

256 S. 50.
257 S. 46 und S. 89.
258 Ausgenommen die im 1., 23. und 32. Takt beim einstimmigen Anheben der ersten, dritten und vierten Choralzeile nicht unterteilten Viertel. Ausführlicher über dieses Choralvorspiel (BWV 668): Musik und Sprache (Anm. 3), S. 81 ff. – In den Ausgaben steht das Stück meist unter der Überschrift ›Wenn wir in höchsten Nöthen sein‹.
259 Siehe S. 66 ff.
260 Vgl. S. 71 und Anm. 195.
261 Mensura, Mensuralnotation, mesure beziehen sich auf die gleichmäßige *Wiederkehr* der ›Zählzeit‹.
262 Vgl. S. 38 und Anm. 60 zu Aristoteles, Physik 220a30.
263 Vgl. auch Anm. 53, 55, 90.
264 Aufschlußreich ist Herkunft und Bedeutungswandel dieses Begriffs: Das griechische χρόνος πρῶτος, »erste *Zeit*«, bezieht sich auf den Rhythmus. Auch im lateinischen Bereich bezieht sich das *Tempus* auf ein rhythmisches Phänomen, das heißt auf Relationen: auf das Verhältnis der Brevis zur Semibrevis in der musikalischen Notation des Mittelalters. Noch Descartes nennt in seinem kleinen Frühwerk ›Musicae Compendium‹ (1618) ein Rhythmus-Kapitel ›De numero vel tempore in sonis observando‹, wobei er numerus und tempus synonym für Rhythmus gebraucht. Im 16. Jahrhundert vollzieht sich über die neusprachliche (italienische) Übersetzung des lateinischen ›tempus‹ in ›tempo‹ eine Verschiebung von der Relationsbezogenheit auf das Anzeigen einer Geschwindigkeit, also eines absoluten Faktors. In diesem Sinn bürgerte sich ›Tempo‹ in fast allen europäischen Sprachen ein. Adagio und Allegro sind verschiedene Tempi, aber der Rhythmus kann derselbe sein. Das ›absolute Tempo‹ nimmt von hier seinen Ausgang; es beruht auf einem Zeit-*Messen,* etwa durch Pendel (Physikalisches) oder Puls (Physiologisch-Psychologisches). Für letzteres ist bezeichnend die Anwendung des Ausdrucks ›Bewegung‹ und dessen Doppelsinn – im Französischen noch typischer: mouvement, äußere und innere Bewegung – der von den Musiktheoretikern des 18. Jahrhunderts ausgenützt wird: für Gemütsbewegung, Affekt, Erleben einerseits, für den Bewegungsverlauf als Geschwindigkeit, als Tempo andererseits. (Beide Momente schwingen wohl mit in der Bezeichnungsweise ›premier mouvement, deuxième mouvement‹ usw. der Franzosen für die verschiedenen Sätze einer zyklischen Komposition.)
265 Vgl. auch Anm. 226. Ein Eingehen hierauf würde hier zu weit führen. Nur angedeutet sei: das Aufkommen der Dur-Moll-Tonalität und damit das Fixieren der verschiedenen Tonarten als Absolutes; der Temperierung und, damit im Zusammenhang, der Verabsolutierung ja Hypostasierung der Tonhöhe; der harmonischen Tonalität (schwer-leicht, Tonika-Dominante) und – in Verbindung mit dem In-den-Vordergrund-Rücken der Betonung – das Sich-Konsolidieren des Takt-Prinzips (um 1700); das ausdrücklich werdende Auseinanderhalten der zuvor weitgehend homogen gehandhabten Stimmen als Lagen (hoch/tief, Sopran/Baß); die neue Funktion des Basses als Träger der Harmonie (Generalbaß), verbunden mit dem Moment der Schwere; das Anpassen des Rhythmus an die Stimmlage (tiefere Stimme langsamer).
266 Beim Tonphänomen stellen sich die Zahlenverhältnisse 1–4 *von selbst* ein; sie sind die dem Phänomen selbst innewohnende, es konstituierende Eigen-

schaft. Beim musikalischen Rhythmus ist es aber nicht so. Hier stelle *ich* die Verhältnisse her; *ich* bestimme sie.

267 Wir verwenden das Wort Rhythmus heute auch im übertragenen Sinn für Räumliches, z. B. für ein Ornament; man meint die *Wiederholung* einer Sache in gleichen Abständen (oder auch in einem anderen Verhältnis). Es liegt ein geometrischer Sachverhalt vor, der nichts mit Zahlenverhältnissen zu tun hat. Nur im Moment der Wiederholung besteht eine gewisse Analogie zum musikalischen Rhythmus.

Die seit der zweiten Hälfte des 19. Jahrhunderts anzutreffende Anwendung des Wortes Rhythmus ausgehend von der Vorstellung des Lebendigen, Fließenden, auch Dynamischen, läuft parallel mit der so gut wie sicher unrichtigen Ableitung des ῥυθμός von ῥέω (fließen). Auch die Verknüpfung von ῥυθμός mit dem Heraklit zugeschriebenen πάντα ῥεῖ ist abwegig; es besteht kein Anlaß, die Sinnbereiche des ›Alles fließt‹ und des Wortes ῥυθμός – das in den überlieferten Heraklit-Texten nicht vorkommt – in Beziehung zueinander zu setzen.

268 Zwar gilt Ähnliches für das Wort Musik (aus dem giechischen Musikē, μουσική, dieser Einheit von Musik, Reigen und Vers). Doch immerhin läßt sich im Deutschen ›Tonkunst‹ sagen; und vor allem können wir die ›Musik‹ eben auf die musikalische Komponente jener Ganzheit der griechischen ›Musen-Betätigung‹ zurückführen.

269 Eine ausführliche Quellenzusammenstellung mit Literaturbesprechung (philologisch) bei E. Wolf, Zur Etymologie von ῥυθμός und seiner Bedeutung in der älteren griechischen Literatur, in: Wiener Studien, Zeitschrift für classische Philologie LXVIII (1955), S. 99–119.

270 E. A. Leemans, Rhythme en ῥυθμός, in: L'Antiquité classique XVII (Louvain 1948), S. 403–12.

271 Die Stelle, auf die ich schon früher hingewiesen habe (Musik und Nomos, 1969, jetzt: Kleine Schriften (Anm. 2)) befindet sich in einem relativ neuen und daher noch weniger bekannten, bei den Philologen oder Archäologen noch nicht erfaßten Papyrusfund, einem Fragment aus dem 8. Pään (veröffentlicht ohne Kommentar von B. Snell, Pindari Carmina cum Fragmentis, Lipsiae 1953, S. 222). Dort spricht Pindar über die Architektur von drei Tempeln in Delphi, die zu seiner Zeit dort standen; und auf den dritten Tempel bezieht sich obige Stelle.

Nur erwähnen möchte ich in diesem Zusammenhang, daß im Neugriechischen die verschiedenen Säulenordnungen ›Rhythmen‹ genannt werden. Man weiß nicht, woher dieser neugriechische Gebrauch kommt, doch wahrscheinlich eher über das Mittelalter als direkt von der alten Zeit.

272 Bei eingehenderen Untersuchungen wäre wichtig, zwischen Singular- und Pluralbildung (ῥυθμός – ῥυθμοί) zu unterscheiden. Vgl. z. B. die »dreieckigen Rhythmen der Kyma« in obigem Aischylos-Bruchstück: Beziehen sich die Rhythmoi auf die einzelnen Dreiecke, oder ist deren Aneinanderreihung zur Zierleiste für die Bezeichnung bestimmend? Aristoteles (Met. 1054a3 f.) rechnet ein Dreieck zu den σχήματα εὐθύγραμμα, »geradlinigen Figuren«; σχῆμα ist also für ihn eine geschlossene geometrische Figur. Hätte er sie synonym auch ῥυθμός nennen können? (Zu Aristoteles im Zusammenhang mit ῥυθμός ≅ σχῆμα weiter unten.) Vgl. auch obige Alexis-Stelle (S. 95).

273 Zu Nous, διὰ νοῦ etc. und zu Logos, ἄλογος etc. im Zusammenhang mit der Harmonia vgl. oben S. 55 ff., 63, 75 f., 77.

Anmerkungen zu S. 96–107

274 Vgl. die Rhythmus-Definition des Aristoxenos, S. 92.
275 Siehe auch S. 45 und Anm. 77, sowie Anm. 246 u. 250.
276 Vgl. 92c7f. ὁ κόσμος: ζῷον ὁρατὸν τὰ ὁρατά περιέχον, εἰκὼν τοῦ νοητοῦ θεὸς αἰσθητός; »die Welt: ein sichtbares Lebewesen, das das Sichtbare umgibt, als Abbild des den Nous schlechthin Verkörpernden (zu Harmonia), ein wahrnehmbarer Gott (zu Zeit-›Rhythmus‹)«.
277 Zur musikalischen Komponente in der λέξις bzw. im λόγος vgl. Aristoteles, Rhetorik 1403 b 29 ff.
278 Das Wort ›alles‹ bezieht sich vermutlich nur auf den hier behandelten Bereich; denn anderen Orts wendet sich Aristoteles ja gegen das verallgemeinernde ›Alles ist Zahl‹ der Pythagoreer (vgl. S. 30 und Anm. 27, sowie Anm. 153).
279 Dies ist der Grund, weshalb in Platons Timaios der Bau des Weltalls und seine Sphärenharmonie als Hervorbringung eines Nous (des Demiurgen) erfaßt werden.
280 Frg. 93 (67) = Loeb 70.
281 Frg. 221: νόμος δ᾽ ἀρχαῖος ἄριστος, »ein alter Nomos der beste«.
282 So in γλῶσσαν νέμων (Aischylos, Agamemnon 685) auf die Sprache bezogen.
283 Erik Wolf, Griechisches Rechtsdenken I, Frankfurt/Main 1950, S. 268–80 und 292.
284 Trotz derselben Wurzel (φυ-) nicht zu verwechseln mit Physis. Das später aufkommende Gegensatzpaar Nomos-Physis im Sinn von Satzung (Konvention) – Natur gehört nicht hierher.
285 Frgm. 178, ed. Schroeder (Snell 35c; Tusc. 23).
286 ›kélados‹ bedeutet ›helles (auch lautes) Rauschen oder Klingen‹; aber auch ›silbriges Plätschern oder Zwitschern‹. Wie bei Aristophanes (s. oben S. 102) wird bis auf den heutigen Tag in Griechenland das Vogelsingen ›keladō‹ genannt.
287 Vgl. dazu Orphiker, Hymnus 64: »Ich nenne den König der Unsterblichen und der Sterblichen, den himmlischen Nomos.« Vgl. auch den νόμος δεσπότης bei Herodot (7, 104, 4) und den νόμος τύραννος in Platons Protagoras (337d1 f.), beides etwa mit ›Herr‹, ›Herrscher‹ wiederzugeben.
288 Frg. 169 (151) ed. Snell.
289 Vgl. Pindar Frg. 178 (s. Anm. 285), S. 104.
290 Vgl. auch das über die Verben πράττω und ποιέω Gesagte, Anm. 245. – Die seit dem Aufkommen der Vergleichenden Musikwissenschaft in den Lexika stereotyp wiederholte Gleichsetzung des griechischen Nomos mit dem arabischen Maqām, dem indischen Rāga oder dem javanischen Patet ist problematisch. Es scheinen dort andersartige Zusammenhänge, insbesondere auch räumliche Bezüge bestimmend zu sein.
291 So Murray, 1937. Weil, 1907, liest: ἑσμός.
292 Die ältesten Musiker (oder Dichter, das ist ja im Bereich der Musikē eins), auf die sich die παλαιοὶ νόμοι, die alten Nomoi beziehen, sind Terpander und Olympos. Terpander wird erwähnt bei Pindar, und Olympos bei Aristophanes; Terpander in der ersten Hälfte des 7. Jahrhunderts, Olympos ein mythischer Sänger; Terpander für die Kithara, Olympos für die Flöte. – Dann werden die musikalischen Nomoi vielfach erwähnt bei den alten großen Autoren: Aischylos, Sophokles, Euripides, Herodot, Thukydides. Auch möglicherweise in dem Homerischen Apollon-Hymnus Vers 20 (wenn νό-

μος zu lesen ist, und nicht νομός, was etwas anderes bedeutet). Pindar habe ich mehrfach erwähnt. Wir sahen, daß bei ihm Phyá, Nómos in seiner allgemeinen, Nómos in seiner musikalischen Bedeutung, auch Musikē und Harmonía ein ungebrochenes Ganzes bilden. Es sind nicht sehr viele Nomos-Stellen, sie haben aber alle Gewicht. Außer den schon genannten erwähne ich noch 1. Olymp. Ode, V. 101 f.: ἱππίῳ νόμῳ Αἰοληίδι μολπᾷ, »mit der Reiterweise in aiolischem Lied« (Dornseiff).

293 Der ›kitharodische Nomos‹ ist der älteste Nomos.
294 Im Dialog Minos werden Marsyas und Olympos als Gesetzgeber für die auletischen Nomoi (ἐν τοῖς αὐλητικοῖς νόμοις νομοθέτης) genannt. – Vgl. auch die S. 105 f. angeführte Stelle aus den Gesetzen IV, 4, 722 c – 723 e.
295 Daß bei den Alten die Gesänge zur Kithara ›Nomoi‹ hießen, steht für Platon fest; und Platon mußte es wissen, er schöpfte aus der Fülle der Erfahrung, der Überlieferung – jedenfalls mehr als Plutarch. – Aus obigen Platon-Stellen entnimmt man bekanntlich, daß Platon sich geradezu krampfhaft an die alten Nomoi halten möchte, und zwar durch ausdrückliches Einführen, es liegt geradezu eine Restaurationstendenz vor. Während die Alten, wie er in der Fortsetzung obigen Zitats (Gesetze 800 a) sagt, die Nomoi wie im Schlaf (καθ᾽ ὕπνον), als ob sie träumten (ὠνείρωξεν) befolgten, gab es inzwischen – Platon schrieb die Gesetze, sein Alterswerk, in einer Zeit, da die Fundamente der Musikē ins Wanken geraten waren – nomoswidrige Neuerungen (παρανομίαι, 700 d – 701 a), die Platon bekämpfte.
296 Beide Übersetzungen von Dornseiff. – Bei Erik Wolf, a.a.O. (Anm. 283), S. 272 f., wird Heraklits νόμος θεῖος aus Frg. 114 mit der »unsichtbaren Harmonía« (‘Αρμονία ἀφανής) des Heraklit-Fragments 54 (s. o. S. 61) in Verbindung gebracht.
297 Zum Wort Harmonía s. S. 61 f., zum Wort Rhythmós S. 94 ff.
298 Zu διάστημα (›Zwischenraum‹, Intervall) in der altgriechischen Zahlen- und Musiklehre vgl. S. 64.
299 Z. B. ist die Oktav in der ›graphischen Darstellung‹ durch nichts vor den anderen Intervallen optisch ausgezeichnet:

8.   9.   5.

Optisch ist die Non – auch die Quint – einleuchtender als die Oktav.
300 Transkription nach der Musica Enchiriadis-Handschrift Paris Bibl. Nat. lat. 7210.
301 Auf meine Naturwissenschaftlern wiederholt vorgetragene Frage (z. B. Hans Jensen †, Heidelberg 1965, zuletzt 1975 in Form eines Rundschreibens an die Philosophen und Physiker H. G. Gadamer, W. Gentner †, Carl Fr. v. Weizsäcker, und den Mathematikhistoriker B. L. van der Waerden), ob es im Mittelalter dem Musica Enchiriadis-Diagramm *vergleichbare*, durch den zu erfassenden Vorgang nahegelegte graphische Darstellungen außerhalb des musikalischen Bereichs gibt, erhielt ich nie eine bejahende Antwort. Man verwies mich stets als frühestem Namen auf Nicolas von Oresme († 1382) und dessen Werk Tractatus de Configurationibus Intensionum. Doch, soviel ich sehe, sind Herkunft, Sinn und Absicht des Musica Enchiriadis-Diagramms ganz anderer Natur: die Herkunft ist unreflektiert empi-

Anmerkungen zu S. 113–117

risch; der Sinn hat mit ›Zählen‹ (und nicht mit Messen) zu tun; die Absicht ist die Herstellung einer graphischen Anweisung für ein musikalisches Tun. Oresmes graphische Darstellungen dagegen geben Intensitäten als (meßbare) Größen wieder, die sich kontinuierlich oder auch diskontinuierlich verändern; diese Darstellungen dienen unter Anwendung von geometrischen Verfahren der Auffindung eines mittleren Wertes, oder einer Summierung bzw. Integration. Trotzdem stellt sich die – weitere – Frage, ob das Musica Enchiriadis-Diagramm (und die seit dem 12. Jahrhundert in den Grundzügen ausgebildete spätere Notenschrift in Zusammenhang mit den späteren mathematisch-naturwissenschaftlichen graphischen Darstellungen gesehen werden darf (Wegbereiter, Anregung?). – Oresmes De Conf. enthält zwar einen Abschnitt über Musik (II, cap. XV–XXV), doch kein musikalisches Diagramm. Oresme erwähnt, soviel ich sehe, nur allgemein die Möglichkeit, musikalische Gegebenheiten durch sein Verfahren darzustellen; vgl. etwa I, cap. III; II, cap. V.
302 Vgl. auch Anm. 224 und S. 70 f.
303 Die Tonvorstellung ›hoch – tief‹ hat – wohl im Zusammenhang mit dem Aufkommen einer mehrstimmigen Setzweise – die Bezeichnungen acutus – gravis, ὀξύς – βαρύς (vgl. auch S. 24) verdrängt. Vgl. schon altus – bassus.
304 Seit rund 1100 in Terzabstand, also wie in unserem Fünfliniensystem.
305 Vgl. Kap. I. Zeit, insbes. S. 31 ff., sowie Anm. 36 und 53.
306 Hexachordum benannte man in der mittelalterlichen Musiktheorie die 6-Tonreihe in Analogie zur 4-Tonreihe des Tetrachords, s. S. 113 und Anm. 302. Das Hexachord ist aber kein melodisches Prinzip, sondern ein Klangraum. Er beruht auf einer Zusammenklangsvorstellung, die sich durch die ›Bewegung‹ der Töne als Zeitphänomen, durch die ›Bewegung‹ der Quart im Hexachord-Klangraum, durch das Anwenden des Quartprinzips der Tetrachordstruktur auf den Zusammenklang verwirklicht. Dabei wird die Quint ›überfahren‹ (überspielt, überhört), und es entsteht ein neues, erweitertes, *statisches* Feld. Die ›Dur-Reihe‹ des hexachordum durum besagt also auch kein finales Prinzip, sondern zeigt lediglich die Struktur des in Erscheinung tretenden ›Tonbündels‹ an. (Das Hexachord hat mit der Pentatonik gemeinsam, daß beide keinen Tritonus aufweisen. Das Hexachord enthält einen, die Pentatonik keinen Halbton.)
307 Siehe auch S. 80 und Anm. 225.
308 Zum Begreifen des historischen Zusammenhangs ist wichtig darauf hinzuweisen, daß der von Guido von Arezzo zur Solmisation verwendete Hymnus ›Ut queant …‹ (wie auch das ›O Roma nobilis‹) in der Hs. Monte-Cassino Q 318 (11./12. Jh.) die Notationsweise der Musica Enchiriadis aufweist.

II b. Diesda

309 Ich gehe bei dem Vergleichen des Tons mit dem Licht von der sichtbaren Licht*quelle* aus; diffuses Licht ist etwas Unbestimmtes, nicht mit Tönen vergleichbar.
310 Ich setze eine durchgehend identische Lichtquelle – wie stetiges Kerzenlicht

Anmerkungen zu S. 117–119

oder die Sterne – voraus (anderenfalls wäre das Licht eher mit dem Geräusch vergleichbar); auch die *lebendige* Lichtquelle setze ich voraus, kein elektrisches Licht.

311 Shakespeare macht im Kaufmann von Venedig V, 1 von der Analogie Licht-Dunkel/Ton-Stille Gebrauch (vgl. V. 3, 24 f., 56 f., 89 f., 100 f.): Stille und Nacht sind die ›Träger‹ der Musik, das, was die Musik gleichsam hervorbringt.

312 Wäre der Ton im Geräusch, also in einer Empfindung verankert, so wäre er im Raum verankert. Vgl. S. 53 f. sowie weiter unten S. 121 ff.

313 Vgl. auch S. 96 und Anm. 275.

314 Vgl. Anm. 61 (Aristoteles, Physik 223 a 25 f.); s. a. Anm. 103.

315 Im Timaios (47 ab) wird der Gesichtssinn, das Auge, als das größte Gut angesprochen (47 b 3): »weil, indem wir die Sterne und die Sonne erblicken, den Tag und die Nacht sehen, bringen sie, die Monde und die Jahresumläufe, in uns die Zahl hervor, und der Nous eignet sich die Zeit an (χρόνου ἔννοια: ›das *In-dem-Nous-Sein* der Zeit‹, 47 a; vgl. auch Anm. 110); s. a. H. G. Gadamer, Idee und Wirklichkeit in Platos Timaios, Sitzungsberichte der Heidelberger Akademie der Wissenschaften, Philosophisch-historische Klasse, Jg. 1974, 2. Abh., Heidelberg 1974, S. 16. – Das Auge also erblickt das ›Andere‹, das – sich dem Nous gemäß bewegende – Räumliche, die Sterne und die Sonne, und das ermöglicht erst die Tätigkeit des Nous, die Zahl hervorzubringen und damit die Zeit sich anzueignen. *Daß* dagegen das Räumlich-Stoffliche existiert, *daß* die vier Elemente existieren, das ist ein δι' ἀνάγκης; sie existieren ›durch Notwendigkeit‹, d. h. sie wohnen nicht, wie die Zahl und die Zeit, dem Nous inne, sie werden nicht durch den Nous konstituiert.

316 Siehe Anm. 314. 223 a 25 f.: »Wenn nichts anderes vermag zu zählen außer der Seele und dem Nous der Seele…«. Vgl. dazu Leibniz: numerare animi (s. S. 77). Hier zu musica, dort zu χρόνος; bei beiden ›zählen‹ (numerare bzw. ἀριθμεῖν): dort ›zählt die Seele‹ die Zeit, hier die Musik.

317 *Daher* »ist es unmöglich, daß es Zeit gibt, wenn es keine Seele gibt«, 223 a 25, s. Anm. 61; auch Anm. 73. Vgl. dazu auch S. 72 ff., meine Gegenüberstellung von ›Seilfigur‹ (›stumm‹) des Pythagoras-Satzes (ich nehme das räumliche Faktum hin) und Zahlenbeweis der Inkommensurabilität der Diagonale zur Seite (Beweis, daß d : s nicht διὰ νοῦ, d. h. nicht durch Zählen konstruierbar).

318 Vgl. Anm. 36, 104 und 132. – Es sei klargestellt, daß in meiner Betrachtung das Zeit*liche*, das Werdende und Vergehende, das nicht mit sich selbst Identische, nicht Bleibende, für beides, Zeit und Räumliches, ausscheidet. So wie ich die Zeit als Währen, als ständige Wiederkehr (des Jetzt) erfasse, erfasse ich Diesda nur als ›Diesda‹, als ›Dort‹, ›Da‹, ›Außen‹.

319 Zum Lückenlosen (auch im Zusammenhang mit Kreisbewegung, somit mit Zeit) vgl. auch Timaios 58 a 5–8: »Der Umlauf des Alls schließt, … und da er kreisförmig ist und von Natur das Bestreben hat, in sich selbst zurückzukehren, alles zusammen und läßt keinen leeren Raum übrig bleiben.«

320 Vgl. auch Aristoteles Anm. 314 u. 316.

321 *Das* ist es eigentlich, worin Kants Vorstellung von der Subjektivität, dem Mitgebracht-Apriorischen der Anschauungsform des Raums gründet.

322 Siehe Anm. 12.

323 Auch das Phänomen einer etwa vom konkret Dinghaften losgelösten ›Bläue‹

Anmerkungen zu S. 119–124

(wovon die Psychologen sprechen) kann nicht anders als ein Räumliches, somit als ein Außen, vorgestellt werden.
324 Vgl. S. 23.
325 Zur Unterscheidung Strecke/Punkte – Zeit/Jetzt vgl. Kap. I. Zeit, z.B. S. 30 und Anm. 25, S. 31, S. 32, S. 34.
326 Das Angezeigte muß natürlich nicht ein Einzelnes sein (diese gesehene Rose da, diese duftende Rose); die Wahrnehmung kann z.B. das Außen als ein Ganzes anzeigen. Oder es kann ein wahrgenommenes Diesda komplex sein; und seine Teile (z.B. Blüten, Blätter, Zweige, Stamm des Baumes) oder einzelne Momente (z.B. Stofflichkeit, Farbe, Duft) können in Beziehung zueinander gesetzt werden. Oder es kann ein nachträglicher Vergleich zwischen zwei gleichartigen Empfindungen stattfinden (z.B.: dieses Getränk ist süßer als jenes; die Sonne ist heller als der Mond). Auch wenn sich die Wahrnehmung eines Außen ohne Bindung an im engeren Sinn Dinghaftes (z.B. Bläue) oder ohne Bindung an einen Ort einstellt (z.B.: es ist hell), bleibt davon die primäre Struktur der Empfindung, die Verknüpfung absolut-anzeigend, unberührt.
327 Vgl. Platon, Theaitetos 201c–210a und Aristoteles, Met. 1043b28–32.
328 Vgl. auch Anm. 15.
329 Vgl. auch S. 54.
330 Beim Anblicken des Sternhimmels herrscht Dunkelheit; ich sehe Lichtpunkte im durchgängigen Dunkel.
331 Siehe S. 48 (insbes. 227a9f.); vgl. auch S. 119.
332 Vgl. auch die Gegenüberstellungen S. 118f.
333 Setze ich dagegen Empfindungen, z.B. Geräusche, als solche in Beziehung zueinander, sehe ich also von ihrem Was ab, so stellt sich nichts Evidentes, keine für sich einleuchtende und sich verselbständigende Relation ein.
334 Daher kann es auch nicht direkt, als das was es ist, genannt werden. Es bleibt ›ein‹ – d.h. unbestimmt – dumpfes, schrilles, heulendes usw. Geräusch.
335 Vgl. Platon, Timaios 47c6–12.
336 Vgl. Anm. 15, 323, 326.
337 Vgl. S. 42.
338 So auch die Sprache als Folge von Geräuschen. Vgl. Kap. III. Nennen, S. 145f.
339 Diese Zeit ist der ›innere Sinn‹, die ›innere Anschauungsform‹, die ›Zeit‹ Kants. Diese Zeit ist nichts eigenständig Reales. Sie ist die Zeit *als Natürliches* (und somit zugleich Verstandesmäßiges). *Diese* Zeit liegt der (transzendentalen) Logik zugrunde.
340 Ich setze ihn dann in Beziehung zu dem ›Werkzeug‹ – Organon – wodurch er zustandekommt, zu einem ›Instrument‹ im engeren oder auch im weiteren Sinn, z.B. den Stimmbändern beim gesungenen Ton oder den Bienen beim Bienensummen. Vgl. auch Anm. 133.
341 Über ›absolute Tonhöhe‹ vgl. S. 53, S. 54, S. 81f.
342 Vgl. auch S. 63 mit Anm. 150, S. 65 mit Anm. 169, 170, 172; S. 66 und 111.
343 Die Eigenständigkeit des Tonphänomens dem Reiz als dem Träger gegenüber kommt schön zur Geltung in folgender Bemerkung Keplers: »Wenn überhaupt das Lustgefühl von der Reizung herrührt, spielt dann nicht bei diesem Lustgefühl das Organ die Hauptrolle, das die Reizung aufnimmt?

Anmerkungen zu S. 125–127

Nun aber frage ich, welchen Anteil an der Lust haben beim Hören konsonanter Stimmen und Töne die Ohren? Empfinden wir nicht manchmal Schmerz in den Ohren, wenn wir auf Musik horchen und wegen des argen Geschmetters die Hand vorhalten, wobei wir aber doch die Konsonanzen wahrnehmen und das Herz in uns hüpft?« (Harmonices mundi, 1619, 3. Buch; s. Weltharmonik (Anm. 212), S. 100). Zum Beispiel läßt sich durchaus sinnvoll sagen: ›Dieses Enzianblau ist ein intensives, sattes, leuchtendes Blau‹. Aber unsinnig wäre: ›Dieses *fis* ist ein intensives, sattes, leuchtendes *fis*‹. Es ist lediglich der ›Ton *fis*‹, die ›absolute Tonhöhe‹ *fis*.

344 Vgl. S. 23 u. 93.
345 Vgl. auch Anm. 188.
346 Über Raum-Analogien bei der graphischen Musikdarstellung vgl. S. 82 ff. und 110 ff.
347 »Bewegung der Seele« (κίνησις ψυχῆς, 219a5 f.); vgl. S. 35 und 82 f.
348 (Anm. d. Hrsg.) Kants Ausdruck ›innerer Sinn‹ – vgl. auch Anm. 339 – wird hier von Georgiades für *sein* Verständnis von Zeit und realer Zeit – ›in mir‹, das ›Innen‹, das ›innere Etwas‹, διὰ νοῦ (s. a. S. 50 f., S. 57, S. 125 mit Anm. 345) – in Anspruch genommen.
349 Vgl. Georgiades, Musik und Sprache (Anm. 2), Kap. 12: Stufen musikalischer Wirklichkeit; Palestrina – Monteverdi und Bach – Wiener Klassiker.
350 So spiegelt z. B. das Präludium *fis*-moll aus dem Wohltemperierten Klavier I unleugbar auch ›Stimmungen‹; aber die Struktur ist ausschließlich innermusikalisch geartet.
351 Vgl. Carl Fr. Gauß (an Bessel, 9. April 1830): »Nach meiner innigsten Überzeugung hat die Raumlehre zu unserm Wissen a priori eine ganz andere Stellung wie die reine Größenlehre; es geht unserer Kenntnis von jener durchaus *diejenige* vollständige Überzeugung von ihrer Notwendigkeit (also auch von ihrer absoluten Wahrheit) ab, die der letzteren eigen ist«; und nun: »wir müssen in Demut zugeben, daß wenn die Zahl *bloß* unseres Geistes Produkt ist, der Raum auch außer unserm Geiste eine Realität hat, der wir a priori ihre Gesetze nicht vollständig vorschreiben können«. (Zitiert nach O. Becker, a. a. O. (Anm. 146 [2]).) Wichtig ist dieses »*auch*« (außer unserm Geiste)«: Es besagt, daß die Realität des Raums nicht allein – wie die Zahl – *in unserem Geiste* ist, sondern eben *auch* außerhalb unseres Geistes, unabhängig von ihm, eine Realität ist. Anders gesagt: Der Raum braucht nicht den Geist, um erst, als Raum, konstituiert zu werden: das Gegenteil von Kants Raum als ›apriorische Anschauungsform‹.
352 In Platons Sprache: Die geometrischen Figuren und Körper sind zwar, qua Räumliches, ein δι' ἀνάγκης, aber sie kommen dem Nous entgegen (Timaios 48 a und die darauffolgenden Ausführungen). Vgl. auch Anm. 208.
353 Die Eigenschaften des geometrischen Räumlichen werden von der Geometrie, der ›Raumlehre‹ studiert. Aber von den Eigenschaften der bei sich belassenen Zeit könnten wir nicht behaupten, daß sie von der ›Zeitlehre‹ studiert werden. Denn die vom Nous bemerkte Zeit kippt ja in Zählen um. Und die Lehre, die sich mit den Zahlen befaßt, ist die Arithmetik. Geometrie als ›Apriorisches‹, als mathematische Wissenschaft ist möglich, weil *Ding*-Vorstellung möglich ist. Und weil es keine Zeit-Dinge gibt, ist keine der Geometrie analoge ›Zeitlehre‹ möglich. Die Lehre vom *empfindungsfreien* Zeit-Etwas der Tonrelationen, die Harmonia, ist keine Abstraktion. Als Abstraktion betrachtet, führt sie zur Arithmetik, die aber, anders als die Geometrie,

welche ›*Raum*wissenschaft‹ bleibt, nichts mit Zeit zu tun hat (s. S. 76), also keine ›apriorische *Zeit*lehre‹ ist, sondern ›apriorische *Zahlen*lehre (-wissenschaft)‹. Kant dagegen, der nicht von der Aristotelischen Definition der Zeit als Zahl ausgeht, sieht eine ›Zeitlehre‹ als Gegenstück zur Geometrie an: »Allgemeine Zeitlehre gibt nicht so, wie die reine Raumlehre (Geometrie) genugsamen Stoff zu einer ganzen Wissenschaft her« (1. Einleitung zur Kritik der Urteilskraft). Er betrachtet also Zeit und geometrischen Raum als einander entsprechend, eine Entsprechung, die nach obiger Ausführung nicht vorliegt.

354 Dies hat nichts etwa mit egozentrischer Betrachtungsweise zu tun, die allein vom Ich, der Person, und nicht von der Gemeinschaft ausgeht.

355 Vgl. S. 30 und Anm. 27; s. a. S. 119 und 121.

356 Kants ›Anschauungsform‹ und was ich ›Diesda erfassen‹ nenne, haben gemeinsam: daß das Dinghafte mir *erscheint*, das heißt in meinen Horizont tritt.

357 Ihn kann ich zwar ›ad libitum‹ ausdehnen, aber nicht ›ad infinitum‹: er bleibt stets begrenzt, abgegrenzt, ›im Bereich meiner unmittelbaren Überzeugung‹ bei einem als *ad libitum* ausgedehnt vorgestellten Raum. Ich betrachte zwar nur den in meinen Horizont fallenden *Teil* von Raum, aber gleichsam als pars pro toto. Das Einleuchtende des Parallelen-Axioms – überhaupt der Euklidischen Geometrie – setzt diese Begrenzung auf die pars voraus.

358 Bei Kant wird der empfindungsfreie Raum mit der Anschauungsform des Raums und diese wiederum mit dem Geometrisch-Räumlichen gleichgesetzt. Das Vorhandensein der Naturformen bleibt ungeklärt. Außerdem: Durch Kants Zurückführung des Raums auf *subjektive* Anschauung wird der Raum, dieses ›Andere‹, unerlaubt *verinnerlicht*. Das grundlegende Moment des Erblickens eines X, als ›Außen‹, als Diesda, dieses Stoßen auf die Wand, dieses Staunen, verflüchtigt sich in ›Inneres‹, in subjektive Anschauungsform.

359 Vgl. auch den Einwand von H. v. Helmholtz gegenüber Kant: »Kants Lehre von den apriori gegebenen Formen der Anschauung ist ein sehr glücklicher klarer Ausdruck des Sachverhältnisses; aber diese Formen müssen inhaltsleer und frei genug sein, um jeden Inhalt ... aufzunehmen. Die Axiome der Geometrie aber beschränken die Anschauungsform des Raumes so, daß nicht mehr jeder denkbare Inhalt darin aufgenommen werden kann, wenn überhaupt Geometrie auf die wirkliche Welt anwendbar sein soll.« (Aus: Die Tatsachen in der Wahrnehmung, Beilage III: Die Anwendbarkeit der Axiome auf die physische Welt (1879), in: Vorträge und Reden 2 (4. Aufl. 1896), S. 405 f.)

360 Bei Gauß (s. Anm. 351) vermißt man, daß er nicht die Zeit, sondern nur die Zahl dem Raum gegenüberstellt. Es würde sonst etwa heißen: »(Wir müssen in Demut zugeben, daß) *wenn die Zeit unser Geist* (und die Zahl unseres Geistes Produkt ist ...)«.

361 Insofern ist dieses Geometrische eine mir eingepflanzte Anschauungsform – doch anders als bei Kant; auch apriorisch, doch nur für meinen begrenzten Raum (vgl. auch Anm. 357).

362 Das Parallelen-Axiom kann ich insofern nicht als Axiom ansehen, als es nichts mit dem Selbst zu tun hat; kein Selbst geht ad infinitum: es hat seine Sphäre. Vgl. auch Anm. 357.

Anmerkungen zu S. 134

III. Nennen

363 Zusammenwirken von Larynx, Stimmbändern, Gaumen, Zunge, Zähnen, Lippen. – Vgl. dazu S. 122; zum nicht spezifisch menschlichen Sende-Organ der Stimme im unartikulierten Laut vgl. unten S. 134 mit Anm. 368, 369 und 370.

364 Töne dagegen bringt nicht nur der Mensch hervor; Tonrelationen, Intervalle, Übereinstimmen von Tönen ›sind da‹ auch als ›Natur‹, sie können ohne das Zutun des Menschen erklingen, so z. B. bei der Äolsharfe oder im Vogelgesang. Vgl. auch Anm. 133 und 139.

365 ›Reflexiv‹ ist auch das Tonphänomen: die Töne zeigen sich gegenseitig an.

366 Vgl. W. von Humboldt, Über die Verschiedenheit des menschlichen Sprachbaues und ihren Einfluß auf die geistige Entwickelung des Menschengeschlechts, Berlin 1836, § 10, S. 65: »So ganz und ausschließlich ist die Sprache schon in ihrem ersten und unentbehrlichsten Elemente in der geistigen Natur des Menschen gegründet, daß ihre Durchdringung hinreichend, aber nothwendig ist, den thierischen Laut in den articulirten zu verwandeln.«

367 Vom *Schriftbild* ausgehende Bezeichnungen wie γράμμα, littera, Buchstabe, beziehen sich nicht auf den Sprachlaut selbst. Sie könnten aber ein Hinweis darauf sein, daß der Sprachlaut als registrierbarer Bestandteil des Wortes erst durch das Vorstoßen zur Buchstabenschrift möglich geworden ist.

368 Ein Wau-Wau des Hundes ist eben kein *Sprach*laut, d. h. es existiert überhaupt nicht ohne das Geräusch, das Hörbare. Ohne dieses, als bloßes ›Artikulieren‹ kann man es gar nicht nachmachen. Das Bellen des Hundes *besteht* eben aus Geräusch, freilich einem bestimmten, spezifischen Geräusch: Hundebellen.

369 Dafür, daß in der reflexiven Empfindung das Hervorbringen als solches und nicht ein Etwas bestimmend ist, ist bezeichnend, daß für dieses Hervorbringen der Wahrnehmung gegenüber ein eigenes Wort verwendet wird, bei unartikulierten Lauten wie Schrei, Seufzer, Stöhnen u. dergl. dagegen nicht: ich artikuliere – Sprachlaut; ich schreie – Schrei.

370 Der auf der Ebene der Nachahmung vorgebrachte Laut des Papageis hat nur insofern etwas von menschlichem Sprachlaut, als wir unseren Sprachlaut in das Gehörte hineinlegen. – Genau genommen bleibt das wirkliche Erkennen und Anerkennen der Sprachlaute auf diejenigen meiner eigenen Sprache beschränkt. Das hängt damit zusammen, daß ich nur sie eindeutig artikulieren und erfassen kann. Wenn jemand eine ihm nicht verständliche Sprache nachahmt, so ist dieses Ungefähre des unklaren Sprachlauts, der unklaren Artikulation nichts anderes als Geräusch, genau so, wie wenn ein Papagei oder andere Vögel Artikulation nachahmen. Die Krähe bringt nicht ›kra‹ hervor, sondern lediglich so etwas wie ›krrrr∞‹. Wenn sie eines Tages plötzlich ›kra‹ *artikulierte*, so würde sie zugleich damit etwas meinen; sie würde sprechen, sie würde zum Menschen. (›kra‹, sagt Voßler, ist noch kein Wort, solange damit kein Meinen verbunden ist.) Es gibt kein klares, artikuliertes ›kra‹, solange es nicht als Sprache, Wort(-bestandteil), solange es nicht in Sprache verwendet wird. Wohl ist es heute möglich, mit elektronischen Geräten so etwas wie ›Sprachlaute‹ hervorzubringen; aber auch bei der besten Maschine haftet ihnen das Moment des Undeutlichen an, sie erinnern an das Unheimlich-Gespenstische des anonymen Geräuschs.

Anmerkungen zu S. 136–138

371 Vgl. dazu W. v. Humboldt, a. a. O. (Anm. 366), S. 66: »...da er (sc. der artikulierte Laut) eben nichts als das absichtliche Verfahren (Sperrung original) der Seele, ihn hervorzubringen, ist, und nur so viel Körper enthält, als die äußere Wahrnehmung nicht zu entbehren vermag.«

372 Beim Ton, selbst bei dem durch die menschliche Stimme hervorgebrachten, stellt sich als Eigenständiges der Person gegenüber und unabhängig von ihr das reale Währen, d. h. die währende Eins als Reales ein. Das Tönen wird nicht wie der Sprachlaut auf den Menschen hin zentriert, sondern auf die währende Eins, auf das Tonphänomen. Dabei ist es gleichgültig, was es anzeigt – eine menschliche Kehle, eine gezupfte oder gestrichene Saite usw. – denn es zeigt an qua Geräusch (Empfindung). Aber der Sprachlaut ›kra‹ – freilich als vom Menschen artikuliert und ›gemeint‹ (Anm. 370) – zeigt auch qua Geräusch (reflexive Empfindung) nur den Menschen an.

373 Dazu W. v. Humboldt (s. Anm. 371).

374 Vgl. auch Platon, Timaios 47 c: »in betreff der Stimme und des Gehöres ... : Denn sowohl die Sprache ist zu diesem gleichen Zwecke bestimmt und trägt den größten Teil dazu bei, wie auch die musikalische Anwendung der Stimme uns verliehen ist, um neben dem Gehör die Harmonia uns zugänglich zu machen.« (Susemihl).

375 Vgl. dazu S. 122 und 123.

376 Vgl. S. 46.

377 Vgl. S. 123.

378 Vgl. S. 70.

379 Daß dies auch für die einzelnen Töne zutrifft (vgl. die Verweise in Anm. 342), hat andere Voraussetzungen. Als Zeit-Zahl-Phänomen kann ich mir die Töne – wie Zeit und Zahl selbst – nur über einen Mechanismus meines Innern aneignen: als Relationen.

380 S. 134 f., insbes. S. 135.

381 Auch ›Silbe‹ ist keine ursprünglich direkte Benennung durch ein einfaches Grundwort; συλ-λαβή: Zusammen-Halten, sc. mehrerer Sprachlaute.

382 Z. B., wie bei Morse-Signalen, kurze und lange Geräusche und das sie hervorbringende Werkzeug, das auch das Stimmorgan des Menschen – aber als das eines ›vorfindlichen‹ Lebewesens aufgefaßt – sein könnte; oder Farben, Figuren und das sie erzeugende Werkzeug (fingieren wir, daß eine ›Sprache‹ ein optisches Medium verwendet, worin das Zeichen ♠ vorkommt: hier wird *durch* diese Figur ein ›Ding‹ angezeigt, und dieses Ding erhält sekundär eine Zeichenfunktion, es bezeichnet (hier) die Vorstellung X, z. B. die Bedeutung ›gut‹;); oder – bei einer Gebärden-›Sprache‹ – gehobene, ausgebreitete, verschränkte Arme, Faust, offene Hand, einen, zwei, drei Finger usw. – Unmittelbar sinnfällige Mimik – Ausdrucksgebärde inbegriffen – ›drückt‹ nur ›aus‹ (nämlich: *das Gefühl*); sie kann nicht einmal ›bezeichnen‹, eigenständig stellvertretend für Dinge oder Sachverhalte fungieren. Sie kann nicht ›willkürlich‹ vergegenwärtigen, was überhaupt nicht da ist. (Auch die Sprache kann zwar ausdrücken, aber sie erschöpft sich nicht darin.)
Ein scharfes Kriterium für den Unterschied von Sprache und Zeichen ist die Schrift. Beim Zeichen wird zuerst das schriftliche Zeichen erfunden – eben ›erfunden‹ – , und dieses wird dann zur akustischen Verständigung auch sprachähnlich. Der Vorgang führt vom sprachlichen Symbol zur mündlichen Mitteilung. Bei der Sprache der umgekehrte Vorgang: *Die Sprachschrift setzt die Sprache voraus.* Es wird gesprochen – Sprache ist nichts ›Erfunde-

nes‹ –, und um dies auch optisch mitzuteilen oder es festzuhalten, wird die Schrift erfunden, wird geschrieben. Schrift folgt der Sprache; Zeichen geht der ›Sprache‹ voraus.

383 In dieser Feststellung ist eingeschlossen, daß es den Sprachlaut für sich, d. h. ohne das Nennen, nicht gibt. (Lediglich im analytischen Verfahren meiner Darstellung benötigte ich das fiktive Isolieren, s. a. S. 134 u. 137.)

384 Und auch im Nennen erfassen wir das Reflexive nicht ausdrücklich, nicht für sich, so sehr ist es damit verquickt. Sonst könnte man nicht der Irrmeinung verfallen, daß außer der Sprache im strengen Sinn auch andere, z. B. auf Bezeichnung beruhende ›Sprachen‹, oder Sprachen im ›weiteren‹ oder ›tieferen‹ Sinn, oder Ausdrucks- und Gebärde-›Sprachen‹, möglich seien.

385 τὸ γὰρ αὐτὸ νοεῖν ἐστίν τε καὶ εἶναι (Parmenides B 3).

386 Aristoteles, De Anima 430 a 4: »Denn bei den Dingen ohne Materie ist Bedeuten und Sich-Bekunden dasselbe«, ἐπὶ μὲν τῶν ἄνευ ὕλης τὸ αὐτό ἐστι τὸ νοοῦν καὶ τὸ νοούμενον.

387 Dieser Absatz wird durch die folgenden Abschnitte erläutert. – Zum Realen S. 147.

388 Vgl. dazu auch S. 134.

389 Das Singen eines Tons ist nicht dem Artikulieren eines Sprachlauts analog. Wenn ich einen Ton singe, stelle ich – nicht anders, als wenn ich mich eines Instruments bediene (vgl. auch Anm. 364) – einen Ton, ein ›Etwas‹ (wenn auch ein ›Etwas sui generis‹) hin; und ich nehme den von mir gesungenen Ton wahr. Das Eigenständige des Tons der Person gegenüber ist das reale Währen, die währende Eins als Reales, als sich unabhängig vom Menschen Einstellendes. Aber ein Artikulieren ist nicht das ›Hinstellen‹ eines p, sondern *ich artikuliere* ein p. Das ist ein für sich einleuchtender Vollzug (ich ›peire‹ gleichsam), und es kommt ›zugleich‹ – ›außerdem‹ – ein p zustande.

390 Der Schrei dagegen ist ein Naturphänomen (der Lebewesen; ›Geräusch‹; ›Ausdruck‹ – z. B. des Schmerzes, des Begehrens, der Befriedigung – der Lebewesen). Ebenso der gesungene Ton: ›Zeit-Etwas‹; nur daß *ich* – und nicht die Natur (s. Anm. 364) –, durch mein Stimmorgan, ihn hervorbringe.

391 Da dagegen die Relation, das Tonphänomen, keine Analogie zur Empfindung aufweist, weist auch die Verbindung der Töne kein zentripetales Gefüge auf: der eine Ton öffnet sich stets nach dem nächsten zu. Die Sprache ist ein Redezusammenhang, und zugleich besteht sie aus eigenständigen, in sich geschlossenen, für sich einleuchtenden, präformierten Einheiten, den Wörtern. Zusammenhängende Rede ohne Wörter ist nicht möglich, wohl aber ein Wort stellvertretend für einen Satz (z. B. ›komm‹). Die Musik kennt keine den Wörtern analogen, präformierten Einheiten; sie bekundet sich ausschließlich als Zusammenhang, als zeitliche Folge; sie ist ja die ›reale *Zeit*‹. Und so wie sie als solche kein Zurück kennt, kennt sie auch das Zentripetale nicht.

392 Nur die deutsche Sprache vertritt diese letzte Stufe der gänzlichen Versprachlichung. Andere Sprachen, besonders der Antipode, das Griechische, verhalten sich anders. Vgl. dazu Anm. 8 sowie Kap. IV, S. 176 ff.

393 Auf die damit zusammenhängenden Fragen bin ich eingegangen in meinen Anm. 1–4 angeführten Schriften.

394 *Re*flexion (Nennen) und *Re*lation (Ton) haben das ›Re-‹, das ›sui generis‹ gemeinsam (s. S. 136).

395 Weil es Nennen gibt, weil das Nennen, dieses Urfaktum, Reflexion ist, muß auch ein Erkenntnisvermögen gezeigt werden, das reflektiert: die Urteilskraft. Die Urteilskraft ist das Zentrale bei Kant, weil sie als reflektierend das Nennen voraussetzt.
396 Dem mathematischen Bereich fehlt das ›Sich‹ (somit auch das Bedeuten; vgl. dazu das Tonphänomen: es zeigt nicht an). Deswegen ist alles aus dem mathematischen Bereich, Zahlen, geometrische Figuren, algebraische Relationen – auch logische Relationen, wie heute in der Logistik – ›konstruierbar‹ (das Tonphänomen ist ›produzierbar‹: vgl. S. 125), definierbar, beweisbar, freilich auf Grund von ›evidenten Axiomen‹. Doch den Axiomen mathematisch-evidenter oder logisch-evidenter Sätze geht das ›Axiom‹ des Nennens voraus.
397 Die obige Formulierung klärt und ergänzt die frühere Feststellung: beim Bedeuten bedeute ich zugleich stets mich (S. 139 sowie Anm. 386, Aristoteles, De Anima 430 a 4). Nun habe ich auf der Stufe des Vernehmens νοοῦν nicht mit ›Bedeuten‹ wiederzugeben, sondern mit ›Vernehmen‹: »Im Bereich des Nennens ist das Vernehmen und das Sich-Vernehmen dasselbe«, es sind zwei Seiten, die zusammenfallen.
398 Darüber hinaus braucht das ›Du‹ nicht lokalisierbar, nicht einmal als Mensch vorstellbar zu sein, so etwa beim ›Beten‹ (im weiteren Sinn).
399 ›Vernehmen‹ kann durch das französische ›entendre‹ beleuchtet werden: es ist weder ›hören‹ (écouter) noch ›verstehen‹ (abstrakt, ›denkend‹), sondern ›hervorbringend wahrnehmen‹, ›etwas erfassen, indem ich es, es konstituierend, hervorbringe‹ (s. S. 140).
400 S. 140; analog dem Sprachlaut, der – anders als die Empfindungen – stets den Menschen, und nur ihn, anzeigt, reflexiv: ›bei sich‹. Vgl. dazu S. 133 f.
401 Vom Mechanismus des Reflexiven (Bedeuten-Artikulieren, Artikulieren-Bedeuten) her ausgedrückt: die Evidenz des Diesda zurückrufend. Auf Parmenides' τὸ γὰρ αὐτὸ νοεῖν ἐστίν τε καὶ εἶναι bezogen, könnte man sagen: Das Wort (νοεῖν) ist das zurückgerufene εἶναι. Vgl. auch S. 138, S. 139 und Anm. 385.
402 Vgl. auch Anm. 399.
403 Vgl. auch S. 120 und Anm. 327, sowie S. 134 f. Vgl. auch Anm. 396.
404 Und zwar unabhängig davon, ob sich dieses Diesda als ›Außen‹ oder ›Innen‹ meldet; auch Phänomene wie ›Güte‹, ›Tapferkeit‹, ›traurig‹, ›Zweifel‹, also auch ›Befindlichkeiten‹, ›innere Empfindungen‹, ›Stimmungen‹ und dergl. (Bereich der Abstrakta) werden beim Nennen als ›Außen‹ – freilich nicht als materielles Diesda – angesehen. Vgl. auch Anm. 398.
405 Überaus deutlich bei Hölderlin, z. B. »*Aber* das Saitenspiel ...«; »*Oder* ein einsamer Mann ...«
406 Gleichgültig welcher Johannes, der Täufer und der Evangelist.
407 Eigenartig das Wort ›Name‹. Es ist kein Wort wie ›Vater‹, ›Wasser‹, ›Frau‹, ›Mann‹, ›Feuer‹, die, weil sie natürlichen, selbstverständlichen Erscheinungen entsprechen, sich als ›Urworte‹ verständlicherweise unreflektiert eingestellt haben und daher wohl auch etymologisch sehr weit zurückverfolgen lassen: ›Name‹ sagen, oder »Indem ich ›Vater‹ sage, nenne ich«, setzt eine starke, komplizierte Reflexion voraus, die, möchte man meinen, erst einem Spätstadium des Menschseins entspricht. Erstaunlicherweise erweist sich aber, daß das Wort ›Name‹ »eines der ehrwürdigsten ist, die es überhaupt gibt« (Kluge-Götze); seine Wurzel ist nicht nur innerhalb, sondern auch

Anmerkungen zu S. 145–149

außerhalb des Indogermanischen bis in die ältesten nachweisbaren Sprachen verfolgbar. Das gibt zu denken: Hatte ›Name‹ immer seinen spezifischen heutigen Sinn? Oder hatte es vielleicht einmal die Bedeutung von ›Sein‹, eben des vom Menschen Benannten? – Vgl. auch 2. Mose 3, 13/14: Der Gottesname Jahwe wird von dem hebräischen Zeitwort für ›sein‹ her gedeutet.

408 Über den musikalischen Rhythmus vgl. S. 19f. und 89ff.
409 Siehe S. 123. Zu ›*in* der Zeit‹ vgl. auch S. 52 u. Anm. 113.
410 Von der Seite der reflexiven Empfindung her wurde die Frage nach der Zeit schon früher angeschnitten: S. 136.
411 Vgl. S. 49f., 55f. u. 121.
412 Die ›gelebte Zeit‹ ist kein ›Reales‹: es fehlt eine unmittelbar auf sie bezogene, eine genuine *Zeit*-Wahrnehmung (vgl. S. 42, Anm. 82 und 409).
413 Vgl. Anm. 396. – Mathematik ›erklärt‹ nicht, ›weshalb‹ etwas (ein mathematischer Satz) stimmt, sondern sie zeigt, daß etwas stimmt. Dies wird deutlich durch den Schlußsatz der Beweise: ὅπερ ἔδει δεῖξαι (quod erat demonstrandum). Ich kann freilich sagen: ›Weil‹ die Axiome stimmen, stimmt auch dies und jenes (immer konsequent, lückenlos vorgehend). Aber das ist nicht mit einer ›kausalen Erklärung‹ zu verwechseln. Was ich zeige, ist, *daß* es stimmt (›weil‹ es sich aus den Axiomen, die stimmen, lückenlos ableiten läßt). Das wird klar am Ursprung dieser ›Erklärungen‹, der Axiome selbst: man ist davon überzeugt, *daß* sie stimmen, aber doch nicht weshalb. Sonst wären sie keine Axiome. Wer nicht einsehen kann, *daß* dieses und jenes Axiom stimmt, kann auch nicht begreifen, ›weshalb‹ ein mathematisches Theorem stimmt.
414 Vgl. W. v. Humboldt, a. a. O. (Anm. 366), § 10, S. 65: »Der Mensch nötigt den articulirten Laut, die Grundlage und das Wesen alles Sprechens, seinen körperlichen Werkzeugen durch den Drang seiner Seele ab.«
415 Zur Begründung meiner fiktiven Isolierung des Sprachlauts s. S. 134 und 137 sowie Anm. 383.
416 Vgl. dazu auch Anm. 412.
417 Wie Paulus, 1. Kor. 15, 51–57, von der Auferstehung der Toten, der Verwandlung des φθαρτόν in ἀφθαρσίαν (des Vergänglichen in Unvergängliches) sagt: ἐν ἀτόμῳ, ἐν ῥιπῇ ὀφθαλμοῦ (im Nu, in einem Augenblick).
418 Analog dem ›Vorher und Nachher‹ der gezählten Jetzte: τάξις und nicht θέσις. Vgl. Aristoteles, Kat. 4b32–37 und 5a23–27 (s. S. 30, S. 34 und Anm. 43, sowie Anm. 92).
419 Siehe auch Anm. 73: Indem der Nous Zeit bemerkt, *somit sie nennt*, zählt er.
420 Vgl. S. 146 und Anm. 411.
421 Das Verhältnis des Satzes zu der Zeit als das jeweilige Nachher nach dem Vorher erinnert an Kants Ableitung des Kausalitätsprinzips aus dem notwendigen Hintereinander der Zeit. Doch in dem Satz als dem notwendigen durchgängigen Zusammenhang spiegelt sich die Sprache nicht als eine Kausalfolge, sondern als der *Sinn*. Das zeitliche Hintereinander ist hier die Form des durchgängigen Zusammenhangs als Sprache, d. h. als der diskursiv dargestellte Sinn. Die Kausalität dagegen ist eine auf *Sach*erscheinungen anzuwendende Kategorie. Im Bereich der Sprache läßt sie sich etwa nur auf gewisse Seiten der grammatischen Konstruktion im engeren Sinn anwenden – sozusagen auf die Wörter als ›Sach‹-Erscheinungen – , nicht aber auf die Sprache als dem durchgängigen Sinnzusammenhang.

Anmerkungen zu S. 149–156

422 Vgl. S. 85 f. sowie Anm. 391. Vgl. auch Georgiades, Musik und Schrift, Kleine Schriften (Anm. 2), bes. S. 110 f.
423 Vgl. insbes. S. 34, 39 f., 42, 46 f. und 50 f.
424 Siehe Anm. 61, Vgl. auch Anm. 103 mit Verweisen, S. 55 ff., S. 118 und Anm. 316, S. 119 und Anm. 320; S. 121, 125 und 127.
425 Vgl. – auf der Ebene des Sprachlauts – S. 135 f.
426 Über Analogien in der Dichtung und nach deren Vorbild in den anderen Künsten s. Kap. IV.
427 Das ›es‹ trägt keine eigene Bedeutung, es gehört zur Wortform (zur Flexion im weiteren Sinn) des ›ist‹. Im Griechischen und Lateinischen tritt es gar nicht in Erscheinung: ἐστί, est.
428 Vgl. dazu die Aristotelische Schrift De Interpretatione, Kap. 4, 17 a 2 f.: das Substantiv allein sagt nicht aus, ob wahr oder falsch; erst der (Aussage-) Satz tut dies. Vgl. auch Kap. 5, 17 a 9–12.
429 ›Es währt‹ (S. 49), ›Es tönt‹ (S. 52), ›ES IST‹: Nicht von ungefähr stellt sich für beide die Wirklichkeit ausmachenden Bereiche: Zeit und Raum (Diesda), Relation und Absolutes, die Verbrealität des Immerwährenden, des Bestehenbleibens, die Wortbildung des Impersonales, und zwar in dessen reinster Form ein.
430 Zu der Vorstellung, daß nur die Gegenwart wirklich ist, vgl. Aristoteles, De Interpretatione, Kap. 3, 16 b 17 f.
431 Zu ταὐτόν–θάτερον (Platon) vgl. auch S. 118 und unten S. 194. Vgl. auch Aristoteles, De Anima 430 a 4 (s. Anm. 386).
432 Sich-Vernehmen sub specie des *mein* Selbst (ich vernehme mich) und sub specie des *das* Selbst, des ES IST. Das ›sich‹ sowohl auf *mein* Selbst, mein νοεῖν, als auch auf *das* Selbst, das ES IST (als ein νοεῖν) bezogen.
433 Vgl. auch oben S. 152. – Die Gewißheit des ES IST als die Gewißheit des ICH BIN, des ›ES IST in mir‹, schafft die (menschliche) *Existenz*. Existenz ist das Nennen. Die ›Existenzphilosophie‹ ist demgegenüber eine ›Philosophie des Stummen‹: des Lebewesens (Tiers), allerdings eines verzweifelt verlassenen, ›geworfenen‹ Tiers, das aus dem ›Zuhandenen‹ herauswächst, das, vom All isoliert, dieses nicht real reflektieren kann. Es ›spricht‹ zwar, aber das Nennvermögen ist nicht konstitutiv. Die Sprache ist lediglich ein Mittel, woran man ›phänomenologisch‹ die ›Befindlichkeiten‹ (Naturalismen) herausarbeiten kann. Die Verwandtschaft von Existenzphilosophie und Tiefenpsychologie ist frappant.
434 Dagegen hat die Korrelation Zeichen-Sache – also künstliche Sprachen wie in der Logistik, durch Computer und dergl. – eine gänzlich andere Struktur: Nicht das schlechthin Eine liegt hier zugrunde, sondern zwei im Wesen schon verschiedene, heterogene Reihen, die einander zugeordnet werden: Tatsachen hier, Zeichen dort, somit die von vornherein als getrennte Entitäten angesehenen trügerischen Erscheinungen Subjekt (das bezeichnet) und Objekt (das bezeichnet wird). Diese sind in Wahrheit erst *Produkte* der Sprache, die auftreten, wenn die Erinnerung an das Wirkliche als das Eine, die Erinnerung an die Sprache als der Heimat dieses Einen, schwindet. (Vgl. auch S. 131 f. sowie auch Anm. 382.)
435 Vgl. S. 50. – ›Zeugen‹ und ›ist‹ sind dasselbe, ›Sich-Bekunden‹ und ›Sein‹ ist dasselbe (τὸ γὰρ αὐτὸ νοεῖν ἐστίν τε καὶ εἶναι). Das Sich-Bekunden ist das Artikulieren, das ›Sein‹ ist die Bedeutung. Was wäre ein Artikulieren ohne Bedeutung, eine Bedeutung ohne Artikulieren! Ein Gespensterreich!

436 ›Begehrungstrieb‹ freilich im weiteren Sinn, einschließlich z. B. Gefühl des Befriedigtseins (Schlaf; Vogelgesang), das ›Sich-Ausleben‹ (Vogelflug); auch der Selbsterhaltungstrieb, Machttrieb, Liebestrieb; selbst deren gezähmte ›Verfremdung‹ bei den Haustieren.
437 Man vergleiche Vorstellungen wie die im Höhlengleichnis von Platon (Staat, 7. Buch), oder im Proömium des Parmenides: die Göttin, Dike, zeigt ihm das Licht, damit er ›sieht‹, damit er sich ausdrücklich macht, daß er sieht.
438 Das All (τὸ αὐτό) kann sich nicht anders denn als Bipolarität (νοεῖν -εἶναι) zeigen (τὸ γὰρ αὐτὸ νοεῖν ἐστίν τε καὶ εἶναι); dies, weil es sich nicht anders denn als Nennakt – also auch als Jetzt, als Zeitstiftung – zeigen kann. Vgl. Anm. 431, 432, 435.
439 So auch die Logik als Organon (die zur Logistik führt) und die Naturwissenschaft (das Begründen, Erklären, der Natur durch Natur; durch Natur: nicht durch Zahl, sondern nur mit Hilfe der Zahl). Vgl. auch S. 131f.
440 Diese Komponente der ›äußeren‹ Benennung der Erscheinungen durch die bloßen Namen, der konkreten Angabe, Bedeutung der Sache (vgl. S. 152) führt – verselbständigt – mittels der vorwärtsgerichteten Erkenntniskräfte (Verstand) zur Wissenschaft, zur Naturwissenschaft. Vgl. auch Anm. 439. – Zu dieser Komponente des Nennens (ὄνομα, ὀνομάζειν: Name, Namen geben) vgl. auch den zweiten, auf die Welt der δόξα, der Natur bezogenen Teil des Gedichts von Parmenides, insbes. B 8, 38 u. 53, B 9, 1, B 19, 3. Das echte Nennen aber enthält – und zwar jeweils als sinnliche Seite, als Artikulieren – beide Komponenten (vgl. S. 152 a und b), das Hinweisen auf das ES IST, das Reale, Bleibende (›Form‹ des Nennens) und das Vergängliche, Sich-Verändernde, die Bedeutung der Dinge (›Materie‹ des Nennens). – Das ausdrückliche Auseinanderhalten der beiden Komponenten ist geeignet, das von Grund auf Verschiedene meines vom *Nennakt* ausgehenden Ansatzes gegenüber der gewöhnlich ins Auge gefaßten Frage nach der Sprache als *Bedeutungszusammenhang* der Wörter zu verdeutlichen. Von dorther nämlich kann mit Recht eingewandt werden, ich sähe nicht den Zusammenhang der Sprache, ich isoliere das einzelne Wort, und das einzelne Wort sei nicht Sprache. Dies trifft zu für das Wort als ὄνομα, für die im ›bloßen Namen‹ isolierte Bedeutung der Dinge. Auf dieser Ebene benötigt das Wort den Satz, den Sprachzusammenhang, um Sprache zu werden. Doch das Wort als Logos, als Einheit von ›Form‹ und ›Materie‹, bezeugt in jedem Nenn-Akt die *eine* Evidenz, das ES IST. Der Nenn-Akt ist der Sprache und den Wörtern übergeordnet.
441 ›Auge‹ und ›anschaut‹ ist freilich hier lediglich ein Bild, stellvertretend für etwa ›Organ‹ – ›wahrnimmt‹, wobei auch dieses Paar bildlich zu verstehen wäre, denn es erinnert einseitig an Sinneswahrnehmung und an ihre nurwahrnehmende (nicht sendende) Funktion. Es ist aber aufschlußreich, daß sich nur das Paar ›Auge‹ – ›anschaut‹ als die gebotene Analogie einstellt, und nicht ›Organ‹ – ›wahrnimmt‹, oder auch ›Ohr‹ – ›hört‹. Vgl. dazu auch S. 122, S. 123 und S. 136. – Vgl. auch Kant: Anschauungsformen, nicht ›Anhörungsformen‹.
442 Der Nennakt ist die ursprüngliche ›intellektuelle Anschauung‹ (Kant): produktives Anschauen (›Anschauung und Verstand‹ in einem); doch nicht ›Begriff‹, der zugleich ›Anschauung‹, nicht die ›intellektuelle Anschauung Gottes‹ die einsieht, *was* es ist, sonden das *›daß* ES IST‹.

443 Siehe S. 143 f. Es ist natürlich nicht verboten, daß eine Stellungnahme eine wie auch immer geartete Ähnlichkeit mit der belegten Konstellation aufweist, sei es unmittelbar als Geräusch, sei es durch irgendwelche Assoziationen (z. B. ›knarren‹ – knarren, ›Licht‹ – Licht, ›dunkel‹ – dunkel). Doch diese onomatopoetische Komponente, oder eine Ausdruckskomponente ist nicht dasjenige, was das Nennen hervorbringt, es konstituiert. Der Geist, möchte ich sagen, macht solche Konzessionen an die Natur, um zugänglich zu werden, um ›als ob‹ ›natürlich‹ ›anzukommen‹.

444 Der Nennakt ist der ursprüngliche Reflexionsakt. Hier wird die Polemik Hegel-Kant zur ›Reflexion‹ überwunden. Die ›Reflexion‹ des Nennakts ist weder die ›äußere Reflexion‹ (*über* etwas reflektieren, nachdenken; Raisonnement), noch die ›innere Reflexion der Sache selbst‹ Hegels, die zum Panlogismus (Selbstentfaltung der Vernunft) führt. Wohl ist das Nennen die Reflexion der ›Sache‹ selbst – soweit bin ich mit Hegel einig; aber diese ›Sache‹ ist nicht der sich logisch – somit durch die ›Logik‹ einsehbare – hinaufarbeitende dynamische, dialektische ›Begriff‹ Hegels, sondern eben das in sich überhaupt nicht einsehbare, weil schlechthin Andersartige, das, worauf wir lediglich hinweisen können, das, was den Nennakt schafft, hervor*ruft*, sich als Nennakt niederschlägt und dadurch sich als Nennakt ›spiegelt‹; das ›Spiegeln‹ ist die Beschaffenheit des ES IST als des Sich-selbst-Spiegeln – , und außerdem, wohl kraft dieser Beschaffenheit, dessen Niederschlag als Nennakt. – Kants ›reflektierende Urteilskraft‹ möchte ich in diesem (meinem) Sinn verstehen, verallgemeinern, umbiegen. (Vgl. auch Anm. 395.) Ich streife von ihr jeden Zug ab, der sie als ›Raisonnement‹, als Reflektieren *über* die Sache, mißverstehen lassen könnte (denn Kant meint – selbst wenn er sich selbst mißversteht – nicht das); ich verstehe sie als den *Nenn*akt, als die Fähigkeit, auf das Faktum hinzuweisen, es zu bekunden, gerade weil sie es nicht auf ›Allgemeines‹, d. h. auf ›Begriff‹, zurückführt, gerade also weil sie es nicht ›begreift‹, sondern nur ›nennt‹. Und darin bin ich Hegels Antipode.

445 Erst als Folge hiervon sind die verschiedenen Sprachen verschiedene Weltansichten, in Wechselwirkung mit den verschiedenen Sprachstrukturen (Herder; Humboldt, a. a. O. (Anm. 366), § 9) und in Abhängigkeit von den jeweiligen Inhalten einer Sprache (H. G. Gadamer, Wahrheit und Methode, Tübingen 1960, S. 415 ff., bes. 417 und 419).

446 Vgl. S. 143 und 152.

447 »Denn dasselbe ist das Jetzt und das Währen«, vgl. S. 51 und Anm. 106.

448 φαινόμενον: das, was uns *trifft* (Hölderlin); das dem ›Auge‹, dem Nous sich bekundende Ganze (das Wirkliche) als Gegenstand, als das Stoßen des Nous auf den Grund und zugleich das Erhellen des Grundes durch das Licht des Nous; die dem Menschen zugekehrte Seite der Wirklichkeit weder als ›Begreifbares‹ im Sinne von Hegel, noch wie die Phänomenologie es versteht, die das φαινόμενον in Assimiliertes, ›Erlebtes‹ verwandelt. – Will man die ›Phänomene‹ erfassen, so muß man von dem einzigen echten ›Phänomen‹, der Sprache *selbst*, der Sprache als *Realem* ausgehen.

449 Auf den Satz des Parmenides angewandt: Zum ES IST (εἶναι) gehört wesenhaft die Epiphanie, das νοεῖν. Aber zugleich ist der Mensch des ES IST teilhaftig durch das νοεῖν, durch das, was ihn zum Menschen macht: das nennend-hinweisende Wissen um. Dieses νοεῖν, dieses nennend-hinweisende Wissen um, gilt sowohl für das ES IST als auch für den Menschen. Das

Anmerkungen zu S. 158–176

ES IST weiß um, weiß um sich, weist hin auf sich, nennend; zusammengefaßt: νοεῖ. Und der Mensch νοεῖ: weiß um , weist hin, nennend – daß ES IST. Die Epiphanie des ES IST ist wirklich im ES IST und im Menschen zugleich – das ist das Wunder.

450 φαίνομαι wie ἐπιφαίνομαι enthalten insbesondere auch das Moment des *plötzlichen* Sich-Bekundens, Erscheinens (vgl. S. 145, 146, 148 und Anm. 417 sowie S. 152 und 156).

IV. Künste

451 Siehe S. 155 und Anm. 432 sowie S. 158 und Anm. 449.
452 Vgl. etwa den ganzen Absatz um A 278 = B 334 (Anm. 31); s. a. oben S. 160, auch Anm. 444.
453 Vgl. S. 63 und 75f., 151.
454 So auch bei Heraklit; ich vermeide die häufig anzutreffende Übersetzung ›Weltgesetz‹, was mit seinen Bestandteilen ›Welt‹ und ›Gesetz‹ eine andere Färbung hineinbringt. (Freilich kann λόγος auch ›Gesetz‹ bedeuten; man denke nur an die von λόγος abgeleitete ›Logik‹, ein Aufzeigen gesetzmäßiger Zusammenhänge.)
455 Damit ist meine Feststellung, der Nennakt sei die Unmittelbarkeit selbst, in Verbindung zu setzen (vgl. S. 136, 138, 139, 146, 148).
456 M. Buber: »Denn auch das früheste Sprechen ... setzt das Wort aus sich ins Sein, und das Wort besteht, es ist Bestand. Und der Bestand gewinnt sein Leben stets neu in der wahrhaften Beziehung, in der Gesprochenheit des Wortes.« (Aus: Das Wort, das gesprochen wird; in: Wort und Wirklichkeit, Jahrbuch der Bayerischen Akademie der Schönen Künste 1960, München 1960.)
457 Vgl. S. 89 ff. und S. 149 f.
458 Kant spricht von »der Natur des Denkens, als eines Sprechens zu und von sich selbst«, oder: »Denken ist *Reden* mit sich selbst, ... folglich sich auch innerlich (durch reproduktive Einbildungskraft) *Hören*.« (Anthropologie I. Teil, § 27 u. 39). Vgl. auch Platon, Soph. 263 e 3 – 5 und (aufgreifend) 264 a 9 f.; Theait. 189 e – 190 a; Philebos 38 d, e.
459 Vgl. dazu schon im Zusammenhang des III. Kapitels S. 149. – Freilich hat die Sprache als Ausführung auch eine musikalische Seite, z. B. ›Klangfarbe‹, ›Sprachmelodie‹, ›Sprachgebärde‹. Doch diese Seite ist nicht eigenständig; sie ist dem Moment des Bedeutens anhangend. Vgl. auch S. 150.
460 Andererseits ist der Analogien-Mechanismus, der die Sprache ausmacht, zugleich der Ursprung des Kunstphänomens. Vgl. dazu unten S. 190, auch 208 ff.
461 Vgl. auch S. 139, 144, sowie Anm. 382 und 403.
462 Über Gerüstbau und Periode vgl. Georgiades, Schubert (Anm. 4), S. 69 ff. und ders.; Aus der Musiksprache des Mozarttheaters (1950), in: Kleine Schriften (Anm. 2), S. 9 ff., insbes. S. 23 ff. Vgl. auch unten S. 229.
463 Siehe auch S. 141 und Anm. 392 und 393.
464 Die in der Hölderlin-Forschung gängigen Ausdrücke ›harte‹ und ›glatte

Fügung‹ gehen auf N. von Hellingrath zurück als Übersetzungen der Ausdrücke ἁρμονία αὐστηρά und ἁρμονία γλαφυρά in De compositione verborum cap. 21 ff. des Dionysios von Halikarnaß, der »als den bedeutendsten Dichter in der ersten (sc. Dichtungsart der harten Fügung) den Pindar nennt« (N. von Hellingrath, Pindarübertragungen von Hölderlin. Prolegomena zu einer Erstausgabe. Münchner Diss. 1910, in: Hölderlin-Vermächtnis. Forschungen und Vorträge, hrsg. von L. von Pigenot, München 1936, S. 20). Fr. Beissner (Stuttgarter Hölderlin-Ausgabe V, Übersetzungen, Stuttgart 1954) macht auf Joh. G. Schneider, Versuch über Pindars Leben und Schriften, Straßburg 1774 aufmerksam (S. 18 f.): »Hölderlin besaß nämlich dieses Buch, und er konnte ... den bedeutsamen Hinweis auf die Rauhigkeit und Härte in Pindars Kompositionen finden, die Schneider unter wiederholter Berufung auf Dionysios von Halikarnaß (de compositione verborum cap. 21 – 24) beschreibt.«

465 Vgl. Georgiades, Schubert (Anm. 4), S. 29 ff., S. 189 ff. (A II 5 b, Schubert und Schütz), sowie S. 265, Anm. 1, S. 312 und 356.

466 Eine Ausnahme ist ›Unter den Alpen gesungen‹, dessen Bau sich an die Sapphische Strophe anlehnt.

467 Siehe S. 12 u. Anm. 1, S. 19, 107, unten S. 188 f. u. 192.

468 Die Betonung ›warúm‹ (auf der 2. Silbe) – und ebenso ›darúm‹ – findet sich bei Hölderlin neben der Betonung auf der 1. Silbe, z. B. ›Brot und Wein‹, 6. Str., V. 13, 14, 15, und 8. Str., V. 15 und 17. Es scheint, daß sich die Betonung auf der ersten Silbe eher bei der Eröffnung des Satzes einstellt, die Betonung auf der zweiten Silbe eher im Folgesatz, wie in obigem Beispiel (›Der Abschied‹, 2. V.). Vgl. auch H. Schütz, Weihnachtshistorie: ›...darúm daß er vom Geschlechte Davids war‹. Dazu Georgiades, Schubert (Anm. 4), S. 265, Anm. 1.

469 Durchlaufend Hexameter verwendet Hölderlin außer in einigen frühen Versuchen nur im ›Archipelagus‹.

470 Wenn ich Namen wie Dante, Shakespeare, Cervantes, Goethe nenne, dürfte unmißverständlich sein, daß diese Unterscheidung nicht Rang und Qualität berührt.

471 Dazu unten S. 224 und 228 f.

472 Zu ›bedachte‹ Sprache s. a. S. 180.

473 Pindar; vgl. S. 104 und Anm. 285.

474 Vgl. auch S. 157 und Anm. 444.

475 Anregungen für das Vortragen griechischer Verse gab ich in: Der griechische Rhythmus (Anm. 4), S. 98 ff., inbes. 115 ff., sowie 122 ff. (Kap. VI: Vortrag. Sinn der quantitätsmetrischen Haltung).

476 So in Pindars 3. Olymp. Ode, zunächst ausgehend vom Gedicht als Gesagtem, schon das εὔχομαι (2), besonders aber (19 – 20) πατρὶ μὲν βωμῶν ἁγισθέντων zusammen mit διχόμηνις ... Μήνα; und so auch (41) εὐσεβεῖ γνώμᾳ φυλάσσοντες μακάρων τελετάς und der Schluß (44 – 45) ...σοφοῖς ἄβατον ...: diese Gegenwart des ›Träumens‹ mitten im ›Materiellen‹. – Und, unabhängig davon, stellt sich dann mit dem Vortragen der Worte (Wortbilder) innerhalb des Musikē-Verses auf ein Mal die Entsprechung zwischen den je zweierlei Wirklichkeiten in den zwei verschiedenen Bereichen ein: Wort in Satz gefügt – Musikē-Vers, Verstandeshelle – ›Träumen‹.

Z. B. θάμβαινε σταθείς (32) läßt sich nicht zentripetal vortragen, θάμβαι-

Anmerkungen zu S. 189–196

νε̌, ν̌ σταθείς, denn der musikalische Rhythmus geht unerbittlich weiter: _ _ ◡ _ _. Das Zentripetale braucht eben eine Wortzentrierung; und diese kann nur im Akzent liegen. Das _ _ ◡ dagegen ist ›Musik‹: es bekennt nicht Farbe im Hinblick auf Bedeuten, somit auf Wort als zentripetales Gebilde.

477 Beide Pole, das Griechische wie das Hölderlin-Deutsch sind unübersetzbar: das Griechische, weil zugleich Musik, Hölderlin, weil Nennakt.

478 Dies auch in einer anderen Hinsicht: van Eycks Blume ist zwar etwas Nur-Sichtbares (wird durch das Auge wahrgenommen, ist Malerei); aber sie fängt ein, sie repräsentiert nicht allein das sichtbare All, sondern zugleich das Ganzheitliche der Blumenwahrnehmung (Geruch, Frische, Feuchte, mein damit verbundenes ganzheitliches Fühlen). Das gilt selbstverständlich nicht nur für Darstellungen von Empirischem, sondern etwa auch für Musik (und für Architektur erst recht), jeweils mutatis mutandis. Es gibt jeweils eine Korrelation zwischen spezifischer Wahrnehmungsweise und ganzheitlichem ›Inhalt‹.

479 Siehe Anm. 106. Vgl. auch S. 11, sowie Anm. 385, 401, S. 155 und Anm. 432, 435, 438, 447, 449.

480 Vgl. S. 56f. und Anm. 133, auch Anm. 139. – Mit obigen Bemerkungen sei nachträglich begründet, warum ich in Kap. II a bereits für das Tönen und das Tonphänomen die Benennung ›*reale* Zeit‹ gebrauchte, die ich sonst, analog zu den anderen Künsten, der Musik als ›Kunst‹ hätte vorbehalten müssen.

481 Doch durch das Bau-*Material* kommt die ›Natur‹ in die Architektur. Auch damit verbundene Vorstellungen hängen mit ›Natur‹, ›Empfindung‹ zusammen: Stein – dauerhaft; Holz, Lehm – vergänglich; leicht, schwer, dicht, dick, dünn; beständig gegen Witterungseinflüsse; behäbig, dürftig, glatt, poliert, rauh; usw. – ›Natur‹ enthält auch die Betätigung der Bearbeitung (z.B. Art des Material-Widerstands, Härte), der Bau-Ausführung; außerdem die Verknüpfung der Architektur mit den in ihr aufgehobenen ›Nebendingen‹: Ornamente, Reliefs, Plastik, Einzeleinrichtungen (z.B. Sitze).

482 Siehe S. 21, 61 f., 86, 125.

483 Siehe S. 89 und 100 ff., 165 ff., 167 ff., 193.

484 Siehe S. 140, 143.

485 Vgl. dazu Georgiades, Das musikalische Theater (1965), in: Kleine Schriften (Anm. 2), S. 133 ff.

486 Siehe dazu auch Georgiades, Sprache als Rhythmus (1959), in: Kleine Schriften (Anm. 2), S. 81 ff., insbes. S. 93.

487 Übersetzt von Fr. Klingner, Römische Geisteswelt, 4., verm. Aufl. Hamburg/München 1961, S. 742. ›Muse‹ bei Klingner habe ich durch ›Musikē‹ ersetzt. Klingner spricht hier unreflektiert über die Musik, so wie man etwa über die Musik im Zusammenhang mit Orpheus spricht. Er geht nicht auf das spezifisch Musikalische, auf die fachliche Bedeutung der Worte ein.

488 ἀπόλεμον εὐνομίαν läßt auch an ἁρμονία denken (vgl. S. 61 f.). Es ist die ›streitlose εὐνομία‹ der Musikē, die des musikalischen Nomos, die der Μοῖσα, die der κίθαρις (selbstverständlich die ἀοιδή, der Gesang zur Kithara inbegriffen).

489 Vgl. S. 107. Es beleuchtet den Zusammenhang, daß in der Fortsetzung –

Anmerkungen zu S. 196–202

nachdem aufgezählt worden ist, wie sich die Gesetzwidrigkeit in der Musik (παρανομία ἐν μουσικῇ) zuerst in den Sitten und Gewöhnungen, dann im Verkehr der Bürger miteinander und schließlich in den Gesetzen und der Verfassung (ἐπὶ τοὺς νόμους καὶ πολιτείας) auswirke – für die Erziehung der Knaben das Aufnehmen der Gesetzmäßigkeit durch die Musikē (εὐνομίαν διὰ τῆς μουσικῆς) gefordert wird.

490 Sprechchor wäre ein Widerspruch zu Sprache; denn durch ›*Chor*-Vortrag‹ stellt sich Tönen (Klang) ein. – Zu der Frage Person/Gemeinschaft vgl. auch Georgiades, Sakral und Profan in der Musik (1960), und: Sprachschichten in der Kirchenmusik (1962), in: Kleine Schriften (Anm. 2), S. 97 ff. und 121 ff.; das. S. 125 ff. von dieser Fragestellung aus auch zu H. Schütz und J. S. Bach.

491 P. Bruegels Zeichnung Fides (1559, Stichvorlage für das erste Blatt einer Tugenden-Serie; Amsterdam, Rijksmuseum, Rijkspentenkabinet Inv. Nr. 19 : 35), dieses Kirchen-Innere ist für mich *die* Darstellung von Architektur: Das Selbst im Anderen; Selbst und Anderes als Ganzes; Selbst – der Andere; Selbst – Gemeinschaft; das Spontan-Bewegliche im Unbeweglichen; das ES IST als die sich räumlich konstituierende menschliche Gemeinschaft, diese als eine durch den Nennakt erleuchtete Herde von Lebewesen.

492 Vgl. S. 56 und Kap. II b. Diesda.

493 Siehe S. 146 f., S. 163 f.

494 Zu meinem Verständnis von αἴσθησις vgl. auch Aristoteles, De Anima, 3. Buch (z. B. 426 b 3 und 7, auch 424 a 24, 27, 30 f.), auch den Anfang der Metaphysik, 980 a 22 ff.: αἴσθησις sub specie der Sehempfindung, d. h. des Sich-Loslösen-Könnens vom ›Affiziertwerden‹ (Kant), »unabhängig vom Nutzen« (χωρὶς τῆς χρείας), d. h. sub specie der Identität Absolutes-Anzeigendes, sub specie der unmittelbar lokalisierten Empfindung. – Ich denke auch an Platons »Wesenheit der sinnlichen Körper« (οὐσία τῶν αἰσθητῶν σωμάτων, Aristoteles, Met. 1028 b 20 f.; vgl. dazu 987 b 14 – 16). Zu σῶμα αἰσθητά vgl. auch Timaios 28 b 7 – c 1 und 31 b 5.

495 Das ›Augenspiel‹ hat sein Analogon im Auf und Ab der Stimme beim Sprechen. (Und analog dem starren Blick wäre im Sprechen das unnatürlich-falsche Stehenbleiben auf einer Tonhöhe.) Dem Durchmessen des Bedeutungsfelds entspricht das Durchmessen des Blickfelds. Das natürliche Auge und das geistige ›Auge‹ verhalten sich im Auffassen, im Aufnehmen – bei beiden von Erfahrung, von Diesda – ähnlich. (Vgl. auch S. 157 und Anm. 441.) Doch während das Sprechen die aufgefaßte Bedeutung zugleich realisiert, kann das Auge nicht ›sprechen‹; das gesehene ›Bild‹ bedarf des Malers, um realisiert zu werden.

496 Vgl. auch Anm. 495.

497 Die Plastik verdichtet die Augen-Blicke in Körper. – Was die Verknüpfung Blick – Sehzusammenhang in Malerei, oder Nennakt – Satz in Sprache ist, ist in antiker Architektur die Verknüpfung Plastik – Architektur; Plastik: die ›absoluten‹ Körper, die die Architektur hervorbringen (einzelnes Kapitell, Triglyphe usw.). Vgl. S. 197. In der Antike gibt es ebensowenig reine Architektur wie reine Musik: Die Einheit Plastik – Architektur entspricht der Einheit der Musikē.

498 Es wäre einzubeziehen schon die Herstellung der Farben (+ Alchimie), das Reiben in verschieden große und verschieden geformte winzige Körnchen, das Herstellen des Rindestoffs (Tempera, Öle usw.), die Unterscheidung

Anmerkungen zu S. 202–206

von Pinseln. Es wären die Schichten zu untersuchen: transparent oder nicht, Lasur, Firnis; unzählige Farbtöne durch wenige klare Farben, die nicht gemischt, sondern in transparenten Schichten übereinandergelegt werden; oder aber auch Farben, die gemischt werden. Tizian spricht von 30 – 40 Schichten übereinander zum Erreichen der gewollten Farbtöne; er verwendete auch statt des Pinsels seine Finger. Dann wären auch die verschiedenen Strukturen der verschiedenen Schichten ins Auge zu fassen: zuerst die Bearbeitung der Tafelfläche, dann z. B. alle Goldgrundteile; dann Zeichnung; dann nur Braun in Braun; dann nur die Gewänder (ohne die ›Menschen‹, also ohne die Fleischteile); dann die Übergänge (Licht-Schatten); dann die Fleischteile; dann die Akzente (etwa Tizians mit den Fingern statt Pinseln); und vieles noch.

499 Das menschliche Tun ist es auch, das die Malerei von der Fotografie unterscheidet. In der Fotografie entsteht ja das Bild nicht durch ›Tun‹, nicht durch Stift- oder Pinselstrich. Die Fotografie kann nicht anders als die Vorlage – fotografieren (s. auch S. 199). Die Fotografie ist das Analogon zur elektronischen Musik, denn auch hier wird das menschliche Tun (die Aufführung) ausgeschaltet. Vgl. Georgiades, Musik und Schrift (1962), in: Kleine Schriften (Anm. 2), S. 107 ff., insbes. S. 115 ff.

500 Trotz weniger Ausnahmen: Kopf der Alten Frau in der Alten Pinakothek München, oder der Hirtenkopf in Wien (doch kaum Bruegel). Auch diese aber sind mehr Typen als Personen – sogenannte Charakterköpfe.

501 Aus diesem Grund – meine ich – kann nur der Porträtmaler (und nicht etwa auch Bruegel) Selbstbildnisse schaffen.

502 Vgl. Georgiades, Das musikalische Theater, in: Kleine Schriften (Anm. 2), S. 133 ff., wo die Komödienstruktur gegenüber der Tragödie insbesondere im Hinblick auf das musikalische Theater und die Musik überhaupt herausgearbeitet wurde. – Zum Verhältnis Person/Gemeinschaft im Zusammenhang mit Sprache, Musik (Gesang) und Architektur vgl. oben S. 195 f.

503 In einer die naturalistische Komponente konstitutiv entfaltenden Malerei, wie etwa Corots Landschaften, wird dagegen der Betrachter in das Bild einbezogen; es soll die Illusion entstehen, daß diese Landschaft da, die ich betrachte, ein Ausschnitt aus *meinem* Raum ist. Bild und Ich werden verschmolzen. Nicht ein ›Andersartiges‹, ein Evident-Reales wird mir gegenübergestellt, sondern es wird die mich in meinem Raum bestimmende ›Stimmung‹ eingefangen.

504 Bei Beethoven etwas Analoges im ›Et incarnatus‹ der Missa Solemnis: innerhalb des harmonischen (›unseren‹) Raums (vorher: das ›Descendit‹, und nachher: das ›et homo factus est‹) die Klänge des ›anderen Raums‹: Lydisch (mit Viola, also die Vorstellung des ›alten‹ Instruments) und anschließend A-cappella-Haltung des 16. Jahrhunderts. Durch das große Gedächtnis ist hier die ›alte‹ Musik als Wirklichkeit eingefangen, wie die ›alte‹ Malerei in Raffaels ›Hl. Cäcilie‹.

505 Wichtig: Malen ist nicht Färben. Der Maler färbt nicht Stoffe, die dann verwendet werden, sondern er malt auf einer neutralen Fläche (die er nicht färbt: er kann das Gemalte wegkratzen, und dann ist die Fläche in der ihr eigenen Farbe wieder da; denn sie war nicht mit Farbe durchtränkt) ein Leuchten, das nicht an einen Gegenstand (der gefärbt worden wäre) gebunden ist, das also nicht ›gegenständlich‹, nicht stofflich ist. Das Färben bezieht sich auf Körper (dreidimensional, mag dieser Körper noch so dünn

sein, z. B. ein feiner Seidenstoff); das Malen aber auf Flächen. Mosaik ist noch nicht gänzlich ein ›Malen‹; es steht noch der Goldschmiedekunst nahe: gefärbte (bzw. farbige) Steinchen werden zu einem ›Gemälde‹ zusammengesetzt, also zu etwas, das als Fläche aufgefaßt wird.

506 Die Malerei der Griechen (ζω-γραφική = Lebewesen-Zeichnung) hat aber damit nichts zu tun. Die Griechen hatten keine ›Malerei‹. Sie hatten eine mit gefärbten Flächen ausgefüllte Zeichnung (oder auch ungefärbte, reine Zeichnung: so die weißen Lekythen). Ihre ζωγραφική kam ja nicht von den Edelsteinen, vom Leuchten, von der Goldschmiedekunst, vom Mosaik her. Sie war eine graphische , d. h. zweidimensionale, auf einer Fläche stattfindende Darstellung des Gegenständlichen, sie erfaßte die Begebenheit, sie war Stellvertreter des Körperhaft-Wirklichen. Wichtig ist, daß diese Bilder in der Vasengestalt aufgehen. Sie sind also ›Ornament‹ im weiteren Sinn. Das Moment des Zweidimensionalen genügt also nicht, um die Malerei zu erfassen: Hierin ist Hegel zu korrigieren. Auch das Fresko scheint mir mit der antiken ζωγραφική nicht verwandt zu sein, obwohl man hier eher an Zeichnung und Ausfüllung durch gefärbte Flächen denken könnte. Denn auch das Fresko, wenn es auch eine andere Maltechnik verwendet als die eigentliche, die Tafel-Malerei, erfaßt die Wirklichkeit als das Leuchten, und es kommt vom Mosaik her. – Im Fresko und im Aquarell ist auch die Komponente des Färbens enthalten: die Wand (der Mörtel) oder das Papier wird durch die Farbe z. T. getränkt. Trotzdem ist dieses Moment nicht konstitutiv, sondern entsteht nur beiläufig.

507 Ebensowenig wie das Leuchten als Wirkliches, das die Brücke zur Malerei bildet (s. S. 205 f. und 207) kannten die Griechen solche gebundenen Bücher zum Mit-sich-Tragen (vgl. etwa in der Münchner Schatzkammer das Gebetbuch Karls des Kahlen, Minuskelschrift, eingefaßt von einem Rahmen kleiner pflanzlicher Ornamente in Blau und Gold). Die Griechen hatten das nackte harte Schriftbild der Inschrift auf der Platte, oder die Papyrusrolle; nicht die als Bild verselbständigte Schrift.

508 Vgl. S. 23 und S. 119 f.

509 Vgl. Georgiades, Schubert (Anm. 4), S. 94 f. und 318.

510 Man denkt an Ferdinands Worte über Ariels Musik in Shakespeares Sturm (I, 2).

511 Auch das Geräusch ist hier einzubeziehen. Vgl. dazu S. 120, 121 ff., 162. Übrigens enthalten alle diese ›niedereren‹ Sinnesorgane das perfektische ›Ge-‹ des ›Ge-gebenen‹.

512 Plastik ist nicht identisch mit Tastempfindung. Diese Seite, daß Plastik betastet werden *kann*, besteht nur als Vorstellung mit. Das Entscheidende ist das *Hinstellen des Körpers.*

513 Auch im Theater spielen Geschmack und Geruch keine Rolle. Freilich können sie als Sagen, als ›Zeugnisse‹ auftreten; aber nicht sie *selber*, nicht als Physisches. Das würde implizieren, daß der ›Zuschauer‹ kein Zuschauer mehr ist, sondern ›mitwirkt‹.

514 Pflanzliche Darstellungen findet man in der Antike im Relief und im Ornament (Akanthos); also nicht rundplastisch.

515 Eine Totenmaske ist keine Plastik, ist Maske; der Vorwurf ist nichts Sich-Bewegendes. – Bewegliche Figuren auf Relief zeigen einen Vorgang im Raum. Giebelfiguren sind ein Sonderfall durch den gegebenen Rahmen, quasi Relief bis zur Rundplastik ausgeführt.

Anmerkungen zu S. 212–220

516 Das ausschließlich ist die Plastik Michelangelos. Er weiß nichts von Diesda und von räumlicher Darstellung. Dies gilt auch für seine Malerei – daher ist er kein eigentlicher Maler. (Undenkbar bei ihm, daß etwa eine Kleidmulde im Schoß Mariae ›so wie‹ eine von der Sonne beleuchtete gekrauste Baumrinde aussieht, – bei Raffael oder Leonardo aber wohl. Vgl. auch S. 190 und 209.)

517 Tizians Kurfürst Johann Friedrich von Sachsen, 1548 (Luthers Landesherr; Wien, Kunsthistorisches Museum), macht die Bedeutung des Rahmens unter umgekehrten Vorzeichen erfahrbar. Er sprengt den Rahmen; er tritt in meinen eigenen Raum und verdrängt alles, was da ist. Ein Saal ist zu klein, um diesen Klotz zu ertragen; es müßte geradezu ein Raum geschaffen werden, der diesem Bild, diesem ›Überraum‹ gemäß wäre. Es liegt freilich in der Freiheit des Malers, den Rahmen zu bestimmen, und so hätte Tizian den überaus dicken Mann so in den Rahmen stellen können, daß ein Zwischenraum zwischen Rahmen und Körper bleibt. Aber hier wird der Effekt, der den Dicken suggeriert, dadurch erreicht, daß dieser keinen Platz im Rahmen hat.

518 Zur Frage des ›Standorts‹ in Raum und Zeit vgl. S. 31 f., S. 89 und Anm. 243, S. 129 und S. 151.

519 Der ›Kanon‹ des Polyklet beschäftigt sich mit der ›Symmetrie‹ des Standbilds, wobei συμμετρία nicht im heutigen Sinn Spiegelgleichheit bedeutet, aber auch nicht Kommensurabilität, gemeinsames Maß auf Grund der Ganzzahlenverhältnisse, wie in der griechischen Zahlen- und Musiktheorie (vgl. S. 75 und Anm. 206), sondern Ebenmaß und Proportionierung auf der Ebene des Empirischen und der Geometrie, also wesentlich der irrationalen Zahlen.

520 Auch Folgendes ist zu beachten: Von der Gemeinschaft her gesehen, ist es der ›Träger‹, der die Hör-Kategorie bestimmt. Die Kirche z. B. ist ein ›Träger‹, der die Kategorie des Hörens im Kirchenraum bestimmt, selbst wenn moderne Schlager verwendet werden. Früher war die Musik nur für die gegebene oder sich selbst bestimmende Gemeinschaft da: in der Kirche, im Schloß- oder Konzertsaal, beim Empfang oder bei der Tafel usw. Das Radio nun ist ein Träger von Musik, der die übergeordnete Kategorie *Radiomusik* bestimmt: anonym, neutral, für alle. Was gehört wird, ist nicht Schloßmusik, nicht Kirchenmusik, nicht Hausmusik, nicht moderne Musik, nicht historische Musik, nicht ›Musikgeschichte‹ oder ›Musikwissenschaft‹, nicht Festmusik, nicht Tafelmusik, nicht ›leichte‹ oder ›ernste Musik‹, nicht Unterhaltungsmusik, nicht Tanzmusik usw., sondern ›Radiomusik‹. (Freilich sind dadurch, daß das Radio der Kategorie der Publizistik angehört, die dieser Kategorie verwandten Gattungen wie Unterhaltungsmusik, Plakatmusik – so im Werbefunk – , vielleicht auch Tanzmusik, am ehesten der Radiomusik adäquat.)

521 Siehe S. 112 ff. und 206.

522 Zur Funktion Schuberts als Abschluß durch seine Lieder, als zugleich Neubeginn durch seine Instrumentalmusik vgl. Georgiades, Schubert (Anm. 4), S. 180 ff.

523 Wiener klassische Musik: Abbild des Nennens. Insofern also kann auch die Musik ›Abbild‹ sein. Vgl. S. 192.

524 Vgl. die ganze Stelle im Kaufmann von Venedig V, 1, 54–88. Diese Stelle enthält auch die schillernde Bedeutung von ›Berühren‹ (›touch‹): Betasten

im Sinn des Ton-Hervorbringens, und zugleich das, was unser Ohr berührt und rührt (57, 67, 76), sowie analog von äußerer und innerer Bewegung (move, motion: 84, 86); vgl. dazu oben S. 126 und Anm. 264. – Zur Sphärenharmonie, 58 – 66, s. o. S. 125. – Zur Analogie Licht-Dunkel/Ton-Stille an dieser Stelle vgl. Anm. 311.
525 Vgl. dazu Georgiades, Das musikalische Theater, in: Kleine Schriften (Anm. 2), S. 133 ff. Dort auch: Aus der Musiksprache des Mozart-Theaters, S. 9 ff.; Zur Musiksprache der Wiener Klassiker, S. 33 ff.; Mozart und das Theater, S. 55 ff.; Der Chor ›Triumph, Triumph, du edles Paar‹ aus dem 2. Finale der Zauberflöte, S. 145 ff. – Vgl. auch Musik und Sprache (Anm. 2), Kap. 11 und 12, sowie Schubert (Anm. 4), S. 117 ff., 149 ff., 158 ff.
526 Zu Person/Gemeinschaft s. o. S. 195 f. und 203.
527 Musik und Komödie gemeinsam ist auch das Aufgehen in ›Konsonanz‹, der gute Ausgang. Vgl. dazu Georgiades, Das musikalische Theater, in: Kleine Schriften (Anm. 2), S. 133 ff.
528 Vgl. auch S. 201 f.
529 Diesen Eröffnungssatz findet man eingehender behandelt in Georgiades, Schubert (Anm. 4), S. 161 ff. Vgl. auch das., Notenanhang S. 50.
530 Dem Anfang des C-dur-Quintetts von Schubert gegenübergestellt in Georgiades, Schubert (Anm. 4), S. 164. Vgl. auch das., Notenanhang S. 51.
531 Vgl. S. 190.
532 Vgl. Kap. I. Zeit, insbes. S. 50.
533 Der offene Ostinato oder Quasi-Ostinato der Generalbaßzeit kommt selbstverständlich dem Gerüstbau nah, wird aber nicht als Wiener klassischer Gerüstbau, sondern als ein Generalbaßmusik ermöglichendes Konstruktionsmittel verwendet.
534 Die Mannheimer spüren, daß der alte Ton (als ›Vorhandenes‹) überwunden werden soll, aber sie wissen nicht wie; sie erfassen nicht das positiv Neue, das zustandekommen soll. Und so versuchen sie durch Anwendung von äußeren Mitteln den alten Ton aufzulockern, ihn von außen her zu verändern: so durch das Crescendo und die anderen Mannheimer Mittel (die freilich dann bei den Wiener Klassikern integriert werden, in neuem Sinn erscheinen).
535 »»Das moralische Gesetz in uns und der gestirnte Himmel über uns‹ Kant!!!« lautet der unterstrichene Eintrag in einem Konversationsheft vom Februar 1822. Die Stelle, in der Kant lapidar die Welt des Dinglichen und die Welt des ›Soll-Tun‹ einander gegenüberstellt, bezieht sich nicht auf den Kunstbereich, sie steht nicht in der Kritik der Urteilskraft, sondern bildet den Schluß der Kritik der praktischen Vernunft:

»Beschluß

Zwei Dinge erfüllen das Gemüt mit immer neuer und zunehmender Bewunderung und Ehrfurcht, je öfter und anhaltender sich das Nachdenken damit beschäftigt: Der bestirnte Himmel über mir, und das moralische Gesetz in mir. Beide darf ich nicht als in Dunkelheiten verhüllt, oder im Überschwenglichen, außer meinem Gesichtskreise, suchen und bloß vermuten; ich sehe sie vor mir und verknüpfe sie unmittelbar mit dem Bewußtsein meiner Existenz. Das erste fängt von dem Platze an, den ich in der äußern Sinnenwelt einnehme, und erweitert die Verknüpfung, darin ich stehe, ins unabsehlich-Große mit Welten über Welten und Systemen von Systemen, überdem noch in grenzenlose Zeiten ihrer periodischen Bewegung, deren

Anmerkungen zu S. 231

Anfang und Fortdauer. Das zweite fängt von meinem unsichtbaren Selbst, meiner Persönlichkeit, an, und stellt mich in einer Welt dar, die wahre Unendlichkeit hat, aber nur dem Verstande spürbar ist, und mit welcher (dadurch aber auch zugleich mit allen jenen sichtbaren Welten) ich mich, nicht wie dort, in bloß zufälliger, sondern allgemeiner und notwendiger Verknüpfung erkenne. Der erstere Anblick einer zahllosen Weltenmenge vernichtet gleichsam meine Wichtigkeit, als eines tierischen Geschöpfs, das die Materie, daraus es ward, dem Planeten (einem bloßen Punkt im Weltall) wieder zurückgeben muß, nachdem es eine kurze Zeit (man weiß nicht wie) mit Lebenskraft versehen gewesen. Der zweite dagegen erhebt meinen Wert, als einer Intelligenz, unendlich, durch meine Persönlichkeit, in welcher das moralische Gesetz mir ein von der Tierheit und selbst von der ganzen Sinnenwelt unabhängiges Leben offenbart, wenigstens so viel sich aus der zweckmäßigen Bestimmung meines Daseins durch dieses Gesetz, welche nicht auf Bedingungen und Grenzen dieses Lebens eingeschränkt ist, sondern ins Unendliche geht, abnehmen läßt.«

536 Vgl. dazu auch H. Schütz und Hölderlin, s. o. S. 178 f., 181 und 186.
537 *Das* ist der Hintergrund für

der Leonore (2. Finale), während sie Florestan die Ketten löst. (Lehrreich, daß in der 1. Fassung, 1805, diese Kontrapostbildung noch fehlt.) Dieser Kontrapost ist gleichsam die Umkehrung der vorausgehenden Stelle (Quartett Nr. 14):

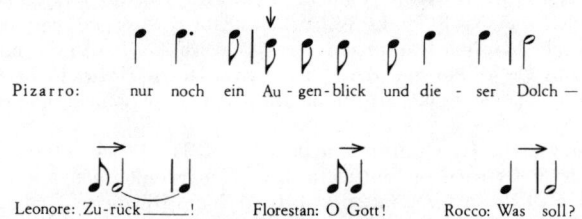

— Eine analoge Kontrapost-Struktur findet sich an analoger Stelle (im Anschluß an die bestandene Feuer- und Wasserprobe und den Triumphchor, der Tamino und Pamina die Tempelweihe verkündet hat) in der Zauberflöte:

Vgl. dazu Georgiades, Der Chor ›Triumph, Triumph, du edles Paar‹ aus dem 2. Finale der Zauberflöte, in: Kleine Schriften (Anm. 2), S. 145 ff.
538 Vgl. S. 141 und 146.

Anmerkungen zu S. 233–237

539 Schon der Wortbestandteil ›absolut‹ in diesem etwa um die Mitte des 19. Jahrhunderts aufgekommenen Terminus ist verräterisch. Seine mißbräuchliche Anwendung auf die Instrumentalmusik auch der Wiener Klassiker, ja mitunter speziell auf sie, beruht auf einem Rückprojizieren der eigenen Vorstellungen jener Zeit.
540 Nikomachische Ethik 1141a12.
541 Metaphysik 1021b20.
542 ›Wahrheit‹, ἀ-λήθεια: nicht als ›Unverborgenheit‹ (Heidegger), sondern als ›Unvergessenheit‹.

Nachwort der Herausgeberin zur Edition

Das vorliegende Buch hat eine wechselvolle Entstehungsgeschichte. Als langjährige Mitarbeiterin von Thrasybulos Georgiades konnte ich an der Entfaltung der 1961 entstandenen Grundkonzeption teilnehmen und erlebte unmittelbar einen Denkprozeß mit, der seit 1964 zu verschiedenen sich wandelnden und zum Teil wieder verworfenen Teilfassungen geführt hatte. Auch die letzte, im Frühjahr 1974 begonnene Fassung wurde nicht abgeschlossen. Das Ton-Kapitel (Juni/Anfang August 1976) bricht bei der Behandlung der Oktav ab. Das Zeit-Kapitel, im Verlauf des Jahres 1975 völlig neu konzipiert, war an die erste Stelle der Darstellungsfolge gerückt, was eine Verschiebung der Gewichte zur Folge haben mußte.

Als Thrasybulos Georgiades am 15. März 1977 durch den Tod aus seiner Arbeit gerissen wurde, stand ich – mit Verwaltung und Bearbeitung des wissenschaftlichen Nachlasses betraut – vor einer Fülle von Editionsschwierigkeiten, die auf dieser eben angedeuteten Dynamik eines bis zum Schluß nicht zur Ruhe gekommenen Schaffensprozesses beruhen. Merkwürdig, daß schon an dessen Beginn, am 29. Juli 1962, die Randbemerkung zu einer gerade gemachten neuen Beobachtung lauten konnte: »Am liebsten immer weiter, Neues – und als Nachlaß veröffentlichen«. Doch auch wieder nicht merkwürdig, insofern ein solcher Ausspruch der Vorstellung entsprang, die Georgiades vom eigenen Schaffen hatte, einer Art des Schaffens, die er zugleich für die heute allgemein aktuelle hielt (s. S. 236): Wirken im Tun, und nicht im Hinstellen von denkmalhaft fertigem Werk.

›Nennen und Erklingen‹, wie es jetzt vorliegt, besteht also gewissermaßen aus mehreren Schichten. Es gilt dies nicht nur in Bezug auf die Chronologie, sondern betrifft auch die verschiedenen Reife-Stufen der Darstellung in den Vorlagen. Eines meiner Ziele beim Edieren war, diese Schichten durch Hervorholen des jeweils Maßgebenden so in Verbindung zu bringen, daß trotz allem, was notwendig torsohaft-fragmentarisch bleiben mußte, ein durchgängiges Verständnis möglich ist.

Th. Georgiades hat einmal mit mir darüber gesprochen, was er von einer Bearbeitung hinterlassener Schriften zum Zwecke der Veröffentlichung erwartet. Anlaß dazu gab die 1971 erschienene kritischhistorische Ausgabe von Rankes 1854 dem König Maximilian II. von Bayern gehaltenen Vorträgen ›Über die Epochen der neueren Geschichte‹. Die Editoren waren bei der Vorbereitung erstmals auf die Abweichungen aufmerksam geworden, die zwischen den Originalstenogrammen Leinfelders und dessen eigener (in Doves Veröffentlichung bekannt gewordener) Nachschrift bestehen. Und als Ergebnis des Vergleichens stellt Theodor Schieder in der Einleitung fest, »daß der von Leinfelder redigierte Text eine erstaunliche geistige Leistung darstellt, sowohl was die Kombinationskraft, die Fähigkeit zur verdichtenden Zusammenfassung wie die Einfühlung in Rankesches Denken und in die Diktion des großen Historikers betrifft«. Erreicht habe er eine »fast völlig geglückte Einheitlichkeit des Stils, der kaum irgendwo die Bahnen Rankes verläßt«. Dieses mir von Th. Georgiades als beispielhaft hingestellte Vorbild stand, wenn auch unerreichbar, stets in meinem Bewußtsein.

Aus der letzten Arbeitsphase stammen folgende Teile des Buches:

1. Der größte Teil des Vorworts. Er entstammt mehreren im Frühjahr 1974 notierten Vorwort-Entwürfen.
2. Die Einleitung. Th. Georgiades legte ihr – im Frühjahr 1976 – den leicht veränderten und ergänzten Anfang des Buch-Manuskripts vom Jahre 1965 zugrunde.
3. I. Zeit. Th. Georgiades diktierte mir dieses Kapitel im Verlauf des Jahres 1975 aus den unmittelbar zuvor entstandenen Manuskript-Vorlagen in die Schreibmaschine. Er betrachtete diesen Text noch als ›Roh-Manuskript‹, das er stets mit sich führte, und mit dem er sich bis zuletzt beschäftigte.
4. Der erwähnte Anfang des Ton-Kapitels (bis S. 59).
5. Der Januar/Februar 1976 abgefaßte Entwurf für ein vorübergehend direkt im Anschluß an I. Zeit erwogenes Raum-Kapitel. Teile dieses Textes sind jetzt in II b. Diesda enthalten. In II a. Ton wurde von hier die Darstellung der zwei Beweise des Pythagoras-Satzes (S. 72 ff.) übernommen.
6. Die zwischen Februar und April 1976 von Th. Georgiades gefertigten Nachschriften der Texte, die er zuvor in sein Sprechgerät gesprochen hatte. Als seine wohl letzte schöpferische Konzeption entwickelt er hier den geometrischen Raum des Selbst: die endlich gefundene Antwort auf die sich in den Manuskripten – auch noch in dem vorerwähnten Raum-Entwurf – stets wiederholende Frage nach dem Verhältnis von Naturraum und geometrischem Raum. Diesen Aufzeichnungen hat Th. Georgiades zur Verwendung im Buch genaue Anweisungen beigegeben (s. jetzt II b. Diesda, S. 127 ff.).

Bei den früheren, noch von Th. Georgiades oder dann von mir herangezogenen Buch-Manuskripten handelt es sich um folgende:

a) Manuskript I aus dem Jahr 1965, das in drei dichotom untergliederten Abteilungen ›Die Farbe und das Tonphänomen‹ behandelt.

b) Die Fortsetzung dieses Manuskriptes vom April 1968 mit dem Beginn einer Darstellung des Tonphänomens sowie – anschließend! – der Zeit als dessen Voraussetzung. Für die weitere Fortsetzung existiert als Vor-Entwurf ein in drei Stufen angelegter Text: 1. Ursprung (ἀρχή): Die Zeit, als die Anlage, sich selbst mit sich ständig zu vergleichen. 2. Das Stiften der Möglichkeit der konkreten Relation: Das Stiften des Tönens. 3. Die aktualisierten Relationen: Das Tonphänomen. Diese Vor-Entwürfe sind noch nicht, wie die meisten Manuskripte, auf gefalteten Saugpostblättern (im DIN A 5-Format), sondern erst auf (fortlaufend numerierten) Karteikarten notiert.

Für die Fortsetzung des Kapitels II a. Ton konnte ich Teile aus a) und b), für das Kapitel II b. Dies da nur aus a) verwenden.

c) Das Manuskript des Kapitels III. Nennen vom Herbst 1966, inbegriffen der Abschnitt ›ES IST‹ bis S. 155. Dieses Manuskript konnte Th. Georgiades noch Ende Dezember 1976 zusammen mit mir durchnehmen und seine Eignung für die neue Buch-Anlage prüfen. Die damals auf Tonband von ihm gesprochenen kritischen Bemerkungen zu diesem zehn Jahre zurückliegenden Text hat er anschließend noch selbst abgehört und – mit weiteren Kommentaren, die auch die anderen Kapitel betreffen – aufgeschrieben.

Einzubeziehen waren weitere Stöße anderer Manuskript-Gattungen des Zeitraums zwischen 1961 und 1976: die nach Jahrgängen und in sich chronologisch geordneten, wie alles immer gewissenhaft datierten und ein Netz von Querverweisen enthaltenden laufenden Aufzeichnungen; die einschlägigen Kollegs, sowohl die Nachschriften (von Stenogramm-Mitschriften oder Tonbandaufnahmen) als auch die bei der Vorbereitung entstandenen Papiere, die oft wesentlich über das im Kolleg Gebrachte hinausgehen; auf Tonband gesprochene längere Betrachtungen mit kommentierenden Nachschriften (hier sind, neben den erwähnten Aufzeichnungen von 1976, Bänder aus den Jahren 1966, 1970 und 1974 von Bedeutung); Randglossen in Büchern und Aufsätzen anderer Autoren; Reiseberichte; und vor allem: musikalische Analysen.

Anfang Dezember 1974 notierte Th. Georgiades: »Vier Etappen: 1. 1965/66, 2. 1967/68, 3. Wintersemester 1969/70, 4. Ab 1972 (Zeit): zusammenzuschmelzen.« (Vgl. auch Anm. 6.) Diese vor allem für den Aufbau als Ganzes wichtige Anweisung weiter zu befolgen, wurde zu einer meiner Aufgaben. Außerdem dienten mir die zahlreichen und genauen Hinweise für weiteres Vorgehen, die Th. Georgiades für sich selbst in allen Stadien des Buches gemacht hatte, als authentischer Leitfaden.

In der ersten dem Verlag eingereichten Druckfassung, die auch Hans-Georg Gadamer vorgelegen hat, sind noch die von mir am Rand der Seiten eingetragenen Quellenangaben als eine Art editorischer Rechenschaftsbericht, der mir zugleich als unerläßlicher Arbeitsapparat gedient hatte, stehen geblieben. Hier konnte der Benützer mit einem Seitenblick Auskunft erhalten über Datum und Art der Quelle, aus der ein Abschnitt, eine Stelle, ein Satz, eine Formulierung oder auch nur ein Ausdruck genommen ist, vielleicht zugleich als Erklärung für einen plötzlichen Wechsel des Tons, der Diktion oder des Grads der sprachlichen Ausformung. Der endgültige Druck enthält derartige Informationen in dieser Gestalt natürlich nicht mehr. Deshalb entsteht bei dem Leser der Eindruck eines geschlossenen Ganzen, obwohl Unfertiges nirgends verschleiert werden sollte und durfte.

An dieser Stelle sei nachdrücklich betont, daß ich bemüht war, die Th. Georgiades eigene strenge Folgerichtigkeit im Entwickeln seiner Gedanken aufrechtzuerhalten, so daß es sich für den Leser verbietet, den zweiten Schritt vor dem ersten zu tun.

Zum vollständigen Erfassen und sinnvollen Einbauen der einzubeziehenden Punkte kamen mir die aus allen Etappen vorliegenden ausführlichen Inhaltsangaben zustatten, die Daten-Rückverweise auf zu verwendende Manuskripte enthalten. Solche Verweise auf Einzubeziehendes bestimmten insbesondere Aufbau und Inhalt des Kapitels IV, für welches aus keiner Etappe ein Buch-Manuskript vorlag. Dies hängt auch damit zusammen, daß ursprünglich die Voraussetzungen der Künste (z.B. die Farbe) und die Künste selbst (z.B. die Malerei) nicht gesondert behandelt wurden (so im Manuskript I von 1965 – siehe oben unter a) – und in der Vorlesung des Sommersemesters 1965: ›Die Sprache, die Musik und die Künste‹. Das jedoch überreichlich vorhandene Material für Kapitel IV machte mir in Bezug auf Auswahl und Zuordnung die meisten Schwierigkeiten. Der gewissermaßen aphoristische Charakter dieses Kapitels bietet dadurch sowohl ein Zuviel als auch ein Zuwenig, so daß hier das Fehlen der formenden Hand des Autors am schmerzlichsten fühlbar wird.

Ein Wort zum Titel. Ursprünglich war ›Nennen und Erklingen‹ lediglich als Arbeitstitel gedacht, der aber schließlich beibehalten wurde. Zum Untertitel führten mich folgende Erwägungen von Th. Georgiades:

20.3.68: »Nennen und Erklingen
Die Zeit als Absolutes und als Relation
(als λέγειν: sagen und zählen)«
und:
»Der methodische Faden ist doch: eine Abhandlung über die Zeit.«

26.12.72 »Idee für Titel (unpraktikabel):

Logos
als Nennen und Erklingen«

13.3.74 »Ich meine, ich könnte als Untertitel für ›Nennen und Erklingen‹ beigeben: Wort und Zahl. Diese sind die zwei Grundpfeiler. (Allerdings auch das ›Lückenlose‹ des Raums: das ›Sehen‹, das Diesda als Räumliches. Doch dieses Dritte läßt sich vielleicht unter ›Wort‹ subsumieren?) Vgl. auch früher – beim Entwerfen von ›Musik und Schrift‹ – :
Sagen, Hören, Sehen. Jetzt füge ich hinzu:
Wort   Zahl   Raum (Lückenloses; Körper).«

Befremdlich wirkt vielleicht auf den einen oder anderen Leser das Wort ›Diesda‹, das auch als Überschrift des Kapitels II b in Erscheinung tritt. Th. Georgiades gebraucht dieses Wort – eine zeitlang auch in getrennter Schreibweise (›Dies-da‹ oder ›Dieses-da‹) – für »das Sichtbar-Räumlich-Körperliche, den ›Ort‹, den ›Ortsinn‹ (›Sinn‹ auch in der Bedeutung: Sinn enthaltend), für das, worauf man zeigen kann, was ›da ist‹.« (...) »Ort sehen = ›Diesda‹ (Welt als Diesda),« (...) »nicht denkerisch zu erfassen.« (...) »Gemeinsam dem Ortsinn und dem Nennen ist, daß sie ›Diesda‹ sagen.« (...) »›Diesda‹ enthält nicht nur das Dingliche, sondern allgemeiner: ein als ›Absolutes‹ – als ›Empfindung‹ – zu Erfassendes (etwa auch Gefühle, auch ein menschliches Tun).« (...) »Diesda impliziert: Fixieren.« Für den Kenner sei angemerkt, daß keine Übereinstimmung mit der haecceitas des Duns Scotus besteht, die sich auf ein Diesda als Individuelles (Socratitas) bezieht.

Natürlich hat Georgiades den Ausdruck ›Diesda‹ vom aristotelischen τόδε τι übernommen, das seit Bonitz ganz selbstverständlich so eingedeutscht ist, aber er hat das damit Gemeinte ganz anders verstanden. Dazu eine Notiz vom 23. November 1973: »Ich bin nicht sicher, ob Aristoteles das genuine Phänomen des Dies-da, wie *ich* es in mir trage, meint. Ich müßte klären den Zusammenhang τόδε τι – οὐσία – τὸ τί ἦν εἶναι (οὗ ὁ λόγος ὁρισμός, Met. 1017b22) – ὁρισμός.«

Von Husserls Gebrauch des Wortes, womit er erst später bekannt wurde (Phänomenologie des inneren Zeitbewußtseins (Anm. 66), S. 339f.), distanziert sich Th. Georgiades: »Für mich ist das Diesda nicht ›die reine cogitatio‹, sondern das Integrierte zwischen dem Ich und dem X, das Bezeugen, das Ganze von Zeugen und Bezeugtem.«

Besondere Sorgfalt verwandte ich auf ein Koordinieren der in dem großen Zeitraum da und dort wechselnden persönlichen Terminologie, indem ich jeweils von der letzten Handhabung ausging. Als Beispiel nenne ich das Wort ›Struktur‹, das sich Th. Georgiades schon seit dem Schubert-Buch vornahm zu vermeiden. Er gebrauchte an dessen Stelle je nach dem Zusammenhang z. B. ›Bau‹, ›Gefüge‹ oder ›Mechanismus‹. Noch im November 1976 sinniert er im Gespräch über dieses Wort: »›Mechanismus‹ – Wie ich das Wort mag! Schon weil es mich von ›Struktur‹ wegbringt, das seit etwa 15 Jahren ein Modewort ist. Auch ist halt das Griechische das Ursprünglichere. Aber vor allem: ›Struktur‹ ist etwas Statisches, ›Mechanismus‹ etwas Lebendiges. Heute wird es zu einseitig von der Maschine, vom Nicht-Geistigen her gebraucht. Deshalb besteht, wenn ich es gebrauche, die Gefahr, daß es im Sinne von automatisch mißverstanden wird. Ich verstehe es als Spontaneität, eigentlich wie Kant, der vom Mechanismus der Einbildungskraft spricht. Es ist umfassender als ›Struktur‹, weil es die Betätigung erfaßt, aber auch das, was zur Betätigung führt, das Gegebene: der Mechanismus des Greifens durch die Hand. Die ›Struktur‹ der Hand ist das Gegebene; und wie sich nun das Gegebene betätigt, ist der ›Mechanismus‹.«

Th. Georgiades' Konzeptionen der Zeit und des Nennaktes nahmen ihren Ausgang von seiner Beschäftigung mit den Wiener Klassikern, und zu diesen kehren sie wieder zurück. In der Einleitung des Schubert-Buches (s. Anm. 4) steht S. 12 folgende Fußnote (deren Anfang übrigens auch für das vorliegende Buch zutrifft): »Wo auch immer im Verlauf des Buches Erscheinungen der Wiener klassischen Musik einbezogen werden, beschränke ich mich auf das im jeweiligen Zusammenhang Notwendigste. Eine ausführliche Darstellung dieses Fragenkomplexes – die die hier fehlende Erhärtung und Verankerung bringt – ist in Vorbereitung. Desgleichen eine Schrift über das Nennen und das Erklingen, mit den Voraussetzungen zu den sich auf diesen Fragenkomplex beziehenden Punkten. – Jede dieser zwei Abhandlungen und das vorliegende Buch sind autonom, zusammen gesehen bilden sie aber *ein* Ganzes.« Ich hoffe, daß auch für die Wiener Klassiker die verspätete Einlösung dieses Versprechens gelingen wird. Die Vorbereitungen für Editionen auch der Haydn-, Mozart- und Beethoven-Studien aus dem Nachlaß sind in vollem Gange.

Das gegenüber früheren Darstellungen Neue in dem 1975 entstandenen I. Kapitel ist das Ausgehen von Aristoteles und, dadurch bedingt, die zunächst gesonderte Erörterung der allgemeinen Zeit bei Ausklammern der realen Zeit des Tonphänomens. Noch im Kolleg des Wintersemesters 1969/70, ›Harmonía, Rhythmós, Nómos, Musikē‹, war Th. Georgiades von der realen Zeit der Harmonía ausgegangen; die aristotelische Zeit hatte er innerhalb des Rhythmós-Abschnitts eingebaut. Entsprechend lautet noch in einem drei Kapitel vorsehenden Dispositionsentwurf vom 29. Juli 1974 der 4. Abschnitt des 2. Kapitels ›Harmonía – Zeit – Zahl‹. Und selbst noch in einem ein halbes Jahr später (am 2. Dezember 1974) unter Einbeziehung der alten Buch-Manuskripte von 1965/66/68 abgefaßten Inhaltsentwurf für drei Kapitel heißt der 4. Abschnitt des 1. Kapitels ›Musik – Zeit‹, mit einem erst an zweiter Stelle stehenden Unterabschnitt: ›Zeit. Jetzt – Beharren – Aristoteles (Zählen = nicht empirisches Messen) – Kant – Wiederkehr – sich bewährende Einheit → Harmonía (›reales Zählen‹)‹. Auch hier war noch so geplant, daß bereits in dem diesem vorausgehenden Abschnitt über ›Harmonía, Rhythmós, Nómos‹, also von der Musik her die entscheidenden Momente: Zählen (nicht Messen), Treffen, Ausschalten des Raumes, eingeführt werden sollten.

Es scheint mir wichtig, speziell auf diese Vorgeschichte aufmerksam zu machen. Denn, trotz Vorwort und Einleitung, könnte der jetzige Aufbau des Buches – er wurde vom Verfasser erst nach Fertigstellung des Zeit-Kapitels festgelegt – den Tatbestand verdecken, daß man es hier exemplarisch mit der Methode des Musikhistorikers Georgiades zu tun hat, der ›von der Musik her‹ und ›von unten herauf‹ verfährt, und nicht umgekehrt.

Obwohl in der Person von Thrasybulos Georgiades Historie und Denken nicht zu trennen waren und obwohl in diesem Buch das Denken dominant zu sein scheint, wird kein philosophisches Ziel verfolgt. Th. Georgiades selbst hat empfunden, dem Leser hierüber eine ausführlichere Erklärung schuldig zu sein als jetzt verstreut an verschiedenen Stellen der einzelnen Kapitel und am Schluß des Buches verlautet. Für die Fortsetzung des gerade in seinem vorläufigen Umfang abgeschlossenen Nennen-Kapitels entwarf er am 15. Dezember 1966 eine Inhaltsübersicht mit dem Schlußabschnitt: ›Das Anliegen dieser Schrift und die Philosophie‹. Und er deutet anschließend an, welcher Inhalt dort auszuführen sei: »So ist diese Schrift keine ›Philosophie‹: vielmehr deren Negieren: Durch Herausschälen der Schicht des Nennens aus der ›Sprache‹, durch Erreichen dieser Reflexionsstufe, ist nicht mehr möglich, naiv-schöpferisch Philosophie hinzustellen. – Aber das ist lediglich das Ausdrücklichmachen dessen, was schon (seit Hegel) vor sich gegangen ist: das Abhandenkommen des Realen. – Diese Schrift ist wie ›Prolegomena‹ zum geschichtlichen Verfahren:

ich bin ja Musik-*Historiker* (vgl. Einleitung). Doch da das Thema dieser Schrift mit philosophischer Fragestellung verwandt zu sein scheint, möchte ich im folgenden die Art dieser Beziehung veranschaulichen: a) Parmenides, b) Kant, c) Hegel und die neuere Philosophie. – Mein Anliegen: auf das – nicht sich verflüchtigende – Reale hinzuweisen.«

Als ›Anhang‹ hatte Th. Georgiades einen Text dieses Inhalts auch noch für die letzte Fassung vorgesehen. So verweist er in den Manuskripten öfter bei den kurzen und meist – um den Haupttext nicht zu belasten – in die Anmerkungen gerückten Auseinandersetzungen mit Kant auf einen solchen Anhang, wo ausführlicher auf den jeweiligen Punkt eingegangen werden sollte, »zu lesen von dem, der will«. Lange habe ich mich mit dem Gedanken getragen, wenigstens einen Extrakt aus den einschlägigen Aufzeichnungen für einen solchen Anhang zu verwenden. Doch kam ich nach eingehender Prüfung zu der Überzeugung, daß diese Veröffentlichung dadurch unangemessen überlastet worden wäre.

Im ›Anhang‹ hätte sich auch der Niederschlag des geistigen Austausches mit Hans-Georg Gadamer deutlicher gezeigt. Das nun diesem Buch vorangestellte Geleitwort aus dessen Feder erscheint wie eine Wiederaufnahme jener Gespräche und wie ein Gegen-Gruß zu der Widmung, die Thrasybulos Georgiades im April 1965 auf ein Zettelchen notiert: »Hans-Georg Gadamer, dem ermunternden Freund«.

Danken möchte ich nun ganz besonders dem Verleger Hellmut Ruprecht. Bereits vier Wochen nach dem Tod von Thrasybulos Georgiades hat er mit Frau Georgiades und mir Verbindung aufgenommen und mir von Anfang an sein Vertrauen geschenkt. Weiter danke ich seinem Sohn, Herrn Dr. Dietrich Ruprecht, für jahrelange, auf die Besonderheiten des ihm vorgelegten Manuskriptes mit Verständnis und Rücksicht eingehende Beratungen. Großzügig und mit freundlicher Geduld hat er den Abschluß meiner Arbeiten abgewartet. Die menschliche Haltung des Verlages angesichts einer so komplizierten editorischen Veröffentlichung weiß ich zu würdigen. Reine Freude war die Zusammenarbeit mit Frau Dr. Gudrun Müller (Lektorin), für deren unermüdlichen Einsatz ich ihr nicht genug danken kann.

In Fragen, mehr die technische Seite der Vorbereitung des Typoskriptes für den Satz betreffend, stand mir freundschaftlich-nachbarlich Frau Dr. Hanne Lenz mit guten Ratschlägen zur Seite.

Sehr zu Dank verpflichtet mich HH Archimandrit Irenäus Totzke. Ohne Zeit und Mühe zu scheuen, fand er sich aus Treue zu seinem einstigen Lehrer freudig zum Korrekturenlesen bereit, wobei er mir wertvolle Hinweise gab.

Wie aber anders als durch das letzte Wort, das zu diesem Buche von mir geschrieben wird, könnte ich meine Dankbarkeit gegenüber Frau Anna Barbara Georgiades ausdrücken? Sie war es, deren vertrauensvolle Freundschaft mich stets ermutigte, meinen Auftrag unbeirrt zu erfüllen.

München, im August 1985　　　　　　　　　　　　　　　Irmgard Bengen

Namenregister

Aischylos 94 f., 106, 216, 266, 267
Alexis 95, 266
Alkman 101 f.
Anakreon 94
Archilochos 94
Archytas 66, 254, 255, 259
Ariost 184
Aristophanes 94, 95, 102, 267
Aristoteles 28–51, 61, 65, 75, 76, 77, 82, 85, 88, 92, 95, 96, 97 ff., 150 f., 174, 189, 225, 233, 234, 240–248, 249, 250, 252, 254, 255, 258, 259, 262, 263, 264, 265, 266, 267, 270, 272, 276, 277, 278, 279, 285, 291, 296, 297 f.
Aristoxenos 92, 99, 116, 264, 267
Augustinus 14, 105, 116, 154 f., 239, 245

Bach, Joh. Seb. 19, 86 ff., 92, 126, 166, 183, 193, 216, 219, 221, 222 f., 225, 229, 265
Becker, Oskar 240 f., 250, 256, 257, 258, 260, 272
Beethoven 11, 12, 19, 89, 126, 166, 216, 225, 230, 231 ff. 234, 238 f., 286, 289, 290
Beissner, Friedrich 283
Bellini, Giovanni 11, 207, 209, 218
Bellini, Jacopo 209
Boethius 66, 115, 116, 206, 254
Bonitz, Hermann 240, 296
Bowra, C. M. 106 f.
Bruegel, Pieter 202 f., 285, 286
Brunelleschi, Filippo 218
Buber 166, 282
Byrd, William 193

Campenhausen, Hans von 238
Caspar, Max 259
Cervantes 166, 217, 219, 283
Cimabue 207

Conen, Paul F. 244, 246
Corot, Camille 286

Dante 180, 184, 216, 218, 219, 283
Debussy 261
Demokrit 95, 97, 99
Descartes 152, 234, 265
Dionysios von Halikarnaß 283
Donatello 213
Drakon 106
Dürer 40
Düring, Ingemar 240, 244
Duns Scotus 296

Eudoxos 254
Euklid 30, 64–68, 69, 73 ff., 78, 132, 251, 252 f., 256, 257, 258, 259, 260, 261, 273
Eupolis 94, 106
Euripides 267
Eyck, Jan van 11, 190, 201, 208, 209 f., 284

Fritz, Kurt von 73, 251, 252, 257, 259

Gabrieli, Giovanni 183, 184
Gadamer 238, 268, 270, 281, 299
Galilei 234
Gauß 272, 273
Georgiades 238, 257, 264, 272, 279, 282, 283, 284, 285, 286, 287, 288, 289, 290
Giotto 207, 216, 217 f.
Goethe 180, 193, 283
Guido von Arezzo 111, 269

Haydn 11, 12, 19, 20, 127, 187, 201, 222 ff., 225 ff.
Hegel 209, 234, 250, 281, 287, 298, 299

Heidegger 238, 244, 291
Hellingrath, Norbert von 283
Helmholtz 273
Herakleides 106
Heraklit 18, 61, 103, 104, 266, 268, 282
Herder 187, 217, 281
Herodot 95, 98, 267
Hesiod 62, 101, 104, 106 f.
Hölderlin 12, 17, 148, 175–182, 228, 233, 238, 277, 281, 282 f., 283, 290
Homer 61, 94, 102, 106 f., 216, 219, 220, 221, 264
Humboldt, Wilhelm von 274, 275, 278, 281
Husserl 245, 297

Iktinos 218
Ion von Chios 95

Jensen Hans 238, 255, 268

Kant 11, 31, 35, 48, 49, 85, 103, 130, 131, 156, 160, 162, 163, 201, 230, 234, 241, 243, 245, 246, 247, 263, 270, 271, 272 f., 273, 277, 278, 280, 281, 282, 285, 289 f., 299
Kepler 125, 234, 252, 259, 271 f.
Klingner, Friedrich 486

Lasso, Orlando di 183, 216
Leemans, E. A. 266
Leibniz 46, 69, 77, 234, 270
Leonardo 11, 162, 190, 201, 209, 216, 218, 228, 288
Luther 12, 182, 184, 219, 288

Marsyas 268
Masolino, Tommaso 205
Meyer, P. Bonaventura 62
Michelangelo 213, 218, 288
Molière 11, 184, 219
Monteverdi 182, 183, 184, 218, 219
Mussorgskij 235
Mozart 11, 12, 166, 187, 222, 225, 231 f., 238, 290
Muris, Johannes de 248

Newton 234
Nikomachos von Gerasa 256

Olympos 267, 268
Oresmes, Nikolaus von 268 f.

Palestrina 183, 184, 193, 216, 219
Parmenides 11, 51, 155, 162, 189, 190, 248, 276, 277, 279, 280, 281
Paumann, Conrad 115
Phidias 216
Philolaos 61
Piero della Francesca 218
Pindar 61 f., 95, 100, 102, 103 f., 105, 106 f., 108, 160, 184, 189, 195, 233, 264, 266, 267 f., 283 f.
Platon 54, 61, 66, 95 ff., 99, 102, 105 f., 107 ff., 117, 118, 119, 196, 244, 246, 248, 258, 260, 267, 268, 270, 271, 272, 275, 279, 280, 282, 285
Plutarch 101, 259, 268
Polyklet 95, 288
Poussin 208
Ptolemaios 260
Pythagoras (Pythagoreer) 30, 64, 67, 70, 76 f., 108, 188, 193, 219, 241, 252, 254, 256, 259, 260, 261, 267
Pythagoras, Satz des 72, 270
Pythagoras (Bildhauer) 95

Raffael 205, 286, 288
Ranke 16, 236, 293
Richter, Lukas 259
Ross, W. D. 240, 241, 242, 243, 244, 258
Rubens 208
Ruisdael 208

Sappho 62
Schelling 234
Schieder, Theodor 293
Schopenhauer 193
Schubert 12, 219, 234, 238, 288
Schütz 12, 17, 99, 181–188, 217, 219, 223, 228, 233, 238, 283, 290
Shakespeare 11, 62, 125, 153 f., 166, 169, 171, 180, 184, 201, 216, 217, 218, 219, 220, 228, 270, 283, 287

Snell, Bruno 61, 105, 266
Solon 106
Sophokles 95, 216, 218, 267
Spinoza 234

Tasso 184
Terpander 101, 106, 107, 267
Theognis 94
Thukydides 106, 267
Tizian 11, 205, 207, 216, 218, 286, 288

Verdi 229, 235
Voßler, Karl 274

Waerden, B. L. van der 251, 253, 255, 256, 257, 258, 260, 268
Wagner 235
Weyden, Rogier van der 208
Wieland, Wolfgang 240
Wolf, Erik 103, 267, 268
Wolf, Ernst 266

Thrasybulos G. Georgiades

SCHUBERT · Musik und Lyrik

2., durchges. Auflage 1979. 396 Seiten, 87 Seiten Notenanhang, Leinen

Inhalt: Erster Teil: Schuberts Lied / Die Struktur der Musik Schuberts. Exkurs: Zur Notierungsweise der Lieder. Zu den großen Gesängen und den Balladen (*Prometheus* und *Erlkönig*)
Zweiter Teil: Die schöne Müllerin / Nach der schönen Müllerin. Register

»Der Untertitel »Musik und Lyrik« deutet die These an, von der die Interpretationen getragen werden und die umgekehrt aus den Einzelbeobachtungen als Resultat hervorgeht: Das geschichtlich Neue und Unwiederholbare, das Schubert im Lied verwirklichte, ist »Lyrik als musikalische Struktur«. Die Formulierung, die zunächst kryptisch anmuten mag, besagt negativ, daß eine Vertonung weder eine bloße musikalische Folie oder Stütze darstellt, die den sinnvollen Vortrag einer Dichtung erlaubt, noch sich darauf beschränkt, die Stimmung, die ein Gedicht auslöst, durch Töne zu umschreiben und festzuhalten. (Das eine ist nach Georgiades für das Lied vor Schubert, das andere für Schumann charakteristisch.) Die dichterische Sprache ist vielmehr bei Schubert in der Musik »aufgehoben«: sie ist in ihr gegenwärtig und zugleich verwandelt. Georgiades begreift Sprache als unzerspaltenes Ganzes aus Lautgestalt, Bedeutung und Tonfall, aus prosodischer und innerer Form; und er zeigt von immer neuen Seiten, wie Sprache als Ganzes – und nicht in bloßen Teilmomenten wie Metrum oder Stimmung – in Musik »umgesetzt« wird. Dabei erhalten nicht selten unauffällige und scheinbar geringfügige Züge eine unerwartete Bedeutung: Ein Interpretationsansatz, der etwas taugt, bewährt sich gerade in der Erschließung von Details. Und die Analysen sind eindringlich genug formuliert, um im Leser die musikalische Phantasie und Intelligenz, die er zu sinnvoller Lektüre braucht, zu beleben.« *Carl Dahlhaus / Frankfurter Allgemeine Zeitung*

Vandenhoeck & Ruprecht · Göttingen/Zürich